# ANTROPOLOGIA

Dados Internacionais de Catalogação na Publicação (CIP)
(Câmara Brasileira do Livro, SP, Brasil)

Barrett, Stanley R.
Antropologia : guia do estudante à teoria e ao método antropológico / Stanley R. Barrett ; tradução de Fábio Creder. – Petrópolis, RJ : Vozes, 2015.

Título original : Anthropology : a student's guide to theory and method
Bibliografia
ISBN 978-85-326-5015-3

1. Antropologia  2. Antropologia – Filosofia  3. Antropologia – Metodologia  I. Título.

15-03137

CDD-301

Índices para catálogo sistemático:
1. Antropologia   301

STANLEY R. BARRETT

# ANTROPOLOGIA

## GUIA DO ESTUDANTE À TEORIA E AO MÉTODO ANTROPOLÓGICO

*Tradução de Fábio Creder*

EDITORA VOZES

Petrópolis

© University of Toronto Press, 2009
Edição original publicada pela University of Toronto Press
Toronto, Canadá

Título do original inglês: *Anthropology – A Student's Guide to Theory and Method*

Direitos de publicação em língua portuguesa:
2015, Editora Vozes Ltda.
Rua Frei Luís, 100
25689-900  Petrópolis, RJ
www.vozes.com.br
Brasil

Todos os direitos reservados. Nenhuma parte desta obra poderá ser reproduzida ou transmitida por qualquer forma e/ou quaisquer meios (eletrônico ou mecânico, incluindo fotocópia e gravação) ou arquivada em qualquer sistema ou banco de dados sem permissão escrita da editora.

**Diretor editorial**
Frei Antônio Moser

**Editores**
Aline dos Santos Carneiro
José Maria da Silva
Lídio Peretti
Marilac Loraine Oleniki

**Secretário executivo**
João Batista Kreuch

*Editoração*: Fernando Sergio Olivetti da Rocha
*Diagramação*: Alex M. da Silva
*Capa*: Redz – Estúdio de Design
*Ilustração de capa*: © Nutdanai Apikhomboonwaroot | 123rf

ISBN 978-85-326-5015-3 (edição brasileira)
ISBN 978-0-8020-9612-8 (edição canadense)

Editado conforme o novo acordo ortográfico.

Este livro foi composto e impresso pela Editora Vozes Ltda.

Para o Professor F.R. Bailey.

# Sumário

*Prefácio à 1ª edição*, 9

*Prefácio à 2ª edição*, 11

1 Desencadeando o antropólogo: um panorama histórico, 13

**Primeira parte – A construção da disciplina**, 59

2 Teoria, 61

3 Método, 83

**Segunda parte – Remendando a fundação**, 95

4 Teoria, 97

5 Método, 124

**Terceira parte – Demolição e reconstrução**, 157

6 Teoria, 159

7 Método, 198

**Quarta parte – Análise e interpretação**, 249

8 A última fronteira: como analisar os dados qualitativos, 251

9 Domesticando o antropólogo: o mundo à frente, 281

*Referências*, 287

*Índice onomástico e analítico*, 321

*Índice geral*, 341

# Prefácio à 1ª edição

Fui seduzido pela antropologia antes mesmo de ter feito algum curso sobre o assunto. Isso foi na década de 1960, quando lecionei no ensino secundário durante dois anos, em uma remota vila ibo, na Nigéria, sob os auspícios do Cuso, o equivalente canadense do Peace Corps. O privilégio de conhecer pessoas em uma cultura diferente da minha me emocionou, e, ao retornar ao Canadá, voltei-me para a antropologia (a minha licenciatura havia sido em inglês e filosofia).

Eu estava determinado a voltar à Nigéria, e, quando finalmente o fiz, desta vez entre os iorubas, foi como antropólogo em formação. O meu projeto inicial envolveu uma aldeia que havia proibido o dinheiro (e por vezes o casamento), acreditava que nenhum membro da comunidade jamais morreria, e havia alcançado um notável sucesso econômico sem praticamente nenhuma ajuda de fora. Desde então tenho investigado o racismo organizado e o antissemitismo no Canadá, classe e etnicidade na zona rural de Ontário, e gênero e violência na Córsega. Apesar de ter sido o romantismo da antropologia que me atraiu para a disciplina, no decurso da realização destes vários projetos tive que lutar com a teoria e com o método, e tentar preparar os meus próprios alunos para o trabalho de campo. O propósito deste livro é tornar essas tarefas mais fáceis para os outros. A maior parte do livro é dedicada a uma visão geral da teoria e do método, com especial atenção à relação entre eles. Ao final, também procurei esclarecer a única parte do trabalho de campo que tem desafiado a desmistificação: a análise de dados qualitativos.

Neste estudo, a história da antropologia foi dividida em três fases: a construção dos fundamentos científicos da disciplina, os remendos das rachaduras que eventualmente surgiram, e sua demolição e reconstrução – essencialmente a demolição dos fundamentos originais e o recomeço de tudo. A primeira fase começou no final do século XIX e terminou em 1950, quando o mundo colonial começou a se desintegrar. A segunda fase concentrou-se por volta dos anos de 1960, quando novas teorias surgiram e métodos foram aperfeiçoados a fim de lidar com as dúvidas que o estudo científico da cultura havia estabelecido, e com o reconhecimento de que as mudanças e os conflitos eram tão prevalentes quanto a estabilidade e a harmonia. A terceira fase teve início em 1970 e continua até hoje, dominada pelo pós-modernismo e pela antropologia feminista. Um dos meus argumentos centrais será o de que a partir da segunda fase, e crescendo rapidamente durante a terceira fase, uma lacuna surgiu entre as nossas teorias e os nossos métodos. Durante a maior parte da história da antropologia os nossos métodos têm falado o idioma da ciência. Nas últimas décadas, no entanto, as nossas teorias repudiaram a ciência, empurrando-nos, neste processo, para cada vez mais próximo das humanidades.

Escrevi este livro principalmente para estudantes. A minha esperança é a de que lhes forneça uma sólida introdução à teoria e ao método, ou que pelo menos refresque as suas memórias, se estiverem em um estágio mais avançado dos seus estudos. Também ficarei satisfeito se os meus colegas encontrarem algum valor no presente estudo, particularmente na organização da história da disciplina em três fases, e na tentativa de lidar com a teoria e com o método em conjunto. Entre aqueles que mais me ajudaram com este livro, os meus alunos vêm em primeiro lugar. Estou especialmente grato aos meus alunos da pós-graduação em métodos qualitativos e aos meus alunos da graduação em teoria, métodos e antropologia social introdutória. Muitas das ideias neste estudo foram testadas em audiências na Universidade Edith Cowan, na Universidade Curtin e na Universidade da Austrália Ocidental. Estou em dívida com o Dr. Chris Griffin e seus colegas da Universidade Edith Cowan por seu convite e hospitalidade. Elvi Whittaker e Fred Eidlin ofereceram úteis comentários críticos e encorajamento, assim como os três leitores generosos e conhecedores providenciados pelo editor. Por último, mas não menos importante, Kaye mais uma vez concedeu o seu apoio incondicional ao meu desejo de escrever, e os meus parceiros regulares no tênis e no *squash* (todos eles jovens de coração), não só me mantiveram são enquanto trabalhava neste livro, mas também me lembraram – por incrível que pareça – que a vida pode ser mais do que teoria e método!

*Stanley R. Barrett*

# Prefácio à 2ª edição

Quando o estudo de alguém tem sido tão bem-recebido no mundo acadêmico a ponto de garantir a impressão de uma nova edição, é difícil saber se a resposta apropriada deveria ser a gratificação ou a surpresa. As ideias que entraram neste livro certamente tiveram um começo humilde: um roteiro de cerca de uma centena de páginas fornecido aos meus alunos da graduação para que eu não tivesse que dedicar tanto tempo ensinando-lhes os rudimentos da teoria e do método. Porquanto a recepção do roteiro foi tão entusiástica (afinal, era gratuito), decidi expandi-lo em um livro.

Não houve grandes mudanças na disciplina em termos de teoria e método desde que a primeira edição deste estudo apareceu há um pouco mais de uma década atrás. A antropologia da globalização e a antropologia da violência fizeram ambas alarido nos últimos anos, mas elas foram lançadas no final dos anos de 1980. Na esteira do pós-modernismo, uma espécie de ecletismo desancorado, fadado a ser de curta duração, espalhou-se pela disciplina. Embora só se possa perguntar o que acabará por substituí-lo, uma possível candidata pode ser uma antropologia de orientação pragmática, mais globalizada, simpática em relação à ciência, e cujo centro já não estará principalmente na América e na Grã-Bretanha.

A maioria das mudanças nesta segunda edição consiste de esclarecimentos e de um tratamento ampliado de argumentos e temas existentes, além de novas seções sobre os aspectos da disciplina que deveriam ter sido tratados na primeira edição. No capítulo 1, a discussão da cultura foi atualizada para incluir a crítica da "escrita contra a cultura", e a respectiva proeminência conferida ao poder, organizada por Abu-Lughod (1991) e outros. Um estudante de graduação australiano apontou que, embora eu houvesse esboçado as abordagens teóricas de Marx e Durkheim, Weber havia sido essencialmente ignorado. Uma breve descrição das ideias de Weber no capítulo 4 destina-se a corrigir essa falha. No capítulo 7 adicionei uma nova seção sobre antropologia aplicada, seguida por uma crítica de um dos tópicos mais quentes de hoje em dia: a antropologia pública. O estudo de caso sobre a Córsega, no capítulo 7, foi consideravelmente ampliado, mas de uma maneira que pouco poderia fazer pela minha reputação: um registro tintim por tintim do que pode dar errado em um projeto de pesquisa. Espero que minha gratificante recompensa consista em tornar os alunos menos ansiosos e desesperados quando, e se, os seus próprios projetos se depararem com obstáculos.

Finalmente, quero expressar minha gratidão aos inúmeros estudantes e professores que empregaram tempo para entrar em contato comigo acerca deste livro. Um grau similar de interesse, crítica etc., na edição revista seria inteiramente agradável. Vários dos meus colegas comentaram sabiamente sobre algumas das novas seções nesta edição, entre eles Rob Gordon, Ed Hedican, Sally Humphries, Andy Lyons, Harriet Lyons, Riall Nolan, Robert Pontsioen, e Sean Stokholm. A dívida intelectual de alguém remonta um longo caminho, e mais uma vez quero expressar minha gratidão a três pesquisadores extremamente talentosos com os quais tive o privilégio de estudar: Pedro Carstens, no Canadá, Peter Lloyd, na Inglaterra, e não menos que os demais F.G. Bailey, agora nos Estados Unidos, a quem este livro é dedicado.

*Stanley R. Barrett*
Guelph, Ontário
Dezembro de 2008

# 1
# Desencadeando o antropólogo: um panorama histórico

Os antropólogos foram "desencadeados" em um período específico da história: a era da exploração, quando os europeus começaram a encontrar "o primitivo". Esse importante ponto de contato evidenciou um problema intelectual fundamental: Os seres humanos eram, em todos os lugares, essencialmente os mesmos? Ou a disseminada diversidade cultural e física significava que não havia algo como a unidade da humanidade? (cf. JARVIE, 1986). A antropologia liderou a busca de uma resposta para este problema, mas em circunstâncias nas quais o equilíbrio de poder entre o pesquisador e o "nativo" era muito unilateral. Os antropólogos estavam armados com um senso de superioridade moral, intelectual, cultural e militar. Eles possuíam um mandato inquestionável para intrometer-se na vida dos não europeus e colocá-los no microscópio. Ao empregar o termo provocativo, "desencadeados", eu certamente não quero afirmar que os primeiros antropólogos fossem como cachorros loucos, ou que eles fossem necessariamente insensíveis ao bem-estar dos "nativos"; tampouco pretendo pôr em dúvida a elevada qualidade de alguns dos estudos iniciais. O que eu quero transmitir é uma imagem do antropólogo em uma busca frenética do "primitivo", que era um espécime em cativeiro em um exercício acadêmico.

Nesse ponto da história, a ideia de nativos estudando europeus provavelmente teria sido considerada absurda; para todos os efeitos, a antropologia surgiu como a disciplina acadêmica na qual os europeus moldaram e controlaram a imagem de povos não ocidentais, tendo o seu mandato para fazê-lo sido efetivamente desafiado somente nos últimos anos. O que é, então, a antropologia, e de que maneira se desenvolveu como um campo de estudo?

A antropologia geralmente tem sido definida como o estudo de outras culturas, empregando a técnica da observação participante e da coleta qualitativa (não quantitativa) de dados. Como todas as ciências sociais, a antropologia nunca foi descoberta, mas simplesmente profissionalizada, o que, entre outras coisas, significa que os seus praticantes finalmente encontraram um lar na comunidade universitária. Em 1883, E.B. Tylor, um gigante do início da antropologia britânica, havia sido apontado como o curador do Museu Universitário da Universidade de Oxford. Antes do final daquela década, cadeiras de antropologia haviam sido estabelecidas na Universidade de Harvard e na Universidade da Pensilvânia. Nas últimas décadas do século XIX, portanto, era evidente que um foco acadêmico especializado em sociedades não ocidentais ou primitivas se havia enraizado.

Esta foi a era da "antropologia de gabinete", guiada por uma perspectiva evolucionária. Houve uma tendência a se presumir que cada costume que diferisse dos europeus era de alguma forma defeituoso; em outras palavras, o etnocentrismo imperava. Os principais pesquisadores especulavam sobre o mundo primitivo em relação à sociedade europeia, e erigiram grandes esquemas evolucionários sem nunca terem saído dos casulos de suas bibliotecas e museus, delegando essa tarefa cansativa a viajantes, comerciantes e missionários. Um desses casos diz respeito ao Lorde James Frazer, que foi nomeado para uma cadeira de antropologia na Universidade de Liverpool, em 1908, e é o autor de uma obra famosa, chamada *The Golden Bough* (O ramo dourado) (1958). Quando perguntado se gostaria de realmente visitar, em seu próprio território, os nativos cujos costumes ele tão habilmente analisou, diz-se que ele gritou: "Deus me livre!"

A guinada veio no início do século XX, quando os antropólogos, não mais satisfeitos em deixar a coleta de dados a amadores destreinados, começaram a embarcar em expedições para as colônias. Isto marcou a primeira fase do empreendimento da pesquisa de campo – realmente encontrando os nativos face a face, e, anos mais tarde, vivendo em suas comunidades –, que provavelmente tem sido a característica marcante da disciplina. O pressuposto subjacente era o de que somente se alguém vivesse com as pessoas que estivessem sendo estudadas, e tentasse se comportar e pensar como elas, poderia verdadeiramente compreender uma diferente sociedade. Costuma-se remontar a orientação para a pesquisa de campo a Bronislaw Malinowski (1884-1942), uma figura heroica na antropologia britânica. Durante grande parte da Primeira Guerra Mundial, Malinowski viveu nas Ilhas Trobriand, no Pacífico Sul, que à época eram controladas pela Austrália, e estabeleceu o padrão para a observação participante. Entretanto, mesmo na geração anterior, outros antropólogos, alguns dos quais igualmente eminentes, como Franz Boas (1858-1942), o renomado fundador da antropologia americana, já haviam embarcado em pesquisas de primeira mão, face a face.

14

Em resumo, a significância do trabalho de campo, que normalmente significava viver com as pessoas no que agora é comumente conhecido como Terceiro Mundo, ou sociedades em desenvolvimento, dificilmente pode ser superestimada. Foi esse relato de testemunha ocular das práticas e crenças prevalecentes em outras culturas que proporcionou à disciplina uma estatura invejável no mundo acadêmico, e por vezes também entre os leigos. No entanto, se a pesquisa de campo no que, infelizmente, têm sido frequentemente rotulado de sociedades exóticas (exóticas do ponto de vista de quem?) foi a principal força da disciplina, ela também foi o principal ponto fraco, porque implicava questões fundamentais sobre moralidade (Como é que um ocidental privilegiado tem o *direito* de descrever e interpretar a vida de não ocidentais?) e epistemologia. (Como uma pessoa de uma cultura é *capaz* de interpretar a cultura de outra pessoa?) Tais questões mal foram articuladas durante os primeiros anos da antropologia, mas, nas últimas décadas, elas surgiram com tal força que quase paralisaram a disciplina.

## Antropologia geral

Este é o nome dado à antropologia nos Estados Unidos, onde a disciplina é definida, muito amplamente, para significar o estudo da humanidade. A antropologia geral abarca tanto os sistemas biológicos quanto os culturais, escopo que a torna única, e é composta de quatro ramos principais.

### 1 Antropologia física

Aos olhos do público, trata-se provavelmente daquilo em que a antropologia consiste acima de tudo, evocando, como o faz, imagens de caveiras e esqueletos pré-históricos. Antropólogos físicos, muitos dos quais preferem hoje em dia ser chamados de biólogos humanos, estudam a evolução do gênero *Homo*, usando fósseis para reconstruir o passado (um enfoque rotulado de paleontologia humana). Alguns antropólogos físicos são especializados em comparar *homo sapiens* e hominídeos anteriores com outros primatas (um enfoque denominado primatologia), enquanto ainda outros estudiosos enfocam a variação humana dentro de uma estrutura genética.

Durante grande parte da história da antropologia física, pelo menos até a Segunda Guerra Mundial, o conceito básico era o de raça, definido em termos biológicos. Fez-se uma tentativa de classificar a população do mundo em fenótipos (p. ex., negroide, mongoloide, australoide e caucasiano), empregando-se critérios observáveis, tais como a cor da pele e o tipo de cabelo. Muitos males foram causados por estas tentativas, levando à hipótese de que as pessoas poderiam ser encaixadas em raças distintas no sentido biológico, e que essas raças variavam em termos de inteligência, moralidade e assim por diante. Hoje em dia a maioria dos antropólogos físicos abandonou classificações baseadas em fenótipo, e reconhecem que todos os seres humanos contemporâneos pertencem a uma única espécie, o *homo sapiens* (a definição convencional de espécie é a de uma população capaz de se reproduzir: se dois membros, um macho e uma fêmea, de uma única espécie, acasalam, eles são capazes de produzir descendência fértil).

Antropólogos físicos agora recorrem à genética, à biologia populacional e à epidemiologia. Com a genética, eles exploram traços humanos herdados, e destacam o conceito de "genótipo" ao invés do de "fenótipo". Com a biologia da população, eles examinam a interação entre o meio ambiente e as características da população. Com a epidemiologia eles estudam a maneira pela qual as doenças variam de acordo com as diferentes populações. Aqui também existe um perigo de se superestimar a importância da biologia e subestimar a do ambiente, incentivando assim a suposição de que certas raças são vulneráveis a certas doenças. Consideremos, por exemplo, a anemia falciforme (uma anomalia das células vermelhas do sangue). Costumava-se pensar que a anemia falciforme afetava principalmente as pessoas de ascendência africana. Mas, então, pesquisadores descobriram que ela era generalizada também na Turquia, na Grécia e na Índia. A explicação mais provável é a de que a anemia falciforme forneça proteção contra a malária, independentemente da raça daqueles afligidos[1].

## 2 Arqueologia

Sempre que as pessoas descobrem que sou antropólogo, elas geralmente presumem que eu seja um antropólogo físico, brincando com dentes e ossos, ou um arqueólogo, procurando pacientemente por pontas de flechas e objetos de cerâmica em um ambiente tranquilo, de beleza inigualável, longe do ritmo frenético da vida moderna. Em outras palavras, supõe-se que a arqueologia seja o ramo romântico da disciplina.

A arqueologia é frequentemente descrita como um ramo especial da história, concentrando-se nas sociedades sem registros escritos. Mas esse é apenas um tipo de arqueologia, que chamamos de arqueologia pré-histórica. Há tam-

---

1. Deve-se acrescentar que muitos antropólogos físicos fazem trabalho forense, identificando pessoas falecidas, o que, por vezes, lança-os ao centro de tragédias humanas contemporâneas, tais como as de Ruanda e da Bósnia.

bém a arqueologia histórica, que estuda as sociedades do passado que deixaram registros escritos. Alguns arqueólogos, na verdade, especializam-se no passado imediato, vasculhando os escombros de edifícios destruídos a fim de montar um quadro do desenvolvimento da sociedade industrial, ou remexendo lixo a fim de lançar luz sobre os padrões culturais de pessoas vivas. Deve-se acrescentar que os arqueólogos também têm contribuído para a compreensão de povos marginalizados, tais como os afro-americanos durante a escravidão, que deixaram pouco registro histórico devido às circunstâncias opressivas das suas vidas.

### 3 Linguística

Embora hoje a linguística goze do estatuto de disciplina autônoma, ela ainda é considerada um enfoque importante dentro da antropologia geral. Os antropólogos se interessaram pela linguística porque nos primórdios a sua pesquisa geralmente envolvia sociedades sem línguas escritas. Outra razão foi a suposta significância mais ampla do idioma. Muitas vezes pensou-se que aprender uma língua e aprender uma cultura fosse basicamente a mesma coisa, uma vez que a cultura é refletida na linguagem. Além disso, a linguagem é considerada uma das dimensões-chave (senão *a* dimensão-chave) que separa o *homo sapiens* dos outros primatas. Com efeito, muitos antropólogos argumentam que é por causa da capacidade linguística dos seres humanos, e do fato de vivermos em um universo simbólico de metáfora e consciência, que as ciências sociais sejam distintas das ciências naturais e, talvez, exijam uma abordagem acadêmica diferente. Às vezes os antropólogos só estão interessados em como a linguagem é usada no discurso, refletindo cultura, classe, e gênero – um enfoque que é chamado de sociolinguística ou etnolinguística. Outras vezes, especialmente se se presumir que a vida social consiste principalmente de regras de conduta, significado e interpretação, a linguagem é considerada como um modelo ou paradigma para toda interação humana. Existe mesmo uma disciplina especializada nessa abordagem, chamada semiologia (cf. MANNING, 1987).

### 4 Antropologia cultural

A cultura é o conceito fundamental da antropologia americana, o enfoque que marca a escola americana como única. Os estudos tipicamente operam em um nível muito elevado de generalidade, aludindo, por exemplo, à cultura zuni, à cultura ioruba, à cultura japonesa ou à cultura americana. Ironicamente, cultura é um conceito extremamente vago, com pouco acordo acerca de como defini-lo ou do que exatamente explica. Será que a cultura consiste em um conceito-mestre, aquele que captura a totalidade do modo de vida de um povo, incluindo o sistema de crenças, a organização social, a tecnologia e o meio ambiente? Ou deveria ser restrito a crenças, valores e ideias – a dados mentalistas – excluindo-se o comportamento? Será que existe uma diferença significativa entre cultura e sociedade, entre sistema de crenças e sistema social, e, talvez, visão de mundo? Será que a cultura contém a sua própria explicação? Ou seja, será que, argumentando que as pessoas pensam e agem da maneira como o fazem porque "é a sua cultura", realmente esclarecemos alguma coisa? Ou será mais apropriado atribuir à cultura um *status* ideológico, retratá-la como uma variável dependente, produto de fatores subjacentes, como a tecnologia e o meio ambiente, e, possivelmente, até mesmo a nossa constituição biológica?

Abaixo considerarei detalhadamente essas questões. Por enquanto, porém, quero apenas enfatizar que a antropologia cultural tem sido por várias décadas o ramo mais significativo da antropologia geral. Entre os primeiros gigantes da antropologia cultural estavam Franz Boas, seu aluno Alfred Kroeber, além do acadêmico britânico Edward Tylor. Provavelmente, a definição mais famosa de cultura foi fornecida por Tylor: "Aquele todo complexo que inclui conhecimentos, crenças, arte, moral, leis, costumes e quaisquer outras capacidades e hábitos adquiridos pelo homem como membro da sociedade" (1871: 1). Segundo Kroeber, a cultura consiste na "massa de reações motoras aprendidas e transmitidas, hábitos, técnicas, ideias e valores – e o comportamento que eles induzem" (1963: 8). Mais recentemente, Murphy escreveu: "cultura significa o corpo total da tradição produzida por uma sociedade e transmitida de geração em geração" (1986 [1979]: 14).

## Antropologia social

Este é o nome dado à antropologia na Grã-Bretanha. A antropologia social é definida de maneira muito mais restrita do que a antropologia geral. Na verdade, a antropologia social é quase idêntica a um ramo da antropologia geral, a antropologia cultural, mas é ainda mais restrita em seu escopo do que aquele ramo. A escola britânica enfoca a estrutura social e suas subestruturas, como a família, a religião, a economia e o sistema político. A antropologia social é muito semelhante à sociologia, a principal diferença sendo que os antropólogos sociais têm se concentrado em outras culturas, principalmente no Terceiro Mundo, enquanto os sociólogos têm estudado as suas próprias sociedades, geralmente industrializadas, no mundo ocidental.

Assim como o conceito de cultura é ambíguo, o mesmo é verdadeiro acerca da estrutura social. Qual é a diferença entre estrutura social e sociedade, entre estrutura social e organização social? Será que a estrutura social é uma coisa real? Será que ela é concreta, ou apenas uma abstração? Em outras palavras, será que existe uma estrutura social a ser descoberta, ou o investigador simplesmente impõe uma estrutura aos dados a fim de simplificar o caos? Será que as estruturas sociais são constituídas pelas instituições, funções e comportamento, ou será que também incluem crenças e valores? Será frutífero o enfoque estreito na estrutura social e suas subestruturas, ou será que a estrutura inteira é uma tautologia sem sentido, uma tentativa inútil de explicar algo em seus próprios termos, ignorando as variáveis que, segundo muitos antropólogos norte-americanos, forneceram forma fundamental à vida social, tais como a tecnologia e o meio ambiente?

O que se pode afirmar é que nenhum outro tipo ou ramo da antropologia tem se beneficiado da elevada reputação e estatura concedida à antropologia social britânica, pelo menos até recentemente, e esse sucesso foi em grande parte devido ao seu enfoque estreito, especializado. Este já não é o caso hoje. Desde meados dos anos de 1980, a antropologia cultural americana tem disparado à frente do seu homólogo britânico, alimentada por um renovado interesse nos estudos culturais e por uma mudança de ênfase, da estrutura social para o "significado". Tudo isso é parte de uma nova perspectiva conhecida como pós-modernismo, que será descrita em detalhes no capítulo 6.

Curiosamente, se retornarmos longe o bastante no tempo, descobriremos que a antropologia geral, na verdade, também foi praticada na Grã-Bretanha. Mair (1972: 5) indica que, quando o Real Instituto Antropológico foi fundado na Inglaterra, em 1843, todos os quatro ramos da antropologia eram proeminentes. De acordo com Lewis (1985 [1976]), não foi senão vários anos depois que a antropologia social começou a emergir como uma disciplina separada e distinta. Penniman (1965) também afirma que a antropologia britânica foi originalmente tão ampla quanto a escola americana, e lamentou o eventual predomínio da antropologia social, com o seu enfoque estreito na estrutura social. Claramente, houve uma revolução intelectual na antropologia britânica, na qual pesquisadores como Tylor foram deixados para trás, excomungados pelos novos profetas, como Malinowski e Radcliffe-Brown (1881-1955). Muitos proeminentes antropólogos, entre eles o falecido Robert Murphy (1986: 6), veem pouco propósito em separar a antropologia social da cultural. Essa é também a minha própria posição, e ao longo deste livro usarei os termos antropologia social e cultural de forma intercambiável, ou simplesmente sociocultural. Por razões estilísticas, também empregarei às vezes o termo antropologia, mas ele vai referir-se a fenômenos socioculturais, não à antropologia física, à arqueologia ou à linguística, salvo indicação em contrário.

Finalmente, um par de outras distinções. A etnografia é um termo aplicado a dados brutos (Será que existe tal coisa?), a um relato descritivo de um povo. Muitas vezes nos referimos aos livros que descrevem uma comunidade ou sociedade como etnografias, e chamamos pesquisadores de campo que produzem tais livros de etnógrafos. Uma etnologia, em contraste, é uma obra comparativa e teórica, uma síntese de duas ou mais etnografias que tenta não apenas descrever, mas chegar a explicações gerais. Um etnólogo, portanto, é uma pessoa interessada em construir teoria. Note, no entanto, que no continente europeu o termo etnologia tem tido a conotação diferente de investigação científica da origem de traços culturais.

## Conceitos básicos

### 1 Natureza *versus* cultura

Ou poderíamos dizer biologia *versus* cultura, raça *versus* cultura, hereditariedade *versus* cultura, hereditariedade *versus* ambiente, e gene *versus* símbolo.

Enquanto a antropologia geral combina tanto a natureza quanto a cultura em sua estrutura conceitual, antropólogos sociais e culturais, como eu, estão preocupados com as crenças e comportamentos humanos que não sejam explicáveis em termos de biologia. O pressuposto básico na antropologia sociocultural é o de que a gama de variações na crença e no comportamento humano não pode ser explicada por, ou reduzida à biologia. Isso não implica negarmos que a biologia tenha qualquer influência sobre a vida social; fazê-lo seria ridículo. Mas implica tratarmos a nossa constituição biológica como uma constante, e tentarmos explicar a gama de variações sociais e culturais que não seja redutível à biologia. Considere a família e casamento. Sabemos que existem vários tipos diferentes de família (p. ex., a família nuclear e a família estendida), e vários tipos de casamento (p. ex., a monogamia, a poliandria e a poliginia). O argumento na antropologia sociocultural é que tal variação não pode ser explicada pela biologia. Na verdade, isso apenas confirma a importância de um princípio fundamental da lógica: uma constante não pode explicar variação; a constante, neste caso, sendo a biologia.

Mais uma vez, deixe-me enfatizar que argumentar que a vida social e cultural humana não possa ser reduzida a uma explicação biológica não equivale a afirmar que a biologia não tenha impacto sobre o modo como vivemos e nos comportamos. A questão é que a biologia não é mais importante para a antropologia sociocultural do que o é para a sociologia, a economia, a ciência política, a psicologia, a geografia ou a história; argumentar o contrário é, creio eu, implicitamente racista, sendo a presunção oculta que haja algo acerca das pessoas do Terceiro Mundo (anteriormente rotuladas como selvagens ou primitivas) que requer uma distorção biológica a fim de explicá-las, ao contrário dos modernos do mundo ocidental, que são estudados por sociólogos. Ao alegar que a vida social humana não possa ser reduzida a uma base biológica, mas permitir que a biologia constitua um parâmetro que limite a gama de variações culturais humanas (p. ex., as preferências alimentares variam imensamente através das culturas, mas todos os seres humanos precisam comer), estou adotando uma posição bastante moderada. Deve-se estar ciente, no entanto, de que, na história da antropologia, pontos de vista extremos têm sido por vezes adotados. Há, por exemplo, o pressuposto de que a cultura explique tudo, e de que a biologia (e a psicologia) possa ser ignorada completamente. Isso é às vezes chamado de culturologia, e com frequência é erroneamente atribuído a Franz Boas e aos seus alunos, Ruth Benedict e Margaret Mead[2]. Há ainda a orientação teórica conhecida como sociobiologia, que se tornou popular nos últimos anos através de Wilson (1978). A sociobiologia é o outro lado da culturologia. O pressuposto básico é o de que a vida social e cultural pode ser reduzida e explicada por uma estrutura biológica, o que significa que disciplinas como a sociologia e a antropologia sociocultural devem ser consideradas como divisões dentro da sociobiologia.

Um dos livros mais polêmicos da história recente tem sido o reestudo feito por Derek Freeman (1983) de *Samoa*, de Margaret Mead. Mead (1973 [1928]) argumentou que, ao contrário do que acontece na América, a adolescência em Samoa esteve admiravelmente livre de tensão, e o seu estudo pioneiro foi considerado como prova da notável plasticidade da cultura humana, não restringida pela biologia. Freeman, no entanto, descobriu um mundo de tensão, conflito, competição e hierarquia, e procurou a explicação ao nível das condições biológicas, imprimidas pela natureza humana. Afinal, entretanto, talvez o elemento menos importante seja o tipo diferente de dados produzidos por cada autor, pois o simples fato consiste em que a competição e a tensão sejam tão prontamente

---

2. Erroneamente, porque um pressuposto central nas obras de Boas e seus alunos (Benedict, Mead, Goldenweiser, Radin e Sapir) era o de que a cultura não determina completamente a personalidade; em vez disso, o indivíduo tem uma capacidade criativa. Como veremos no próximo capítulo, a culturologia se aplica mais precisamente às obras de Kroeber e White.

abrangidas por uma estrutura cultural quanto o são a harmonia e a ordem. O que realmente importa aqui são os pontos de partida bastante incompatíveis dos dois autores, a cultura de Mead, e a sociobiologia de Freeman. Em outras palavras, Mead e Freeman, cada qual esposando uma perspectiva teórica diferente, não estavam se entendendo, o que para todos os efeitos invalida o controverso ataque de Freeman.

## 2 Cultura *versus* sociedade

Ou poderíamos dizer cultura *versus* estrutura social, cultura *versus* sistema social, e cultura *versus* organização social.

A distinção entre cultura e sociedade supostamente corresponde à que existe entre a antropologia cultural e a social. Considera-se geralmente que a antropologia cultural abranja crenças, valores e organização social por vezes condicionada pelo nível de tecnologia de uma sociedade e suas condições ambientais. A antropologia social supostamente enfoca a estrutura social, que inclui instituições, papéis e relações sociais. Assim, Ember e Ember definem a cultura como "o conjunto de valores, comportamento e crenças aprendidos que são característicos de uma determinada sociedade ou população". Sociedade, eles sugerem, refere-se a "Uma população territorial falante de uma língua geralmente não compreendida por populações territoriais vizinhas" (1988 [1973]: 527, 537). Essas definições, que aparecem no glossário ao final do seu livro, são bastante confusas. Para ilustrar: enquanto normalmente pensa-se que os canadenses franceses tenham uma cultura um pouco diferente da dos canadenses ingleses, pareceria que a definição de sociedade fornecida por Ember e Ember fosse mais útil para distinguir os dois grupos do que a definição de cultura, especialmente porque inclui a linguagem sob o signo da sociedade. No entanto, por que deveria ser situada aí, ao invés de sob o signo da cultura? Só para aumentar a confusão, no início do seu livro (8) eles de fato situam a linguagem no âmbito da cultura.

Considere ainda a definição de cultura oferecida por Lewis: "Para os nossos propósitos, cultura é simplesmente um termo conveniente para descrever a soma dos conhecimentos e habilidades *aprendidos* – inclusive a religião e a língua – que distinguem uma comunidade de outra, e que, sujeita aos caprichos da inovação e da mudança, é transmitida, de uma maneira reconhecível, de geração em geração" (1985 [1976]: 17). Não há nada de particularmente dissonante acerca desta definição. Na verdade, parece-me eminentemente mais clara do que muitas outras. O problema surge quando Lewis continua, pois ele segue expressando a versão oficial, segundo a qual, enquanto a antropologia cultural centra-se na cultura, a antropologia social lida com as relações sociais. Isso não vai funcionar. Certamente é verdade que a antropologia social tem abraçado um quadro muito mais estreito do que a antropologia cultural. Mas seria extremamente enganoso supor que, ao contrário da antropologia cultural, a escola britânica não enfoque crenças e valores. Seria simplesmente impossível analisar os papéis e as instituições sem, simultaneamente, considerar crenças e valores, e de fato os antropólogos sociais sempre fizeram as duas coisas em suas etnografias. Se um enfoque em crenças e valores, então, define uma abordagem como a antropologia cultural, os antropólogos sociais também são antropólogos culturais. Neste contexto, é instrutivo ter em mente que um dos livros mais influentes em antropologia social desde a Segunda Guerra Mundial (BEATTIE, 1964) foi chamado de *Other Cultures* (*Outras culturas*), e não de *Other Societies* (*Outras sociedades*).

Assim como a cultura serviu para separar a antropologia nos Estados Unidos de uma ênfase na biologia, e, destarte, romper com um clima intelectual em que a raça era primordial, também pode ser interpretada como uma ferramenta conceitual através da qual se pode distanciar a antropologia da sociologia, garantindo assim a sua autonomia. Conforme o tempo passava, a distinção entre antropologia cultural e antropologia social assumia uma significância nacional. Os norte-americanos tinham cultura, os britânicos tinham estrutura social. Por banal que possa parecer, parece que as supostas diferenças entre a antropologia cultural e a social repousam pelo menos tão fortemente sobre a micropolítica da academia quanto o fazem sobre sólidos argumentos acadêmicos.

### 3 Sistema de crenças *versus* sistema social

Às vezes, a cultura é definida estritamente como significando um sistema de crenças, o que a diferencia de sociedade e de sistema social. Mais uma vez, não se trata de uma distinção satisfatória entre as disciplinas, porque é apenas analítica. Na vida real, toda interação humana envolve tanto crenças quanto comportamentos. Assim, a religião pode ser analisada como um conjunto de crenças e valores ou como um sistema de papéis em uma organização. Do mesmo modo, a família pode ser analisada em termos do seu papel estrutural ou em termos das ideias e valores a ela associados.

Obviamente, um antropólogo pode enfatizar principalmente ou crenças e valores, ou papéis e instituições, mas a decisão de fazê-lo é arbitrária. Dito isto, devo acrescentar que a importância relativa das crenças e do significado, enquanto distinta de papéis e comportamentos, às vezes varia em grau de uma instituição a outra. Por exemplo, enquanto a religião certamente pode ser analisada como uma organização, faria pouco sentido não se concentrar em seu sistema de crenças. De modo semelhante, enquanto a família pode ser abordada em termos das suas crenças, valores e ideologia associados, seria tolice ignorar o seu papel estrutural. Claude Lévi-Strauss, o grande antropólogo francês, introduziu os termos "ordens pensadas" e "ordens vividas". As primeiras incluem a mitologia e outros sistemas de crenças, ao passo que as segundas incluem o parentesco e outras instituições. Esta distinção é útil, contanto que seja lembrado de que ela é apenas analítica, e que toda a interação humana expressa tanto crenças quanto comportamentos, simultaneamente. Nesta conjuntura, é instrutivo ressaltar que, ao contrário das hipóteses, as definições não são nem válidas nem inválidas, elas simplesmente são úteis ou inúteis.

### 4 Sistema de crenças *versus* visão de mundo

Por visão de mundo entende-se a interpretação mais geral da vida adotada por um povo ou por uma categoria de pessoas, o mapa cognitivo do mundo em que se vive. Geralmente falamos da visão de mundo das pessoas de uma determinada cultura, como os iorubas na Nigéria; mas em um sentido mais vago poderíamos falar da visão de mundo da sociedade pré-industrial *versus* aquela da sociedade industrial, ou do Ocidente e do Oriente. Poderíamos também, se quiséssemos, falar sobre a visão de mundo dos cientistas, a visão de mundo das populações rurais, ou a visão de mundo dos estudantes universitários. Em seu artigo de 1965, *Peasant Society and the Image of The Limited Good* (A sociedade camponesa e a imagem do bem limitado), Foster tenta explicitar a visão de mundo dos camponeses: tudo é escasso – riquezas, amor, saúde, sangue, virilidade, *status* e amizade. Faz pouco sentido para uma pessoa tentar melhorar o seu bem-estar econômico trabalhando duro, porque, em última instância, é o destino que manda. Além disso, se uma pessoa se torna mais rica ou atrai novos amigos, essa pessoa corre o risco de ser atacada, porque se acredita que exista apenas uma quantidade finita de coisas boas na vida; se alguém está obtendo mais, outros, por conseguinte, devem estar recebendo menos. Foster argumenta que a imagem do bem limitado explique o alto grau de individualismo na sociedade camponesa, a falta de disposição a cooperar na articulação de empreendimentos, o conservadorismo subjacente, a oposição à mudança e a grande ênfase colocada em tesouros enterrados e loterias como fontes de mobilidade ascendente de *status* – fontes que se acredita serem externas aos bens limitados dentro da sociedade camponesa, e dons da sorte e do destino, ao invés do trabalho.

Às vezes, o sistema de crenças é apresentado como um conceito menos abrangente do que o de visão de mundo. Por exemplo, frequentemente falamos do sistema de crenças religiosas. Mas, novamente, todas as definições são ou úteis ou inúteis, e não certas ou erradas, e parece-me que haja pouca razão para não se considerar visão de mundo e sistema de crenças como sinônimos aproximados.

### 5 Cultura *versus* classe

Há uma tendência na antropologia a tratar a cultura como uma variável independente. Isto é, a cultura constitui uma "explicação" de como as pessoas pensam e se comportam. Assim, se um grupo identificável de pessoas que ocupa um território específico e abraça um conjunto singular de costumes, como os ibo, na Nigéria, ou os ashanti, em Gana, é conhecido por ser especialmente diligente ou respeitoso da autoridade, o antropólogo pode explicar tudo isso afirmando que "é a sua cultura". Em minha opinião, essa explicação é insuficiente; na verdade, é redundante. Equivale a afirmar que as pessoas praticam certos costumes porque é seu costume fazê-lo. Sabemos, é claro, que a vida social está parcialmente baseada no hábito e na tradição, o que significa que, até certo ponto, é legítimo afirmar que as pessoas pensam e agem da maneira como o fazem porque sempre fizeram assim (é a sua cultura). No entanto, a vida social não se baseia apenas no hábito e na tradição. Ela também é moldada pelo meio ambiente, o nível tecnológico, a racionalidade, a irracionalidade, a emoção, as forças políticas na arena internacional e as ideias e práticas difundidas pelas sociedades vizinhas. Oferecer a cultura como uma explicação equivale a ignorar esses outros fatores. Este ponto é especialmente relevante hoje em relação à classe social. Onde no mundo podemos encontrar algum grupo de pessoas – até mesmo a população mais remota – não afetado pelo capitalismo e pela divisão do trabalho que ele implica, e por seus artefatos, como a garrafa de Coca-Cola®? Sempre que fazemos uma análise cultural, devemos também fazer uma análise de classe. No mundo de hoje, cultura e classe são não autônomas. (Da mesma forma, em sociedades pré-classes, como entre caçadores e coletores, sempre foi relevante pensar em termos de cultura e alguma outra variável, como o ambiente.) Em vez disso, cultura e classe são recíprocas: elas precisam uma da outra analiticamente.

Se a cultura é tratada como autônoma, ela começa a assemelhar-se à ideologia no sentido pejorativo, o que significa que ela racionaliza ou justifica o comportamento, e obscurece em vez de iluminar a vida social. Um exemplo pertinente é a etnia, que convencionalmente se diz ter suas raízes na cultura. Isto é, considera-se que as pessoas de um determinado grupo étnico compartilhem uma origem cultural comum. No entanto, uma análise do conflito étnico não penetra muito profundamente se meramente evocarmos as diferentes origens culturais dos grupos étnicos em questão. Essas diferenças não são irrelevantes. Mas uma explicação mais sofisticada também consideraria o papel desempenhado pela competição por recursos escassos, e a disputa por poder e privilégio entre os grupos étnicos, incluindo, claro, aqueles que são dominantes em uma sociedade e que desfrutam do privilégio supremo de não serem percebidos como grupos étnicos (como os norte-americanos de origem britânica). Em outras palavras, uma análise adequada de conflitos étnicos requer uma síntese de cultura e classe. Alguns antropólogos, especialmente aqueles de persuasão marxista, tais como Wolf (1969), levariam esse argumento ainda mais longe, retratando a cultura como um produto de classe, ou, para usar o jargão, atribuindo-lhe o *status* de epifenômeno, uma mera sombra nas paredes da caverna. Sou muito simpático a essa posição, especialmente se a alternativa for aquele *slogan* vazio: "é a sua cultura".

### 6 Os limites explicativos da cultura

Ao reconhecer que haja limites para o que a cultura é capaz de explicar, não pretendo sugerir que este seja um conceito sem sentido. Na verdade, a maioria dos antropólogos, incluindo os antropólogos sociais, provavelmente concordaria que o que distingue o *homo sapiens* dos outros primatas é a cultura. Eles também provavelmente aceitariam que a cultura é aprendida, compartilhada e transmitida através da socialização de uma geração à seguinte. Leslie White, um proeminente antropólogo americano, sugeriu que os seres humanos sejam as únicas espécies vivas com cultura. A dimensão essencial da cultura, para White, era "simbolizar", ou conferir significado a alguma coisa. Por exemplo, ele observou que os seres humanos são a única espécie capaz de distinguir água-benta de água comum[3]. Neste nível altamente abstrato, cultura realmente quer dizer alguma coisa, e certamente seria fácil coligir inúmeros exemplos para ilustrar a significância da cultura nas mais elementares convenções humanas. Considere o seguinte:

---

3. Uma análise da contribuição de White para a antropologia aparece no cap. 2.

### Distância

Quão perto uma pessoa chega de outra pessoa quando elas se falam? Elas se mantêm nariz com nariz, ou colocam-se a três ou quatro palmos de distância uma da outra? Os antropólogos estão perfeitamente cientes de que a distância pode variar de uma cultura para a outra.

### Toque

Habitualmente uma pessoa toca a outra, ou evita qualquer contato físico? As diversas maneiras como as pessoas apertam as mãos de uma cultura a outra é relevante aqui. Deve o aperto de mão ser firme, como na América do Norte, suave como na França, ou elaborado, como entre os iorubas na Nigéria? As pessoas apertam as mãos cada vez que se encontram ao longo do dia, ou pelo menos na primeira vez em que se encontram, ou quase nunca? Homens e mulheres se dão as mãos em público, ou homens e homens e mulheres e mulheres? Estes comentários têm a intenção de serem desprovidos de conotação sexual; obviamente, heterossexualidade *versus* homossexualidade mudaria o sentido.

### Expressão emocional

Deve-se permanecer indiferente e estoico, ou exprimir emoções? Os ibo, da Nigéria, entre os quais vivi, eram muito espontâneos e demonstrativos. Os iorubas, da Nigéria, com os quais morei mais tarde, eram muito mais disciplinados em sua expressão emocional. Os hausa, da Nigéria, entre os quais viajei extensivamente, pareciam ser ainda mais controlados, o que aparentemente era uma razão pela qual os colonizadores britânicos gostaram tanto deles: situavam-se na mesma sintonia emocional.

### Discurso

Deve-se falar baixo ou alto? Novamente, há variação entre as culturas. Vivi tanto na Córsega (a ilha no Mediterrâneo que é um departamento ou província francesa) quanto no sul da França. No sul da França, as pessoas sentadas a um bar, ou a uma mesa na calçada, normalmente falam em tons moderados. Na Córsega, pode-se estar a um quarteirão de distância de um bar e, ainda assim, ouvir os clientes gritando, exclamando, discutindo e rindo. Em uma recente viagem a Portugal não pude deixar de ficar impressionado com o que, pelo menos superficialmente, pareceu-me ser uma característica marcante da cultura, a gentileza do povo, a sua aparente passividade, que foi ainda mais surpreendente em comparação com os vizinhos espanhóis, mais expressivos.

Há, no entanto, um perigo nesta linha de análise, especialmente a generalização grosseira que implica. Há um par de anos atrás, em uma excursão de esqui nos Estados Unidos, sentei-me sozinho em um bar e divertidamente observei meia-dúzia de pessoas de meia-idade na mesa ao lado. Americanos típicos, eu pensei, enquanto ouvia seu riso alto e observava seu comportamento assertivo. Aos poucos percebi que na verdade tratava-se de canadenses, em férias como eu. Tanto estereótipo! Um perigo relacionado é que as generalizações acerca da expressão emocional, do discurso, ou do toque tendem a achatar a cultura, a retratar homogeneidade em detrimento da diferença. Este foi o calcanhar de Aquiles de uma abordagem teórica da antropologia americana, há muito abandonada, a escola cultura e personalidade (cf. cap. 2), que, em sua formulação original, presumia que em cada cultura houvesse um único tipo dominante de personalidade (ou personalidade modal).

### Imigrantes

A importância da cultura também se reflete na sua tendência a formar os valores, atitudes, e comportamentos de grupos de imigrantes, mesmo em gerações sucessivas. Há alguns anos atrás fiz um breve estudo das ligas de hóquei no gelo, etnicamente organizadas, em Toronto. Em uma liga era permitido obstruir a passagem do adversário. Na outra, era proibido. No entanto, com base apenas na observação, jamais se poderia adivinhar qual das ligas proibiu a obstrução. Pelo menos, o grau de contato físico vigoroso era maior na liga que o proibiu. Outra diferença era o vestiário. Em uma liga, os jogadores silenciosamente guardavam as suas coisas minutos após o jogo e partiam. Na outra liga, os funcionários da arena tinham que suplicar aos jogadores, ainda brincando e tomando refrigerantes uma hora mais tarde, para que desocupassem o local. Na cidade onde moro há uma grande população canadense-italiana. É provavelmente excepcional quem dentre eles não tenha acesso a vinho caseiro ou já não prefira as iguarias italianas: *prosciutto*, um bom salame e queijos aromáticos. Há então o fenômeno intrigante, em que imigrantes idosos, como os holandeses e chineses canadenses, da área de Toronto, entram em complexos residenciais que servem especificamente ao seu próprio grupo étnico. No entanto, nestes vários exemplos não se deve esquecer que essas pessoas também são canadenses; suas origens étnicas são apenas uma parte da sua identidade.

Isto conduz a uma observação potencialmente crítica. Há um ou dois séculos atrás, quando as pessoas viviam vidas mais isoladas em bolsões ao redor do globo, pode ter feito mais sentido evocar a cultura como uma ferramenta explicativa. No mundo de hoje, no entanto, o ritmo da mobilidade geográfica e o impacto das comunicações de massa têm corroído a integridade de culturas individuais e reunido pessoas de várias origens étnicas como nunca antes. Nesta situação, a cultura continua desempenhando um papel, mas não conta a história toda. O meu argumento sugere que muito possivelmente ela nunca o fez, porque simplesmente é muito bruta e tenta explicar demais. Este é precisamente o ponto levantado por Stephen Tyler: "A cultura, concebida como a totalidade do comportamento, das ideias, da história, das instituições e dos artefatos humanos, nunca foi particularmente útil como um método significativo para explicar fatos etnográficos. Essa concepção meramente afirma que a cultura seja equivalente ao conjunto do conhecimento humano. Como um dispositivo que se propõe a explicar todo o comportamento aprendido, as motivações, o registro pré-histórico, as adaptações ecológicas, as limitações biológicas e a evolução do homem, ele tenta demais" (1969: 14).

## 7 Cultura *versus* poder

Durante as duas últimas décadas, um ataque muito diferente, e potencialmente muito mais devastador, contra o conceito de cultura transmitiu ondas de choque pela disciplina. A acusação de que a cultura, como retratada por antropólogos, tem desempenhado um papel fundamental na geração e manutenção da dominação ocidental. A cultura supostamente é um conceito não histórico que exagera a singularidade e a diferença, retrata essa diferença como inferioridade, e promove uma sensação de estabilidade e homogeneidade, ignorando o conflito, a hierarquia e a mudança, e obscurecendo desequilíbrios de poder entre o ocidente e o não ocidente. Em outras palavras, a cultura é uma ferramenta conceitual, um discurso, que tem estereotipado e essencializado "o outro".

Nas palavras de Abu-Lughod (1991: 143): "a cultura é a ferramenta essencial para construir o outro. Como um discurso profissional que elabora acerca do significado da cultura a fim de abordar, explicar e entender a diferença cultural, a antropologia também ajuda a construí-la, produzi-la e mantê-la. O discurso antropológico confere à diferença cultural (e a separação entre grupos de pessoas que isso implica) ares de autoevidência". De acordo com Whittaker (1992: 113): "A cultura é o próprio epítome da criação da alteridade. Depende para sua existência da ordenação subjetiva de um mundo cheio de outros".

Talvez a crítica mais desagradável de todas seja a afirmação de que cultura tornou-se um equivalente bruto de raça, precisamente o conceito que pretendia substituir (BRUMANN, 1999: 2). Como Abu-Lughod o coloca (1991: 144):

"Apesar de sua intenção antiessencialista [...] o conceito de cultura mantém algumas das tendências a congelar a diferença intrínsecas a conceitos como o de raça". De acordo com Michaels (1992: 684): "O nosso significado de cultura é caracteristicamente destinado a substituir o de raça, mas [...] a cultura acabou por se mostrar uma maneira de continuidade ao invés de repudiar o pensamento racial". Foi neste contexto que Visweswaran (1998: 76, 79) evocou a expressão "racismo cultural", e aconselhou "que não lamentemos o falecimento do moderno conceito de cultura".

Abu-Lughod e outros, como Keesing (1994) e Clifford (1988), não apenas exortaram seus colegas a abandonarem o conceito de cultura, mas também nomearam seu sucessor: poder. A história parecia estar do seu lado. Poder, sob o disfarce de uma série de termos, como hegemonia (GRAMSCI, 1976) e discurso (SAID, 1979), tem surgido nos últimos anos, segundo a feliz frase de D'Andrade (1996: 96), como o novo termo sagrado da antropologia.

A reação a Abu-Lughod e companhia não demorou a se materializar. Em um campo estavam aqueles simpáticos ao ataque à cultura, mas preocupados que, se os antropólogos anunciassem que haviam grosseiramente desvirtuado o conceito e chegassem ao ponto de descartá-lo, a disciplina perderia o respeito e a credibilidade aos olhos dos colegas de outras disciplinas e entre o público em geral. No outro campo, representado por Brightman (1995) e Lewis (1998), foi alegado que, se alguém era culpado pelo desvirtuamento, era Abu-Lughod e companhia. De acordo com Brightman e Lewis, o conceito de cultura sempre tem sido ricamente complexo, abrindo espaço para a heterogeneidade e a hierarquia, e considerando tanto a similaridade e a mudança quanto a diferença e a estabilidade. Uma possível solução para a controvérsia é a recomendação (cf. BRUMANN, 1999; KEESING, 1994) de que cultura, como substantivo, seja substituída por cultura como adjetivo, com o objetivo de evitar a reificação e o essencialismo; por exemplo, não a cultura chinesa ou a cultura americana, mas práticas culturais na China e na América.

Ao meu próprio juízo, embora os críticos do conceito de cultura possam ter exagerado em sua censura, eles de fato apontaram-nos a direção correta. Por exemplo, é mais proveitoso considerar a diferença cultural como um problema ligado ao poder, que requer explicação, e não como um fenômeno de aspecto natural. A elevação do poder a uma posição central na disciplina, portanto, é bastante positiva. No entanto, como já referi em outro lugar (BARRETT, 2002), poder não é menos complexo e ambíguo do que cultura, nem são os dois conceitos necessariamente incompatíveis. Como as pessoas dos estudos culturais enfatizam (ROSALDO, 1994: 525), a cultura está entrelaçada com o poder, e o poder com a cultura.

## 8 Outras questões

Algumas observações finais são necessárias. Primeiro, os sistemas sociais são mais velhos do que os sistemas culturais. As outras espécies não esperaram pacientemente que o gênero *homo* atingisse uma capacidade de comunicação simbólica, de cultura, antes de permitirem-se organizar socialmente. Em segundo lugar, parece haver de fato uma diferença essencial entre sistemas de crenças e sistemas sociais. Os sistemas de crenças tendem a ser limpos e organizados, dando a impressão de que a vida é proposital e previsível. Os sistemas sociais ou sistemas de comportamento (como as pessoas realmente vivem suas vidas, suas ações) são inclinados a serem confusos, semicaóticos. Uma das importantes funções dos sistemas de crenças parece ser esconder o grau de desordem em nossas vidas. Os sistemas de crenças, em outras palavras, podem constituir um engano monumental, uma mentira fundamental, mas sem eles podemos todos enlouquecer. Em terceiro lugar, é muito mais fácil esboçar o arcabouço institucional de uma sociedade, incluindo a sua estrutura de papéis e seus complexos de crenças e valores, do que interpretar o seu conteúdo simbólico. Isso, obviamente, é válido para todas as ciências sociais, mas a perspectiva transcultural da antropologia torna a busca interpretativa ainda mais assustadora. Destacam-se dentre as questões difíceis que a disciplina enfrenta as seguintes:

*Significado e interpretação*

Qualquer análise de sistemas de crenças envolve necessariamente alcançar um "significado" e interpretar sinais e símbolos. Como antropólogo, posso entrar numa sociedade e, eventualmente, aprender se a monogamia ou a poligamia é praticada, ou se existe bruxaria. Ou seja, posso captar a essência da estrutura institucional de uma sociedade. Mas como eu sei o que significa ser monogâmico ou polígamo para as pessoas, quanto mais o que significa para elas a bruxaria? Como alcanço as suas mentalidades? Mesmo se a pesquisa estiver limitada à própria sociedade do antropólogo, o desafio de penetrar o sentido, que, em muitos aspectos, reflete os limites da empatia, prevalece. Como um etnógrafo de classe média interpreta o que a vida significa para um indivíduo de classe alta ou de classe baixa, como lida com o significado através dos matizes de sexo, idade e etnia? Este é um assunto quente hoje em dia, e não apenas na antropologia. Por exemplo, pode um romancista branco legitimamente escrever sobre povos aborígines? Pode um romancista do sexo masculino enfocar personagens femininos, ou um romancista do sexo feminino enfocar personagens masculinos?

### O problema da equivalência de significados

Uma vez que os antropólogos têm tradicionalmente conduzido suas pesquisas em outras culturas, a dificuldade de lidar com o significado tem se agravado. Será que a língua que alguém fala molda a forma como pensa e se comporta? Há uma vasta literatura em torno do que é conhecido como a hipótese whorfiana, que sugere que a linguagem efetivamente restrinja (mas não determine) o pensamento e a ação. Se assim o for, o desafio de interpretar uma cultura em termos de outra é formidável, e alguma distorção pareceria inevitável. As gerações anteriores de antropólogos, especialmente aqueles que optaram por concentrar-se na estrutura social e nos papéis, foram capazes de sufocar suas dúvidas sobre esses assuntos expressando a sua fé em equivalentes funcionais transculturais e princípios universais subjacentes (a família pode assumir diferentes formas, mas em todas as sociedades, deve haver algum mecanismo institucional para a socialização das crianças). Hoje em dia estamos menos confiantes de que existam tais universais, e mais cautelosos quanto a afirmar que uma instituição ou costume em uma cultura tenha o seu equivalente em outras culturas.

### Etnocentrismo

Além dos obstáculos que os antropólogos enfrentam ao fazer pesquisa no exterior, há a sua própria bagagem cultural. Provavelmente pode-se afirmar que os antropólogos tenham uma capacidade maior do que a maioria das pessoas de manter as suas origens culturais embainhadas; esta é uma parte central do seu treinamento. No entanto, o próprio fato de eles terem sido socializados em uma determinada cultura (ou, mais precisamente, em uma localização dentro de uma cultura), que engloba valores e instituições específicos e ocupa um nicho moral e político específico na ordem mundial, inevitavelmente sugere, sem nem mesmo considerar a personalidade individual do antropólogo, que alguma quantidade de etnocentrismo deva sempre se imiscuir. Às vezes os antropólogos fazem piada, pelo menos em particular, que as nossas etnografias consistem, em parte, em projeção cultural e confissão pessoal, refletindo a nossa própria visão do mundo, ao invés da visão das pessoas que são estudadas. Embora essa observação, no atual clima político, possa parecer menos ultrajante do que nunca antes, seria difícil apontar para qualquer outra disciplina envolvida em estudos transculturais que tenha se saído melhor nesse trabalho.

*Relativismo*

A maneira tradicional como os antropólogos têm tentado evitar o etnocentrismo é o relativismo. Tem sido geralmente presumido que não haja boas ou más culturas ou práticas culturais. Esta abordagem traz consigo o perigo de resvalar para a posição mais radical do relativismo amoral, em que não existe norma alguma. Em outras palavras, sob o disfarce da cultura, vale tudo, porque o julgamento moral é descartado. Este parece ser um desses problemas impassíveis de uma solução racional. Se criticássemos a prática cultural de outra pessoa, como a clitoridectomia (circuncisão feminina), pareceríamos culpados de etnocentrismo; mas se não o fizéssemos, onde traçaríamos a linha divisória? O caminho mais óbvio em torno desse dilema consiste em articular um conjunto de valores universais, mas isso é mais fácil de dizer do que de fazer. Na verdade, poucos antropólogos têm sido relativistas amorais, tampouco têm sido axiologicamente neutros. Impulsionados por princípios relativistas, eles frequentemente têm criticado os seus próprios valores culturais e celebrado aqueles de outros lugares, chegando mesmo a romantizá-los.

*Funções manifestas* versus *funções latentes*

Considere, por exemplo, a dança da chuva. Será que levamos a sério a crença das pessoas de que o seu propósito é produzir chuva? Ou será que procuramos por funções ocultas ou latentes, como o aumento da solidariedade social provocada pela reunião de todas as pessoas e pela evocação de uma força transcendental de além do mundo empírico? Os antropólogos têm geralmente preferido a segunda alternativa, reduzindo os sistemas de crenças a princípios sociológicos. A religião, por exemplo, cujo estudo antropológico tem sido dominado por agnósticos e ateus, tem sido explicada como uma expressão de alienação, uma compensação para personalidades fracas, uma ilusão, ou puro erro. Somente nos últimos anos se tem reconhecido o óbvio: ao invés de ser uma característica desprezível a ser deixada de lado, a crença das pessoas em seres espirituais é o elemento fundamental da religião, e deve ser tratada como tal. Isso não significa que o antropólogo deva aceitar pessoalmente as crenças das pessoas como válidas, mas apenas perceber que, quando se analisa um sistema de crenças, pode haver pouca diferença entre aparência e realidade. Em outras palavras, se as pessoas acreditam em seres espirituais, as suas crenças têm implicações sociológicas. No mínimo, portanto, a análise dos sistemas de crenças deve incluir tanto os pontos de vista do ator quanto os do observador. A omissão dos primeiros viola um objetivo central da antropologia: ver o mundo através dos olhos do sujeito.

*Consequências intencionais* versus *consequências não intencionais*

Quanto da nossa ação é intencional, deliberada, consciente, e quanto é habitual e não intencional? Parece que uma grande quantidade de vida social é não apenas habitual, mas também moldada por consequências não intencionais, tais como o impacto da Reforma Protestante sobre o desenvolvimento do capitalismo, pelo menos como argumentado por Max Weber (1958). No entanto, se assim o for, há graves implicações para os métodos antropológicos. Que sentido faz enfocar o ponto de vista do ator, perguntar às pessoas em que acreditam, ou pensam, ou fazem, e por que, se a sua motivação consciente desempenha apenas um papel secundário? Alguns antropólogos responderiam alegremente que não faz sentido algum. O argumento deles seria o de que as atitudes, crenças e normas sociais são dados meramente mentalistas, baseados, em última instância, no núcleo duro da organização política e econômica. Outros antropólogos certamente considerariam essa concepção da disciplina inaceitavelmente estreita, e poderiam até mesmo reivindicar uma capacidade treinada de penetrar no mundo inconsciente do ator.

*Crenças ideais* versus *crenças reais*

É da sabedoria antropológica convencional a ideia de que quase sempre existe uma discrepância entre o comportamento ideal e o comportamento real, ou entre as regras que devem presidir as nossas vidas e como nós realmente vivemos. Tomemos, como exemplo, o casamento. Em algumas sociedades, casa-se idealmente com um primo cruzado. Isto significa que um homem se casará preferencialmente com a filha do irmão da sua mãe ou com a filha da irmã do seu pai. Em outras sociedades o casamento se dá preferencialmente entre primos paralelos. Aqui, um homem escolhe a filha da irmã da sua mãe ou a filha do irmão do seu pai, ou uma mulher o filho da irmã da sua mãe ou o filho do irmão do seu pai. No entanto, estudos muitas vezes revelam que apenas 10% dos casamentos existentes nessas sociedades representam o tipo de casamento entre primos. Em outras palavras, não chegamos muito longe se apenas analisamos as regras ideais que supostamente norteiam uma sociedade. É compreensível, portanto, a razão pela qual os antropólogos tentam chegar aos bastidores, por assim dizer, onde as regras são relaxadas ou descartadas. Mas este é o caminho mais fácil, e o mais custoso também, porque a maior parte do que é significativo acerca da existência humana está localizado nessas águas turbulentas entre as margens do ideal e do real. Por outras palavras, é a tensão entre o ideal e o real que gera os problemas antropológicos (cf. MURPHY, 1971).

Não só normalmente existe uma discrepância entre as regras e os comportamentos, como também há muitas vezes uma tolerância, pelo menos informal (e às vezes formal) a essa discrepância. Por exemplo, na África do Sul, no passado, as pessoas japonesas foram definidas como não brancas. Algumas décadas atrás, o governo sul-africano redefiniu-as como brancas a fim de aumentar o comércio entre os dois países (cf. VAN DEN BERGHE, 1965: 58). Um segundo exemplo pode ser tomado a partir da minha pesquisa sobre o racismo e o antissemitismo organizado no Canadá (BARRETT, S., 1984a, 1987). Organizações como a Guarda Ocidental e a Ku Klux Klan se opuseram inflexivelmente à homossexualidade. No entanto, não só havia um punhado de membros *gays*, mas eles eram tolerados desde que não ostentassem publicamente a sua orientação sexual, contribuíssem com os fundos, e fossem bons "soldados" nas organizações. Devo acrescentar, no entanto, que sempre que um homossexual de renome na extrema-direita caía em desgraça – talvez por já não ser tão dedicado à causa, ou por fazer comentários tolos para os jornalistas – quase sempre a acusação de que o indivíduo era *gay* também foi feita contra essa pessoa. Em outras palavras, a homossexualidade equivaleu a um pecado residual, a ser anunciado quando a pessoa se mete em confusão.

## Critérios de qualidade etnográfica

Em vista dessas dificuldades, como podemos julgar a qualidade do trabalho de um antropólogo? Duas sugestões:

*(i) O bom antropólogo é capaz de escrever um conjunto de regras sobre uma sociedade que permitiria um estranho operar efetivamente nela.*

Acho que esta seja uma maneira interessante de se medir a apreensão de uma sociedade por um antropólogo, mas tenho sérias dúvidas de que algum de nós consiga alcançar este nível de sofisticação.

*(ii) O bom antropólogo sabe a diferença entre o ideal e o real em uma sociedade; em outras palavras, o bom antropólogo sabe o que levar a sério.*

Este é semelhante, mas um pouco menos exigente do que o critério anterior, e, em minha opinião, trata-se de uma medida útil do conhecimento e da compreensão de um antropólogo. Tomemos, por exemplo, a etiqueta associada ao comer. Keesing (1976: 70) descreve uma situação na qual um estudante asiático foi convidado para um jantar por uma mulher búlgara. Após a primeira rodada, a búlgara, segundo a polidez esperada em sua cultura, perguntou ao seu convidado se ele gostaria de uma segunda porção. O estudante, respondendo às regras de polidez da sua própria cultura, disse que sim. A mesma coisa aconteceu quando foi perguntado se aceitaria uma terceira porção e, em seguida, uma quarta. Finalmente, o estudante teve um colapso à mesa de jantar. Mas, em sua mente, ele fizera a coisa certa, porque recusar as ofertas da sua anfitriã teria sido um insulto, na sua própria cultura. Se este jovem, no entanto, tivesse entendido a distinção entre o ideal e o real, entre o convite formalizado e a expectativa, ele não teria passado mal!

Fui quase diariamente confrontado por uma situação semelhante na aldeia ioruba, na Nigéria, onde conduzi uma pesquisa. Sempre que se passasse por pessoas que estivessem comendo (e eles frequentemente o faziam nas varandas), se receberia o convite: "Venha comer". A resposta esperada era: "Obrigado, eu já estou satisfeito". Teria sido um grave erro se eu tivesse aceitado esses convites. Na verdade, se o tivesse feito, eu teria sido ridicularizado como uma criança que não sabia de nada; ou pior, como um imbecil, que muitas vezes é a maneira como os antropólogos são considerados em seus primeiros meses de trabalho de campo, enquanto, aos tropeços, tentam descobrir como devem se comportar[4].

## Colonialismo: a dimensão crítica

Provavelmente nada teve um impacto maior sobre a antropologia, não apenas no passado, mas mesmo ainda hoje, do que o colonialismo. A antropologia tem sido corretamente descrita como filha do imperialismo. O surgimento e o desenvolvimento da antropologia como profissão na Grã-Bretanha e na Europa Ocidental estiveram intrinsecamente ligados à colonização do que viria a ser rotulado de Terceiro Mundo (ASAD, 1973). Até os impérios coloniais começarem a se desintegrar durante os anos de 1950 e de 1960, dando origem a nações independentes, tais como Fiji e Quênia, a maioria dos antropólogos fez pesquisa em sociedades coloniais, muitas vezes apoiados financeiramente por subvenções concedidas pelo escritório colonial da sua própria nação. Também não era incomum que os próprios administradores coloniais fossem treinados, pelo menos, nos rudimentos da antropologia (um dos meus professores na Inglaterra era um oficial colonial aposentado). Pode-se pensar que o ponto de partida da antropologia americana foi bem diferente, já que os Estados Unidos não possuíam um império colonial, e a pesquisa enfocava os índios nativos e

---

4. Peter Stephenson (comunicação pessoal) sugeriu um terceiro critério: se o antropólogo puder fazer uma piada que faça as pessoas rirem, ele ou ela provavelmente tem uma profunda compreensão da cultura.

os inuit. No entanto, a população aborígine também estava sob o jugo colonial, embora a forma que assumiu tenha sido a de um colonialismo interno.

Tem sido por vezes sugerido que os antropólogos ajudaram a amortecer o impacto do colonialismo, tornando suas burocracias mais sensíveis à organização social e às crenças das sociedades indígenas, e mais humanas no tratamento das pessoas. Na balança, entretanto, parece-me que os antropólogos fizeram mais para promover os regimes coloniais do que para prejudicá-los. Pressupunha-se então que a sua pesquisa fosse objetiva e axiologicamente neutra, o que, convenientemente, os isentava de se preocuparem muito com o efeito dos seus estudos ou com a base moral dos regimes nos quais trabalhavam. Deve-se também salientar que, embora ataques acalorados ao colonialismo tenham sido montados por antropólogos tais como Berreman (1968) e Gough (1968), algumas das críticas mais pungentes vieram de estudiosos de outras disciplinas com menos interesses velados na presença colonial (FRANK, 1970; RODNEY, 1972; SAID, 1979). Obviamente, a maioria dos antropólogos naqueles dias, aparentemente, não se via como apêndice do império colonial; os seres humanos são racionalizadores maravilhosos, e os primeiros antropólogos prontamente justificaram suas atividades. Um argumento era o de que um pesquisador só poderia ser objetivo se ele ou ela fizesse pesquisa de campo em outras culturas. Outro foi o de que, quando se estuda outras culturas, goza-se de um "valor de estrangeiro". Ou seja, as pessoas confiariam no antropólogo estrangeiro e revelariam informações que elas esconderiam de acadêmicos nativos. Um terceiro argumento era simplesmente o de que ninguém mais estava fazendo pesquisa nessas sociedades, o que significava que os antropólogos gozavam de um grande campo aberto.

O conceito de cultura surgiu como um contrapeso às explicações biológicas da vida social, e às teorias raciais vigentes naqueles tempos (na antropologia social britânica, a estrutura social, eventualmente, serviu a um propósito similar). No entanto, seria um erro presumir que o racismo acadêmico – o que chamamos de racismo científico – desapareceu abruptamente. Tylor, por exemplo, não só pensava que houvesse diferentes raças biológicas, mas também que elas variavam em termos de capacidade inata (cf. HATCH, 1973: 32). Boas, o homem que contribuiu tanto para o combate ao racismo científico e a promoção do conceito de cultura, presumia que as raças da África, da Melanésia e da Austrália eram, em certa medida, inferiores às raças da Ásia, da Europa e da América, tendo as últimas cérebros maiores e maior inteligência (cf. FRIED, 1972: 61). Até mesmo Malinowski, conhecido por estabelecer o padrão para a pesquisa de campo moderna, por sua participação íntima e calorosa com os "nativos", especialmente em sua pesquisa em Trobriand, expôs um lado diferente em seu diário (MALINOWSKI, 1967): para grande consternação dos antropólogos contemporâneos, ele referiu-se aos trobriandeses como "crioulos". Isso leva a uma questão muito complicada. Será que tais lapsos racistas devem ser interpretados como uma contaminação da integralidade dos escritos desses pesquisadores pioneiros, ou, em vista dos esforços valiosos feitos por esses pesquisadores para desafiar a ideologia racista, eles podem ser desconsiderados como restos lamentáveis, mas não representativos do racismo científico que anteriormente florescera?

Voltemos à perspectiva dos antropólogos de hoje em dia. A grande maioria dos antropólogos que conheci tem sido decididamente liberal em suas atitudes. No entanto, nem sempre podemos apreciar as implicações mais profundas das nossas atividades. Na opinião de Willis (1972), a antropologia equivale a um tipo de turismo, proporcionando entretenimento para os brancos; o próprio processo do trabalho de campo, ele afirma, está eivado de racismo, uma vez que pesquisadores brancos do Ocidente impõem suas interpretações sobre as vidas das pessoas de cor. Além da possibilidade de esta imagem da disciplina estar obsoleta, considerando-se a tendência crescente a se fazer pesquisa de campo doméstica, muitos antropólogos descartariam essas afirmações como injustas e até mesmo bizarras, argumentando que o quadro sociocultural constitui um enorme repúdio de visões de mundo racistas. Isso provavelmente está correto, mas a rejeição do racismo neste sentido é apenas indireta. Muito poucos antropólogos desferiram ataques *diretos* realmente conduzindo estudos etnográficos do racismo. Embora a maioria dos manuais de antropologia cultural inclua pelo menos uma seção curta sobre o racismo, eles raramente vão além da declaração obrigatória de que todos os seres humanos pertencem a uma única espécie, e de que não há base científica para se classificar diferentes grupos populacionais em uma escala de superioridade e inferioridade. Além disso, tenho a impressão de que os incidentes racistas que antropólogos de fato encobrem durante o trabalho de campo sejam geralmente ignorados, pelo menos quando chega a hora de escreverem os seus livros. É quase como se os antropólogos não soubessem como lidar com dados racistas, e isso pode não estar muito longe da verdade. Será que a batalha da cultura contra a biologia na virada do século foi demasiado retumbantemente ganha, removendo a raça, mas deixando os antropólogos cegos ao racismo – um fenômeno cultural, se alguma vez houver existido algum?

Uma variação suave do tema racista, pelo menos na minha opinião, está ocasionalmente associada à antropologia de resgate – uma pesquisa focada no desaparecimento ou na morte de culturas. Seria errado supor que a antropologia de resgate só tenha surgido há relativamente pouco tempo, acarretada por enormes mudanças globais desde a Segunda Guerra Mundial. Na virada do século XX, Boas, nos Estados Unidos, e River, na Grã-Bretanha, preocupavam-se com o fato de que estava cada vez mais difícil localizar sociedades indígenas ainda em seu estado puro, e eles exortaram seus alunos a registrar as características originais dessas sociedades antes que fosse tarde demais.

Em tudo isto, parece ter havido um lamento pela extinção da sociedade tradicional (i. é, primitiva), uma atitude que persiste até hoje. Por exemplo, Lévi-Strauss, o mais eminente antropólogo na década de 1960 e 1970, lamentou a extinção de sociedades primitivas, apontando que os antropólogos estavam perdendo os seus próprios laboratórios (cf. FRIED, 1972: 63). Até mesmo o brilhante e sensível Robert Murphy afirmou: "Hoje, a maioria dos antropólogos não realiza pesquisas em sociedades primitivas, mas é onde a disciplina nasceu e onde o seu fascínio ainda repousa" (1986: 11). Uma grande contribuição da antropologia, Murphy razoavelmente especula, tem sido a documentação da vasta gama de variações culturais que existia antes da industrialização. O que pode irritar é um de seus outros comentários: "A penetração da sociedade ocidental em todos os recessos do planeta tem condenado culturas primitivas" (p. 13). Condenado. Embora a atitude de Murphy, provavelmente, reflita uma profunda simpatia para com os povos cujas culturas sofreram destruição, pode-se questionar se os cidadãos do Terceiro Mundo chegariam a uma conclusão diferente; nomeadamente, que os antropólogos gostariam que as suas sociedades permanecessem congeladas no tempo, brinquedos românticos e intelectuais de acadêmicos ocidentais.

Pode-se também questionar acerca da reação dos povos indígenas ao típico manual de antropologia. Em praticamente todos os que eu examinei (cf., p. ex., FRIED, 1972: 34; COHEN & EAMES 1982: 20, 1985: 21; LEWIS, 26; PEACOCK & KIRSCH, 1980: 4, 60-61) sociedades em desenvolvimento são referidas como sociedades exóticas. Se isto não for flagrante etnocentrismo, não sei o que é. Muitos livros, na verdade, concentram-se no passado primitivo, dando a impressão, às vezes reforçada por fotografias de pessoas nuas, de que fora do mundo ocidental o tempo parou. Não é de admirar que a antropologia tenha muitas vezes sido considerada com desagrado por intelectuais do Terceiro Mundo e líderes políticos.

Finalmente, há o poderoso trabalho de Edward Said sobre o orientalismo (1979). O orientalismo consiste em um conjunto de ideias, imagens, generalizações, suposições e julgamentos criados no Oeste (ou Ocidente). O orientalismo estava intrinsecamente associado ao colonialismo, e de fato começou a tomar forma antes do colonialismo, abrindo o caminho para excursões imperialistas. O orientalismo é uma espécie de representação do "outro", em grande parte independente das realidades do Oriente como tal, um programa oficial que fornece ao Ocidente controle intelectual e benefício material. O que é plausível – e alarmante – é a afirmação de Said de que praticamente todo contato ou associação entre o Oriente e o Ocidente, do discurso acadêmico à poesia, os romances, o comércio e a política, foi afetada pelas ideias contidas no orientalismo, fabricadas no Ocidente. Em outras palavras, os ocidentais, quaisquer que sejam os seus interesses, e a despeito das suas opiniões pessoais – bem ou mal-intencionadas – são incapazes de pensar ou agir no Oriente independentemente do orientalismo. Termina-se de ler este livro esclarecedor quase com uma sensação de desespero. Será que a pesquisa em outras culturas pode alguma vez ser vista como inocente, como moralmente neutra? Será que toda pesquisa no exterior é pouco mais do que um gigantesco engodo, implicitamente contribuindo para o domínio do Ocidente?

Desde que o impacto de obras como *O orientalismo*, de Said, foi assimilado, e a antropologia conseguiu lidar com o seu passado colonial, uma série de questões e novos rumos contendo a capacidade de superar as falhas do passado e tornar a disciplina significativa no mundo de hoje têm sido avançados. Consideremos o seguinte:

### 1 Pesquisa no estrangeiro *versus* pesquisa doméstica

Embora a antropologia se tenha enraizado e amadurecido no contexto do colonialismo, ou de outras culturas, nos últimos anos a maré da opinião oscilou de tal maneira, que a realização de pesquisa no exterior agora é muitas vezes considerada imoral. Deve-se salientar, no entanto, que muitos antropólogos ainda fazem pesquisa em países do Terceiro Mundo, enquanto outros se ajustaram mudando o foco para as áreas rurais das sociedades europeias, o que significa que continuam trabalhando no estrangeiro. Finalmente, a preferência atual pela pesquisa doméstica pode ser menos uma expressão de sensibilidade moral do que uma pura racionalização de um estado de coisas imposto à disciplina. A dura realidade é que já não temos pronto acesso às novas nações que surgiram da era colonial.

## 2 Ética

Nas últimas duas décadas, muita introspecção foi empreendida pelos antropólogos acerca da ética da pesquisa, seja domesticamente ou no exterior. Termos como engano e consentimento informado refletiram uma nova preocupação com os direitos daqueles que são estudados. No entanto, por que a ética se tornou uma questão tão quente depois que os antropólogos começaram a fazer pesquisas domésticas? Parte da resposta pode ser tão simplesmente um maior reconhecimento na sociedade em geral dos possíveis efeitos negativos da pesquisa, além de uma maior ênfase nos direitos do indivíduo. Mas esta não é a resposta completa. Quando os antropólogos realizavam a maior parte das suas pesquisas em sociedades coloniais, eles faziam parte da estrutura de poder; quando se envolveram na pesquisa de campo em seu próprio país, especialmente se os seus estudos são críticos do *status quo*, o que às vezes é o caso, eles potencialmente passaram a representar uma ameaça à estrutura de poder. Nesta interpretação, os beneficiários almejados das diretrizes éticas não são os pobres e oprimidos, mas os poderosos e os privilegiados.

## 3 Quem pode falar?

Como explicarei detalhadamente mais tarde, não apenas houve uma mudança parcial na antropologia da pesquisa em outras culturas para a pesquisa doméstica, mas a própria autoridade do antropólogo para escrever, interpretar as vidas dos outros, seja no exterior ou em seu próprio país, tem sido contestada. Argumenta-se que as pesquisas contemporâneas devem ser um caso de colaboração entre pesquisador e sujeito, de modo que a distinção (e o desequilíbrio de poder) entre eles desapareça. As etnografias, exortam os pós-modernistas, deveriam ser "dialógicas" ou "polivocais", significando simplesmente que as vozes dos sujeitos tenham igual ou maior proeminência do que a voz do antropólogo. A grande questão é se estas admiráveis metas são realistas, ou destinadas a permanecerem platitudes. O júri ainda está deliberando.

## 4 A Antropologia como interpretação masculina

Outra importante orientação teórica surgida nos últimos anos é a antropologia feminista. Embora a antropologia sempre tenha sido rara na academia no que concerne ao número de mulheres que tem atraído, a disciplina tem sido, no entanto, dominada por uma interpretação masculina do mundo, uma que tem privilegiado a atividade masculina. Assim como os pós-modernistas desafiam a capacidade e o direito dos antropólogos ocidentais de representarem ou interpretarem a vida de pessoas de outras culturas, as feministas rejeitam um viés acadêmico que desvaloriza as atividades das mulheres. A suposição é a de que as mulheres têm sido para os homens o que os nativos têm sido para a antropologia: dominadas, oprimidas e deturpadas.

## 5 Estudar para cima

Quase toda a pesquisa antropológica no passado, e a maior parte dela ainda hoje, tem enfocado o pobre, o oprimido e o impotente. Enquanto acreditava-se que a pesquisa fosse benéfica, que trouxesse melhoria para as vidas das pessoas, tudo era róseo. Em anos recentes, no entanto, tornou-se cada vez mais difícil engolir essa ideia sem engasgar. A pesquisa pode ser defendida como conhecimento pelo conhecimento, mas, a julgar pela oposição das pessoas desprovidas a estudos ainda mais aprofundados da sua situação, a pesquisa é um luxo sem o qual elas parecem perfeitamente dispostas a passarem. O caso pode ser colocado ainda mais fortemente: a investigação poderia muito bem ser subversiva, fornecendo informações e explicações que aumentam o controle das elites sociais sobre o resto da população. Se este for de fato o caso, uma antropologia ética não tem outra opção a não ser "estudar para cima".

Há mais de um quarto de século Laura Nader (1972) exortou-nos a fazer exatamente isso, mas poucos de nós têm respondido, em parte porque é muito mais difícil conduzir pesquisa com pessoas poderosas e bem-informadas. No entanto, a lógica de se estudar para cima é inegavelmente plausível. Primeiro, ela fornece um contrapeso para a prática convencional de se estudar para baixo, enriquecendo assim o nosso estoque de dados. Ainda mais importante, ao estudar para cima somos capazes de penetrar as fontes de poder e privilégio na sociedade. Se apenas estudamos para baixo, enfocando isoladamente os pobres e os oprimidos, ignoramos as instituições mais amplas que geram as suas condições, o que pode equivaler a culpar a vítima.

Estas observações são dirigidas especificamente à pesquisa convencional, em que as metas de análise e explicação são fundamentais. Nos últimos anos uma nova abordagem, denominada pesquisa participante, fez sua aparição (WHYTE, 1991). Assim como o pós-modernismo, ela visa capacitar pessoas, e fornecer-lhes as ferramentas analíticas mediante as quais elas possam compreender e desafiar as condições que as oprimem e controlam. Na medida em que a pesquisa participante seja eficaz, ela sugere que estudar para baixo, e ética, não são necessariamente contraditórios.

## Crise ou oportunidade?

Tudo isto sugere que a antropologia esteja agora em uma encruzilhada. Não é exagero afirmar que ela nunca tenha enfrentado, em toda a sua história, uma crise como essa, com a sua configuração tradicional de trabalho de campo transformada e fora de alcance, a sua autoridade contestada, e o seu futuro incerto. Refletindo sobre esta crise, pode-se concluir que, quando os sociólogos e os antropólogos concordaram (por um acidente histórico) quanto a uma divisão de trabalho na qual o primeiro enfocava as sociedades ocidentais (e fazia pesquisa doméstica) e o último enfocava outras culturas (e fazia pesquisa no exterior), a antropologia, infelizmente, tirou a palha curta. Eu, no entanto, discordo. O meu argumento sugere que, devido à conexão intrínseca da antropologia com o colonialismo e outras culturas, ela tem sido forçada a tentar um renascimento revolucionário, que tem o potencial de revitalizar a disciplina de modo a que ela esteja em sintonia com o que os especialistas rotulam de mundo pós-moderno. Outras disciplinas, como a sociologia, não tendo as mesmas ligações com o colonialismo, e empregando uma metodologia (quantitativa), que é muito menos íntima do que a observação participante e as entrevistas informais, e por isso mesmo potencialmente menos exploradora, não tiveram que reexaminar suas teorias, métodos e mandatos na mesma medida, o que pode significar que elas acabarão por serem deixadas para trás.

## Ciência ou arte?

Geralmente presumiu-se, durante as primeiras décadas da antropologia profissional, que a disciplina era (ou poderia ser) uma ciência. A maioria dos antropólogos era, então, empirista e positivista. Por empirismo entende-se que um trabalho deva estar baseado em dados, em fatos, no mundo "real" ou concreto; por positivismo entende-se que o mundo social seja ordenado e capaz de exibir padrões, e que a distinção fato-valor deva existir (i. é, os valores ou crenças pessoais de alguém não devem influenciar o resultado dos seus empreendimentos de pesquisa). Outro termo relevante aqui é investigação nomotética, ou busca de regularidades e leis, presumindo-se que tal regularidade e leis sejam características do mundo social. O livro *A natural Science of society* (Uma ciência natural da sociedade), de Radcliffe-Brown, pode ser considerado representativo da pesquisa nomotética de uma geração atrás.

Na década de 1960, os antropólogos eram um tanto menos confiantes de que uma ciência da sociedade fosse possível. Escritores como Barnes (1990) começaram a argumentar que a disciplina, e as ciências sociais em geral, ocupavam uma posição a meio-caminho entre as ciências naturais e as humanidades. Barnes sugeriu que, ao contrário das humanidades, que lidam com interpretação e empatia, as ciências sociais estão preocupadas com explicação e previsão. Mas, ao contrário das ciências naturais, as ciências sociais são subjetivas, e o observador ou pesquisador tem um impacto sobre a sua pesquisa. Outra diferença, de acordo com Barnes, é que não existem leis nas ciências sociais.

Durante as duas últimas décadas, ocorreu uma notável reorientação da antropologia. Na década de 1970, Clifford Geertz, provavelmente o antropólogo mais influente nos últimos anos, exortou-nos a mudarmos o foco da generalização, dos casos etnográficos para a penetração profunda, ou "descrição densa", de casos individuais. A cena da pesquisa de campo, na sua opinião, assemelhava-se a um texto literário cujos significados o antropólogo tentava interpretar, tal como em uma novela, ao invés de explicar, como sob um microscópio de laboratório. Eventualmente os pós-modernistas, em parte influenciados por Geertz, obtiveram o centro das atenções, empurrando a antropologia ainda mais agressivamente na direção das humanidades. Não só defende-se agora que a antropologia não é uma ciência, mas também que a ciência por si só é um modo obsoleto de investigação, independentemente da disciplina. Os pós-modernistas argumentam que é absurdo, e até mesmo imoral, procurar generalizações, leis, provas e verificação, porquanto tudo isso, de acordo com o seu ponto de vista, desumaniza as pessoas ao objetificá-las.

## Relação entre a Antropologia e outras disciplinas

### Sociologia

A Antropologia é semelhante, mas não idêntica à Sociologia, pelo menos em termos de como cada disciplina se desenvolveu desde o século passado. A antropologia tem se concentrado nas sociedades pré-industriais, a sociologia nas sociedades industriais; os antropólogos realizaram pesquisa em outras culturas, empregaram a técnica de observação participante (coletando dados qualitativos), e defenderam a análise comparativa (especialmente transcultural); os sociólogos pesquisaram em suas próprias sociedades, utilizaram questionários (coletando dados quantitativos), e raramente tentaram testar suas generalizações transculturalmente. Evidentemente tem havido muitas exceções a estes padrões, de modo que os sociólogos têm por vezes assemelhado-se aos antropólogos em seus trabalhos, e vice-versa.

Até agora, tenho analisado a relação entre a antropologia e a sociologia em termos de como os praticantes de cada disciplina de fato procederam ao longo das décadas. Esta é uma maneira justificável de se comparar as disciplinas, e a conclusão a que conduz é a de que existem diferenças importantes. Na verdade, um sociólogo e um antropólogo envolvidos em uma investigação no mesmo campo – por exemplo, estudos indígenas ou desenvolvimento rural – podem encontrar dificuldade em se comunicarem um com o outro. Há, no entanto, outra maneira de examinar a relação entre as disciplinas: a lógica. Aqui se pergunta não como duas disciplinas têm procedido historicamente, mas como elas estão logicamente separadas. Esta abordagem leva a uma conclusão bastante diferente: antropologia e sociologia são sinônimos, porquanto ocupam o mesmo território conceitual, enfocam as mesmas instituições e dependem dos mesmos conceitos. Além disso, estas diferenças que existiram, tais como a preferência da antropologia por pesquisar sociedades pré-industriais e pela observação participante, são basicamente arbitrárias e não logicamente justificadas. Durkheim, cujos escritos inspiraram a ambos, antropólogos e sociólogos, alegou que a sociologia comparativa não é meramente um ramo da sociologia, é sociologia. Radcliffe-Brown, que era discípulo de Durkheim, defendeu que a antropologia social fosse renomeada sociologia comparativa. Como evidência da fertilização cruzada das duas disciplinas, existe agora um subcampo da sociologia chamado de sociologia da cultura (HALL & NEITZ, 1993). Goody, uma proeminente antropóloga social britânica, escreveu: "uma 'teoria' sociológica, que seja distinta de uma 'teoria' da antropologia social só é concebível na medida em que uma teoria zoológica difira de ovelhas e cabritos; a base deve ser comum para ambas" (1969: 10). Com tudo isso em mente, uma observação feita por um antropólogo cultural americano, Morton Fried, parece fazer muito sentido. Como ele apontou, os principais estudiosos, tanto na antropologia quanto na sociologia, "gastam muito pouco ou nenhum tempo se preocupando se o que eles estão fazendo é sociologia ou antropologia" (1972: 24-25).

### Psicologia

A antropologia social britânica tem sido historicamente bastante contrária à psicologia. Outra maneira de dizer isso é afirmar que a antropologia social tem sido antirreducionista, o que significa contrária a reduzir a explicação da vida social a outros níveis disciplinares, tais como a psicologia. Pode-se rastrear essa perspectiva até Durkheim, que declarou que sempre que se fornece uma explicação psicológica para um fenômeno social, podemos estar certos de que está errada. A antropologia cultural americana tem sido muito mais receptiva à psicologia, especialmente ao enfoque no indivíduo. Boas estava interessado na relação entre o indivíduo e a sociedade, e, finalmente, havia ainda a escola da cultura e da personalidade, com sua ênfase na personalidade modal. Em anos mais recentes, surgiu uma abordagem distinta, chamada de antropologia psicológica, com um enfoque em atitudes e valores, e em práticas de educação infantil e na adolescência (BOURGUIGNON, 1979).

A linha divisória determina que a antropologia analise o grupo, e a psicologia o indivíduo. A antropologia é especializada na estrutura social ou na cultura, a psicologia no sistema de personalidade e nos processos mentais, tais como a cognição, a percepção e a aprendizagem, e nas emoções e motivações. Antropólogos, especialmente antropólogos sociais, tomam o sistema de personalidade como uma constante, e procuram variações na estrutura social como a base de suas investigações; os psicólogos aceitam a estrutura social como uma constante, e procuram variações no sistema de personalidade como a base para a sua análise. Assim como alguns tipos de antropologia, tais como a antropologia geral e estudos influenciados pela sociobiologia, estabelecem uma ponte entre cultura e biologia, alguns tipos de psicologia, especialmente a experimental, ou variedade "rato", estabelecem uma ponte entre personalidade e biologia.

Embora a diferença entre psicologia e antropologia tenha sido especialmente ampla na Grã-Bretanha, a fundamentação não é muito plausível. Considere, por exemplo, o pressuposto de que a antropologia enfoca o grupo, e não o indivíduo. Está provavelmente correto, como Durkheim e outros argumentaram, presumir que o grupo seja maior do que a soma das suas partes, que não se o possa reduzir à psicologia individual. Mas o fato é que as únicas entidades reais estudadas pelos antropólogos são seres humanos individuais. Todos os outros conceitos, como instituições, papéis, estatutos e normas, são abstrações. (Você já viu alguma vez uma norma?) Mesmo grupos devem ser considerados, em parte, à mesma luz. Certamente podem-se observar quatro ou cinco pessoas reunidas em uma esquina, e razoavelmente rotulá-las de grupo. No entanto, isso depende das relações entre elas (elas podem estar de pé umas ao lado das outras por pura coincidência). Além disso, como quer que seja, presumir que formem um grupo, que o seu comportamento coletivo seja maior do que a soma das partes individuais, não é em si passível de observação, embora se possa observar suas ações e deduzir que expressem características de grupo.

É errado, portanto, afirmar que os antropólogos não estudam indivíduos. O que os torna antropólogos, em vez de psicólogos é a sua tentativa de generalizar em nível de grupos, e de explicar coletividades em termos de normas e regras institucionalizadas, ou contranormas e regras, no caso de grupos desviantes. Tal abordagem pode elucidar o comportamento do grupo, mas obviamente não pode explicar a variação individual dentro do grupo. Nos últimos anos, a postura antirreducionista durkheimiana tornou-se muito menos popular mesmo entre antropólogos britânicos treinados. Bailey (1969), por exemplo, rejeitou o procedimento pelo qual as interações de grupo e as normas institucionalizadas foram consideradas uma base suficiente para explicar a vida social. Sua alternativa foi um modelo de sociedade mais fluido e dinâmico, que via o indivíduo como inovador, um agente ativo ajudando a formar uma estrutura social em constante mudança.

Uma das fontes de confusão entre a antropologia e a psicologia é o pressuposto de que alguns problemas e tipos de dados são "antropológicos", e outros "psicológicos". É muito mais útil considerar problemas e dados como neutros quanto a disciplinas, e presumir que o que os torna antropológicos ou psicológicos seja simplesmente a maneira pela qual eles são concebidos, ou a estrutura na qual são colocados. Tomemos, por exemplo, as atitudes. Elas são psicológicas, antropológicas ou sociológicas? Do meu ponto de vista, são neutras quanto a disciplinas, mas se colocadas dentro de uma estrutura psicológica, elas são tornadas psicológicas (ou, de um modo semelhante, sociológicas). Considere, também, o foco na criação de filhos na antropologia psicológica. Certamente a ênfase de alguém poderia ser nas influências estruturais sociais da educação infantil, ou nas influências de personalidade. A questão é que se pode fazê-las ajustarem-se ao território conceitual de qualquer uma das disciplinas.

Para concluir, deixe-me enfatizar que, tanto para os psicólogos quanto para os antropólogos, a única entidade real é o ser humano individual. Enquanto os antropólogos abstraem e generalizam ao nível do sistema social, os psicólogos também abstraem e generalizam, mas, no seu caso, ao nível do sistema de personalidade. Finalmente, o trabalho de alguns psicólogos, antropólogos, e sociólogos ocupa um terreno comum, refletindo interesses compartilhados na integração da estrutura social e na personalidade. Esse campo de estudo é geralmente chamado de psicologia social. Nós acadêmicos, por sermos quem somos, não devemos nos surpreender com o fato de que, nos últimos anos, surgiu uma subdisciplina dentro deste campo, à qual se atribuiu o rótulo de "psicologia social sociológica" (MacKINNON, 1994). E assim como há agora um subcampo chamado de sociologia da cultura, também há um chamado de psicologia cultural (COLE, 1990; SHWEDER 1990 e 1993).

### Ciência política

Enquanto a fundação da antropologia foi o evolucionismo, a biologia e grandes teóricos sociais como Marx, Weber e Durkheim, a fundação da ciência política foi a filosofia clássica. Enquanto a antropologia lida com todos os subsistemas da sociedade, a ciência política enfoca o sistema político e o poder. Seria um erro, entretanto, presumir que a antropologia não esteja preocupada com o poder. Edmund Leach (1965), um proeminente antropólogo social britânico, argumentou que o poder é o mais fundamental aspecto de toda a vida social, e, portanto, crucial para o empreendimento antropológico, e, de fato, há uma área de especialização em antropologia chamada de antropologia política. A minha própria impressão é a de que a ciência política, em grande medida, apenas indiretamente lida com o poder. Gostaria de incluir aqui um dos seus enfoques centrais: as políticas públicas e a administração pública.

### Economia

Assim como a ciência política, a economia enfoca uma instituição particular, e preocupa-se com a produção, a distribuição e o consumo dos bens econômicos, bem como com o desenvolvimento econômico, os preços, o comércio e as finanças. Como no caso da ciência política, há uma área de especialização em antropologia chamada antropologia econômica. A maioria das etnografias do passado, no entanto, apenas incluía um capítulo sobre a economia como uma das várias instituições investigadas.

A Economia, por vezes, é considerada a disciplina mais teoricamente avançada entre as Ciências Sociais, em parte devido ao rigor das análises fornecidas em razão do fato de que os economistas trabalham com dados quantitativos, ou números, e assim podem empregar modelos matemáticos. No entanto, muitos antropólogos consideram a economia etnocêntrica, aplicável apenas a economias ocidentais baseadas em princípios de mercado. Especialistas em antropologia econômica tentaram demostrar que certos pressupostos das economias ocidentais, como o cálculo racional do lucro, a maximização, a (livre) escolha, e a oferta e demanda são significativamente afetados e modificados dentro do contexto de estruturas sociais não ocidentais. Uma vez mais, a doença acadêmica de colocar etiqueta em tudo é evidente aqui, sendo os que duvidam da universalidade dos princípios econômicos chamados de "substantivistas" e os demais de "formalistas".

### Geografia

Os conceitos centrais da geografia são os de espaço e de ambiente. Dado o seu enfoque no mundo físico (ou ambiente) e no mundo social (enquanto condicionado pelo espaço), a geografia coincide consideravelmente com uma escola da antropologia cultural denominada ecologia (cf. cap. 4). Como no caso da economia, da ciência política e da psicologia, a geografia contém muitas áreas de especialização, tais como o uso da terra e o clima, que são de interesse apenas periférico para a maioria dos antropólogos. No entanto, exceto pela preocupação mais consciente com a dimensão espacial, uma preocupação partilhada por muitos antropólogos e sociólogos urbanos, existe uma considerável coincidência entre a antropologia sociocultural em geral e a geografia social. Como o fez em relação à sociologia, a cultura também tem permeado a geografia, refletida na abordagem especializada, conhecida como geografia cultural (JACKSON, 1989; SOJA, 1989; WAGNER & MIKESELL, 1962).

### História

Costuma-se argumentar que a antropologia enfoca o geral e a história o particular. É verdade que alguns dos primeiros antropólogos, a exemplo de Radcliffe-Brown, negaram que a história tivesse qualquer relevância para a antropologia, principalmente porque pensavam que a história tratasse de eventos singulares, e que um estudo científico do passado não fosse possível. Mas, em 1950, Evans-Pritchard (1968 [1950]), outro antropólogo social extraordinariamente talentoso, rompeu com a tradição e argumentou que a antropologia não era uma disciplina generalizante (ou nomotética), mas sim um ramo da história. Muito antes, Boas (1897), o fundador da antropologia americana, havia incluído a investigação histórica como uma característica central da investigação antropológica. Nos últimos anos a antropologia histórica surgiu como um campo distinto por direito próprio.

Hoje a maioria dos antropólogos provavelmente concordaria que uma perspectiva histórica enriquece uma etnografia. Ao contrário dos historiadores, no entanto, os antropólogos incluem a história não tanto a fim de documentar e explicar o que aconteceu no passado, mas sim de ajudar a compreender o presente. Também parece haver uma diferença nos estilos de pesquisa. Enquanto os historiadores frequentemente parecem relutantes em inferir mesmo generalizações modestas de seus dados, os antropólogos são muito menos cautelosos (pelo menos alguns deles o são), e há mais pressão do que na história por se associar uma etnografia a orientações teóricas gerais. No entanto, mesmo isso está mudando enquanto escrevo. O que estamos presenciando é um novo estilo de antropologia, que evita generalizações e abstrações, e opta, ao contrário, por cavar profundamente em casos individuais – abordagem há muito preferida pelos historiadores.

Permitam-me concluir com duas ou três observações. Primeiro, há consideravelmente mais coincidências entre estas várias disciplinas do que a maioria dos seus profissionais está preparada para admitir. Em segundo lugar, há uma tendência ao que pode ser adequadamente rotulado de imperialismo disciplinar. Ou seja, profissionais de cada disciplina muitas vezes fazem afirmações explicativas além das suas circunscrições, e afirmam que a sua própria disciplina é a fundamental, sendo as outras apenas ramos dela. Terceiro, nada há de sacrossanto quanto à existente divisão acadêmica de trabalho. Seria igualmente lógico descartar tais divisões e concentrar-se em problemas de pesquisa a partir de uma variedade de ângulos, representando todas as disciplinas acima, e ainda outras, quando relevante. Até certo ponto, pode-se argumentar que essa meta já tenha sido alcançada, refletida, por exemplo, nos estudos femininos. Tais programas, no entanto, constituem uma fatia fina do bolo da universidade. Uma transformação radical da totalidade do mundo acadêmico é improvável, mesmo que apenas por causa dos interesses pessoais dos acadêmicos; e não há um obstáculo relacionado: as universidades parecem, paradoxalmente, considerando-se a ênfase no pensamento inovador, não serem menos resistentes a mudanças do que outras instituições sociais.

## Como aprender os fundamentos de uma disciplina: cinco passos, do principiante ao especialista

### 1 Principais escritores

Quando você iniciar os seus primeiros cursos em uma disciplina, vai logo reconhecer, a partir das leituras exigidas e das aulas, os nomes de algumas das figuras-chave da disciplina (como Boas, Mead, Malinowski e Radcliffe-Brown na antropologia); é uma boa ideia ler o máximo que puder sobre essas figuras-chave, especialmente os fundadores, e basear neles os seus primeiros trabalhos em cursos que exijam a composição de artigos.

### 2 Orientações teóricas

No primeiro passo você terá adquirido um conhecimento rudimentar de figuras-chave e de conceitos básicos; o próximo passo consiste em familiarizar-se com as várias orientações teóricas ou escolas dentro da disciplina, como o evolucionismo, o funcionalismo estrutural, a ecologia cultural, e o pós-modernismo. Essa é uma tarefa mais sofisticada e exigente do que apenas aprender acerca das figuras-chave, embora muitas vezes tenham sido esses mesmos pesquisadores que moldaram as orientações teóricas centrais.

### 3 Problemas teóricos e metodológicos básicos

Nesta fase você tenta entender-se com os problemas mais famosos da disciplina, realizando sua pesquisa na biblioteca. Aqui estão alguns exemplos: Será que a linguagem dita, ou pelo menos influencia, a maneira como as pessoas pensam e se comportam? (A questão da hipótese whorfiana.) Será que a sociedade está primordialmente em harmonia ou em conflito? Será que o matrimônio e a família são universais? Por que existem os tabus do incesto? Será que existe racismo institucionalizado antes do surgimento do capitalismo? Será que a desigualdade de gênero tem sido universal, inclusive entre caçadores e coletores? As questões enfocadas nesta etapa são mais aporéticas e ambíguas do que aquelas das duas fases anteriores, e as exigências sobre a capacidade imaginativa e inovadora do aluno são proporcionalmente maiores.

### 4 A escolha de problemas teóricos ou metodológicos feita pelo próprio aluno

Nesta fase seus estudos, provavelmente, ainda estarão circunscritos à biblioteca, embora, se tiver sorte, talvez você tenha uma oportunidade de molhar os pés em alguma breve pesquisa de campo, normalmente no contexto de um curso de métodos qualitativos. Agora você possuirá sofisticação suficiente para definir e selecionar os problemas que deseja investigar, problemas que reflitam os seus próprios interesses acadêmicos. Por exemplo, você pode estar interessado em saber se o racismo em áreas urbanas é maior ou menor do que o racismo em áreas rurais, e, para tanto, recorrer à literatura disponível. Ou você pode perguntar-se se o multiculturalismo disfarça os conflitos de classe, reforçando assim a perpetuação da elite no poder e seus privilégios. Ou você poderia conjecturar a hipótese de que, concomitante aos ganhos das mulheres, tais como um aumento no número de professoras nas universidades, há uma desvalorização do ensino superior, refletindo um estrangulamento continuado do patriarcado. Ou você pode mergulhar em questões puramente teóricas, como se uma antropologia doméstica significará que a união da antropologia e da sociologia é inevitável, se o marxismo e o feminismo são compatíveis, e se análises quantitativas e qualitativas podem ser sintetizadas. A questão é que, nesta fase, você está situado na periferia da investigação criativa, o que exige iniciativa, sensibilidade, bom-senso e inovação.

### 5 Pesquisa original

Quando alcançar esta fase, você vai ter uma visão clara do território conceitual ocupado pela disciplina, uma ideia de como esse território varia de uma orientação teórica para outra, uma percepção dos limites explicativos da disciplina, uma imaginação antropológica sofisticada, e um conhecimento das técnicas e métodos necessários para conduzir uma pesquisa. Em outras palavras, você estará pronto para operar de maneira altamente independente, e para fazer uma contribuição original à disciplina. Em antropologia, isso normalmente significa embarcar em um projeto de pesquisa maior, frequentemente uma tese de doutorado (ocasionalmente uma dissertação de mestrado), e, tendo feito isso, você poderá, justificadamente, autodenominar-se um antropólogo profissional!

## Termos-chave

Sob o risco de fazer o leitor dormir, encerrarei este capítulo de abertura com algumas definições de termos-chave empregados no livro. Esta tarefa não é tão simples quanto possa parecer, porque cada termo pode variar de acordo com o corpo teórico ou a escola de pensamento em que é utilizado; além disso, a própria orientação do antropólogo em relação à disciplina – se ele a considera ciência ou arte, objetiva ou subjetiva –, assim como os seus preconceitos e perspectivas pessoais – se considera a sociedade harmoniosa ou conflituosa –, terá um impacto sobre a sua própria perspectiva global, inclusive como os termos-chave são definidos.

### Teoria

Uma explicação de uma classe de eventos, geralmente com um referente empírico, fornecendo uma visão de como e o que está acontecendo, e às vezes explicando por que os fenômenos existem. Uma teoria tenta resolver um problema, normalmente (mas nem sempre) no sentido de demonstrar que aquilo que os leigos pensam que seja desordenado e aleatório é na verdade ordenado e sistemático.

### Orientação teórica

Uma escola distintiva de pensamento ou de tradição acadêmica, tal como o funcionalismo estrutural. Outros termos frequentemente utilizados como substitutos para orientação teórica são modelo, esquema conceitual, sistema teórico e paradigma. Uma orientação teórica é um termo altamente geral e inclusivo. Estipula o território conceitual em que a disciplina supostamente opera (que na verdade pode variar de uma orientação para outra), a metodologia preferida, incluindo o projeto de investigação, técnicas, critérios de verificação (se houver), e suposições sobre o equilíbrio relativo entre ciência e arte; a implícita filosofia do agente, se livre ou determinado, racional ou emocional, bom ou mau; e suposições implícitas ou explícitas acerca de possíveis fatores explicativos-chave, como a pulsão sexual, o parentesco, a religião, ou a tecnoeconomia.

### Modelo

Muitas vezes empregado em dois sentidos bastante diferentes. No primeiro, um modelo é um substituto para orientação teórica. Assim, muitas vezes nos referimos ao funcionalismo estrutural como um modelo de sociedade. No segundo, modelo é usado muito mais restritivamente. Constitui um sistema explicativo, consistente de variáveis logicamente interdependentes, construído para iluminar um problema específico (ou conjunto de problemas) em uma configuração específica. No capítulo 8, apresento um modelo que foi construído a fim de explicar as características centrais e dinâmicas da comunidade que investiguei na zona rural de Ontário.

Geralmente pensa-se que um modelo esteja a meio-caminho entre a teoria geral e o universo empírico estudado, portanto articulando ou construindo uma ponte entre ambos. A linha divisória está em que, enquanto um modelo é válido ou inválido, no sentido de ser preciso e esclarecedor, a sua validade não pode ser demonstrada diretamente. Em vez disso, abstraem-se hipóteses a partir do modelo, se as submete à confirmação empírica (ou não confirmação), e se sobreviver ao calvário dos testes, o modelo poderá então ser aceito como, pelo menos provisoriamente, válido.

Penso que essa concepção de modelo seja um tanto quanto pretensiosa, sugerindo um rigor científico utópico. Talvez o termo mais apropriado seja tipologia, uma construção semelhante a um modelo, no sentido de consistir em conceitos interdependentes e variáveis, que representem alguma classe de eventos, mas diferentes, uma vez que uma tipologia é considerada útil ou não, ao invés de válida ou não.

Termos relacionados são hipótese, correlação, generalização empírica, suposição, proposição e lei. Uma hipótese é uma declaração formal que relaciona duas variáveis, e indica direção causal (i. é, $X$ gera $Y$). Uma correlação é uma afirmação da relação entre duas variáveis sem indicar causalidade, ou identificar variáveis dependentes e independentes. Uma generalização empírica resume tendências nos dados. Uma suposição é uma precondição que permite a precedência de uma análise. Por exemplo, supondo-se que os seres humanos sejam racionais e exerçam o livre-arbítrio, os economistas constroem modelos explicando o funcionamento do mercado. Uma proposição é uma hipótese, ou uma série de hipóteses, bem testada, generalizável a uma ampla gama de fenômenos. A lei é uma proposição, ou série de proposições, de âmbito potencialmente universal. O meu próprio preconceito consiste em considerar estes vários termos, os quais pertencem todos ao vocabulário da ciência, com certo grau de ceticismo. Nas etnografias da maioria dos antropólogos, uma hipótese é essencialmente um palpite, uma adivinhação, ou uma interpretação inspirada, e muitas vezes a palavra suposição é usada como sinônimo de hipótese e não como uma condição prévia. Embora generalizações empíricas sejam amplamente empregadas pelos antropólogos, e justificadamente, dada a natureza, em grande medida, indutiva do trabalho de campo, o mesmo não pode ser dito acerca de proposições e leis; com efeito, para a maioria dos antropólogos seria difícil produzir uma dúzia de proposições na literatura, quanto menos uma única lei.

## Metodologia

Assim como modelo, o termo metodologia também é muitas vezes empregado em dois sentidos. No primeiro, trata-se de um termo inclusivo, consistente na filosofia do conhecimento, na lógica da pesquisa, nas definições operacionais, nos procedimentos analíticos e nas técnicas de pesquisa. No segundo, refere-se mais estreitamente à lógica da pesquisa, incluindo suposições epistemológicas (como o conhecimento é produzido e demonstrado) e o projeto de pesquisa (as estratégias utilizadas para investigar problemas).

## Método

Refere-se às técnicas de pesquisa, tais como a observação participante, o questionário, e os métodos de arquivamento; bem como a questões relacionadas, tais como a elaboração de relatórios e o registro de notas de campo.

### Esquema conceitual

Às vezes usado como sinônimo de orientação teórica, outras vezes empregado mais estreitamente, significando os conceitos-chave inter-relacionados em um estudo. Há uma geração atrás, ensinava-se aos alunos que havia uma diferença entre esquema conceitual e sistema teórico, e que até que o primeiro fosse estabelecido, era inútil tentar construir o último.

### Conceitos básicos

No início deste capítulo discuti uma série de conceitos básicos da disciplina, tais como cultura, sociedade, sistema de crenças, visão de mundo, classe, etnocentrismo e relativismo. Conceitos básicos consistem no vocabulário mínimo necessário para se entender a perspectiva de uma disciplina. Todos os conceitos básicos têm implicações teóricas, uma vez que representam ou fazem alusão a problemas persistentes e fundamentais. Relacionados a conceitos básicos são termos primitivos, construções e definições operacionais. No sentido filosófico, termos primitivos são os termos fundamentais de uma disciplina, o menor número de termos aos quais todos os outros podem ser reduzidos. Poderiam ser considerados comparáveis a fonemas (sons básicos) em uma língua. Construções são tipos particulares de conceitos: conceitos de alto nível que permitem ao pesquisador capturar e penetrar dimensões-chave do universo que está sendo investigado. Por exemplo, em um estudo sobre o capitalismo, "alienação" pode ser considerada um construto, assim como pode sê-lo "tormento" em um estudo sobre doenças crônicas. Com as definições operacionais, mergulhamos a todo vapor no vocabulário da ciência. Uma definição operacional especifica as condições e procedimentos de medição pelos quais as hipóteses são testadas empiricamente. Uma ilustração, suponho, poderia ser dada por essas últimas páginas sobre termos-chave. Se esta seção provou ser soporífera, pelo menos temos uma medida do seu impacto!

## Organização do livro

Neste capítulo de abertura tentei fornecer ao leitor uma visão ampla da antropologia, e agora me volto diretamente para a teoria e o método. As partes um, dois e três estão organizadas com base nas três fases da disciplina que foram descritas no prefácio: lançar os fundamentos da disciplina, remendando as rachaduras que eventualmente surgirem, e a recente tendência radical à demolição e à reconstrução. A primeira fase corresponde às primeiras décadas da antropologia profissional, e aqui vou me concentrar em três orientações teóricas: o evolucionismo, o particularismo histórico e o funcionalismo estrutural. O que caracterizou essa época foi a grande confiança que a disciplina tinha no fato de ser (ou poder ser) uma ciência genuína, embora mesmo naqueles dias houvesse céticos. Na segunda fase, que emergiu após a Segunda Guerra Mundial e a falência do colonialismo, lidarei com a teoria do conflito, a teoria da ação social e a ecologia cultural. Neste período, graves questões foram suscitadas acerca da solidez dos modelos anteriores de sociedade, e, por conseguinte, acerca do sonho de um estudo científico de outras culturas. No entanto, a maioria dos antropólogos sufocou as suas dúvidas e empenhou esforços em fortalecer o alicerce que havia sido projetado pelos primeiros arquitetos da disciplina. Na terceira fase examinarei as mais importantes orientações teóricas surgidas durante as últimas duas ou três décadas: o estruturalismo, o pós-modernismo e a antropologia feminista. Enquanto o objetivo na primeira fase era construir uma ciência da sociedade, e, na segunda, manter esse sonho vivo, a terceira fase marca um afastamento revolucionário da antropologia até aquele ponto, seja reformulando a disciplina de uma maneira que desafia a abordagem positivista ou descartando a busca de uma ciência da sociedade como moral e epistemologicamente fadada ao fracasso.

Uma das minhas questões básicas tem sido se as mudanças ocorridas na teoria têm produzido alterações correspondentes no método. O que descobri foi um fosso cada vez maior entre as nossas teorias e os nossos métodos conforme a primeira fase cedia às fases dois e três. A trajetória das nossas orientações teóricas afastou-nos cada vez mais da ciência. A trajetória da nossa literatura metodológica tem sido exatamente na direção oposta. No exato momento em que se expressavam as dúvidas acerca de uma ciência da sociedade em nossas orientações teóricas, os livros didáticos sobre os métodos estavam empenhados em demonstrar-nos como desmistificar a experiência da pesquisa de campo, como torná-la mais rigorosa e científica.

A quarta parte leva-nos em uma direção um pouco diferente. Desde os anos de 1960 tem aparecido uma enorme quantidade de literatura sobre métodos qualitativos. Pegue praticamente qualquer livro didático e você encontrará relatos de como realizar pesquisa de campo, como fazer observação participante e entrevistas informais, além de conselhos a respeito do *stress* e da ética. O que você não vai encontrar é muita coisa útil sobre como analisar dados qualitativos. Isto é o que eu chamo de a última fronteira na pesquisa qualitativa, e, no capítulo 8, tento preencher a lacuna na literatura sobre os métodos, pelo menos em uma medida modesta. No capítulo final lanço um olhar na direção futura da disciplina. Será que o pós-modernismo e a antropologia feminista continuarão na liderança? Será que a diferença entre as nossas teorias e os nossos métodos crescerá ainda mais, lançando-nos em mais uma crise, ou será que posições extremas serão abandonadas e uma posição intermediária será alcançada? Previsão é algo arriscado, mas pelo menos acerca de uma coisa podemos estar certos: a antropologia ainda estará conosco nos próximos anos. A capacidade singular dos pesquisadores de campo de observarem as pessoas em seus mundos cotidianos, de compreenderem o significado de suas vidas e encorajarem a comunicação através dos limites de classe, cultura, etnia e gênero – sendo possivelmente esta última questão mais crítica do que nunca antes, tendo em vista a magnitude da turbulência global – garantirá um resultado feliz.

# PRIMEIRA PARTE

A construção da disciplina

# 2
# Teoria

As primeiras décadas da antropologia profissional testemunharam a transferência da disciplina do gabinete para o campo. A perspectiva intelectual dominante em meados do século XIX era o evolucionismo, e a disciplina nascente da antropologia não escapava à sua aderência. Eventualmente o evolucionismo foi dominado por duas outras orientações, o particularismo histórico e o funcionalismo estrutural, que derivavam parte de seu poder da promoção da pesquisa de campo original, em primeira mão. Juntos, o evolucionismo, o particularismo histórico e o funcionalismo estrutural foram as orientações teóricas mais importantes da disciplina por quase uma centena de anos – na verdade, até a Segunda Guerra Mundial.

## Evolucionismo

O evolucionismo removeu dois obstáculos que obstruíam a investigação científica da sociedade. Um era a prevalecente versão sobrenatural e teológica da origem e do desenvolvimento do universo. O outro era a ideia de que a vida social, ao contrário da vida natural, é espontânea e livre, desprovida de regulamentação e padrão. Com sua ênfase na luta, na competição, na expansão e no progresso histórico, a antropologia evolucionária procurou nada menos do que esboçar e explicar a totalidade da história humana, tratando fenômenos socioculturais como parte da natureza, sujeitos às suas leis.

Uma das primeiras controvérsias era se todos os seres humanos têm uma origem e desenvolvimento comuns (monogênese) ou diferentes origens e desenvolvimentos (poligênese). Os monogenistas tendiam a presumir a unidade psíquica da humanidade e os poligenistas a pluralidade psíquica associada a diferentes raças. Grande parte das teorias desenvolvidas nesta época estava contaminada pelo preconceito racial, mas os pioneiros da antropologia não inventaram o racismo. Escritores anteriores haviam pavimentado o caminho. Blumenbach (1865 [1775]), por exemplo, havia argumentado que todos os se-

61

res humanos nasceram brancos; dizia-se que o negroide era apenas uma forma degenerativa do caucasoide, causada por fatores ambientais, tais como o clima e a dieta. Em seguida, houve a noção do século XVIII (cf. HARRIS, 1968: 87) segundo a qual a cor da pele negroide era uma forma de lepra. Foi ainda durante este período que a frenologia surgiu, com o pressuposto de que o estudo do crânio poderia explicar padrões sociológicos e psicológicos. Associado à frenologia estava o índice cefálico, que consistia em uma técnica utilizada para classificar as populações humanas com base na razão entre o comprimento e a largura da cabeça.

### Características básicas

*1) Etnocentrismo.* Os primeiros antropólogos tendiam a avaliar as culturas do mundo nos termos do modelo da Inglaterra Vitoriana. O pressuposto subjacente era o de que o evolucionismo culminou na Inglaterra e na Europa, e fora retardado ou retrógrado no mundo primitivo.

*2) Especulação de gabinete.* Os primeiros antropólogos evolucionistas não faziam trabalho de campo, especialmente no sentido moderno da observação participante intensiva, durante um longo período de tempo e com uma população limitada. Em vez disso, eles baseavam-se em dados fornecidos por amadores inexperientes. No cerne da perspectiva evolucionária estava o método comparativo, com o pressuposto de que as sociedades poderiam ser arranjadas em uma taxonomia, e que comparações entre culturas eram significativas.

*3) Esquema unilinear.* O pressuposto prevalecente era o de que todas as culturas haviam atravessado os mesmos estágios evolutivos na mesma ordem.

*4) Progresso inevitável.* Conforme a vida sociocultural evoluiu, ela supostamente melhorou, no sentido de tornar-se mais civilizada, moral e ordenada. Aqui a influência do Iluminismo do século XVIII é evidente, com sua ênfase na ordem, no progresso e na racionalidade.

### Figuras-chave

*Edward B. Tylor* (1832-1917)[1]

Tylor nasceu em uma família rica de Londres, Inglaterra. Apesar de nunca ter cursado a universidade, e de fato ter abandonado a escola aos 16 anos de idade, acabou alcançando o posto de decano da Universidade de Oxford. Tylor

---

1. Ao longo desta obra, dados sobre nascimento e morte serão fornecidos apenas para pesquisadores que já tenham falecido.

sofria de problemas de saúde quando jovem, e levou uma vida de lazer, apoiado financeiramente pela sua família. Embora nunca tenha conduzido um trabalho de campo original e profundo, ele viajou muito, e foi uma viagem ao México que atraiu seus interesses para a antropologia. Em 1871 publicou o livro extremamente influente *Primitive Culture* (Cultura primitiva), com o seu especial enfoque e famosa definição de religião: crença em seres espirituais.

Tylor argumentou que a cultura evoluiu do simples ao complexo, e passou por três estágios: a selvageria, a barbárie e a civilização. A fim de analisar o desenvolvimento histórico, Tylor baseou-se no método comparativo, e no que chamou de "sobrevivências". Sobrevivências eram "traços" de um estágio anterior de evolução. Consistiam em aspectos da cultura que persistiam por força do hábito em um estágio evolutivo mais elevado. Uma vez que as condições que geraram esses aspectos culturais já não operavam, as sobrevivências já não tinham finalidade ou utilidade (exceto, é claro, para o antropólogo tentando reconstruir o passado!).

Tylor enfatizou a base racional da cultura – de todas as culturas. Enfatizou a mente humana. No seu esquema, as instituições sociais são movidas pela razão, e os costumes, que são meramente tradicionais ou habituais, estão fadados a um dia desaparecerem, porque lhes falta utilidade. Aqueles que não o sejam, são, por definição, denominados sobrevivências. Apesar de sua premissa de que todos os povos, independentemente do estágio evolutivo, são racionais, e todas as culturas são guiadas pela finalidade e pela utilidade, o esquema de Tylor não é tão liberal quanto possa parecer. Os primitivos, por exemplo, só eram considerados racionais no contexto das suas próprias culturas. Ou seja, dada a ausência de conhecimento científico, eles pensavam tão logicamente quanto se poderia esperar, mas de uma maneira que pode ser considerada irracional pela sociedade moderna. A perspectiva intelectualista de Tylor tornou-se conhecida pejorativamente como a teoria "se eu fosse um cavalo" – se eu fosse um cavalo, eu pensaria como um cavalo.

Tylor enfatizou não só a racionalidade e a utilidade, mas também a unidade psíquica da humanidade. No entanto, como Hatch (1973: 32) aponta, ao mesmo tempo em que mantinha a posição contraditória segundo a qual diferentes raças possuíam diferentes graus de habilidade inata – um pressuposto convencional no momento em que escreveu. Embora seus esforços para estabelecer um estudo científico da evolução da cultura tenham um interesse apenas histórico para a maioria dos antropólogos contemporâneos, uma parte dos seus escritos continua a ter alguma influência; trata-se da sua abordagem intelectualista da análise da religião – uma abordagem que tem incentivado pesquisadores a prestarem atenção na religião como um sistema explicativo, que tenta compreender o mundo das pessoas que abraçam crenças religiosas.

### Louis Henry Morgan (1818-1881)

Nos Estados Unidos, o mais importante evolucionista cultural foi Morgan. Ele era, na verdade, um advogado por formação, e realizou seus estudos etnográficos enfocando os povos indígenas norte-americanos como um *hobby*. Mas que *hobby*! Não só ele fez uma parcela da sua própria pesquisa de campo, como também preparou questionários sobre parentesco e organização social, e os disponibilizou para funcionários do governo e outras pessoas em contato com povos indígenas, a fim de coletarem dados sistemáticos. O resultado final foi um clássico da antropologia, *Ancient Society* (Sociedade antiga) (1877). Assim como Tylor, Morgan postulou três estágios de evolução: selvageria, barbárie e civilização, sendo os dois primeiros divididos nos subtipos baixo, médio e alto. Associados ao seu esquema estavam cinco estágios do desenvolvimento da família e do casamento, três classes de terminologia de parentesco, e um retrato evolucionário da organização social e política, que ia desde àquela a qual se referia como a horda promíscua, à tribo e, finalmente, ao Estado moderno.

O nome de Morgan também está favoravelmente associado à distinção antropológica entre terminologias de parentesco classificatória e descritiva. Em um sistema classificatório, os mesmos termos que se aplicam a familiares, como marido e mulher, também podem ser aplicados a uma ampla gama de parentescos. Por exemplo, uma mulher entre os iorubas da Nigéria pode usar o termo marido (*oko*) ao abordar os irmãos, as irmãs e os pais do marido. Nas sociedades ocidentais contemporâneas, predomina a terminologia descritiva, o que significa que termos como pai ou filha designam uma gama específica e estreita de indivíduos caracterizados por uma relação biológica ou conjugal. No entanto, mesmo assim, termos como irmão, irmã, tia, tio e filho às vezes têm conotações classificatórias, como em clubes de serviço e organizações políticas e religiosas.

As chaves para o esquema evolutivo de Morgan eram os fatores tecnoeconômicos. O que causou a mudança de um estágio inferior para um superior, argumentou ele, foi a introdução de uma inovação tecnológica significativa, como a cerâmica, o arado, ou o arco e a flecha. A ênfase de Morgan do papel desempenhado pela tecnologia e pela economia mereceu a admiração de Marx, ao ponto de ele ter querido dedicar-lhe a sua obra principal, *Das Kapital*. Morgan, um advogado altamente conservador, ficou horrorizado e declinou a honra.

Para Morgan, assim como para Tylor, a transição de um estágio inferior para um superior significava progresso, não só em termos de sofisticação tecnológica, mas também de moralidade. Isso ajuda a explicar a sua inclinação racista. Embora tenha sido um pertinaz defensor dos índios americanos ao longo de toda a vida, ele não pensava (cf. HARRIS, 1968: 138-139) que fossem iguais aos europeus, e era manifestamente preconceituoso contra os afro-americanos.

Estudiosos contemporâneos atraídos por modelos evolucionários (e ainda há alguns, como Marvin Harris) continuam a inspirar-se em Morgan, reconhecendo em seu esquema, e, em particular, na atenção conferida a inovações tecnológicas, uma estrutura útil para a construção do desenvolvimento da cultura humana. Mais precisamente, eles não mais aceitam muitas das suas afirmações específicas, tais como as de que as pessoas de menor selvageria eram apenas coletoras de frutas e nozes (em vez de também caçadoras), e se distanciam das conotações racistas em suas obras. Mas, mesmo a este respeito, parecem pressupor que a integridade básica da estrutura evolucionária de Morgan tenha resistido ao teste do tempo; para modernizá-la foi necessário apenas um ágil ajuste terminológico, de modo a que selvagens se tornassem caçadores e coletores, bárbaros se tornassem horticultores, e povos civilizados se tornassem cidadãos do Estado moderno, estratificado.

### Herbert Spencer (1820-1903)

Outro escritor evolucionário central foi Spencer, nascido na Inglaterra e autor de numerosos livros, incluindo *Princípios de sociologia* (1876). Spencer postulou dois estágios evolutivos: militarista e industrial, caracterizados respectivamente pela autoridade centralizada e pela liberdade individual. Spencer pensava que a sociedade evoluiu do simples para o complexo, um processo envolvendo luta, adaptação e progresso. Ele traçou um estreito paralelo entre a evolução biológica e a social, e tendia a tratar a sociedade como um organismo comparável a um organismo biológico, com uma importante exceção: enquanto a sociedade evolui do estágio militarista para o industrial, o ser humano individual goza de um grau de autonomia desconhecido para outras espécies. Em outras palavras, em uma fase mais avançada da evolução, as partes da sociedade (indivíduos) dominam o todo (o estado), e não o contrário.

Spencer continua a ser de grande interesse para os estudiosos contemporâneos, porque algumas de suas ideias-chave pavimentaram o caminho para Darwin. Foi Spencer, por exemplo, e não Darwin, quem cunhou a expressão "a sobrevivência do mais apto". Segundo a perspectiva de Spencer, o desenvolvimento da sociedade estava sujeito às mesmas leis naturais que se aplicavam ao mundo não humano, e ele considerava que isso fosse uma coisa boa; em longo prazo, a sociedade progrediria ao ponto da perfeição. Isto é ilustrado pelo seu argumento (HARRIS, 1968: 127) segundo o qual inteligência e fertilidade estavam inversamente relacionadas, de modo que as pessoas mais inteligentes tinham o menor número de filhos. Uma vez que Spencer presumia que os indivíduos e as raças mais inteligentes estavam destinados à sobrevivência, isso significava que a superpopulação nunca se tornaria um problema para a humanidade.

Em muitos aspectos os escritos de Spencer têm uma notável semelhança com os panfletos de direitistas contemporâneos. Sua perspectiva evolucionária tornou-se uma apologia do capitalismo, da propriedade privada e da livre-iniciativa, e um ataque contra a intercessão do governo, o socialismo e o comunismo. Na visão de Spencer, o capitalismo e a livre-iniciativa eram consistentes com as leis da natureza, enquanto o socialismo e o comunismo opunham-se a elas. Estas leis, de acordo com Spencer, não poderiam ser modificadas pela intervenção humana, pela cultura; tampouco deviam ser, pois conduziam o *homo sapiens* a níveis cada vez maiores de perfeição.

### Avaliação

Na medida em que o objetivo da antropologia é estabelecer um estudo científico da sociedade (ou da cultura), o evolucionismo teve seus pontos fortes. Presumindo que a sociedade esteja sujeita às mesmas leis da natureza que moldam os fenômenos não humanos, como a luta, a competição, a adaptação e a mudança direcional do simples para o complexo, os evolucionistas tinham uma estrutura que aprimorava a pesquisa nomotética. Os críticos, especialmente aqueles que não pensam que a ciência possa lidar com a complexidade da vida social e cultural, podem alegar que evolucionismo era pouco mais do que uma ideologia de autorrealização. Escritores como Tylor, Morgan e Spencer, por outras palavras, apenas encontravam na história da humanidade os padrões e mudanças que as suas teorias exigiam que descobrissem. Seja como for, o que pode ser afirmado sobre os primórdios do evolucionismo, além de sua crueza, é que era perfeitamente adequado aos seus tempos, pelo menos em um sentido político. Com sua ênfase na sobrevivência dos mais aptos e a presumida superioridade dos europeus, ele forneceu apoio ideológico ao imperialismo e ao colonialismo.

## Particularismo histórico

A principal reação da antropologia americana contra o evolucionismo tornou-se conhecida pelo termo, um tanto quanto desajeitado, particularismo histórico. Uma parte integrante do particularismo histórico foi o difusionismo. A ideia central do difusionismo era a de que um aspecto da cultura, como a descoberta da roda, um costume matrimonial, ou uma crença religiosa, tendia a se espalhar de uma cultura para outra, chegando a integrar-se em todas as culturas de uma determinada área geográfica.

O difusionismo disferiu um golpe mortal no esquema evolucionário, pois que já não fazia sentido argumentar que cada cultura tinha que evoluir através de estágios específicos em uma ordem específica. O difusionismo também esteve por trás de uma das mais renomadas questões metodológicas dos primórdios da antropologia: o problema de Galton. Na virada do século, Edward Tylor apresentou um artigo (1889) para a *Royal Society* na Grã-Bretanha. Sua tese afirmava que, dado o mesmo nível de tecnologia e condições ambientais, os padrões de residência consecutivos ao casamento serão os mesmos (se, p. ex., os recém-casados estabelecerão o seu próprio lar independente do dos pais da esposa e do marido – residência neolocal –, se viverão com os pais ou linhagem da esposa – residência matrilocal –, ou se morarão com os pais ou linhagem do marido – residência patrilocal). Tylor apresentou dados sistemáticos de grupos étnicos vizinhos para ilustrar sua tese, e ao fazê-lo pareceu ter estabelecido firmemente a estatura científica da disciplina. Mas na plateia estava o famoso cientista Francis Galton, que também era um diletante em antropologia. Ele aparentemente fez uma pergunta que desde então tem assolado a disciplina: Como o professor Tylor sabia se as sociedades individuais acerca das quais possuía dados eram casos verdadeiramente independentes, ao invés de estarem contaminados por difusão? Em outras palavras, será que cada um dos seus exemplos de padrões de residência pós-conjugais eram discretos, ou empréstimos culturais haviam tornado as águas turvas?

Havia, na verdade, três escolas distintas de difusionismo. Uma era a Escola *Kulturkreise*, sediada em Viena. Escritores como Ratzel, Graebner e Schmidt tentaram explicar o desenvolvimento da cultura através da migração e da difusão. Eles postularam várias áreas culturais distintas ou círculos culturais (qual seja o significado literal de *kulturkreise*), cujos elementos, ao longo do tempo, haviam-se espalhado por todo o mundo e, assim, ajudado a explicar semelhanças culturais através do espaço. Outra escola ficava na Grã-Bretanha, promovida pelo influente W.H.R. Rivers da Universidade de Cambridge, e por W.J. Perry e G. Elliot Smith. O difusionismo britânico durou pouco, possivelmente devido aos seus excessos pouco sofisticados. Smith, por exemplo, fez a afirmação improvável de que o Egito era a fonte de praticamente todas as características e inovações culturais que se haviam então difundido para o resto do planeta. A terceira, e sem dúvida mais importante, escola do difusionismo tomou forma sob a orientação de Boas nos Estados Unidos, e conduz-nos diretamente ao particularismo histórico.

### Características básicas

*1) Investigação histórica limitada.* A escola americana se opôs às suposições cruas e especulativas dos evolucionistas e ao uso descuidado do método comparativo, baseado em dados de qualidade duvidosa. Mas não era anti-histórica. Defendeu que o estudo deve limitar-se a uma determinada cultura (ou área cultural), e que a história dessa cultura deve ser reconstruída – daí o rótulo de particularismo histórico.

*2) Difusão.* Talvez o pressuposto básico dos particularistas históricos tenha sido o de que qualquer cultura particular era parcialmente composta de elementos difundidos a partir de outras culturas.

*3) Cultura como retalhos e remendos.* Embora cada elemento difundido seja remodelado a fim de caber no seu novo contexto cultural, o grau de integração nunca é completo. Cultura, em outras palavras, é uma entidade frouxamente organizada, ao invés de um sistema firmemente fundido.

*4) Cultura como singularidade.* Cada cultura particular é, até certo ponto, única, resultado do processo difusionista e de necessidades locais.

*5) Análise êmica.* Análises êmica e ética são termos retirados da linguística, e referem-se, respectivamente, à perspectiva interior (subjetiva) do agente e à perspectiva exterior (objetiva) do observador. Particularistas históricos priorizam a análise êmica e os dados subjetivos, como valores, normas e emoções.

*6) Hábito e tradição.* Um pressuposto subjacente é o de que a vida social é guiada pelo hábito e pelo costume. Esta hipótese, juntamente com a ênfase colocada na emoção, contrasta fortemente com visão de Tylor de que a cultura é impulsionada pela racionalidade e pela utilidade.

*7) Relativismo.* Dado que cada cultura é, até certo grau, única, é inaceitável emitir juízos de valor sobre as crenças e ações encontradas em outras culturas. Tais crenças e ações só podem ser entendidas no contexto cultural em que estão localizadas.

8) *Generalização cautelosa*. O fator da singularidade também significa que qualquer tentativa de generalizar entre culturas deve ser feita com o maior cuidado, e somente quando dados suficientes estiverem disponíveis.

9) *Pesquisa de campo*. Ao enfatizar a pesquisa de campo original, os particularistas históricos retificaram uma das mais gritantes deficiências entre os evolucionistas. Pode-se dizer que os particularistas históricos adotaram uma abordagem quase puritana da pesquisa de campo, hesitando em generalizar até que uma imensa quantidade de dados fosse coletada, e sendo cuidadosos quanto a fazer observações gerais, mesmo dentro de uma determinada cultura cuja história tivesse sido reconstruída.

10) *Procedimento indutivo*. Finalmente, os particularistas históricos supostamente geriram seus negócios sem teorias preconcebidas. As explicações, na medida em que surgiam, se desenvolviam naturalmente a partir da imensa quantidade de dados recolhidos.

**Figuras-chave**
*Franz Boas* (1858-1942)
O indivíduo excepcional associado ao particularismo histórico é Franz Boas. De fato, as características básicas que acabei de descrever representam a versão boasiana da investigação antropológica.

Boas nasceu e foi educado na Alemanha, onde estudou física, geografia e matemática. Na década de 1880 realizou uma investigação geográfica dos inuítes na Ilha de Baffin. Essa experiência parece tê-lo persuadido de que os fatores culturais desempenham um papel mais importante do que os geográficos, voltando-o para a antropologia. Mais tarde ele concentrou seus esforços de investigação nos povos nativos da costa oeste da Colúmbia Britânica. Ele publicou meia-dúzia de livros durante a sua carreira, e, surpreendentemente, mais de setecentos trabalhos acadêmicos, incluindo relatos descritivos do *potlatch* entre os kwakiutl (BOAS, 1897). O *potlatch*, que envolvia uma abordagem peculiar da competição por *status* – a destruição cerimonial de propriedades –, sem dúvida está entre as mais incríveis descrições etnográficas da disciplina, suscitando um debate sobre a sua irracionalidade (BENEDICT, 1959 [1934]) ou racionalidade (CODERE, 1950; HARRIS, 1968, 1975) essencial.

Embora Boas fosse um praticante brilhante da antropologia geral, o que significava que ele era capaz de sintetizar as dimensões biológica e cultural do comportamento humano, ele é muitas vezes elogiado por (ou acusado de) promover a culturologia, ou o argumento de que a cultura tem vida própria e esgota a explicação da interação humana. Boas também tem sido criticado como se fosse anticientífico, mas essa é uma crítica bastante injusta. É verdade que ele se opunha a grandes esquemas teóricos e duvidava que algum dia as leis culturais seriam descobertas. Mas não afirmava que a cultura era desprovida de regularidades. Na verdade, pode-se argumentar que, à sua própria maneira, Boas foi excepcionalmente orientado pela ciência. Os padrões que exigia para a pesquisa de campo eram rigorosos – alguns diriam inatingíveis –, o que pode ter refletido o seu embasamento inicial nas ciências exatas. Ele também era um indutivista, o que significava que somente após a coleta de uma imensa quantidade de dados sólidos é que se poderia tentar oferecer explicações e generalizações sobre a cultura que estivesse sendo investigada. Boas, devo acrescentar, também foi o pioneiro na insistência para que o pesquisador colete textos nativos, relatos vernaculares de aspectos da cultura. Essa precaução, essa ênfase nos dados, em vez de na teoria, vai de encontro ao procedimento dedutivo, em que se testam hipóteses derivadas da teoria geral – supostamente a representação mais elegante do método científico. No entanto, a abordagem boasiana foi um contraponto saudável aos grandes esquemas dos evolucionistas, e na verdade pode ser o procedimento mais adequado para as ciências sociais.

O impacto de Boas sobre a antropologia americana não se limitou a suas publicações, conquanto tenham sido tão pródigas. De 1896 a 1937 ele lecionou na Universidade de Colúmbia e treinou um número notável de antropólogos talentosos, alguns dos quais são descritos abaixo.

### Alfred Lewis Kroeber (1876-1960)

O primeiro aluno de Boas a receber um Ph.D. foi Kroeber, um pesquisador extremamente produtivo, que passou a maior parte da sua carreira em Berkeley. Kroeber acolheu muito da concepção de seu mentor do particularismo histórico, especialmente a ênfase na reconstrução histórica e o papel fundamental desempenhado pela difusão e pelo procedimento indutivo. No entanto, em alguns aspectos importantes, Kroeber afastou-se de Boas e apresentou a sua própria versão do particularismo histórico. Boas havia se interessado cada vez mais pelo indivíduo e pela relação entre o indivíduo e a cultura. Kroeber, em contrapartida, conferiu uma enorme prioridade à cultura, que ele chamou de o superorgânico, afirmando que o indivíduo está completamente subordinado à cultura, sendo, portanto, irrelevante do ponto de vista da antropologia. Kroeber também não estava satisfeito com a concepção de cultura boasiana como retalhos e remendos. No esquema de Kroeber, a cultura tornou-se uma entidade altamente integrada, com elementos estreitamente entrelaçados e mutuamente consistentes.

Kroeber dividia a cultura em aspectos básicos e secundários, ou entre o que também rotulava de cultura de realidade e cultura de valor. A cultura básica concernia a questões práticas, como trabalhar pelo próprio sustento e produzir alimentos, o que Kroeber pensava que estivesse condicionado por fatores tecnológicos e ambientais. A cultura secundária lidava com o lado criativo dos seres humanos, tais como atividades artísticas e artesanato, as quais eram fins em si mesmos, relativamente independentes da tecnologia e do meio ambiente. Talvez o mais conhecido exemplo de cultura secundária oferecido por Kroeber seja a evolução dos padrões de moda nos vestuários (KROEBER & RICHARDSON, 1940).

O curioso é que um pesquisador concentraria seus esforços no que ele mesmo via como os aspectos secundários da vida social e não como aspectos fundamentais, básicos. Suponho que isto fosse, em grande medida, uma questão de gosto e de interesse pessoal (Kroeber havia estudado inglês antes de voltar-se para a antropologia), mas também refletia a sua perspectiva sobre a disciplina. Kroeber era cético (mas não completamente antagônico) em relação ao estudo científico da cultura; ele via mais valor no método histórico, e considerava a antropologia um ramo das ciências humanas. Em contraste, um dos demais renomados alunos de Boas, Robert Lowie (1937, 1940), que na verdade cunhou a expressão "retalhos e remendos", partilhava as dúvidas de seu mestre acerca da existência das leis das culturas, mas ao mesmo tempo insistia que havia regularidades culturais cuja descoberta exigia rigor científico.

### Ruth Benedict (1887-1948)

Benedict também foi treinada por Boas, e tornou-se uma das antropólogas mais conhecidas no mundo, principalmente pelo seu popular livro *Patterns of Culture* (Padrões de cultura) (1934). Benedict também foi poetisa, escrevendo sob o pseudônimo de Anne Singleton. Ela partilhou com Kroeber o pressuposto de que a antropologia tinha mais em comum com as ciências humanas do que com as ciências duras, e de que a cultura não era a entidade desordenada sonhada por Boas, sendo, ao contrário, altamente integrada e coerente. Ela admitia que cada cultura se constitui da interação fortuita de elementos difundidos a partir de outro lugar, os quais soldaram-se em um todo consistente. O ponto em que divergiu agudamente de Kroeber, e permaneceu fiel a Boas, foi quanto à ênfase posta no indivíduo.

Benedict tornou-se uma figura importante no que ficou conhecido como escola da cultura e da personalidade, um desdobramento do particularismo histórico. Boas especulou sobre o relacionamento entre o indivíduo e a sua cultura, mas não investigou o tema em sua essência. Benedict preencheu essa lacuna. Ela pensava que cada cultura promovia um tipo distinto de personalidade, e que havia um elevado grau de consistência entre tipo cultural e padrões de emoção. Na verdade, ela cunhou a expressão "a cultura é a personalidade em larga escala". *Patterns of Culture* ofereceu um exemplo claro de sua abordagem. Nesse livro, os zuni são descritos como apolíneos: moderados no temperamento e orientados para o grupo ou para o comportamento coletivo. Em contraste, dizia-se que os kwakiutl possuíam uma personalidade rotulada dionisíaca: imoderada e caracterizada por um individualismo excessivo. Pensava-se que cada cultura fosse única, com a sua própria personalidade ou "configuração". O que isso queria dizer era que culturas como a dos zuni e a dos kwakiutl poderiam ser comparadas e contrastadas, mas generalizações através de culturas não faziam sentido. Em outras palavras, Benedict levou a antropologia para muito mais longe da investigação nomotética do que Boas havia defendido, cuja própria atitude em direção a uma ciência da cultura poderia ser descrita como cautelosa, e não hostil.

Enquanto os pioneiros da escola da cultura e da personalidade, como Benedict, tendiam a afirmar que em cada cultura havia um tipo de personalidade básica compartilhada por todos os seus membros, deve-se notar que os autores posteriores recuaram dessa posição extrema, sugerindo, em vez disso, que em cada cultura havia uma personalidade modal, uma personalidade estatisticamente mais proeminente que dava margem a outros tipos. Eventualmente surgiu o ponto de vista segundo o qual em cada cultura havia várias personalidades modais. Por essa época, no entanto, a escola da cultura e da personalidade começou a desaparecer da cena acadêmica, e é tentador concluir que deixou pouco valor como legado. É correto dizer que os antropólogos contemporâneos provavelmente teriam pouca paciência com a generalização crua implícita no conceito de personalidade modal. No entanto, alguns dos interesses centrais da escola da cultura e da personalidade permanecem muito vivos hoje, nomeadamente a relação entre o indivíduo e a sociedade (ou cultura), o enfoque no indivíduo como inovador, e não como um fantoche cultural, a ênfase na subjetividade e na emoção, e o ceticismo em relação a generalizações transculturais.

*Margaret Mead* (1901-1978)

Mead foi aluna tanto de Boas quanto de Benedict. Tornou-se famosa já no início da carreira após a publicação de *Coming of Age in Samoa* (A maioridade em Samoa) (1928), *Growing Up in New Guinea* (Crescendo em Nova Guiné) (1930), e *Sex e Temperament in Three Primitive Societies* (Sexo e temperamento em três sociedades primitivas) (1935). Sob a influência de Boas, ela selecionou Samoa como um caso de teste para demonstrar a enorme importância da cultura, enfocando as adolescentes de Samoa. Ela concluiu que, ao contrário das adolescentes americanas, as de Samoa estavam livres de tensão, produto da cultura, com a implicação de que a biologia desempenhava um papel meramente secundário na interação humana.

Mead também contribuiu com a escola da cultura e da personalidade, o que a levou a pesquisar personalidades típicas e o caráter nacional. Ela tem sido criticada, sobretudo por Freeman, não só por promover uma imagem exagerada do papel desempenhado pela cultura, mas também pela afirmação implícita de ser capaz de entrar nas cabeças de seus informantes a fim de compreender as suas emoções e atitudes. No entanto, em um apêndice metodológico a *Coming of Age in Samoa*, Mead sugeriu que a análise antropológica tem mais em comum com o trabalho de um médico (ou psiquiatra) do que com o de um físico. O primeiro sonda profundamente cada caso individual, com a esperança de que conhecimento e iluminação surjam; o segundo, ao contrário, visa à prova e à verificação, e tenta generalizar através dos casos. Como veremos adiante, a caracterização de Mead do empreendimento antropológico é extremamente consistente com o ponto de vista de escritores contemporâneos, como Geertz.

Em seus últimos anos, Mead alcançou o *status* de guru intelectual, em alta demanda no circuito de palestras, mesmo porque a sua pesquisa e suas prolíficas publicações, com enfoque nas mulheres e na sexualidade em uma perspectiva transcultural, ofereceram uma importante contribuição para um campo de investigação que, só mais tarde, se tornaria autônomo: os estudos de gênero.

### Avaliação

Durante as últimas décadas, tornou-se quase um ritual desprezar o particularismo histórico como um passo atrás na antropologia. Certamente, com a sua ênfase no lado emocional dos seres humanos, e na desordenada imagem de retalhos e remendos da cultura, além da mais ou menos presumida singularidade de cada sociedade, suscitando dúvidas sobre a generalização transcultural e a descoberta de leis, o particularismo histórico não correspondia ao objetivo de investigação nomotética adotado pelos evolucionistas. No entanto, em muitos aspectos o particularismo histórico, especialmente como representado por Boas, e não pelos seus alunos, ressoa claramente com as mais recentes direções tomadas pela disciplina sob a orientação do pós-modernismo. Relevante aqui é a ênfase de Boas na subjetividade, a sua insistência na recolha de textos originais (a investigação êmica em seu auge), e sua desconfiança de grandes esquemas teóricos, para não mencionar a sua promoção do relativismo. O particularismo histórico, em outras palavras, não era meramente uma reação saudável ao evolucionismo. Em certa medida, ele tem renascido no pós-modernismo[2].

## Funcionalismo estrutural

Como nos Estados Unidos, a reação inicial na antropologia britânica contra o evolucionismo tomou a forma do difusionismo. Mas, ao contrário do que aconteceu nos Estados Unidos, a escola britânica de difusionismo, liderada por Rivers na Universidade de Cambridge, rapidamente se esgotou. Radcliffe--Brown, um aluno de Rivers, havia começado sua carreira como um difusionista, mas logo descobriu Durkheim, e com a ajuda de outros, como Malinowski, ele voltou a disciplina para a direção estreita da antropologia social, guiada pelo que ficou conhecido como o modelo estrutural-funcional. Por quase meio século, até os anos de 1950 e de 1960, o funcionalismo estrutural reinou absoluto na antropologia britânica, e alcançou basicamente a mesma estatura na sociologia. Tamanha foi a influência do funcionalismo estrutural, que Kingsley Davis (1959) chegou a argumentar que não se tratava meramente de uma abordagem especial na disciplina: *era* o modelo sociológico.

### Características básicas

1) *Analogia orgânica.* A sociedade é supostamente como um organismo biológico, com estruturas e funções comparáveis ao coração, aos pulmões e ao sangue. É neste contexto que o modelo estrutural-funcional às vezes é conhecido humoristicamente como a Teoria Social do Grande Animal.

2) *Orientação da ciência natural.* Os funcionalistas estruturais estavam completamente comprometidos com um modelo de ciência natural da sociedade. A vida social era considerada empírica, ordenada e padronizada, e, portanto, passível de um estudo científico rigoroso e positivista.

---

2. Um panorama do pós-modernismo é apresentado no capítulo 6.

*3) Território conceitual estreito.* Em grande medida, os funcionalistas estruturais partilhavam o ponto de vista segundo o qual suas investigações deveriam se restringir à estrutura social (ou sociedade) e seus subsistemas, como a família, a economia, a comunidade política e as visões de mundo ou crenças. Ao contrário dos antropólogos americanos, seus colegas britânicos raramente prestavam muita atenção na arte, na linguagem, na educação infantil e na ideologia, ou nos fatores individuais, tecnológicos e ambientais.

*4) Unidade funcional, indispensabilidade e universalidade.* Nas versões mais grosseiras, presumia-se que todas as instituições e papéis da sociedade estavam claramente mesclados, que as estruturas e instituições existentes em qualquer sociedade particular continham funções indispensáveis sem as quais ruiria, e que estas estruturas e funções, ou os seus equivalentes, eram encontradas em todas as sociedades saudáveis.

*5) Antirreducionismo.* Aderindo à suposição de que o território conceitual da disciplina deveria ser estreitamente definido, e deste modo controlável, a escola britânica geralmente se opunha a explicações tiradas de outras disciplinas, nomeadamente a psicologia. A premissa subjacente era a de que a antropologia social provia um tipo de explicação, preocupado explícita e exclusivamente com a estrutura social, com o qual nenhuma outra disciplina lidava. O progresso teórico dependia da exploração cuidadosa e cautelosa das propriedades exatas da estrutura social e das relações entre as suas subestruturas.

*6) A importância do parentesco e da família.* Presumiu-se que, nas sociedades pré-industriais, onde a maioria dos antropólogos britânicos fizera o seu trabalho de campo, um subsistema ou instituição tinha maior impacto do que qualquer outro. Este era o sistema de parentesco. Povos pré-industriais supostamente organizavam suas atividades econômicas, políticas e até mesmo religiosas e rituais, pelo menos em parte, em termos de suas relações de parentesco, clã ou linhagem. Para ilustrar a importância da família e do parentesco, os antropólogos, por vezes, referem-se à seguinte distinção: quando estranhos nas sociedades industriais se encontram, uma das primeiras perguntas feitas é: O que você faz? Quando estranhos em sociedades pré-industriais se cruzam, há uma diferente indagação: Qual é o seu nome de família ou a que clã está afiliado?

*7) Equilíbrio.* Pensava-se não só que a sociedade fosse altamente padronizada, mas também que estivesse em estado de equilíbrio, caracterizada pela harmonia, por um sistema de valor central e pela consistência interna. Quando ocorriam distúrbios, existiam mecanismos para se restabelecer o equilíbrio social.

*8) Análise estática.* Dado o pressuposto acerca do equilíbrio, segue-se que a sociedade exibia estabilidade em longo prazo. Em outras palavras, convidava a uma análise estática (e conservadora), e não uma que fosse dinâmica.

*9) Anti-histórica.* Em parte por causa do equilíbrio e da estabilidade presumidos, e em parte por causa da suposição de que o passado é incognoscível nas sociedades sem registros escritos, o funcionalismo estrutural não incentivava uma perspectiva histórica.

*10) Orientação de trabalho de campo.* Talvez até mais do que no caso do particularismo histórico, os funcionalistas estruturais foram totalmente dedicados à pesquisa observacional, participante, de primeira mão. Na verdade, costumava-se brincar dizendo que se uma pessoa realmente fosse a alguma terra distante, sobrevivesse às provações e as descrevesse, receberia automaticamente o seu Ph.D. Durante os primeiros anos da antropologia social britânica, colocava-se mais ênfase na alta qualidade dos dados do que na inovação teórica, o que, por vezes, valeu à escola britânica a reputação de ser meramente descritiva. No entanto, havia certamente um arcabouço teórico implícito na escola estrutural funcional, com pressupostos acordados sobre o papel da estrutura social, a interação de suas partes, e questões epistemológicas relacionadas com evidências e provas. Tal como no caso de Boas e seus alunos, os funcionalistas estruturais eram indutivistas, opunham-se fortemente às pesquisas iniciadas com teorias ou ideias preconcebidas. É discutível, claro, quão aberto e imparcial se podia ser, especialmente uma vez que tanto os antropólogos americanos quanto os britânicos conduziam suas pesquisas sob a orientação de estruturas identificáveis: o particularismo histórico e o funcionalismo estrutural.

### Figuras-chave
#### Émile Durkheim (1858-1917)

Nascido na França e formado em Filosofia, Durkheim ingressou no Departamento de Filosofia da Universidade de Bordeaux em 1887. Uma década mais tarde foi nomeado o primeiro professor de Ciências Sociais na França. Até então, publicara várias obras notáveis, incluindo *The Division of Labour* (A divisão do trabalho) (1933 [1893]), *The Rules of Sociological Method* (As regras do método sociológico) (1938 [1895]), e *Suicide* (O suicídio) (1951 [1897]). Durkheim foi totalmente comprometido com a construção de uma ciência natural da sociedade. Ele acreditava que os fenômenos sociais eram tão reais quanto os fenômenos naturais ou físicos, no sentido de que uma pessoa não pode pretender fazer desaparecer uma prática civil ou uma crença religiosa tanto quanto um pedaço de pau ou de pedra. Assim como Boas, ele argumentou que a vida social é movida pela emoção e pelo sentimento, e não pela razão e pela utilidade; entretanto, ao mesmo tempo, ele se opôs veementemente a explicações psicológicas, nas quais o indivíduo era visto como um agente causal. Na visão de Durkheim, as crenças, emoções, sentimentos e ações do indivíduo eram um produto da estrutura social, ou do que ele rotulava consciência coletiva.

O papel de controle da sociedade sobre o indivíduo foi expresso no seu conceito de "fato social". Fatos sociais eram externos ao indivíduo, coercitivos sobre o indivíduo, e gerais em toda a sociedade. O fato social mais inclusivo era a consciência coletiva, que na ciência social contemporânea pode ser identificada como o sistema central de valores. Durkheim argumentou que o comportamento do grupo era maior do que a soma das suas partes (i. é, dos indivíduos que o compõe), porque o próprio fato de interagir em um grupo transformava as emoções e os sentimentos de cada um dos participantes em uma direção unificada. A implicação, mais uma vez, era a de que o pesquisador sociológico não chegava a lugar nenhum enfocando o indivíduo isolado da estrutura social.

Embora a consciência coletiva fosse o fato social mais geral de Durkheim, ela era dividida em dois subtipos: a solidariedade mecânica e a orgânica. A primeira predominou nas sociedades pré-industriais, e estava baseada na homogeneidade, em uma tendência à interação de grupo, e na falta de escolha individual. A segunda fez sua aparição quando a sociedade começou a se industrializar e a se tornar mais complexa, e baseava-se na heterogeneidade, em uma ênfase no individualismo e na escolha. O que deve ser salientado é que, mesmo os elementos de individualismo e de escolha no esquema de Durkheim foram produtos da estrutura social, e não expressões livres da vontade do ator.

A ilustração mais elaborada de Durkheim de sua posição teórica dizia respeito ao suicídio, que ele escolheu como tema de investigação em grande parte para demonstrar que o que parecia ser um fenômeno individualista era na realidade um fenômeno social. Seus dois tipos principais de suicídio eram altruístas e egoístas (um terceiro tipo, anômico, que prevalece quando a ordem social se rompe, não será tratado aqui, uma vez que Durkheim o tratou como atípico). O suicídio altruísta ocorria quando havia muita solidariedade na sociedade, ou insuficiente individualismo, sobretudo nas sociedades mecanicamente organizadas. O suicídio egoísta ocorria quando havia muito pouca solidariedade social, nomeadamente em sociedades organicamente organizadas. Na elaboração de seu argumento, Durkheim usou estatística e método comparativo, e, de fato, sustentou que o método comparativo não era um procedimento especial da sociologia: *era* o método sociológico.

### A.R. *Radcliffe-Brown* (1881-1955)

Embora Durkheim tenha feito algum trabalho empírico original, especialmente em *O suicídio*, ele foi essencialmente um pesquisador de gabinete. No entanto, ele teve uma enorme influência sobre a antropologia social, principalmente através do seu discípulo, Radcliffe-Brown. Nascido na Inglaterra, Radcliffe-Brown realizou pesquisa de campo de 1906 a 1908 nas Ilhas Andaman, localizadas a oeste da Tailândia. O seu talento, porém, era para a teoria.

Assim como Durkheim, Radcliffe-Brown era antirreducionista e comprometido com a promoção de uma ciência natural da sociedade. Ele identificou três etapas da investigação científica: a observação (coleta de dados), a taxonomia (classificação dos dados) e a generalização (excursões teóricas). Ele considerava o método comparativo como a alternativa do antropólogo ao experimento controlado de laboratório e, ao contrário de Benedict, presumiu que comparações e generalizações transculturais não só eram possíveis, mas de fato essenciais para o empreendimento antropológico. Escrevendo em um estilo que poderia ser descrito como limpo e frio como o gelo (e supostamente capaz da mesma lógica estrita em suas apresentações orais em seminários), Radcliffe-Brown fez uma excelente contribuição para temas antropológicos clássicos, como as relações sardônicas (intercâmbios verbais ritualísticos entre pessoas em relações potencialmente hostis, como sogros e cunhados), e a importância do irmão da mãe (que usurpa algumas das responsabilidades do pai biológico de uma pessoa nas sociedades matrilineares, onde a descendência é traçada através da linhagem materna). Ainda assim, suas arengas constantes por uma abordagem nomotética, de ciência natural para a disciplina, descartada há muito tempo por Lowie (1937: 222) como mera "confissão de fé", eram mais impressionantes na sala de aula e no circuito de palestras do que no laboratório do etnógrafo – isto é, nas sociedades que estudavam. Conforme o trabalho de campo florescia, a ponto de tornar-se um rito de passagem para os antropólogos aspirantes, tornava-se cada vez mais evidente que o modelo de sociedade da ciência natural, pelo menos a versão de Radcliffe-Brown, era incapaz de lidar com as complexidades da vida social, e que talvez um modelo mais sutil fosse necessário – um que reconhecesse as dificuldades metodológicas da tentativa de compreender e significar a subjetividade e o sentido em um universo em constante mutação.

*Bronislaw Malinowski* (1884-1942)

O rival de Radcliffe-Brown pela liderança da antropologia social era Malinowski, que nasceu na Polônia, mas lecionou durante a maior parte da sua carreira na London School of Economics. Enquanto Radcliffe-Brown era conhecido como um teorista poderoso, Malinowski foi elogiado como um pesquisador de campo excepcionalmente talentoso. De fato, muitos antropólogos creditariam a ele o estabelecimento da pesquisa de campo moderna, com sua ênfase na longa observação participante em uma pequena comunidade, permitindo ao heroico pesquisador entender a vida do ponto de vista do nativo. Ironicamente, o tão admirado exemplo de Malinowski de como realizar pesquisa etnográfica surgiu em parte por acidente. Por ocasião da eclosão da Primeira Guerra Mundial, ele estava pronto para fazer pesquisa nas Ilhas Trobriand, localizada a leste da Nova Guiné, que no momento estavam sob o controle da Austrália. Ele foi autorizado pelas autoridades australianas, apesar de ser um cidadão polonês e, portanto, um inimigo estrangeiro, a empreender sua pesquisa entre os trobriandeses, permanecendo lá por quatro anos, e estabelecendo, assim, o padrão para o trabalho de campo futuro.

Malinowski, assim como Boas, apresentou um dos mais importantes exemplos etnográficos da antropologia: o anel de Kula: colares eram trocados no sentido horário de uma ilha Trobriand para outra, e braceletes eram trocados no sentido anti-horário. A troca era cerimonial, pois nem os colares nem os braceletes eram intrinsecamente valiosos. No entanto, o intercâmbio aumentava o nível de interação e diminuía o grau de hostilidade entre os povos das várias ilhas, tornando assim possível o *gimwali*: uma atividade de troca que envolvia bens econômicos valiosos, como peixes, cerâmica e materiais de construção. Um elemento importante no anel de Kula era que as pessoas que trocavam colares e pulseiras umas com as outras não estavam autorizadas a envolverem-se em atividades de troca envolvendo mercadorias valiosas, como peixes, embora pudessem fazê-lo livremente com as outras. Isso garantia que as distintas operações, cerimoniais e econômicas, não fossem confundidas, protegendo assim a contribuição das primeiras para a solidariedade social de potenciais disputas sobre quem leva a melhor em um intercâmbio comercial.

Embora Malinowski e Radcliffe-Brown fossem funcionalistas estruturais, as suas abordagens teóricas não eram de modo algum idênticas. Malinowski enfatizou mais a função do que a estrutura – em que as instituições realmente contribuíam para uma sociedade – e era menos sensível do que Radcliffe-Brown às falhas potenciais no funcionalismo estrutural, tais como os pressupostos da unidade funcional, a universalidade e a indispensabilidade. Radcliffe-Brown priorizou a estrutura social e negou que uma escola funcionalista, que se tornou associada à abordagem de Malinowski, sequer existisse. Malinowski argumentou que a função das instituições era satisfazer as necessidades biológicas. Radcliffe-Brown via a sua função como a de satisfazer as necessidades mecânicas da sociedade. Malinowski defendia uma estrutura muito geral, cujas linhas causais iam de necessidades biológicas e psicológicas básicas à organização social. Radcliffe-Brown, assim como Durkheim, era desafiadoramente antirreducionista. Malinowski definiu a disciplina como o estudo da cultura, e não da estrutura social, que era o rótulo preferido de Radcliffe-Brown. Malinowski às vezes enfocava a personalidade, explorando a aplicabilidade transcultural do Complexo de Édipo, de Freud. E, assim como Boas, ressaltou a importância da coleta de textos nativos, ou relatos de crenças e comportamento nas próprias palavras do nativo – o que provocava Radcliffe-Brown.

Apesar dessas diferenças aparentes, as abordagens de Malinowski e Radcliffe-Brown tinham muito em comum. De fato, é tentador descartar algumas de suas divergências como pouco mais do que uma luta de poder pela posição de cão de guarda da disciplina. Considere, por exemplo, a definição de Malinowski de cultura: "A cultura é um todo composto de instituições parcialmente autônomas e parcialmente coordenadas" (1944: 41). Ele segue definindo a antropologia como a análise teórica das instituições. No entanto, Radcliffe-Brown também identificou a antropologia como o estudo das instituições, as quais considerava serem coincidentes com a estrutura social. Aliás, na sua nomeação para a London School of Economics, Malinowski exortou a que a disciplina, tal como era aí praticada, fosse chamada de antropologia social (e não cultural). Com efeito, Malinowski, por vezes, tem sido acusado de canibalismo cultural por retratar os seres humanos como manipuladores autointeressados, destacando assim a motivação individual, ao invés da cultura.

### Avaliação

O funcionalismo estrutural forneceu à antropologia uma estrutura coerente e organizada, que ademais era administrável no cenário da pesquisa de campo. Reduzida à sua essência, o procedimento apenas exigia dos etnógrafos que identificassem padrões de ação e de crença, e especificassem suas funções. No entanto, os custos de uma abordagem relativamente simples eram consideráveis. O funcionalismo estrutural minimizou a importância do conflito e quase ignorou a mudança social. Assim como o evolucionismo fornecera apoio ideológico à expansão colonial europeia, o funcionalismo estrutural foi igualmente adequado à manutenção dos impérios coloniais, uma vez estabelecidos. Afinal, se a sociedade é harmoniosa, em um estado de equilíbrio, e todos os padrões de ação têm seu propósito, por que tentar mudar as coisas? A antropologia, como indicado no capítulo 1, tem sido frequentemente acusada de aproveitar-se do colonialismo. A ideologia do funcionalismo estrutural ajuda a explicar a sua culpabilidade[3].

## Conclusão

Durante a primeira fase da antropologia houve um compromisso geral com o estabelecimento de um estudo científico da cultura ou da sociedade. Os evolucionistas certamente dedicaram-se a este objetivo. O particularismo histórico e o funcionalismo estrutural foram reações saudáveis aos grandes esquemas e às especulações infundadas do evolucionismo, sobretudo porque mudaram a disciplina da biblioteca para o campo. Mas eles não eram anticientíficos. Ao incluir o particularismo histórico nesta afirmação, estou supondo que o seu mais importante proponente foi Boas, e não seus alunos, que empurraram a disciplina para as humanidades. Embora possa ser dito que o particularismo histórico e o funcionalismo estrutural representem versões fraca e forte da ciência, respectivamente, a meu juízo, não obstante, o particularismo histórico, era, nas mãos habilidosas de Boas, científico. Conforme salientado, os padrões de pesquisa de Boas eram excepcionalmente elevados, e a sua oposição não era contra a ciência, mas apenas contra um trabalho malfeito, não embasado pelos dados.

Também é claro que nem o particularismo histórico, nem o funcionalismo estrutural foram perspectivas teóricas uniformes. Kroeber redefiniu a concepção de Boas de cultura desorganizada, como um todo altamente integrado e consistente, dentro do qual o indivíduo oscila para frente e para trás, como um boneco, da mesma forma como no quadro estrutural social de Durkheim; e Benedict transformou aspectos do particularismo histórico no que se tornou conhecido como a escola da cultura e da personalidade. Quanto ao funcionalismo estrutural, vimos que houve diferenças entre Radcliffe-Brown e Malinowski.

Ao longo dos anos, antropólogos britânicos, como Firth (1964a, 1964b), têm tentado lidar com a crítica de que o funcionalismo estrutural foi incapaz

---

3. No próximo capítulo, entretanto, apontarei que, acerca do fim de sua carreira, Malinowski exortava os antropólogos a denunciarem os males do colonialismo.

de lidar com a mudança social. Firth distinguiu entre estrutura e organização social. A primeira era estática, consistindo em padrões persistentes de ação. A segunda era dinâmica, ligada ao comportamento real conforme este se desdobrava, e incidia sobre a capacidade do indivíduo fazer escolhas, uma fonte fundamental de mudança social. No entanto, exceto pela ênfase no indivíduo, a distinção de Firth era meramente uma repetição de conceitos apresentados anteriormente pelo seu professor, Radcliffe-Brown. O escritor anterior, que declarou explicitamente que a sociedade é dinâmica, e não estática (1952), separou forma estrutural de estrutura real. A primeira, que era estática, foi oferecida como o modelo analítico do observador; a segunda, que era dinâmica, representava a realidade empírica. Na verdade, Radcliffe-Brown também apresentou precisamente a distinção posteriormente utilizada por Firth: estrutura social *versus* organização social.

Embora o ataque contra o evolucionismo pelos particularistas históricos e os funcionalistas estruturais fosse vigoroso, nem todos concordariam que foi justificado. Em obras separadas, Harris (1968) e Kaplan e Manners (1972) afirmaram que as supostas falhas nos primórdios do evolucionismo têm sido exageradas, especialmente a acusação de desenvolvimento unilinear. O que é curioso, e importante, é que muitos dos escritores mais contrapostos ao evolucionismo, como Durkheim, adotaram uma estrutura evolucionária implícita. Temos meramente que recordar a sua distinção entre a solidariedade mecânica e a orgânica, encontradas, respectivamente, nas sociedades pré-industriais e nas industriais. Além disso, na sua fase madura, tanto Radcliffe-Brown quanto Malinowski expressaram renovado interesse pelos estudos evolucionários, e como veremos no capítulo 4, uma versão rediviva do evolucionismo surgiu na cena acadêmica por volta do período da Segunda Guerra Mundial.

Finalmente, qual tem sido o destino do particularismo histórico e do funcionalismo estrutural? Poucos antropólogos hoje ficariam contentes em serem identificados por algum desses rótulos. A abordagem adotada por Radcliffe-Brown, com sua ênfase na investigação nomotética, tem sido tratada de maneira especialmente dura. Em contraste, Boas e Malinowski, com suas perspectivas menos elegantes, parecem estar mais em sintonia com os interesses e orientações contemporâneos. Terá isso acontecido porque eles também foram os pesquisadores de campo mais comprometidos e talentosos?

# 3
# Método

O meu objetivo neste livro é esboçar a história da teoria e da metodologia em antropologia, e analisar a relação cambiante entre elas ao longo do tempo. Esta tarefa, no entanto, não é tão simples como poderia parecer. Uma razão para isso é que ela não envolve dois, mas três componentes distintos: a literatura teórica, a literatura metodológica e a situação da pesquisa de campo – o que os antropólogos de fato vêm fazendo. Outra razão é que uma orientação teórica inclui um monte de coisas. Contém um sistema explicativo, tal como as funções das instituições e a interdependência dos subsistemas do funcionalismo estrutural. Também estipula princípios metodológicos para projetos de pesquisa e a escolha de técnicas. Não menos importante, adota suposições implícitas sobre como o conhecimento é produzido e demonstrado, e sobre a natureza humana – se, por exemplo, as pessoas exercitam a escolha ou são fantoches culturais e biológicos.

Isso leva-nos a um esclarecimento muito importante. Em uma disciplina como a Antropologia, há, em certo sentido, três afirmações independentes sobre a teoria. Existem as próprias diversas orientações teóricas, as implicações e pressupostos intrínsecos à literatura metodológica e o tipo de explicação produzida pelos pesquisadores de campo em suas etnografias. Da mesma forma, existem três afirmações separadas sobre a metodologia. Existe a literatura metodológica especializada, os princípios metodológicos incorporados nas orientações teóricas e as abordagens metodológicas empregadas na investigação[4].

No melhor dos mundos possíveis, as orientações teóricas, a literatura metodológica e a pesquisa real falam a mesma língua. Em outras palavras, existe entre elas muita consistência. Este foi, essencialmente, o caso durante a primeira fase na disciplina.

---

4. Cf. Menzies (1982) para uma distinção similar entre o que ele rotula de teoria do teorista e teoria de pesquisa.

# A literatura metodológica

Um dos grandes equívocos em antropologia consiste em pensar que antes de 1960 quase nada havia sido escrito sobre os métodos de pesquisa de campo. É verdade que cursos sobre métodos, tanto em nível de graduação quanto de pós-graduação, eram praticamente desconhecidos até os anos de 1960 e de 1970, mas isto não significa que uma literatura substancial não estivesse disponível. Tenho mais de cem referências a artigos e livros (ou seções de livros) sobre métodos publicados antes de 1960, cerca de metade delas anteriores a 1950. Alguma indicação da vasta gama de técnicas e temas abordados nesta literatura se reflete da seguinte maneira: discussões gerais dos métodos de pesquisa de campo (KAHN & CANNELL, 1957; LOWIE, 1937; MADGE, 1953; SELLTIZ et al. 1959 [1951]); observação participante (KLUCKHOHN, 1940); informantes (NADEL, 1939; TREMBLAY, 1957); entrevistas (HARVEY, S., 1938; MERTON & KENDALL, 1946; NADEL, 1939); o método genealógico (BARNES, 1947; RIVERS, 1900, 1910); histórias de vida (DOLLARD, 1935), documentos pessoais (ALLPORT, 1942); recenseamento (RICHARDS, 1938); pesquisas (FORTES et al. 1947; LEACH, 1958; MARWICK, 1956; STREIB, 1952; VIDICH & SCHAPIRO, 1955.); estatísticas (CULWICK, A.T. & CULWICK, G.M., 1938; DRIVER, 1953; FORTES, 1938; HUNTER, 1934; KROEBER & DRIVER, 1932; SIEGEL, 1956); aprendizagem de línguas nativas (HENRY, J., 1940; LOWIE, 1940; MEAD, 1939); métodos de estudo da comunidade (ARENSBERG, 1954; WARNER, 1949); métodos para a investigação do contato cultural (MALINOWSKI, 1938, 1945; SCHAPERA, 1935); o uso de técnicas psicológicas em pesquisa de campo (HENRY & SPIRO, 1953); estudos psicológicos de antropólogos (ROE, 1952); amostragem (HONIGMANN, J. & HONIGMANN, I., 1955); tomada de notas (PAUL, 1953; STURTEVANT, 1959); confiabilidade e validade (ARENSBERG, 1954; DEAN & WHYTE, 1958; VIDICH & BENSMAN, 1954), análise e interpretação (BECKER, 1970 [1958]; VIDICH 1955); pesquisa de campo como experiência pessoal (BOWEN, 1954), projeto de pesquisa e seleção de tópicos e temas (HUNTER, 1938, 1933; MEAD, 1938: 147-152; SPINDLER & GOLDSCHMIDT, 1952; cf. tb. *Notes and Queries*, publicado pela primeira vez em 1874).

Tanto os antropólogos americanos quanto os britânicos contribuíram para as primeiras obras sobre metodologia. Embora isso muitas vezes equivalesse a pouco mais do que algumas páginas de uma monografia (EVANS-PRITCHARD, 1969 [1940]; FIRTH, 1957 [1936]; KUPER, 1947; MALINOWSKI, 1961 [1922]; MEAD, 1938), algumas das discussões eram extensas (KROEBER, 1953; NADEL, 1951; WARNER, 1949), e, em alguns casos, livros inteiros foram dedicados a questões metodológicas. O primeiro, e talvez o mais conhecido, destes tenha sido *Notes and Queries* (Notas e consultas). Publicado inicialmente pela Associação Britânica para o Avanço da Ciência, em 1874, na era anterior aos antropólogos começarem a coletar seus próprios dados, forneceu um guia para amadores, destacando os temas e categorias nos quais deveriam concentrar suas investigações.

Outra das primeiras publicações foi o trabalho editado por Bartlett et al. (1939). Talvez o mais excelente artigo nesta coleção tenha sido "The Development of Field Work Methods in Social Anthropology" (O desenvolvimento da pesquisa de campo na antropologia social), de Audrey Richards. Nessa obra abrangente, Richards discutiu a seleção de comunidades, a entrada em campo, a elaboração de relatório, as entrevistas formais, a coleção de autobiografias e textos nativos, e os papéis de observação. Estas são as mesmas questões que estão no cerne dos livros atuais sobre metodologia qualitativa, e, em certo ponto, Richards fez uma afirmação que tem muito do espírito moderno: "em certo sentido, o informante torna-se, ele mesmo, um antropólogo" (p. 300). Neste mesmo volume, no entanto, encontramos o artigo de Nadel, "The Interview Technique in Social Anthropology" (A entrevista técnica na antropologia social). Nadel argumentou razoavelmente que as entrevistas deveriam ser sempre combinadas com a observação direta, de modo a que o que as pessoas dizem possa ser medido contra o que elas fazem. O que incomoda é o seu conselho sobre como fazer com que informantes relutantes cooperem, especialmente ao sondar "tópicos secretos e proibidos". Ele sugeriu que o antropólogo deve empregar uma técnica de *bullying*, propositadamente depreciando e irritando os informantes com a esperança de que eles sejam estimulados a se abrirem e a revelarem tudo (p. 323). Embora a literatura sobre métodos na década de 1950 e anteriormente cobrisse a maior parte das questões que nos interessam hoje, muito pouca atenção, a não ser por observações de passagem (MEAD et al., 1949; PAUL, 1953), foi concedida à ética. Certamente, o conselho de Nadel sobre técnicas de assédio moral data a sua abordagem da disciplina.

Outra obra interessante é *Methods of Study of Culture Contact in Africa* (Métodos de estudo de contato cultural na África) (1938)[5]. Esta coletânea de artigos também contém declarações que ressoam com as questões mais recentes, como a sugestão, tanto de Culwicks quanto de Fortes, de que os antropólogos

---

5. Este livro completo sobre métodos foi originalmente publicado nos vols. 7, 8 e 9 da Revista *África*. Nenhum autor ou editor é indicado, embora a longa introdução de Malinowski seja parcialmente dedicada a um comentário sobre os vários artigos contidos no livro.

devem enfocar o indivíduo como inovador, um tema central na perspectiva da ação social que surgiu na década de 1960 (cf. cap. 4). Mais uma vez, o artigo mais impressionante foi o de Audrey Richards, que afirmou: "Qualquer antropólogo trabalhando na África, no momento, está realmente experimentando uma nova técnica" (p. 46). Nas Ilhas Trobriand e Andaman, famosas graças a Malinowski e Radcliffe-Brown, onde as pessoas viviam em comunidades pequenas e isoladas, a observação participante pode ter funcionado. Mas a África, com suas grandes tribos, a presença europeia, e rápida mudança cultural, apresentou um desafio diferente. A fim de lidar com a complexidade, Richards contou com uma bateria de técnicas, incluindo questionários, genealogias, mapas de padrões de assentamento e histórias de casos individuais.

Malinowski não só desfrutou de uma enorme reputação como pesquisador talentoso, mas também contribuiu com a literatura emergente sobre os métodos de pesquisa de campo. Nas páginas de abertura de *Argonauts of the Western Pacific* (1961 [1922]: 1-25), possivelmente a mais famosa declaração do empreendimento da pesquisa de campo naquela época, ele defendia a coleção de três tipos de dados: sobre as instituições, os costumes e os padrões de atividades; sobre os *imponderabilia* da vida cotidiana, com especial atenção dedicada à diferença entre as regras de comportamento incorporadas aos costumes e instituições e o comportamento real; e em textos nativos – padrões de discurso típicos, narrativas, mitos e folclore.

A imagem de Malinowski que herdamos, no entanto, parece ser um tanto quanto distorcida, e este pode ser um bom lugar para corrigi-la. Por um lado, Malinowski é muitas vezes retratado por escritores contemporâneos como tendo sido um funcionalista incorrigível, um homem que promoveu a estabilidade social e ignorou o conflito e a mudança. No entanto, acerca do fim de sua vida, em sua introdução aos *Métodos de estudo do contato cultural na África*, ele exortou os antropólogos a concentrarem-se principalmente na mudança social, a expressarem profunda preocupação com os males do colonialismo e a promoverem a antropologia aplicada. Ele também criticou os antropólogos por manterem-se à margem, ao invés de enfrentarem bravamente o colonialismo e o racismo. Ele observou que o método funcional foi feito para a análise das sociedades em equilíbrio, e não das sociedades dinâmicas e complexas da África. Nas palavras de Malinowski, "o antropólogo é agora confrontado à situação trágica que frequentemente provocou prantos nos auditórios [...] Assim que tivermos atingido determinado *status* acadêmico e desenvolvido os nossos métodos e teorias, o nosso objeto correrá o risco de desaparecer" (p. xii).

Se a reputação de Malinowski como um funcionalista inflexível é imerecida, o mesmo pode ser verdade quanto à sua extraordinária capacidade para a pesquisa de campo. Nossa imagem de Malinowski é a de uma pessoa que poderia penetrar no coração da cultura primitiva, isolando-se do mundo exterior, vivendo como os nativos, dependendo deles por necessidades psicológicas humanas, tornando-se de fato um deles, permitindo-lhe assim compreender o ponto de vista do nativo. Seu famoso (ou infame) *Diary* (Diário) (1967) póstumo fornece uma imagem bastante diferente. Ele aparentemente pagou seus assistentes e informantes, e frequentemente providenciou para que eles o visitassem em sua cabana, ao invés de ir à cabana deles; e em vez de buscar nos nativos o conforto e o contato humano, ele dispendia uma quantidade considerável de tempo com comerciantes europeus e missionários. Pode-se retrucar que poucos antropólogos fizeram algo melhor do que Malinowski, ou retrataram o lado pessoal da pesquisa de campo com tanta honestidade. Mas este não é o ponto. Malinowski supostamente definiu o padrão contra o qual o resto de nós é medido.

Finalmente, há a imagem de Malinowski como o indutivista brilhante, cujas ideias etnográficas surgiram inteiramente a partir da situação da pesquisa de campo, não orientada e não contaminada por teorias e problemas preconcebidos. Brilhante ele era, mas como Thornton e Skalnik (1993) têm mostrado, os esforços etnográficos de Malinowski foram amplamente informados e dirigidos por posições teóricas e problemas com os quais ele se debatia antes mesmo de chegar ao campo. Especialmente intrigante é o grau em que o seu trabalho de campo aparentemente foi moldado pelas questões teóricas e filosóficas que emanam de sua Polônia natal. Isso não é surpreendente. De fato, pode-se observar que a preocupação dos antropólogos sociais com a estrutura, a função, a posição, a ordem e a estabilidade equivaleram a uma projeção da sociedade e dos valores britânicos sobre a configuração da pesquisa de campo no exterior.

## A situação da pesquisa de campo

No final dos anos de 1800 houve uma divisão de trabalho entre o antropólogo profissional e o pesquisador de campo amador, com o primeiro permanecendo no conforto da biblioteca e do museu, e o último viajando para partes remotas do mundo coletando materiais. Por volta da primeira metade do século XX, os próprios antropólogos começaram a fazer pesquisa de campo. No início, a ênfase foi colocada sobre a observação, e não sobre a participação. Isto é, os antropólogos seguiam a prática dos cientistas naturais, observando as pessoas em seus ambientes naturais como se fossem equivalentes à flora e à fauna. Durante este período inicial, os antropólogos muitas vezes se juntaram aos pesquisadores de outras disciplinas em grandes expedições, mapeando as culturas de povos ao longo de uma grande área geográfica, com base em incursões rápidas em aldeias e assentamentos acessíveis. No entanto, quando foi publicada a edição de 1913 de *Notes and Queries*, Rivers (cf. STOCKING, 1983: 92) defendeu estudos intensivos de observação participante a serem realizados por um único pesquisador em uma pequena população durante um período de pelo menos um ano.

Este foi o início da pesquisa de campo moderna, e o interessante é que pôs um fim em um desvio sistemático e quantitativo na disciplina que havia começado a surgir. Havia, por exemplo, o questionário de Morgan na década de 1850 sobre a terminologia de parentesco, disponibilizada para não especialistas em contato com índios norte-americanos e povos indígenas ao redor do globo. Em 1884, na Grã-Bretanha, Tylor tinha ajudado a criar a Comissão Sobre as Tribos Norte-ocidentais do Canadá. Um instrumento de levantamento geral foi fornecido a funcionários do governo, missionários e viajantes para que dados sistemáticos pudessem ser recolhidos. Ninguém menos do que Franz Boas, a força por detrás dos primórdios da antropologia americana, foi contratado como o principal pesquisador de campo do comitê.

## Pressupostos básicos

Quando a tradição da pesquisa de campo, dominada pela observação participante e pelo ponto de vista do nativo, surgiu na antropologia, uma série de pressupostos cristalizou-se:

1) A pesquisa em outras culturas era preferível à pesquisa doméstica, a fim de melhorar a objetividade e beneficiar-se de valores estrangeiros.

2) O mundo social, tanto quanto o mundo natural, era governado por uma ordem subjacente, cujos padrões uma pesquisa de campo paciente revelaria.

3) As regras de comportamento (normas) e o comportamento em si (atos) estavam estreitamente correlacionados. O investigador individual podia conceder prioridade causal às regras de comportamento ou ao comportamento em si, mas a linha de fundo estava em que, se um dos itens fosse conhecido, o outro também o seria.

4) A pequena comunidade era a unidade de investigação adequada, porque presumivelmente representava toda a cultura, implicando uma homogeneidade simplista.

5) Os dados "brilhavam no escuro", no sentido de serem intrinsecamente explicativos, independentemente das interpretações do investigador.

6) Os padrões nos dados descobertos pelo pesquisador eram fatos sociais, tão reais quanto paus e pedras; isso estava implícito na própria linguagem utilizada pelos pesquisadores – *coletar* e *reunir* dados, como se eles estivessem disponíveis como maçãs, à espera de serem colhidos e classificados.

7) Presumiu-se que a antropologia fosse uma ciência positivista. Mesmo depois de a pesquisa de campo surgir como um rito de passagem para antropólogos aspirantes, alguns dados quantitativos continuaram a ser "coletados". A ênfase esmagadora, no entanto, foi posta sobre os dados qualitativos. Isto não queria dizer que a antropologia não fosse positivista. É muitas vezes erroneamente presumido que o positivismo implique técnicas quantitativas e técnicas qualitativas fenomenológicas. No entanto, o que conta no positivismo são os pressupostos subjacentes de haver ordem no universo, da distinção fato-valor, e da noção de que cada evento tem uma causa – todas aceitas pelos antropólogos da época[6].

8) Havia atalhos metodológicos disponíveis para o antropólogo. Rivers, por exemplo, achava que a terminologia de parentesco revelada pelo método genealógico lançou luz sobre toda a estrutura social. Durkheim argumentou que um experimento bem-executado era a base para a prova universal.

## Técnicas básicas e elementos relacionados

1) Observação participante (a característica definidora dos métodos antropológicos).

2) Confiança nos informantes (que às vezes eram assistentes e intérpretes remunerados).

3) Entrevista (geralmente não estruturada).

4) Genealogias e histórias de vida.

5) Coleta de material censitário e uso de um agendamento: a unidade censitária era geralmente ou o grupo familiar ou o grupo doméstico; um agendamento difere de um questionário por não ser distribuído às pessoas e devolvido preenchido; em vez disso, as questões são colocadas verbalmente pelo pesquisador, que preenche as respostas. Nem todos os dados etnográficos, como o recenseamento e o agendamento dão a entender, eram qualitativos.

---

6. Como Bryman observou, "A sugestão de que observadores participantes estão realizando pesquisa fora do *mainstream* positivista, frequentemente parece altamente improvável quando suas monografias de pesquisa são examinadas atentamente" (1984: 88).

6) Longo período de trabalho de campo (pelo menos um ano, a fim de observar o ciclo anual de eventos e comportamento).

7) Aprendizagem da língua indígena.

8) Ênfase no ponto de vista do ator (dados êmicos ao invés de éticos).

9) Ênfase na estrutura informal e não na formal, ou nos bastidores e não no palco.

10) Ênfase na validade ao invés de na confiabilidade: validade implica "verdade", enquanto confiabilidade simplesmente significa que os estudos repetidos produzirão os mesmos resultados (uma vez que é duvidoso que a confiabilidade possa ser demonstrada de uma forma rigorosa na pesquisa qualitativa, não é surpreendente que a validade fosse privilegiada).

11) Limite do tamanho da população. Uma vez que amostras aleatórias raramente eram empregadas, a unidade de investigação tinha que ser pequena o suficiente para o pesquisador conhecer cada indivíduo, o que dificilmente era viável em uma comunidade com mais de quinhentas pessoas.

12) O método comparativo (especialmente transcultural) como a alternativa ao experimento de laboratório controlado. O método transcultural havia se destacado nos primórdios da antropologia, antes que o trabalho de campo em primeira-mão surgisse como a abordagem aceita. Embora o método comparativo continuasse a ser adulado, desde os tempos de Malinowski, a maioria dos estudos eram "comparativos" apenas em virtude de terem sido realizados em outras culturas. A razão era clara: o tempo e o esforço necessários simplesmente para produzir uma etnografia plausível de uma única comunidade.

13) Um projeto de pesquisa indutiva (e não dedutiva); a maioria dos antropólogos tinha uma área ou uma tribo para estudar, não um problema, e sem um problema não fazia sentido tentar erigir um modelo, extrapolar hipóteses e testá-las no campo – por vezes visto como o mais puro procedimento positivista. Provavelmente a maioria dos antropólogos era (e continua a ser) contrária a uma abordagem dedutiva devido ao fato de que os problemas e os temas deveriam surgir da configuração do campo, e não serem impostos pelo investigador.

14) Busca de um território virgem. Havia uma tendência entre os antropólogos a falar do "seu povo", a reivindicar algum tipo de posse sobre "os seus nativos". Considerava-se de mau gosto aventurar-se no território de outro pesquisador, e a replicação de estudos era quase desconhecida.

15) Exagero do grau de singularidade cultural. Os kudos serviram para colocar uma cultura previamente não examinada ao microscópio, e para demonstrar que ela era de, alguma maneira, única. Este foi o material do qual

reputações foram feitas, e dificilmente seria surpreendente se os etnógrafos fossem tentados a enfatizar a diferença ao invés da semelhança, mesmo que ao fazê-lo prejudicassem o terreno comum necessário para o método transcultural. Mesmo hoje, século XXI, há uma atração persistente às bolsas cada vez menores de existência pré-industrial: quanto mais exótico melhor.

16) O Princípio Bongo-Bongo ou Panga-Panga. O nome em si não é importante (eu prefiro chamá-lo de Princípio Fergus-Fergus, em homenagem a uma cidade na parte do mundo onde eu moro). O que conta é a piada: de que o seu sítio de pesquisa deve estar tão distante e isolado quanto possível, de modo a que nenhum outro antropólogo jamais se preocupe em verificar suas descobertas etnográficas.

17) A personalidade do pesquisador de campo. Supunha-se que nem todos tivessem vocação para a pesquisa etnográfica. O pesquisador precisava ser extremamente flexível e perspicaz, possuir senso de humor, ter uma constituição forte e ser um bom ouvinte. Indivíduos autocentrados, ou que tivessem necessidade de falar o tempo todo, ou necessidade de andar por aí com respostas ao invés de perguntas, não tinham a menor chance. Embora este possa muito bem ter sido um perfil de personalidade do pesquisador bem-sucedido, deve-se afirmar que é extremamente difícil prever exatamente quem irá brilhar no campo. É bem sabido, por exemplo, que alguns indivíduos que parecem ser inadequados para o trabalho venham a tornar-se estrelas, em parte projetando entre estranhos a personalidade que gostariam de ter, e se comportando de uma maneira que atordoaria os seus amigos de casa.

Posso acrescentar que às vezes é sugerido que indivíduos que sofreram algum tipo de trauma na adolescência, como o rompimento de suas famílias e, talvez, uma mudança para uma nova comunidade, sejam especialmente atraídos para as ciências sociais. O pressuposto é que tal experiência os tornaria meio marginais e os encorajaria a serem analíticos.

18) A síndrome do gênio. Os primeiros antropólogos, especialmente aqueles que pertenciam à escola afunde-ou-nade, que incluía a maior parte deles, às vezes dava a impressão de que o trabalho de campo bem-sucedido era uma questão de brilhantismo: ou alguém o tinha ou não o tinha. Deixe-me afirmar claramente que as realizações de pessoas como Malinowski, Boas, Richards e Mead eram nada menos do que notáveis. O que muitas vezes é negligenciado, no entanto, é o trabalho duro envolvido na pesquisa de campo. Se os estudantes percebessem que, além de personalidade e inteligência, o sucesso no campo é

dependente de sua vontade e determinação para ralar dia após dia, mês após mês, eles se tornariam menos ansiosos quanto às falhas dos métodos qualitativos.

19) Descrença sustentada. Enraizada na disciplina da antropologia e, possivelmente, nas ciências sociais em geral, esteve uma atitude de dúvida sustentada – dúvida sobre o que as pessoas diziam, sobre as suas explicações para as suas crenças e comportamentos. A suposição (ou paranoia) prevalecente era a de que as pessoas tentavam esconder as suas verdadeiras motivações e ações, ou pelo menos não tinham conhecimento delas. O trabalho do antropólogo consistia, então, em tomar o que as pessoas diziam com uma pitada de sal, e em tentar induzi-las a revelar a verdade. A alegada distância entre o que as pessoas diziam e o que faziam, entre o palco e os bastidores, inegavelmente existia, e ainda existe hoje. Em grande medida, no entanto, a postura antropológica de descrença enraizada é a base de grande parte da hostilidade em relação à disciplina entre temas de pesquisa contemporâneos, que exigem respeito, ao invés de ceticismo.

## Arquivos da área de relações humanas

Esta visão geral da situação da pesquisa de campo, incluindo os pressupostos básicos e as técnicas, provavelmente se encaixa melhor nos primórdios da antropologia social do que nos primórdios da antropologia cultural. Os antropólogos culturais concentraram-se em uma ampla gama de tópicos e um território conceitual mais amplo, desde práticas de educação infantil a textos nativos, histórias de vida e sociolinguística. Os antropólogos norte-americanos também estavam mais inclinados a usar técnicas de pesquisa formais, tais como testes de Rorschach, e foi um antropólogo americano, George Murdock, que desenvolveu os Arquivos da Área de Relações Humanas (*Human Relations Area Files* – Hraf) em 1949[7]. Inicialmente chamado de Pesquisa Transcultural, os Hraf forneceram dados sistemáticos sobre mais de 250 culturas. Eles tinham a intenção de elevar a análise transcultural a um exercício totalmente científico, receptivo à análise quantitativa, e para este fim Murdock introduziu a Amostra Etnográfica Mundial em 1957[8]. Embora os Hraf tenham se tornado disponíveis em numerosas universidades norte-americanas, eles foram praticamente ignora-

---

7. Cf. Murdock (1949) para uma declaração de sua abordagem.

8. Ao longo deste estudo concentrei-me em métodos e análise qualitativos, simplesmente porque eles têm dominado a antropologia, mas deve-se notar que um impulso quantitativo (embora menos proeminente) quase sempre também tem estado presente.

dos na Grã-Bretanha. Mesmo nos Estados Unidos, apenas um pequeno número de antropólogos os utiliza[9]. Embora isso talvez se tenha dado devido à qualidade desigual dos dados nos arquivos, uma razão igualmente importante provavelmente foi o preconceito contra a pesquisa bibliográfica na disciplina e a favor da pesquisa de campo original.

## A controvérsia Redfield-Lewis

Os antropólogos norte-americanos também estiveram envolvidos nos poucos estudos de replicação já realizados. Sem dúvida, o mais famoso deles é a polêmica Redfield-Lewis. Durante 1926-1927 Robert Redfield realizou pesquisa de campo em uma aldeia mexicana. Em *Tepoztlan: A Mexican Village* (Tepoztlan: um vilarejo mexicano) (1930), ele escreveu a boa vida na comunidade, enfatizando o quadro coerente da sociedade e a vida feliz e realizada experimentada por este povo. Dezessete anos mais tarde, em 1943, Oscar Lewis começou uma pesquisa de campo na mesma aldeia. Em *Life in a Mexican Vilage – Tepoztlan Restudied* (A vida em um vilarejo mexicano – Tepoztlan reestudada) (1951), ele escreveu sobre a má vida na comunidade, destacando as inúmeras brigas, homicídios, ciúmes e crime desenfreado[10]. Como Lewis apontou, Redfield retratou *Tepoztlan* como "uma sociedade relativamente homogênea, isolada e bem-integrada, composta por pessoas satisfeitas e bem-ajustadas". Em contraste, a sua própria explicação sublinha "o individualismo subjacente [...] a falta de cooperação, as tensões entre as aldeias [...] e a qualidade penetrante do medo, da inveja e da desconfiança nas relações interpessoais" (p. 428-429).

Tanto Redfield quanto Lewis foram pesquisadores altamente realizados e respeitados. Como, então, podem ser explicados os seus retratos tão radicalmente diferentes dos Tepoztlan? Uma possibilidade era a de que durante o período de dezessete anos a aldeia havia mudado drasticamente. Mas nenhum dos autores pensou que este fosse o caso (cf. REDFIELD, 1960: 132-136). Em vez disso, concluíram que foram as suas perspectivas pessoais que fizeram a diferença. Redfield explica que estava interessado no que, acerca de suas vidas, agradava aos moradores mexicanos, enquanto Lewis estava interessado no que os desagradava.

---

9. Udy (1959) produziu um dos estudos mais conhecidos com base no Hraf.

10. Lewis também publicou *Tepoztlan* (1960), uma versão mais curta de seu livro anterior, com um novo capítulo baseado em dados coletados em 1956.

Aceita-se agora que Redfield retratou o sistema de crença ideal ou formal, e Lewis o sistema real ou informal – o que se passava nos bastidores. Embora haja uma tendência a considerar o material dos bastidores como mais real do que o material da frente de palco, poder-se-ia argumentar que ambas as versões da aldeia eram válidas, mas, ao mesmo tempo, incompletas. A implicação é que os dois estudos apenas complementavam-se um ao outro, para o benefício da disciplina como um todo. Isso pode muito bem ser verdade, mas é difícil ignorar o grau em que a perspectiva e os interesses pessoais do pesquisador (e as inclinações e vícios teóricos) moldam o que é encontrado no campo, e tudo o que isso significa para uma disciplina com aspirações científicas[11].

## Conclusão

Como não havia uma teoria única e uniforme durante as primeiras décadas da antropologia profissional, mas várias perspectivas teóricas com características muito diferentes, é difícil medir o ajuste que então existia entre teoria e método. No entanto, se presumirmos que a antropologia moderna começou com o surgimento da tradição da pesquisa de campo – ou seja, após a perspectiva evolucionária desaparecer da cena – a situação se torna muito mais clara. Apesar das diferenças entre o particularismo histórico e o funcionalismo estrutural, escritores como Boas, Malinowski e Radcliffe-Brown presumiram que a disciplina era empírica, e que as explicações baseadas em investigação rigorosa e científica eram o objetivo. Em outras palavras, nesta fase do trabalho antropológico, os objetivos e procedimentos da teoria e do método foram geralmente consistentes.

---

11. Para um estudo de replicação menos conhecido, mas igualmente significativo, cf. Goodenough (1956) e Fischer (1958), cujos estudos de padrões de residência da mesma comunidade produziram resultados bastante diferentes. Curiosamente, nem no caso Redfield-Lewis, nem no caso Goodenough-Fischer os autores se propuseram intencionalmente a fazer um estudo de replicação. Obviamente, outro famoso estudo de replicação é o reestudo realizado por Freeman da Samoa de Mead.

# SEGUNDA PARTE

## Corrigindo os fundamentos

# 4
# Teoria

O particularismo histórico na América e o funcionalismo estrutural na Grã-Bretanha revelaram-se abordagens teóricas notavelmente robustas, dominando a disciplina até a Segunda Guerra Mundial. Nas décadas de 1950 e de 1960, no entanto, ficou claro que a paisagem da antropologia teórica havia mudado. Neste capítulo enfocarei três orientações: a ecologia cultural, a teoria do conflito e a ação social. A primeira esteve principalmente associada à antropologia americana, e as outras duas à antropologia britânica[1]. Cada orientação, de maneiras bastante diferentes, tentou manter vivo o sonho de um estudo científico da sociedade, combatendo as fissuras que haviam começado a enfraquecer o particularismo histórico e o funcionalismo estrutural.

## Ecologia cultural (e neoevolucionismo)

Embora reconhecido como o fundador da antropologia americana, Boas se havia originalmente formado em geografia e nunca perdeu completamente o interesse pela influência do ambiente sobre a cultura. No entanto, coube a outros, como Julian Steward, transformar o fator ambiental em uma orientação teórica plenamente desenvolvida. Isso ficou conhecido como ecologia cultural. O intrigante foi que a ecologia cultural foi afinal enxertada em uma versão revitalizada do evolucionismo. Em outras palavras, a abordagem teórica que havia sido atacada de maneira tão vigorosa pelos particularistas históricos e pelos funcionalistas estruturais como inadequada, enganosa, e quase antiética em seus pressupostos, foi espanada e subiu de volta ao palco.

### Características básicas

*1) O impacto do meio ambiente.* A cultura é moldada por condições ambientais.

---

1. Como será demonstrado, a teoria do conflito também surgiu na sociologia americana.

*2) O impacto da tecnologia.* Fatores técnico-econômicos se combinam com o ambiente para influenciar o caráter da organização social e da ideologia.

*3) Enfoque na adaptação.* As populações humanas continuamente adaptam-se a condições técnico-econômico-ambientais. A "cultura" é o mecanismo que torna possível a adaptação.

*4) Ligações recíprocas entre cultura e ecologia.* Embora fatores ambientais técnico-econômicos moldem a cultura, o inverso também é verdadeiro. Isso borra a distinção entre os primeiros e a última, e sublinha a complexidade e o dinamismo intrínseco à perspectiva da ecologia cultural.

*5) Ênfase em dados éticos ao invés de em dados êmicos.* As condições objetivas de existência – meio ambiente e tecnologia – e não as condições subjetivas – valores, normas, significados e motivação individual – explicam a interação humana. Na ecologia cultural a subjetividade é dependente das condições objetivas de existência, o significado é um produto da estrutura social, e a prioridade na pesquisa é conferida à dimensão "dura" da interação humana, aos dados *éticos*, e não aos dados *êmicos*.

*6) A cultura é considerada prática e útil.* Ao contrário de Boas, mas como Tylor, os ecologistas culturais pressupõem que a cultura seja intencional e funcional, e não acidental ou irracional.

*7) Subtração da ênfase no indivíduo.* A posição privilegiada atribuída ao indivíduo por Boas, Benedict e Mead é considerada inadequada pelos ecologistas culturais. A estrutura social, os grupos sociais e os fatores ecológicos e tecnológicos explicam a cultura. O indivíduo como um componente no sistema explanatório é bastante dispensável.

*8) Investigação nomotética.* Com a ênfase em dados *éticos*, a antropologia é considerada completamente científica, solidamente empírica, e capaz de produzir explicações e leis causais.

*9) O contexto evolucionário.* Os fatores ecológicos e tecnológicos não somente são as forças condutoras na interação humana, como também são fundamentais para o desenvolvimento histórico da sociedade, e de fato podem ser proveitosamente vinculados a uma perspectiva evolucionária.

**Figuras-chave**
*Julian Steward* (1902-1972)

Steward foi aluno de Kroeber, que fora aluno de Boas. Suponho, portanto, que poderíamos chamar Steward de neto intelectual de Boas, mas a sua abordagem foi notavelmente diferente. Steward começou a usar o termo ecologia já em

1930, mas só com a publicação de *Theory of Culture Change* (Teoria da Mudança Cultural), em 1955, ele elaborou completamente o conceito. Por ecologia, ele denotava a adaptação da cultura aos fatores ambientais e tecnológicos.

Steward teorizou que, quanto menos desenvolvido for o nível de tecnologia em uma sociedade, maior será a influência do meio ambiente. Por exemplo, as sociedades de caçadores-coletores estavam sujeitas ao capricho de seus meio ambientes. Tanto a organização social quanto o tamanho da população eram ditados pelo meio ambiente. As pessoas nessas sociedades tinham que viver em pequenos grupos, e precisavam ser igualitárias porque não havia excedente econômico para permitir a estratificação. As mesmas condições ambientais adversas, associadas a um baixo nível de tecnologia, significavam que as pessoas eram forçadas a migrar periodicamente em busca de novas fontes de provimentos alimentares. No capítulo 6, Steward ilustrou esta teoria em relação aos povos *Shoshonean*, do oeste dos Estados Unidos. Condições áridas e uma economia baseada na caça e na coleta restringiu o tamanho de sua população e promoveu a pequena família nuclear composta de pais e filhos.

À medida que o nível de tecnologia de uma sociedade melhora, há um maior controle sobre o meio ambiente, um aumento do excedente econômico e da densidade populacional, e uma mudança do igualitarismo para a estratificação de classes. Muito a seu crédito, dado o seu compromisso com o quadro ecológico cultural, Steward argumenta que, em sociedades avançadas, altamente tecnológicas, o ambiente deixa de ser uma força controladora e, portanto, a ecologia cultural perde a sua influência explicativa. Isso não significa, entretanto, que os seres humanos tornam-se mais livres. O que acontece, Steward especula, é que o determinismo do ambiente é substituído pelo determinismo da cultura, definido nesse contexto como ideologia[2].

Steward argumentou não apenas que as condições ambientais moldam a cultura, mas também que cada cultura constitui uma adaptação completamente prática e útil ao seu ambiente. Assim o seria, segundo ele, de tal maneira, que, se uma cultura estrangeira consistindo, por exemplo, de agricultores, e possuindo uma organização social diferente fosse subitamente estatelada na zona ecológica ocupada por caçadores e coletores, a cultura estrangeira, se os seus membros quisessem sobreviver, seria forçada a se adaptar à organização social e aos valores característicos dos caçadores e coletores. Apenas se o nível de tecnologia fos-

---

2. Ideias podem ficar datadas rapidamente; a noção de que o ambiente perde a sua significância em sociedades tecnológicas avançadas deixaria os leitores de hoje perplexos, para dizer o mínimo, preocupados como são com os efeitos da poluição, do desmatamento e do aquecimento global.

se capaz de superar o impacto do ambiente de caça e coleta, através da produção de um excedente econômico, esse resultado poderia ser evitado.

Steward dividia a cultura em núcleo e periferia. O núcleo é constituído pelas características duradouras e causais da cultura, e a periferia pelas características fortuitas ou acidentais. O núcleo inclui a organização social, a política e, possivelmente, a religião. A periferia inclui os padrões artísticos, as modas e os comportamentos idiossincráticos. O núcleo não pode escapar ao impacto de fatores técnico-ambientais. A periferia é largamente independente da base técnico-ambiental, e sujeita a uma gama mais ampla de mudanças sociais, em parte influenciadas pela difusão e pela inovação individual. Em muitos aspectos, o núcleo e a periferia são comparáveis às culturas básica e secundária de Kroeber, embora Steward, deve-se notar, não tenha seguido o exemplo de Kroeber, priorizando a periferia.

Finalmente, chegamos à conexão entre ecologia e evolucionismo. Por volta do início dos anos de 1950, Steward começara a identificar-se como evolucionista. No entanto, ele via a sua abordagem como muito diferente das obras dos primeiros evolucionistas, como Tylor, Morgan, e Spencer. Uma razão era simplesmente a sua ênfase no papel crítico do meio ambiente sobre o esquema evolutivo, que era largamente ignorada pelos escritores antigos. Uma segunda razão foi que ele rejeitou imediatamente o conceito de desenvolvimento unilinear. Nas palavras de Steward, "culturas particulares divergem significativamente entre si e não passam por estágios unilineares" (1955: 28). Seu argumento dizia que, embora o evolucionismo como uma estrutura seja viável e significativo, não houve nenhuma linha única e abrangente de desenvolvimento evolutivo. Em vez disso, as culturas evoluíram ao longo de várias linhas diferentes e em ritmos diferentes, e ao invés de presumir um grande esquema, com estágios específicos, é tarefa do pesquisador discernir a direção exata tomada por culturas particulares. Para distanciar a sua abordagem da tomada por Morgan, Tylor e Spencer, Steward cunhou o termo "evolucionismo multilinear", que implica uma estrutura mais complexa e menos rígida. Hoje, os antropólogos que abordam um quadro evolutivo são normalmente rotulados de neoevolucionistas.

### Leslie White (1900-1975)

Steward não foi o único antropólogo americano proeminente a apontar a disciplina na direção do retorno ao evolucionismo. O trabalho da vida de Leslie White foi dedicado a esse objetivo. Assim como Steward, White repudiava muitos dos pressupostos centrais no particularismo histórico boasiano. Ele enfatizou o ético, em vez do êmico, via a cultura como uma entidade altamente integrada, em vez de um confuso feixe de traços, e atribuiu prioridade causal a fatores técnico-econômicos, enquanto descartava o indivíduo e a personalidade como irrelevantes para a tarefa antropológica. Ele também partilhava a opinião de Steward de que a cultura é extremamente prática e útil (ou utilitária), no sentido de proporcionar as condições materiais necessárias à vida (alimento, abrigo, defesa), ao invés de meramente habitual ou expressiva. No esquema de White, a cultura é composta por quatro setores: tecnológico (ferramentas e produção de alimentos), estrutural social (instituições e papéis), ideológico (crenças e valores) e atitudinal (sentimentos e emoções). Embora presumisse que a tecnologia é normalmente a força motriz na cultura, ele admitia a possibilidade de, sob certas condições, e em curto prazo, qualquer um dos outros três setores conseguir alcançar proeminência.

No entanto, houve diferenças significativas entre os quadros evolutivos defendidos por White e Steward. White (1949, 1959) tendia a ver a cultura como uma realidade em si mesma, moldada principalmente por uma de suas partes – técnico-econômica – mas, no entanto, autônoma. Steward, obviamente, adotou uma abordagem muito diferente, porque em seu esquema a cultura repousava em última instância em um fator estranho: o meio ambiente. Em outras palavras, embora White certamente fosse um evolucionista, ele não era um ecologista cultural. Além disso, enquanto Steward dissociava a sua abordagem da evolução unilinear do século XIX, White afirmava que o seu tipo de evolucionismo era essencialmente idêntico aos trabalhos de Morgan e Tylor. White de fato afastou-se nitidamente do reducionismo biológico de Spencer. Na verdade, White tem sido um porta-voz eloquente da hipótese evolucionária contemporânea segundo a qual o símbolo substituiu o gene em importância como uma ferramenta explicativa. Ou seja, vivemos hoje em um universo simbólico guiado mais pela cultura do que pela hereditariedade.

Neste contexto, deve-se salientar que White faz uma importante distinção (cf. KAPLAN & MANNERS, 1972: 44), entre sinais e símbolos. O significado dos sinais é inerente às coisas; o significado dos símbolos nas coisas é arbitrário. White afirma que, enquanto o comportamento de sinais é característico de todos os animais superiores, apenas os seres humanos praticam ao mesmo tempo o comportamento de sinais e o simbólico. O caráter dos símbolos reflete-se na linguagem, onde a relação entre o som de uma palavra e seu referente ou significado é arbitrário. Um exemplo bem conhecido é verde para seguir e vermelho para parar.

Sahlins (1960) retratou a diferença entre White e Steward em termos de evolução geral e específica. White foi atraído para a varredura geral da história, a "cultura em sentido amplo". Steward centrou-se na evolução de culturas particulares e preocupou-se com uma teoria intermediária.

A maioria dos neoevolucionistas, incluindo Steward, rejeitou a velha hipótese de que evolução é igual a progresso. Não tanto Leslie White. Ele argumentou que a evolução era direcional e progressiva, e poderia ser medida com precisão: a cultura avança de acordo com o aumento da quantidade de energia *per capita* por ano, ou de acordo com a eficiência pela qual a energia é utilizada (KAPLAN & MANNERS, 1972: 45). A famosa fórmula de White era E x T = C; onde E representa a energia, T a eficiência das ferramentas e C a cultura. A quantidade de energia varia entre as culturas. As sociedades mais simples dependem completamente da energia humana, as mais avançadas, de energia animada e não animada, como de camelos, cavalos, vapor e do átomo. Quanto maior é o aumento de energia ou o avanço da cultura, maior é o controle humano sobre a natureza. Seria um erro, no entanto, interpretar isso como significando que White prestava muita atenção na capacidade humana individual e na personalidade. Pelo contrário, no esquema de White os seres humanos são essencialmente "narcotizados culturais", respondendo de maneira robótica ao quadro cultural que os encapsula.

### Marvin Harris (1927-2001)

Harris possivelmente tem sido a figura mais eminente nos últimos anos entre os que continuam a sonhar com uma antropologia geral, em que a antropologia física, a antropologia cultural, a linguística e a arqueologia estão unificadas em uma única estrutura. Essencialmente um antropólogo de gabinete ao invés de um pesquisador de campo, sua fama repousa em grande medida sobre os seus livros extremamente acadêmicos e autorizados. *The Rise of Anthropological Theory* (1968), por exemplo, tem uma abrangência enciclopédica e é notável pelo seu sofisticado e extensivo tratamento da raça e do racismo. Harris considera sua abordagem muito semelhante à de Steward. No prefácio de um de seus livros ele escreveu: "Também gostaria que este livro agradasse Julian Steward, uma vez que a orientação teórica empregada ao longo dele foi inspirada no seu interesse na causalidade, na evolução e na ecologia" (1971: x). No entanto, Harris não pensa que a sua abordagem, que ele rotula de materialismo cultural, seja exatamente a mesma de Steward. A ecologia cultural, como ele indica (1968: 658), é um subcaso do materialismo cultural.

De acordo com Harris (1991: 23), o materialismo cultural enfoca e atribui prioridade causal às condições materiais da vida, como comida e abrigo. O pressuposto subjacente, ecoando Karl Marx, é o de que antes que possa haver poesia e filosofia, as pessoas precisam comer e estar protegidas das intempéries[3]. O materialismo, neste contexto, nada tem em comum com a sua conotação mais popular: a acumulação gananciosa de objetos caros. A atividade humana organizada para satisfazer as condições materiais de vida é afetada e limitada pela nossa constituição biológica, o nível da tecnologia e a natureza do meio ambiente, que por sua vez geram respostas ideológicas e de organização social. No esquema de Harris, estes vários componentes do materialismo cultural formam a base analítica com a qual retratar a trajetória evolutiva da cultura e da civilização.

Assim como Steward e White, Harris minimiza a importância dos dados êmicos. A consciência popular, as suas disposições, perspectivas, interpretações, ideias, atitudes e emoções subjetivas nunca explicam as suas ações (HARRIS, 1975: 6, 62). Ele também tem sido um crítico vocal de escritores como Ruth Benedict, que tenham dado a impressão de que o comportamento e a cultura humanos são irracionais, excêntricos, inescrutáveis, desprovidos de projeto lógico. Talvez a ilustração mais bem conhecida de sua posição seja aquela do gado sagrado da Índia (HARRIS, 1966, 1975). A recusa dos hindus a comerem seus animais tem sido muitas vezes interpretada como um exemplo perfeito de quão irracionais as práticas culturais podem ser. Supõe-se que seja a doutrina hindu de *ahimsa* que obriga os hindus a adorarem o seu gado ao invés de comê-los, mesmo que estejam passando fome. Em outras palavras, a obsessão espiritual oblitera o bem-estar material. Não existe tal coisa, objeta Harris. Seu argumento afirma que o gado magro da Índia é muito menos importante como fonte de alimento do que o é como fonte de energia e transporte; o esterco de vaca, aliás, fornece fertilizante para as plantações e combustível para cozinhar. Harris conclui que o pequeno e subnutrido gado da Índia é perfeitamente apropriado para as difíceis condições ambientais que enfrenta. E o complexo do gado sagrado, em vez de ser irracional, desempenha um papel econômico positivo e crítico na Índia. Na verdade, Harris conclui: "A Índia faz um uso mais eficiente do seu gado do que o fazem os Estados Unidos" (1975: 31).

---

3. Deve-se salientar que, embora Harris se baseie fortemente em Marx, ele às vezes tem sido criticado como um materialista vulgar ou mecânico (cf. FRIEDMAN, 1974). Isto porque ele minimiza a oposição, a contradição e a dialética, que são fundamentais para o marxismo.

*John Bennett e Roy Rappaport*

Embora as ideias e interpretações de pesquisadores de gabinete, como Harris, possam ser estimulantes, a prova de fogo em antropologia sempre envolve o etnógrafo no contexto da pesquisa de campo, o que nos leva aos trabalhos de Bennett e Rappaport. Em *Northern Plainsmen* (Os habitantes das pradarias do norte) (1969), Bennett empreendeu uma investigação ecológica de fazendeiros, agricultores, huteritas e índios Plains Cree em uma região no sul de Saskatchewan, que chamava de Jasper. Ele traçou uma distinção nítida entre a ecologia geral ou natural e a ecologia humana, e argumentou que a primeira não é aplicável aos seres humanos; isto porque não pode acomodar o grau em que os seres humanos, enquanto inovadores, estão constantemente mudando os ecossistemas em que vivem. Em outras palavras, Bennett reconhecia que a cultura não só se adapta a condições ecológicas, mas também as modifica.

Na abordagem de Bennett, a chave para a ecologia cultural é a adaptação. Mas a adaptação não está restrita às relações recíprocas entre cultura e meio ambiente. Grupos ou categorias de pessoas, como huteritas, agricultores, fazendeiros e índios na região de Jasper, também devem adaptar-se uns aos outros, assim como a fatores externos, tais como os preços flutuantes dos seus bens e os padrões cambiantes de consumo de alimentos. Ao descrever as várias maneiras nas quais estes quatro grupos diferentes de pessoas adaptam-se ao mesmo ambiente, Bennett aposentou a noção simplista de que para cada conjunto de condições ecológicas só pode haver uma única resposta cultural.

Bennett introduziu uma distinção importante entre as estratégias e os processos adaptativos, que correspondem à distinção entre êmico e ético. Estratégias adaptativas são conscientes; dizem respeito a tomadas de decisão: quanto a consumir ou não, a inovar ou conservar velhos modos, a permanecer no interior ou a migrar. Processos adaptativos consistem nas tendências de longo prazo resultantes de estratégias adaptativas que são observadas e analisadas pelo antropólogo. Para o crédito de Bennett, seu estudo é enriquecido não só pela sua dimensão histórica (o seu estudo abrange um período de mais de meio século), mas também pela sua síntese de dados subjetivos e objetivos[4].

A obra de Rappaport, *Pigs for the Ancestors* (Porcos para os ancestrais) (1967), celebrada como uma aplicação ilustre da estrutura ecológica, provavelmente tem sido ainda mais lida do que *Northern Plainsmen*. O estudo baseia-se

---

4. Cf. tb. suas publicações posteriores *Of Time and the Enterprise* (1982) e *Human Ecology as Human Behavior* (1993).

na Tsembaga, um povo de língua maring da Nova Guiné. Sua economia gira em torno da agricultura com ferramentas rudimentares, como a vara de escavação, o machado de aço e a faca; caça com arcos e flechas, lanças e escudos de madeira; e criação de suínos.

Ao contrário de Bennett, Rappaport não estabelece uma distinção nítida entre a ecologia geral e a ecologia humana. Ao contrário, ele trata a última como um subcaso da primeira, e argumenta: "O estudo do homem, o portador da cultura, não pode estar separado do estudo do homem como uma espécie entre espécies" (p. 242). Neste contexto, ele considera os tsembaga como apenas mais uma população ecológica no ecossistema.

A peça central em *Pigs for Ancestors* é o ritual. De acordo com Rappaport, o ritual estabelece um intermédio entre o povo tsembaga e o seu ambiente. Mais especificamente, o ritual regula a competição por recursos escassos entre pessoas e porcos, redistribui a terra e facilita a troca de bens econômicos e pessoas no território, sendo até mesmo a mão condutora por detrás da guerra. À medida que a população de suínos aumenta, ameaçando o equilíbrio entre pessoas e porcos, inicia-se uma guerra com os grupos vizinhos, dizimando tanto as populações de seres humanos quanto as de animais, e restaurando-as ao nível compatível com a sustentação do peso do nicho ecológico.

Harris referiu-se ao estudo de Rappaport (na verdade à sua tese de doutorado, na qual o livro foi baseado) como um "brilhante *tour de force*" (1968: 366). Tamanho elogio é fácil de se compreender. O livro é extremamente sistemático, repleto de dados quantitativos. Em comparação com *Northern Plainsmen*, lida com um povo exótico, e com temas, como guerra primitiva, que tocam a antropologia romântica. No entanto, ao meu juízo, o estudo de Bennett pode ser o mais sofisticado. Por exemplo, Rappaport distingue entre modelos operacionais (éticos) e modelos conhecidos (êmicos) (p. 241), que são comparáveis às estratégias adaptativas e os processos adaptativos de Bennett, mas essencialmente ignora dados conhecidos – as atitudes, crenças, valores e interpretações dos próprios tsembaga. Há, além disso, uma ênfase explícita em *Pigs for the Ancestor* sobre o equilíbrio e a manutenção do sistema, ao invés de sobre a adaptação e a mudança. Nas palavras de Rappaport, "o estudo tem se preocupado com a regulação, ou com os processos pelos quais os sistemas mantêm a sua estrutura, em vez de com a adaptação, ou com os processos pelos quais a estrutura dos sistemas muda em resposta a pressões ambientais" (p. 242). Finalmente, há o problema da relação da ecologia cultural ou humana com a ecologia natural ou geral. Reagindo a um artigo de Rappaport e seu orientador, Andrew Vayda (que escreveu um prefácio a *Pigs for the Ancestors*), Kaplan e Manners (1972: 86) questionam a solidez de uma abordagem que falha em reconhecer a capacidade única dos seres humanos de manipularem e moldarem o próprio ecossistema. No final, portanto, somos deixados com o velho debate sobre se o estudo dos seres humanos requer procedimentos e suposições desnecessárias ao estudo de outras espécies, ou se o esforço em fazê-lo não passa de um romantismo infundado.

### Avaliação

A ecologia cultural, com a sua ênfase na causalidade e nas condições objetivas, especialmente a tecnologia e o meio ambiente, constitui um enorme repúdio ao particularismo histórico. Steward não se limitou apenas a tentar remendar o particularismo histórico, ele o ultrapassou e associou a ecologia cultural a uma versão revitalizada do evolucionismo. A ecologia cultural e o neoevolucionismo certamente aspiravam a tornarem-se científicos, mas para alcançar esse estado a maior parte dos dados "suaves" acerca da interação humana, tais como a subjetividade, o sentido, as emoções e a motivação individual, teve que ser relegada a segundo plano. Antropólogos que ainda estejam convencidos de que a antropologia é (ou pode ser) uma ciência genuína provavelmente aplaudiriam a direção tomada pela ecologia cultural e pelo neoevolucionismo. No entanto, nos últimos anos, como será mostrado no capítulo 6, são esses mesmos dados suaves que têm cada vez mais atraído a atenção dos antropólogos. Apenas neste sentido, ecologia cultural e neoevolucionismo estão muito fora de sintonia com a marcha da antropologia contemporânea.

## Teoria do Conflito

O funcionalismo estrutural foi a orientação teórica dominante na antropologia social britânica (e também na sociologia americana) até a década de 1950. No entanto, muitos escritores começaram a criticar um dos seus pressupostos centrais, qual seja o de que a sociedade saudável repousa sobre um conjunto unificado de funções universais indispensáveis. Mesmo o procedimento de explicar a existência de instituições sociais em termos das funções que elas desempenhavam foi caracterizado como colocar o carro na frente dos bois, comparável a afirmar com que os narizes crescem nas pessoas a fim de que elas tenham um lugar conveniente para repousarem os óculos. Argumentou-se que através da ênfase excessiva na integração social e da promoção da imagem da sociedade como a de um equilíbrio estável, o funcionalismo estrutural proveu uma justificativa ideológica para o *status quo* e foi incapaz de lidar com a mudança social. Um novo modelo de sociedade emergia destas críticas – a teoria do conflito.

### Características básicas

*1) O conflito é normal e generalizado.* As suposições feitas aqui são exatamente o oposto daquelas encontradas no funcionalismo estrutural, nas quais o conflito era visto como anormal e raro.

*2) O conflito é positivo ou funcional.* Ele unifica a sociedade, cria solidariedade, e assim mantém a sociedade em um estado de equilíbrio.

*3) O conflito atua como uma válvula de segurança.* Ele fornece uma oportunidade para as pessoas desabafarem antes que a sociedade exploda.

*4) O conflito com um grupo de fora gera solidariedade interna.* Perante uma ameaça comum do mundo exterior, as pessoas em um grupo ou comunidade se congregam.

*5) A sociedade consiste em identidades, lealdades e tensões que se cruzam e que, finalmente, se anulam, resultando em harmonia e integração.*

*6) O equilíbrio social é o produto do equilíbrio de oposições.*

*7) O conflito é um fenômeno sociológico.* Como no caso dos funcionalistas estruturais, os teoristas do conflito foram geralmente contrários ao reducionismo psicológico.

### Figuras-chave

*Max Gluckman* (1911-1975)

Nascido na África do Sul, e pesquisador Rhodes em Oxford, em meados dos anos de 1930, Gluckman surgiu como o guru do que se tornou internacionalmente celebrado como a Escola Manchester de Antropologia. Assim como descrevemos Steward como neto intelectual de Boas, o relacionamento de Gluckman com Radcliffe-Brown foi semelhante. Embora Gluckman tenha participado algumas vezes do seminário de Malinowski na London School of Economics, dois dos seus professores, Hoernlé e Schapera, estudaram com Radcliffe-Brown, e foi a versão da antropologia deste último, e, portanto, igualmente de Durkheim, que moldou a obra de Gluckman. Sua dívida para com Durkheim foi claramente reconhecida em seu artigo sobre o estado da antropologia (1968 [1944]), e, assim como Durkheim, ele deixou claro que o reducionismo psicológico não tinha lugar na sua disciplina.

Neste momento, dado o papel de liderança desempenhado por Durkheim e Radcliffe-Brown na elaboração do modelo estrutural-funcional, o leitor atento poderia muito bem se perguntar o que exatamente está acontecendo aqui. Como a teoria do conflito surgiu de uma tradição intelectual que enfatizava a harmonia e a coesão? A resposta curta é que Gluckman introduziu uma série de novos pressupostos que foram destinados a resolver as falhas que haviam sido identificadas no modelo anterior. Por exemplo, ele argumentou que o conflito é intrínseco à interação social, ao invés de raro e anormal. Além disso, a sociedade atinge o equilíbrio, mas este não é o resultado de qualquer tendência intrínseca ou natural em sistemas sociais; é o produto de nada menos do que um conflito onipresente.

Para compreender a posição teórica de Gluckman, devemos voltar-nos para *Custom and Conflict in Africa* (Costume e conflitos na África) (1956), que foi originalmente apresentada como uma série de palestras da BBC em 1955. Aqui Gluckman expõe a sua tese com clareza admirável: "O meu argumento central [é] o de que conflitos em um conjunto de relações leva ao estabelecimento de coesão em um conjunto mais amplo de relações" (p. 164). Melhor dizendo, as pessoas tendem a criar diferentes conjuntos de lealdades e alianças que colidem umas com as outras. No entanto, essas lealdades que se entrecruzam cancelam-se umas às outras. Por exemplo, duas pessoas podem pertencer a associações opostas em uma esfera institucional, como a da política, mas à mesma associação em outra esfera, como a da ocupação ou da religião. Como Gluckman o coloca, "as várias lealdades de um homem atingem a força de sua lealdade a qualquer grupo ou conjunto de relações, que é, portanto, dividida. Aqui o sistema inteiro depende da existência de conflitos em subsistemas menores" (p. 21). E em outro lugar: "A vida social gera conflito, e as sociedades, por seus arranjos habituais [...], acentuam os conflitos. Os conflitos em faixas mais amplas compensam uns aos outros para produzirem coesão social" (p. 48).

Gluckman ilustrou sua argumentação em relação aos zulu. Os zulu têm um rei, além de diversos condados dentro do reino, cada um com o seu próprio líder. Periodicamente irrompe uma rebelião quando um município tenta tornar rei o seu próprio líder. Esse conflito, na opinião de Gluckman, é positivo. Seu efeito é unificar o reino, porque os demais condados oferecem apoio ao monarca. Além disso, o objetivo da rebelião não é destruir a monarquia, mas obter controle sobre ela. Gluckman concluiu que a sociedade Zulu, internamente dividida em segmentos opostos, gozava de equilíbrio geral, porque os diferentes segmentos equilibravam uns aos outros, mantendo a integridade do reino (p. 115-116).

Alguns pesquisadores parecem ter uma capacidade relativamente alta de autocrítica. Gluckman é um destes casos. Em 1963 ele publicou outro livro, *Order and Rebelion in Tribal Africa* (Ordem e rebelião na África tribal), no qual

108

repudiou o argumento de que o conflito produz integração. O seu erro, explicou ele, foi o de ter confiado demasiadamente no funcionalismo estrutural de Radcliffe-Brown. "Eu agora abandono completamente o tipo de analogia orgânica para um sistema social com o qual Radcliffe-Brown trabalhou, e que me levou a falar da guerra civil como necessária para a manutenção do sistema" (p. 35, 38).

### Lewis Coser (1913-2003)

Há um velho ditado no meio acadêmico segundo o qual ideias frescas periodicamente flutuam no ar. Isto é, as circunstâncias, às vezes induzidas pelas mudanças sociais que tornam obsoletos modelos de longa data, produzem o potencial para uma nova maneira de olhar o mundo, e antes que o saibamos, vários pesquisadores criativos independentes uns dos outros estão ocupados promovendo a mesma nova mensagem. Esse foi o caso da teoria do conflito. No mesmo ano em que *Custom and Conflict in Africa* surgiu, um sociólogo americano, Lewis Coser, publicou *The Functions of Social Conflict* (As funções do conflito social) (1964 [1956]). A coincidência com o estudo de Gluckman foi bastante notável. Coser, também, retratou o conflito como normal, disseminado e positivo, contribuindo para a integração da sociedade e agindo como uma válvula de segurança para tensões que de outro modo poderiam estilhaçar a sociedade. Assim como Gluckman, ele argumentou que várias afiliações de grupo e conflitos entrecruzados anulam-se mutuamente, evitando que profundas rupturas sociais se desenvolvam, e colocou especial ênfase no papel desempenhado pelo conflito externo na elevação do nível da consciência e da coesão do grupo ou da comunidade. A impressão geral do trabalho de Coser era a de que o conflito tinha um impacto salutar sobre quase tudo o que tocava.

Para sermos justos com Coser, ele menciona que os conflitos nem sempre são "funcionais" (p. 92-93). Quando uma sociedade ou comunidade é particularmente desorganizada, um conflito com uma outra sociedade ou comunidade pode produzir apatia ou mesmo desintegração. Ele então também reconheceu que, em alguns casos, conflitos externos são intencionalmente promovidos pelas elites sociais a fim de desviarem a hostilidade e a tensão de dentro de uma comunidade para um inimigo imaginário. Ao fazer isso, as elites podem obter algum espaço para respirar, mas as falhas na comunidade que criaram a tensão interna permanecem intactas (p. 155-156).

Coser também distinguiu entre conflito realista e não realista. O primeiro surge a partir de frustrações entre duas ou mais pessoas, e visa à fonte da frustração para alcançar uma solução específica e positiva. O segundo diz respeito às frustrações flutuantes; aqui a agressão que a acompanha se espalha por todas as direções, e, ao invés de resolver as frustrações, a agressão é um fim nela mesma. O antissemitismo e o racismo, sugere Coser (p. 49), são exemplos de conflitos não realistas.

Embora os modelos de conflito erguidos por Coser e Gluckman fossem quase idênticos, as fontes de suas ideias estavam bastante separadas. Gluckman foi capaz de basear-se em uma tradição na antropologia que argumentava que a tensão expressa em um conjunto de relações interpessoais era cancelada em outro conjunto, resultando na consistência e na harmonia global da sociedade. Fortes quanto aos tallensi (1947), Colson quanto aos tonga (1962), e Evans-Pritchard quanto aos nuer (1969 [1940]), todos haviam promovido essa interpretação. Não era acidental o fato de os tonga e os nuer serem sociedades rivais, porque a análise antropológica persistente da disputa tem sido a de enfatizar como ela contribui para a coesão total de uma sociedade. Evans-Pritchard (1969 [1940]: 159), por exemplo, considerava a rivalidade uma instituição essencial entre os nuer, porque ela mantinha uma oposição equilibrada ou o equilíbrio entre os diferentes segmentos da sociedade nuer. Mesmo a literatura mais recente sobre a rixa tem adotado uma linha similar. A obra de Black-Michaud, *Cohesive Force: Feud in the Mediterranean and the Middle East* (Força coesiva: conflito no Mediterrâneo e no Oriente Médio) (1975) – como indicado no próprio título – contém o argumento de que em sociedades amorfas, altamente fragmentadas, sem uma liderança central ou unidades administrativas de abrangência social, o conflito, ao colocar as pessoas (litigantes) em contato umas com as outras, equivale a um sistema de comunicação social e estabelece relações que aumentam a coesão geral.

As fontes de Coser eram bastante diferentes. Ele tinha à disposição as obras dos primeiros sociólogos americanos, como Small, Park, Cooley e Ross, os quais retratavam o conflito como algo intrínseco à sociedade. Ainda mais influente foi o trabalho do contemporâneo de Max Weber na Alemanha, Georg Simmel, que Gluckman alegou nunca ter lido. Quase toda ideia importante em *The Functions of Social Conflict* foi uma reafirmação do trabalho de Simmel, incluindo a distinção entre conflito realista e não realista (cf. SIMMEL, 1955; WOLFF, 1950). Houve sempre uma grande dose de fertilização cruzada entre a sociologia e a antropologia social, e, portanto, não é de se estranhar que Coser também se tenha baseado na literatura antropológica. Por exemplo, ele aponta (1964: 63) que Malinowski (1941) não só defendeu que o conflito é inerente aos relacionamentos face a face, mas também que, quanto menor o grupo em cooperação, maior será o grau da agressão. Coser também se referiu à análise de Radcliffe-Brown (1952) das relações jocosas nas quais a ambivalência (e, portanto, a potencial hostilidade) entre, por exemplo, sogros, é suavizada pelo ritual.

Uma década depois de *The Functions of Social Conflict* aparecer na imprensa, Coser publicou outro tratado sobre a teoria do conflito, no qual chamou a atenção para a notável semelhança entre as suas ideias e as de Gluckman (1967: 5). Mas, enquanto Gluckman, eventualmente, teve dúvidas acerca das funções positivas do conflito, Coser continuou a defender o seu modelo contra a enorme crítica que logo foi levantada contra ele. O que os críticos estavam dizendo, em suma, era que o modelo do conflito era essencialmente um modelo do equilíbrio disfarçado, pouco diferente do modelo estrutural funcional que ele deveria substituir[5].

### Teoria marxista do conflito

Paralelamente ao modelo Gluckman-Coser havia uma versão muito diferente de conflito, uma que buscou inspiração em Marx. Entre as suas características básicas estava a suposição de que a sociedade está dividida em grupos de interesses concorrentes ao invés de ser caracterizada por um sistema de valor central, de que o conflito e a contradição são intrínsecos à interação humana e os motores que impulsionam a mudança social, e de que uma análise de classe refletindo a divisão do trabalho é a pedra angular da investigação acadêmica. Em nítido contraste com o modelo Gluckman-Coser, o modelo marxista acomoda mudanças, e até mesmo mudanças revolucionárias. Tais mudanças são um produto do jogo dialético entre as contradições na sociedade, tais como os interesses divergentes dos assalariados e dos proprietários dos meios de produção no capitalismo.

Embora não haja uma única versão do marxismo, e, de fato, as versões variam desde a postura fenomenológica de Lukács (1971 [1923]), à complicada versão científica (estruturalista) de Althusser (1969), e seja mantido vivo pelo que ficou conhecido como a escola da teoria crítica de Frankfurt, entre as duas guerras mundiais (HELD, 1980; JAY, 1974), uma antropologia marxista cristalizou-se em torno dos temas do colonialismo (BERREMAN, 1968; GOUGH, 1968), da Teoria da Dependência (OXALL et al., 1975), dos estudos sobre o desenvolvimento (RHODES, 1970) e da perspectiva da economia política (por

---

5. Cf. tb. Beals e Siegel (1966), que distingue entre conflito irruptivo e conflito não irruptivo, o primeiro sendo positivo e o segundo negativo.

vezes em conjunto com uma abordagem weberiana, às vezes em oposição a Weber)[6]. O marxismo, deve-se acrescentar, informou significativamente o que ficou conhecido como antropologia econômica francesa, cujas raízes remontam à década de 1960. Autores como Meillassoux (1964), Terray (1969) e Godelier (1972) agarraram-se valentemente ao problema de como aplicar Marx (esp. a distinção entre superestrutura e subestrutura, ou entre forças ideológicas e forças materiais) às sociedades pré-capitalistas do Terceiro Mundo, dominadas pelo parentesco. Embora as principais figuras da antropologia econômica francesa muitas vezes discordassem acerca de questões fundamentais, tais como se o parentesco pertence à superestrutura ou à subestrutura, elas compartilhavam o pressuposto de que a sociedade é marcada por contradições internas que contêm o potencial para a mudança revolucionária.

Nas décadas de 1960 e de 1970, prosperou uma antropologia orientada pelo marxismo. Nos últimos anos, no entanto, provavelmente refletindo mudanças importantes na antiga União Soviética e uma conversão ao capitalismo em todo o mundo, para não falar de uma tendência à política de direita, o seu brilho foi um tanto esmaecido. Apresso-me a acrescentar que a descoberta da obra de Gramsci (1976), com seu retrato sutil da hegemonia e da rejeição do determinismo econômico simplista, fez a sua parte para manter viva uma versão marxista da Teoria do Conflito.

### Avaliação

A recepção inicial entre antropólogos e sociólogos das obras de Gluckman e Coser foi entusiasmada, e por boas razões. Durante as várias décadas em que o funcionalismo estrutural havia dominado, o conflito e a tensão tinham sido ignorados ou tratados como uma "doença". Gluckman e Coser ajudaram-nos a nos libertarmos de uma imagem da sociedade que era, obviamente, enviesada e enganosa. Coser, deve-se acrescentar, estava bastante consciente de que o conflito poderia ser disfuncional, mas como ele explicou no prefácio a *The Functions of Social Conflict*, na esteira do funcionalismo estrutural, foram os aspectos positivos do conflito que precisavam ser destacados naquele momento.

O ataque contra o modelo Gluckman-Coser não demorou a chegar, e foi montado tanto pelos pesquisadores de campo quanto pelos teoristas. Lloyd (1968), um especialista nos ioruba da Nigéria, destacou que, apesar do enfoque

---

6. Para uma recente aplicação sutil da perspectiva da economia política, informada por uma versão flexível do marxismo, que acomoda a subjetividade, assim como as relações de produção, cf. Smith (1991).

112

de Gluckman sobre o conflito, ele continuou a promover a velha ideia de que a sociedade estava em um estado de equilíbrio. Dahrendorf (1958, 1959) criticou Coser por concentrar-se quase exclusivamente nas funções integrativas do conflito, o que deu a impressão de que a vida social é estática, e levou a análise para longe da mudança social[7]. Talvez a crítica mais devastadora de todas tenha vindo de Lenski. Em sua única referência a Coser, que foi relegada a uma nota de rodapé, Lenski (1966: 16) escreveu: "Rótulos podem às vezes ser enganosos [...]. Eu não incluo na rubrica de teoristas do conflito escritores como Lewis Coser, autor de *The Functions of Social Conflict*. Embora este volume esteja focado no conflito, o seu propósito básico é o de mostrar como o conflito serve a sociedade como um todo. Em suma, a orientação teórica subjacente é funcionalista". Teoristas do conflito genuínos, argumentou Lenski, enfatizam os interesses que dividem as pessoas na sociedade, e não os valores comuns que as unem[8]. A implicação é que a versão marxista do modelo do conflito é imensamente mais poderosa do que a versão de Gluckman-Coser, um ponto de vista ao qual eu prontamente subscrevo.

## Ação social

Quando a Teoria do Conflito, pelo menos a versão prevalecente de Gluckman-Coser, provou ser um substituto inadequado para o funcionalismo estrutural, os antropólogos sociais britânicos começaram a mexer com outras abordagens teóricas. O que emergiu foi um modelo claramente novo, ao invés de um funcionalismo estrutural disfarçado, e que tinha a capacidade de lidar tanto com a mudança social quanto com o conflito. Embora eu prefira rotular esta nova abordagem de "ação social", a fim de estabelecê-la em um contexto teórico que remonta a Weber, ela é geralmente referida como o modelo processual, interativo ou transacional.

### Características básicas
1) A sociedade está em constante mudança, e uma estrutura social é fluida e porosa, e não rígida.

---

7. Em seu segundo livro, Coser tomou ciência das críticas de Dahrendorf, mas afirmou que eram infundadas (1967: 5).

8. Em qualquer análise funcional, devo acrescentar, é preciso sempre perguntar: Funcional para quem? Caso contrário, pode-se taxar o próprio trabalho como uma desculpa para o *status quo*.

2) As normas são ambíguas e até mesmo contraditórias.

3) Há sempre um hiato entre a ordem normativa e o comportamento real, o que significa que as regras ou as normas não explicam o comportamento.

4) Os seres humanos estão em constante competição por recursos escassos e recompensas.

5) Os seres humanos devem sempre escolher entre alternativas.

6) Uma ênfase no indivíduo como um manipulador autointeressado e inovador, cujas ações continuamente modificam o quadro normativo e institucional da sociedade.

7) Uma ênfase na reciprocidade, na troca e na transação.

8) Um enfoque na estrutura formal e não na informal, ou nos bastidores, e não na frente de palco.

### Figuras-chave
*F.G. Bailey*

Uma mensagem central do funcionalismo estrutural é a de que os seres humanos conduzem o seu comportamento de acordo com as regras estabelecidas pela sociedade. O sistema central de valores em conjunção com os complexos de normas associadas às principais instituições de uma cultura definem o conteúdo dos papéis e torna o comportamento das pessoas regular e previsível. Certamente havia uma simplicidade sedutora nesta abordagem, mas nas mentes de numerosos antropólogos ela nem remotamente ajustava-se as suas experiências de pesquisa de campo. A vida social, eles argumentavam, é confusa e incoerente. As pessoas dizem uma coisa, mas fazem outra; e em vez de aderirem perfeitamente às regras da sociedade, elas curvam-se, distorcem e ignoram essas regras segundo os ditames do autointeresse.

Uma expressão eloquente desta maneira alternativa de ver o mundo apareceu na obra de Bailey, *Stratagems and Spoils* (Estratagemas e espólios) (1969). Em certo nível, trata-se de um estudo da política e do poder, com o argumento estabelecido em um quadro comparativo amplo e imaginativo, variando da vida rural na Índia à política estatal na França e na Inglaterra, e até mesmo as disputas pelo poder que acontecem nas universidades. Em outro nível, o livro fornece uma perspectiva teórica aplicável a toda a disciplina. O ponto de partida de Bailey é desafiar o pressuposto de que existe uma relação simples e direta entre a ordem normativa e o comportamento real. Essa suposição, segundo o argumento de Bailey, deixa de levar em conta o grau em que os indivíduos manipulam o mundo à sua volta, inclusive a ordem normativa. Bailey observa que, na vida cotidiana, a maioria de nós, guiada pelo autointeresse, se envereda por entre as normas, buscando o caminho mais vantajoso. Ele não nega a existência do comportamento altruísta, mas argumenta que o seu preço pode ser calculado em uma escala de custos e benefícios para os indivíduos envolvidos. Como Bailey o coloca, "Uma das grandes lacunas da antropologia consiste em termos estado muito interessados no 'sistema', e embora saibamos que as pessoas vivem metade das suas vidas encontrando maneiras de 'vencer o sistema', tendemos a notá-las seriamente apenas quando são apanhadas, julgadas e punidas" (p. 87).

Bailey distingue entre regras normativas e regras pragmáticas de comportamento. Regras normativas são guias gerais de conduta; elas estabelecem as regras públicas, formais, ou ideais da sociedade. Regras pragmáticas são desvios das regras ideais; consistem em táticas e estratagemas aos quais os indivíduos recorrem a fim de alcançarem de forma eficaz os seus objetivos. Bailey trata da relação das regras normativas com as pragmáticas como um índice de mudança social potencial. Quando as regras pragmáticas aumentam drasticamente, a ordem normativa, ou os ideais da sociedade, devem ser reconstruídos para se adequarem às realidades atuais. O pressuposto de Bailey é o de que as regras pragmáticas correspondem mais de perto ao modo como as pessoas realmente se comportam, e não surpreendentemente este é o tipo de regras no qual se concentra.

*Stratagems and Spoils* foi um trabalho inovador, e uma das suas mais significativas realizações foi a introdução de uma nova perspectiva teórica. As pessoas retratadas na tela de Bailey não são marionetes controladas pelo quadro institucional; são agentes ativos, fazedores de escolhas, trancados em uma luta competitiva. Tampouco a estrutura social é unificada e estática, mas sim uma entidade dinâmica, sendo continuamente remodelada pelas alianças cambiantes, as coalizões e os conflitos que caracterizam a interação humana. Alguns críticos podem queixar-se de que esta seja uma imagem injustificadamente cínica do *homo sapiens*, mas uma coisa está além de qualquer debate: ao contrário da teoria do conflito, o modelo da ação social representa uma alternativa genuína ao funcionalismo estrutural.

Outra realização de Bailey foi demonstrar a vantagem de introduzir um esquema conceitual mais sutil na disciplina, refletido na distinção entre regras normativas e regras pragmáticas. Em *Stratagems and Spoils* a vida política é desconstruída em uma rica variedade de conceitos, incluindo os de mediadores, intermediários, facções, corretores, núcleos e transações. Bailey, em outras palavras, não só esboçou os fundamentos de uma nova orientação teórica, mas também forneceu um vocabulário com o qual articulá-la.

*Jeremy Boissevain*

Cinco anos após a publicação de *Stratagems and Spoils*, Boissevain lançou *Friends of Friends* (Amigos de amigos) (1974). O próprio título é sugestivo: a vida social se desenrola na arena informal, onde o que conta são os contatos – quem alguém conhece ao invés daquilo para o que seja qualificado. Boissevain inicia com uma crítica enérgica do funcionalismo estrutural. Dentro desse quadro as pessoas supostamente comportam-se de acordo com as regras sociais e tentam fazer o que é melhor para a sociedade em geral. Mas, na realidade, elas fazem o que é melhor para si. O funcionalismo estrutural, na opinião de Boissevain, apenas documenta como as pessoas *deveriam* se comportar, e não como elas *realmente* se comportam. Em suas palavras, "Em vez de ver o homem como membro de grupos e complexos institucionais passivamente obedientes às suas normas e pressões, é importante tentar vê-lo como um empreendedor que tenta manipular as normas e relações para seu próprio benefício social e psicológico" (p. 7).

Assim como Bailey, Boissevain empregou uma linguagem estranha aos funcionalistas estruturais: patronos, corretores, estratégias, facções, coalizões, panelinhas e transações. A vida cotidiana, pensava ele, é encenada em uma arena de competição e conflito, e a mudança social, e não a estabilidade, é o estado normal das coisas. Não generosamente, pode-se observar que, em termos do quadro da ação social, a maior parte do que é valioso em *Friends of friends* já havia sido dito em *Stratagems and Spoils*. Apresso-me a acrescentar que o estudo de Boissevain continha algumas características únicas. Em primeiro lugar, proveu uma aplicação altamente complexa da abordagem, empregando tanto os seus próprios dados etnográficos originais colhidos em Malta e Sicília, bem como etnografias de outros escritores. Em segundo lugar, tentou tornar a Teoria da Ação Social mais sistemática e rigorosa, enxertando nela um procedimento técnico conhecido como análise de rede. A análise de rede, iniciada por Elizabeth Bott (1957), destinava-se a preencher uma lacuna anteriormente ocupada pela análise de parentesco em um mundo onde a família já não domina toda a estrutura social. Redes consistem em relações entre pessoas – amigos de amigos – de operações e coligações que ocupam o espaço social entre a família do indivíduo e o Estado. Uma das críticas contra a análise de rede, em certa medida exemplificada em *Friends of friends*, é que ela atola os antropólogos no detalhe técnico, e transmite a implicação lamentável de que rigor metodológico é igual a intuição teórica.

*Fredrik Barth*

Barth, antropólogo norueguês cuja influência foi reconhecida tanto por Bailey quanto por Boissevain, é outra figura importante da escola da ação social. Em seu estudo da liderança política no Paquistão (1959), ele descreve a relação entre líderes e seguidores como uma forma de transação. Os líderes fornecem proteção e os seguidores fidelidade. Mas no momento em que os líderes tornam-se fracos e deixam de cumprir a sua parte do contrato, seus súditos buscam um líder que possa fazer o trabalho.

Em 1966, Barth publicou um pequeno, mas elegante volume, que logo se tornou amplamente conhecido: *Models of Social Organization* (Modelos de organização social). Incorporando a sua análise na etnografia de um barco de pesca norueguês, ele cobriu o mesmo terreno conceitual mais tarde explorado por Bailey e Boissevain: indivíduos autointeressados que manipulam valores e normas para a sua própria vantagem escolhem entre estratégias alternativas e estabelecem relações e alianças governadas pela reciprocidade, com todo o processo retroalimentando e transformando o sistema de valores e a organização social.

Em certo sentido, no entanto, o estudo de Barth era ainda mais ambicioso do que as obras de Bailey e Boissevain. Ele tentou formalizar a Teoria da Ação Social. Ao invés de enfocar a forma estrutural (ou a estrutura social ou os padrões de ação), ele defendeu um enfoque dos processos que produzem a forma estrutural. Central para estes processos é a capacidade de as pessoas fazerem escolhas. Essas escolhas são limitadas pelos valores e pelas normas existentes, refletem os incentivos e objetivos adotados pelos indivíduos, e são modificadas pelas transações das quais participam. Os produtos finais são padrões de comportamento formados e reformados ao longo do tempo. Barth rotula este procedimento de busca de modelos geradores, porque o que o investigador faz é tentar gerar os princípios condicionados pelas restrições e incentivos que resultam na forma estrutural.

Barth certamente forneceu à teoria da interação um procedimento claro, promissor e único; entretanto, ao longo dos anos, parece justo dizer que os seus modelos generativos têm sido mais admirados do que seguidos. Talvez seus sucessores simplesmente não tenham sido talentosos o suficiente para corresponder ao padrão de sofisticação teórica exigido pelos seus modelos geradores. Uma explicação alternativa é que a tentativa de sistematizar a abordagem da ação social contradiz a suposição de que a vida social seja inerentemente complexa, confusa e assistemática.

*Victor Turner*

Embora Turner seja conhecido pelos seus escritos altamente inovadores sobre o ritual (1967, 1969, 1974), é o seu trabalho anterior, *Schism and Continuity in an African Society* (Cisma e continuidade em uma sociedade africana) (1957), que nos interessa aqui. Em certo nível esse livro é um estudo do conflito na tradição de Max Gluckman, com quem Turner estudou. Em outro nível, equivale a um estudo exploratório do modelo da ação social.

Turner analisa três tipos de conflito: entre os princípios de organização social; entre indivíduos e facções disputando por poder, prestígio e riqueza; e aquele interno à personalidade individual, dividida entre os apelos do egoísmo e do altruísmo (ou motivos egoístas e sociais). O seu principal enfoque é do primeiro tipo de conflito. Ocasionalmente suas interpretações parecem ser um pouco diferentes das de Gluckman. Por exemplo, ele escreve (1957: 129) que: "O conflito é endêmico na estrutura social, mas existe um conjunto de mecanismos pelos quais o próprio conflito é pressionado ao serviço de oferecer unidade de grupo". Isso não consegue, entretanto, captar a sutileza da abordagem de Turner. Ele se concentra nos dramas sociais, que são as crises geradas por brigas entre as pessoas, refletindo, em última análise, as contradições incorporadas na estrutura social. O povo ndembu, no qual baseou sua análise, tenta resolver uma crise voltando-se para a adivinhação de feitiçaria para obter uma explicação e alcançar uma reconciliação ritual entre as partes querelantes. No entanto, a harmonia assim alcançada é de curta duração e, inevitavelmente, surgem novas crises, às vezes criando mudanças no poder e na aliança, porque as contradições da sociedade permanecem intactas.

Outro tema desse livro gira em torno do segundo tipo de conflito, aquele entre indivíduos competindo por recursos escassos, e aqui a obra de Turner coincide de forma mais clara com a Teoria da Ação Social. A própria ordem normativa, ele observa, não é nem uniforme nem coerente. Inconsistentes, e até mesmo contraditórias, as normas existem lado a lado. É necessariamente assim porque as normas devem expressar os lados opostos das contradições enraizadas na sociedade. Estas presenteiam os indivíduos com uma oportunidade, uma vez que selecionam e descartam as normas mais vantajosas para os seus interesses, e manipulam as suas relações e facções através de um campo minado de oposição e mudança.

*Schism and Contradiction in an African Society* contém uma expressão precoce da ação social, mas difere das obras de Bailey, Boissevain e Barth. Esses outros autores certamente prestaram atenção no conflito, mas o trataram como apenas outra condição associada à ação social. No estudo de Turner, a ênfase é invertida, com o conflito e o ritual ocupando o centro do palco.

### Max Weber (1864-1920)

Os escritos de Weber constituíram um refinamento do marxismo e um repúdio ao funcionalismo estrutural durkheimiano. Ele argumentou que a tese de Marx do determinismo econômico era exagerada. A sociedade, na visão de Weber, consistia em três esferas quase autônomas além da econômica – a política, a jurídica e a religiosa – e as ideias, crenças e valores tiveram um impacto causal independente sobre a conduta humana. A sua mais popular ilustração do papel das ideias foi *A ética protestante e o espírito do capitalismo*. Antes da publicação dessa obra controversa (cf. GREEN, 1967; SAMUELSSON, 1961) geralmente pensava-se que as esferas religiosa e econômica fossem ou dissociadas ou mutuamente antagônicas. O propósito de Weber era o de demonstrar que havia uma rica congruência de valor entre as duas esferas e, de fato, sem a influência da ética protestante a expansão econômica do Ocidente sob o capitalismo nunca teria se materializado. Empregando o método histórico-comparativo e o que ele chamou de "o experimento de pensamento" no qual isolou e manteve constante o fator religioso, Weber ampliou suas investigações sobre a relação entre religião e economia para a Índia, a China e o Oriente Médio. Todas estas sociedades, concluiu ele, tinham um potencial tão grande quanto o Ocidente para a expansão econômica; o que fez a diferença foi a ausência da ética protestante ou seu equivalente no hinduísmo, no confucionismo e no judaísmo.

Weber também fez uma contribuição duradoura para o estudo do poder, da autoridade, do Estado, da burocracia, da distinção fato/valor, classe e *status*, e do papel desempenhado pela racionalização na transição do tradicionalismo para a Modernidade. Mas foram os seus escritos sobre metodologia e conceitos básicos – especialmente sua concepção de ação social – que lançaram a base para o modelo transacional. Ao contrário de Durkheim, Weber pensava que houvessem diferenças significativas entre as ciências naturais e as sociais. A sociologia precisava fazer mais do que observar fenômenos objetivos. Ela tinha que lidar com a consciência humana, com a compreensão subjetiva que as pessoas têm de suas ações, com suas motivações e interpretações das ações de outras pessoas. Weber definiu a ação social como intencional, significativa e orientada para os outros. Neste contexto, ele introduziu o dispositivo metodológico *verstehen* (compreensão subjetiva ou empática). Envolvia uma tentativa pelo investigador de entender o ponto de vista subjetivo de outra pessoa. Não se tratava de um procedimento psicológico, porque Weber argumentou que o pesquisador se esforça em estabelecer padrões típicos de significado através de uma gama de indivíduos. É relevante acrescentar que ele pensava que cada grupo ou categoria social estivesse ideologicamente propenso a seguir por uma determinada direção.

Weber estava muito preocupado com a reificação, ou o tratamento de abstrações como se fossem fenômenos empíricos. O único fenômeno real ou concreto, segundo ele, era o ato humano individual. Assim, as instituições sociais não são realidades concretas. Ao contrário, consistem de uma pluralidade de agentes que apenas têm uma alta probabilidade de interagirem em proveito de uma finalidade particular. A fim de colmatar o fosso entre o ato e a instituição, ele introduziu o conceito de relação social, definida como duas ou mais pessoas orientadas por uma conduta significativa e orientadas uma para a outra. Foi em parte a sua preocupação com a reificação que o levou a promover o conceito de tipos ideais. Estes são dispositivos metodológicos formados pelo exagero intencional de componentes específicos de um fenômeno a fim de identificar mais facilmente e analisar seus equivalentes empíricos. Um exemplo é a ênfase colocada por Weber na racionalidade da burocracia. Tipos ideais, que não são encontrados na realidade, exceto por acidente, não podem ser provados válidos ou inválidos, somente úteis ou inúteis (para uma visão geral do trabalho de Weber, cf. BENDIX, 1962; GERTH & MILLS, 1946; WEBER, 1965). Se os tipos ideais são ou não ferramentas apropriadas para uma disciplina que oscila entre as ciências exatas e as ciências humanas continua a ser debatido entre cientistas sociais contemporâneos.

O quadro da ação social de Weber era muito mais complexo do que o funcionalismo estrutural de Durkheim, e isso resultou em uma mudança paradigmática, que viu o surgimento da antropologia e da sociologia interpretativa, do interacionismo simbólico e da etnometodologia. O retrato do reino social como dinâmico, e do indivíduo como um agente consciente e tomador de decisões, cujas disposições subjetivas são a base da interação negociante com outros dotados de capacidade semelhante, está a apenas um pequeno passo da fluida (e confusa) estrutura social e do agente autointeressado, violador de regras, estrategista e inovador celebrado pelo modelo transacional.

### Avaliação

Na corrente principal da antropologia, o modelo da ação social, ou transacional, pode ser remontado à Escola de Manchester, presidida por Gluckman, de quem Bailey, Boissevain e Turner receberam todos sua formação. Mas suas raízes eram muito mais antigas. Malinowski é hoje muitas vezes lembrado como um simples funcionalista, mas isso desvaloriza a riqueza da sua perspectiva. Não só ele retratou os seres humanos, incluindo os trobriandeses, como manipuladores autointeressados, soldados à comunidade como um todo pela graça da reciprocidade, mas também enfatizou a enorme lacuna entre o que as pessoas dizem e o que fazem, ou entre as regras de comportamento e o comportamento real. Leach, que estudou com Malinowski, manteve estes temas vivos e, eventualmente, os transmitiu ao seu próprio aluno, Fredrik Barth.

A ação social foi bem-sucedida onde a teoria do conflito fracassara em grande medida porque constituiu uma verdadeira alternativa ao modelo excessivamente socializado do agente adotado pelos funcionalistas estruturais, e por ter incorporado o conflito em sua estrutura. Hoje, mais de um quarto de século após a publicação de *Stratagems and Spoils*, de Bailey, o modelo transacional continua a ter a sua quota de seguidores. De fato, alguns antropólogos diriam que se trata do modelo do pesquisador de campo por excelência, feito sob medida para investigar o domínio informal da sociedade, onde a verdadeira ação se desdobra. Isto não significa que a perspectiva tenha escapado a todas as críticas. Uma objeção (cf. SILVERMAN, 1974-1975) consiste em que, ao concentrar-se nas intrincadas e complexas manobras de indivíduos e coalisões, seus expoentes perderam de vista o contexto mais amplo da estrutura social em que escolha e manipulação operam. Outra objeção (cf. ALBERA, 1988) é que pessoas como Bailey têm estado tão preocupadas com a observação da vida cotidiana tal como se desdobra diante delas que não levaram em consideração a história e o quanto explica o presente. Ambas as críticas são variações do que é conhecido como o dilema macro-micro, que tem atormentado praticamente todas as perspectivas antropológicas: como conseguir uma análise sensível e detalhada da situação local e ao mesmo tempo pôr em jogo o contexto histórico-estrutural mais amplo (cf. BARTH, 1978).

## Conclusão

Havia mais coisas acontecendo em termos de teoria nos anos de 1960 e de 1970, é claro, do que o representado pelas três orientações contidas no presente capítulo[9]. Na América, a antropologia psicológica, com enfoque no estudo

---

9. Talvez este seja um local conveniente para esclarecer outra questão. Embora eu tenha organizado a teoria antropológica em três fases cronológicas distintas, até certo ponto este tem sido um dispositivo estilístico. Orientações específicas, como a teoria do conflito, da ação social, e da ecologia cultural,

comparativo da criação de filhos, estava se fortalecendo (cf. BOURGUIGNON, 1979), assim como a antropologia cognitiva e linguística. A antropologia cognitiva, que envolvia técnicas especializadas para a análise de dados mentalistas (TYLER, 1969) será mais apropriadamente tratada quando nos voltarmos para a metodologia. Quanto à antropologia linguística, Dell Hymes (1964) deixou a sua marca, e Noam Chomsky (1973) abalou os próprios fundamentos do estudo da linguagem. Sua abordagem, que ficou conhecida como linguística transformacional ou gramática gerativa, centrou-se na estrutura profunda da língua, nos padrões inconscientes de regras que produzem (em nível superficial) a fala, e na relação entre o significado e o som. Houve ainda uma série de abordagens de curta duração, tais como a teoria *n* da realização de McClelland (1967), que avançou a dúbia suposição de que o principal obstáculo ao desenvolvimento enfrentado pelas pessoas do Terceiro Mundo estava em suas mentes: se elas aprendessem a pensar e a sonhar como os ocidentais de classe média, o crescimento econômico as deslumbraria.

Na Grã-Bretanha, alguns antropólogos assumiram o ataque ao modelo rígido e determinista de sociedade, tão caro aos funcionalistas estruturais, ainda mais do que a Teoria da Ação Social, introduzindo conceitos como quase grupos (MAYER, 1966; BOISSEVAIN, 1971) e até mesmo não grupos (BOISSEVAIN, 1968). Quando a etnia surgiu como um enfoque cada vez mais importante de pesquisa, uma abordagem teórica chamada pluralismo tomou forma, cujas raízes remontam a Furnivall (1939). Ao mesmo tempo, estudiosos britânicos, como Banton (1967) e Rex (1970), começaram a desenvolver uma sofisticada análise do racismo, para a qual Fredrik Barth (1969) contribuiu indiretamente com o seu trabalho sobre etnia. A mudança de enfoque de "fala" e "significado" para "coisas ditas, não feitas", atualmente tão centrais para o pós-modernismo, já haviam sido antecipadas por Bailey e seus alunos em suas etnografias das aldeias da Europa Ocidental. Na França, como eu já havia indicado, a antropologia econômica sofreu uma guinada marxista (GODELIER, 1972 [1966]; MEILLASSOUX, 1964; TERRAY, 1969), e em ambos os lados do Atlântico, Marx foi a inspiração para uma antropologia crítica visando o colonialismo e o capitalismo, com Berreman (1968), Gough (1968) e Worsley (1964) indo à frente do caminho.

---

embora tenham cristalizado na segunda fase, foram prenunciadas na primeira fase e em diferentes graus persistiram até a terceira fase.

No capítulo 2 fiz uma distinção entre as versões forte e fraca de ciência, e apontei que a primeira foi representada pelo funcionalismo estrutural britânico, e a segunda pelo particularismo histórico americano. Após a Segunda Guerra Mundial a situação havia se invertido. A versão mais forte descrevia mais adequadamente a escola americana, dominada pela ecologia cultural e pelo neoevolucionismo, enquanto a versão fraca capturou o caráter da Teoria da Ação Social. Homens como Julian Steward e Marvin Harris obviamente consideravam o seu trabalho como sendo científico, mas o mesmo, deve-se ressaltar, era verdade acerca dos escritores sobre o conflito e a ação social. Gluckman certamente pensou que estivesse fazendo ciência, e Bailey escreveu: "O propósito de qualquer esforço científico é sugerir proposições verificáveis sobre relações entre variáveis" (1969: 8). Em *Friends of Friends*, de Boissevain, encontramos expressões como "a proposição foi verificada", e Barth discorreu longamente sobre o falseamento de hipóteses. Claramente, portanto, embora a natureza da teoria antropológica tenha mudado drasticamente da primeira fase para a segunda, a busca da ciência permaneceu a mesma.

# 5
# Método

Embora a ecologia cultural, a Teoria da Ação Social e a Teoria do Conflito tenham todas sido consideradas, pelos escritores que as criaram, modelos que mantiveram viva a antropologia científica, as duas últimas, através da introdução de um maior grau de complexidade do que o que tinha caracterizado o funcionalismo estrutural, involuntariamente tornaram o objetivo da ciência mais difícil de ser alcançado. Teoristas do conflito rejeitaram o pressuposto arrumado de um sistema de valor central unificado, e escritores da ação social promoveram a imagem do agente fazedor de escolhas, manipulador, e da porosa e cambiante estrutura social. Ironicamente, quando tudo isso estava acontecendo, surgiu um esforço concertado para criar uma literatura sobre métodos qualitativos que poria um fim nos mistérios frustrantes do empreendimento da pesquisa de campo. Em outras palavras, a segunda fase testemunhou os primeiros sinais de uma lacuna entre teoria e método.

## A literatura sobre métodos

Na década de 1960 ocorreu uma pequena revolta dentro da antropologia, organizada principalmente por jovens pesquisadores apenas começando suas carreiras. Como estudantes de pós-graduação, eles haviam estado desesperados por uma orientação sobre como fazer pesquisa, mas quando procuraram a ajuda de seus professores, a maioria dos quais pertencia à escola afunde-ou-nade, foram assegurados de que, ao entrarem em campo, tudo ficaria claro. Em vez de serem providos com um conjunto de técnicas, foram aconselhados a levarem muitos papéis e canetas, a manter o tênis seco, e a não ter relações sexuais com os nativos.

Insatisfeitos e frustrados, os jovens desbravadores começaram a escrever sobre as suas próprias experiências de pesquisa de campo e desencadearam uma explosão de publicações sobre métodos etnográficos que continuou a se expandir na década de 1970. O *slogan* do dia era desmistificação. Praticamente todos os aspectos concebíveis da pesquisa qualitativa, a entrada em campo, a confecção do relatório, a escolha de informantes, o tornar-se um observador participante, além de questões éticas, foram inspecionados. O objetivo era tornar público e aberto o que antes estivera fechado e fora misterioso.

Tão vasta foi a literatura que não posso esperar oferecer uma abordagem minuciosa dela. Tudo o que posso fazer é indicar algumas das suas características principais. Havia livros didáticos e antologias, a maioria deles comprometidos com a meta de tornar a pesquisa de campo mais rigorosa e científica (BRIM & SPAIN, 1974; CRANE & ANGROSINO, 1974; DENZIN, 1970; EPSTEIN, 1967; FILSTEAD, 1970; JOHNSON, J.M., 1975; JONGMANS & GUTKIND, 1967; JUNKER, 1960, MOORE, 1961; NAROLL & COHEN, 1970; PELTO, 1970; SCHATZMAN & STRAUSS, 1973; SPRADLEY, 1979; WAX, R., 1971). Havia trabalhos retrospectivos sóbrios, nos quais os antropólogos reconstruíram a metodologia que guiou os seus próprios projetos (BEATTIE, 1965; CHAGNON, 1974; FRIELICH, 1970; MIDDLETON, 1970; SPINDLER, 1970; WILLIAMS, 1967). Havia livros confessionais, experienciais, que "expunham tudo", ou que poderiam ser rotulados de depoimentos "eu estive lá" (MALINOWSKI, 1967; MAYBURY-LEWIS, 1965; MITCHELL, W.E., 1978; RABINOW, 1977). Houve algumas obras críticas, filosóficas (BRUYN, 1966; CICOUREL, 1964; LÉVI-STRAUSS, 1974; PHILLIPS, 1971). Além disso, surgiram livros e artigos sobre uma ampla gama de técnicas e questões específicas: a utilização de fotografia no campo (COLLIER, 1967), a abordagem da história de vida (LANGNESS, 1965), a maneira de lidar com o *stress* no campo (HENRY & SABERWAL, 1969), como aprender uma língua não escrita (GUDSCHINSKY, 1967), os métodos de estudo de parentesco (SCHUSKY, 1965), as técnicas não invasivas (WEBB et al., 1966), os informantes (BERREMAN, 1962; CASAGRANDE, 1960), a política da pesquisa de campo (BERREMAN, 1968; DIAMOND, 1964; GOUGH, 1968), as mulheres no campo (GOLDE, 1970), os métodos históricos (PITT, 1972; TRIGGER, 1968), a equipe etnográfica (PRICE, 1973), a análise, a validade e a confiabilidade (BECKER & GEER, 1960; KILL-WORTH & RUSSELL, 1976; LOFLAND, 1971; McEWEN, 1963; SALAMONE, 1977; YOUNG & YOUNG, 1961), os inquéritos (McCLINTOCK et al., 1979; MYERS, 1977; O'BARR et al., 1973), as estatísticas e a quantificação em pesquisa de campo (JOHNSON, A., 1978; KAY, 1971; THOMAS, 1976) e a ética (BARNES, 1967; BEALS, 1967; ERIKSON, 1967; FABIAN, 1971; JARVIE, 1969; WAX, M., 1977).

Durante os anos de 1960 e de 1970, portanto, os métodos qualitativos tornaram-se uma indústria em crescimento no mundo editorial, e cursos sobre a pesquisa de campo surgiram não só na antropologia, mas também em disciplinas vizinhas como a Sociologia. Grande parte da literatura foi produzida por antropólogos americanos, e uma série em particular fez uma grande contribuição: as monografias de Holt, Rinehart e Winston sobre o método antropológico editadas por George e Louise Spindler.

Quando os antropólogos começaram a escrever sobre os seus métodos de pesquisa de campo nos anos de 1960 e de 1970 eu era um verdadeiro crente. Os meus próprios esforços, na minha tese de doutorado e no meu primeiro livro, no sentido de incluir apêndices e comentários sobre métodos não havia ido bem com a velha guarda. Um proeminente antropólogo considerou curioso que alguém se desse ao trabalho de incluir uma sinopse sobre os métodos. Outra figura eminente depreciou meus comentários como "autobiografia metodológica". Apesar de à época eu ter ficado bastante abalado com as críticas, com o passar dos anos tornei-me cada vez menos impressionado com a explosão de publicações sobre métodos na década de 1960 e de 1970.

Uma das razões foi a descoberta, para a minha grande surpresa, de que grande e relevante parte da literatura sobre métodos de pesquisa de campo já existia antes da década de 1960. É verdade que esta literatura fora frequentemente ignorada pelos antropólogos praticantes, e que cursos sobre técnicas de campo eram praticamente ignorados. Curiosamente, isso não taxou a disciplina como não científica. Como Kuhn (1962) apontou, um relativo desinteresse por questões metodológicas é característico das ciências duras. Os alunos aprendem os métodos pesquisando na prática, o que era essencialmente a atitude dos primeiros antropólogos.

Stocking (1983: 8) reconheceu que alguma discussão de questões metodológicas existia nas décadas anteriores aos anos de 1960, mas afirmou que pouca atenção foi dada à epistemologia, à ética e aos aspectos psicológicos do trabalho de campo. Isso é correto, mas a literatura mais antiga realmente lidou com as mesmas questões básicas que dominaram a literatura dos anos de 1960 e de 1970: entrada, relatório, papéis de observação, informantes e entrevistas. Além disso, essa nova literatura teve pouco a dizer sobre epistemologia; esse tópico intrigante foi contornado até que os estruturalistas, pós-modernistas e antropólogos feministas viessem à ribalta.

É tentador concluir que a principal diferença entre a literatura sobre métodos nos anos de 1960 e de 1970, e aquela no período antecedente, era simplesmente que houvesse mais do mesmo. Se os antropólogos dos anos de 1940 e de 1950 conhecessem adequadamente a literatura disponível, eles certamente

126

poderiam ter montado cursos sofisticados sobre métodos. Isso não significa que a explosão de livros e artigos sobre métodos, desde então, fosse despropositada. Ela sem dúvida aguçou a nossa compreensão de questões antigas, e ressaltou técnicas, especialmente quantitativas, que raramente haviam sido anteriormente invocadas. Ademais, alguns dos escritos mais antigos sobre métodos estiveram enterrados em monografias ou revistas obscuras; ao passo que a literatura mais nova era imensamente mais acessível. Finalmente, a enorme massa de literatura nos anos de 1960 e de 1970 serviu a um propósito político: ela perfilou os métodos qualitativos como uma abordagem de pesquisa distintiva e forneceu-lhes certo grau de legitimidade.

Uma segunda razão para perder a minha fé na literatura sobre métodos diz respeito ao seu valor, tanto para o neófito quanto para o etnógrafo experiente. Em minha opinião, falando tanto como um pesquisador praticante quanto como um professor, esta literatura é mais interessante e valiosa depois de se ter feito pesquisa de campo do que antes. Antes que se molhe os pés no campo, a literatura metodológica serve como um manto de segurança; depois, se a lê sob uma luz diferente, é transformada em dados, teoria e epistemologia. O que estou sugerindo é que nem o antropólogo profissional, nem o aluno iniciante aprende muito de manuais sobre métodos qualitativos ou confessionais, com exceção daquelas seções dedicadas às técnicas mais estreitamente associadas aos métodos quantitativos, tais como tipos de amostras, procedimentos de codificação, escalas e estatísticas. Na verdade, eu enfatizaria ainda mais a questão: os indivíduos que não possuem a sensibilidade, a flexibilidade e a sutileza exigidas na pesquisa de campo antes de fazerem um curso sobre métodos qualitativos ou de embarcarem em um projeto original, possivelmente, não são adequados para este tipo de pesquisa. O que estou dizendo aqui, eu percebo, pode perturbar os estudantes, muitos dos quais esperam que um curso sobre métodos forneça um conjunto simples de regras e técnicas que possam ser seguidas quase cegamente. Mas é só depois que os estudantes vão para o campo que os livros sobre métodos começam a fazer sentido para eles. Essa é a razão pela qual a parte mais importante de um curso sobre métodos é o próprio projeto de pesquisa de campo original do estudante[10].

Uma terceira razão para a minha desilusão é que parece haver uma contradição básica entre a literatura metodológica e o empreendimento da pesquisa

---

10. Neste contexto, não posso deixar de comentar sobre uma tendência infeliz em cursos sobre métodos qualitativos, especialmente em nível de graduação. Uma vez que eles se tornaram mais populares, com um número cada vez maior de matrículas, tem havido uma tendência a transformá-los em cursos de aula e a minimizar a oportunidade de o aluno elaborar um projeto original.

de campo. A desmistificação na literatura tem significado fornecer à pesquisa de campo um conjunto de procedimentos compartilhados, transmissíveis, públicos, rigorosos e sistemáticos que podem ser passados de uma geração de pesquisadores para outra. No entanto, isso não descreve remotamente a situação do campo. Em vez de ser uma atividade linear, com cada estágio desdobrando-se em uma sequência lógica, a pesquisa de campo é uma atividade não linear. É governada por mudanças inesperadas de foco, acidentes, boa e má-sorte, falsos começos, percepções súbitas e experiências subjetivas, pessoais, únicas para o pesquisador. Certamente pode-se tentar seguir um modelo sistemático de trabalho de campo, mas uma devoção servil a ele é susceptível de promover a cultura da ciência em detrimento da intuição e da explicação.

Uma quarta razão para o meu ceticismo é que muito do que é retratado na literatura como métodos novos e melhorados equivale a pouco mais do que racionalizações que foram impostas aos etnógrafos por mudanças no ambiente de pesquisa além do seu controle. Aqui podemos incluir a suposta superioridade da entrevista sobre a observação participante ou da conversa sobre o comportamento. Nos últimos anos, tanto Agar (1980) quanto McCracken (1988) têm defendido a entrevista e a conversa. No entanto, as suas razões para fazê-lo parecem relacionar-se menos a argumentos metodológicos defensáveis do que às suas próprias experiências de pesquisa. Ao invés de realizarem um estudo da comunidade – a unidade tradicional de investigação antropológica – eles têm enfocado os anciãos em suas casas individuais e os viciados nas esquinas.

Aplaudo a tendência entre os etnógrafos a mudarem-se para áreas de pesquisa previamente consideradas "não antropológicas", e a reconhecerem o necessário ajuste dos métodos. Essas mudanças, no entanto, não têm sido inspiradas pela descoberta de técnicas novas e melhoradas. Elas são o resultado da transformação do empreendimento da pesquisa, de um enfoque exclusivo em sociedades pré-industriais, de pequena escala, que foram erroneamente consideradas homogêneas, para um enfoque em sociedades complexas, de larga escala, no próprio país e no exterior, inclusive as do Terceiro Mundo. Igualmente relevante é a natureza cambiante da pequena comunidade. No mundo de hoje não faz muito sentido falar de comunidade como uma entidade autossuficiente onde as pessoas se identificam umas com as outras e pensam e agem de uma maneira única. Não apenas a distinção entre o urbano e o rural foi reduzida ao patamar da insignificância, mas a própria noção de comunidade como uma unidade territorial distinta tornou-se obsoleta. São as mudanças na configuração do campo, portanto, e não a suposta superioridade da entrevista e da conversa que têm feito os pesquisadores de campo virarem as costas para a observação participante.

Mesmo se a mudança de métodos for, portanto, compreensível, isto não significa que a disciplina tenha sido revigorada. Recorde-se que há muito tempo Nadel argumentou que a entrevista deve ser sempre complementada pela observação, a fim de se medir a correspondência entre as coisas ditas e as feitas. Arensberg, em seu influente artigo *The Community-Study Method* (O método de estudo da comunidade) (1954), apontou que em antropologia o foco nunca pode estar apenas no que as pessoas dizem; em vez disso, ele está sobre a relação entre norma e ato, atitude e comportamento. Vários anos atrás, Phillips (1971) expressou sua insatisfação com estudos restritos aos relatórios fornecidos pelas pessoas sobre o seu comportamento – o procedimento típico em pesquisas. Na minha opinião, especialmente à luz da mudança para a entrevista e a conversa, suas suspeitas permanecem verossímeis.

Pode-se também incluir a mudança de ênfase da pesquisa no exterior para a pesquisa doméstica como uma racionalização. Certamente, existem sólidos argumentos epistemológicos e éticos para essa mudança de orientação, mas às vezes a razão para fazê-lo é tão simples quanto a idade dos filhos e o respeito ao cônjuge. De fato, na minha opinião, se ainda fosse possível realizar pesquisas no Terceiro Mundo sem aborrecimentos, a maioria de nós ainda estaria lá. Rapidamente acrescento que esta observação provavelmente vale mais para profissionais experientes do que para os seus alunos de pós-graduação, que foram formados em uma atmosfera intelectual diferente.

Para resumir, a orientação científica da literatura sobre métodos na década de 1960 e de 1970 certamente foi consistente com a ecologia cultural de Steward, mas muito menos no que diz respeito às perspectivas britânicas do conflito e da ação social. Mesmo no cenário americano, no entanto, nem tudo era o que aparentava ser. O objetivo da literatura sobre métodos foi desmistificar o processo de pesquisa de campo, torná-lo mais científico. No entanto, nem toda literatura teve esse efeito. A famosa obra de Berreman, *Behind Many Masks* (Atrás de muitas máscaras) (1962), por exemplo, ilustrou o quanto dados e interpretações são moldados por informantes, na medida em que dois diferentes informantes podem resultar em duas etnografias radicalmente diferentes; também salientou o papel desempenhado pelo acaso e pelo acidente na pesquisa de campo. Em outras palavras, uma consequência não intencional de pelo menos uma parte da literatura sobre métodos foi lançar dúvidas sobre a antropologia como ciência, ao invés de mostrar-nos como alcançá-la.

## A situação da pesquisa de campo

A maioria dos pressupostos básicos e elementos de pesquisa que existiam na primeira fase continuaram a existir nas duas outras, mas houve algumas modificações. A pesquisa de campo como um rito de passagem foi questionada. A piada de que o seu título de doutor estaria garantido se você conseguisse sobreviver no campo por um par de anos tinha começado a se desgastar. Uma ênfase maior foi colocada na teoria, e a pesquisa de campo tornou-se mais curta. Os alunos foram instados a restringirem o foco de suas investigações e a se concentrarem em um número limitado de problemas bem-definidos, ao invés de tentarem cobrir tudo.

A grande maioria dos estudos, provavelmente, ainda era realizada em pequenas comunidades. Mas já não se tratava da praxe usual. A noção de comunidade isolada foi substituída pelo reconhecimento de que forças externas, sociais e históricas sempre penetram e moldam a pequena comunidade e devem ser levadas em consideração. Durante este período houve pelo menos algum reconhecimento de que as culturas em estudo já não eram primitivas. Estudos sobre o desenvolvimento proliferaram e houve uma maior disponibilidade para a consulta de literatura acerca de questões modernas. Por exemplo, Fallers (1965) baseou-se na teoria burocrática de Weber para iluminar a organização social do povo Basoga, em Uganda.

Como indiquei anteriormente, não só a entrevista (geralmente desestruturada) surge como uma técnica principal, mas o questionário e o inquérito também encontraram o seu lugar na disciplina (cf. COHEN, A., 1969). Ao contrário da sociologia, no entanto, normalmente eles não eram testados antecipadamente em um estudo piloto; na maioria dos projetos etnográficos, isso não era viável, principalmente porque somente após o antropólogo haver completado vários meses de pesquisa lhe era possível saber o que perguntar. Além disso, é necessário um longo tempo para se construir afinidade suficiente para utilizar um instrumento como um questionário, e a maioria dos pesquisadores de campo provavelmente se assustaria com a ideia de fazer um período de experiência com um grupo-alvo em uma comunidade vizinha.

Houve uma ênfase maior sobre a ética da pesquisa de campo neste momento, com o reconhecimento de que o antropólogo não tem um direito dado por Deus para invadir as vidas de pessoas e de que o conhecimento, por si só, pode ser motivação suficiente para o pesquisador, mas pode não sê-lo para os que estão sendo investigados. Houve uma exigência de que a investigação fosse útil, de que os pesquisadores de campo tornassem explícitos os seus objetos de pesquisa e de que se pedisse autorização às pessoas e se respeitasse a sua privacidade. Essa maior sensibilidade a questões éticas, devo salientar, também pode ser descrita como uma racionalização, ao invés de um sinal de um despertar moral na disciplina. A dura realidade era que o contexto político de novas nações deixava aos antropólogos pouca escolha no tocante ao assunto.

## Algumas novas regras práticas

1) Use múltiplos métodos, e não apenas observação participante e informantes; em outras palavras, para empregar o jargão, "triangule".

2) Mantenha um diário sobre os métodos, registrando impressões de relacionamentos, comentando sobre o seu papel como observador participante, os pontos fortes, os pontos fracos e peculiaridades dos informantes e dos vários projetos e técnicas que possam ser experimentados em fases posteriores do projeto.

3) Inclua um apêndice sobre métodos em seu relatório, tese ou livro; o diário formará a base para o apêndice, que deverá fornecer informação suficiente para que o leitor compreenda a sua abordagem metodológica e, portanto, esteja em uma melhor posição para avaliar a qualidade dos seus dados e a validade dos seus argumentos.

4) Em suas notas de pesquisa de campo, mantenha separados os dados em si, as interpretações dos dados feitas pelo agente, e as interpretações dos dados feitas pelo observador (suas interpretações); isso pode soar como uma coisa lógica a ser feita, mas é altamente duvidoso que haja algo como dados em si mesmos, dados "brutos", não contaminados pela interpretação; além disso, no momento em que se escrevem os dados, a distinção entre a interpretação do ator e a do observador é geralmente turva, a menos que um grande esforço tenha sido feito para coletar e incluir longos trechos de textos nativos.

5) Em seu relatório, tese ou livro, identifique claramente conceitos analíticos de nativos e conceitos analíticos de observadores, de modo a que o leitor esteja em melhor posição para avaliar o quadro teórico; por exemplo, se estiver investigando o poder e a autoridade em uma vila ioruba na Nigéria, quais são os conceitos e conotações indígenas, como esses conceitos variam (se o fizerem) na literatura teórica, e o que eles indicam acerca da hierarquia e da igualdade, e acerca das concepções iorubas de livre-arbítrio e destino? Uma pressuposição generalizada na antropologia tem sido a de que antes que se possa entreter as implicações dos próprios dados para questões teóricas mais amplas, é preciso

primeiro entender o sistema explicativo indígena. Nos últimos anos, sob a influência do pós-modernismo e da antropologia feminista, tem havido uma tendência a considerar a teoria nativa como a única possível teoria legítima.

6) Selecione o seu projeto de pesquisa com base em um problema a ser resolvido, e não em uma área ou tribo a ser investigada. Nas décadas que antecederam a Segunda Guerra Mundial, os antropólogos procuravam por um território virgem, intocado pelos etnógrafos anteriores. Uma vez que tão pouca pesquisa havia sido feita, pode ter havido alguma justificativa para esta abordagem. Embora, mesmo hoje, seja provável que muitos antropólogos decidam fazer pesquisa em uma parte específica do mundo por terem sido atraídos a ela, na década de 1960 houve uma noção crescente de que, a fim de se fazer avançar o corpo teórico da disciplina, um problema deveria ditar a escolha do local de pesquisa. Margaret Mead, aliás, foi uma dentre poucos pesquisadores, antes da Segunda Guerra Mundial, a fazer exatamente isso; ela escolheu Samoa como uma configuração propícia à investigação da variação transcultural do comportamento adolescente.

7) Deixe o problema da pesquisa ditar a sua escolha dos métodos. Esta é a mensagem padrão em praticamente todos os livros didáticos, e, embora ela logicamente faça sentido, poucos etnógrafos a levam a sério. Em vez disso, os projetos de pesquisa são escolhidos em função da sua adequação à observação participante, à entrevista etc. Evidentemente não são apenas os antropólogos que permitem que a cauda metodológica abane o cachorro. O mesmo vale para os sociólogos de orientação quantitativa. Isso é demais para a lógica!

Também se supõe que os métodos sejam escolhidos em função de suas perspectivas de replicação. No entanto, tampouco este princípio funciona com os antropólogos. Como é possível replicar estudos baseados em observação participante e informantes? Como sugerem as obras de Redfield e Lewis, qualquer tentativa de fazê-lo é susceptível de produzir constrangimento ao invés de confiabilidade.

8) Aprenda a contar. Os antropólogos sempre rechearam suas monografias com expressões como "mais, menos, muito, ou pouco". Na década de 1960, impulsionados pelo objetivo da ciência, eles foram exortados a limparem seu ato e a fornecerem, sempre que possível, dados quantitativos. Isso era algo simples, e, na minha opinião, fazia muito sentido, especialmente se a contagem estivesse limitada a fatores objetivos, tais como o número de canoas e rádios em uma comunidade. A maioria dos pesquisadores de campo, felizmente, não tentou recolher dados quantitativos acerca do que as pessoas pensavam e sentiam, seus

valores e atitudes; tampouco se empolgaram com sofisticados testes estatísticos de associação e probabilidade, o *playground* dos sociólogos[11].

Também se tem empenhado certo esforço na melhoria da análise de dados qualitativos, mas, como argumentarei no capítulo 8, a maior parte tem fracassado. Muitos antropólogos defenderiam a sua concentração esmagadora na coleta de dados com o argumento de que é exatamente isso o necessário em pesquisa qualitativa. Neste contexto, é interessante refletir sobre o fato de o assistente de pesquisa do sociólogo, a quem muitas vezes é confiada a tarefa de administrar questionários e realizar pesquisas por telefone, é quase desconhecida na antropologia. Devido à dimensão pessoal envolvida na coleta de dados qualitativos, a grande maioria dos etnógrafos acredita que deva fazer a sua própria pesquisa.

9) Forneça às universidades dos países onde a pesquisa é conduzida cópias das suas publicações. Isso foi parte da nova postura ética na antropologia, uma resposta à acusação de imperialismo de dados. Também surgiu a visão de que cópias deveriam ser disponibilizadas para as comunidades nas quais a pesquisa foi conduzida. É duvidoso, no entanto, que isso tenha sido feito muitas vezes, principalmente porque a tendência dos etnógrafos a serem críticos da imagem pública e a agirem nos bastidores mitigava uma recepção calorosa.

10) Assegure-se de que os informantes representem todos os setores da comunidade. Tem havido uma tendência, entre os pesquisadores de campo, a confiarem excessivamente na assistência e nos pontos de vista de um ou dois indivíduos, muitas vezes os seus senhorios. Uma vez que a imagem da sociedade como homogênea e harmoniosa deu lugar à heterogeneidade, aos conflitos e aos interesses divididos, percebeu-se que, a menos que os informantes fossem representativos das várias divisões, seus dados seriam inaceitavelmente limitados e parciais.

11) Faça uma boa pausa no meio da execução de um projeto. Isso dá aos moradores de uma comunidade um alívio da sua presença e perguntas constantes. Além disso, permite-lhe a oportunidade de passar algumas semanas re-

---

11. A esta altura talvez ajude esclarecer a diferença geral entre o trabalho antropológico e o sociológico. O processo de pesquisa consiste do projeto de pesquisa (os passos lógicos na execução de um projeto, como o estudo de caso os estudos que se fazem antes e depois), a coleta e a análise de dados. Os sociólogos normalmente têm feito um trabalho muito melhor com o primeiro e terceiro estágios do que com o segundo; a minha impressão, de fato, é a de que a coleta de dados tem sido às vezes considerada o passo menos importante, algo que pode ser colocado nas mãos de assistentes de pesquisa contratados. Os antropólogos, em contrapartida, em sua maioria, têm concentrado a maior parte dos seus esforços no segundo estágio, mas têm deslizado nos outros dois. Nos anos de 1960 e 1970, isso começou a mudar, pelo menos nos livros didáticos, se não no campo, quando escritores como Brim e Spain (1974) e Pelto (1970) concentraram-se no projeto de pesquisa.

carregando as baterias, fazer um balanço do que você já realizou e obter uma visão mais clara de como será o produto final. Alguns pesquisadores de campo consideram valioso usar a pausa como uma oportunidade de escrever um ou dois artigos sobre o seu projeto e solicitar o *feedback* dos colegas. Outra vantagem de uma pausa prolongada é que as pessoas geralmente ficam genuinamente satisfeitas ao reverem o pesquisador, e os dados muitas vezes fluem delas copiosamente.

12) Submeta-se à psicanálise ou junte-se a um grupo de teatro. Duvido que muitos antropólogos tenham feito alguma dessas duas coisas, mas a lógica por trás dessa ideia faz sentido. Quanto mais os pesquisadores de campo se conhecerem e estiverem confortáveis consigo mesmos, menor é a probabilidade de que os seus caprichos e ansiedades pessoais interfiram no exercício da pesquisa de campo, que, sem dúvida, consiste em um grande empreendimento pessoal. Quanto ao teatro, não só os pesquisadores de campo devem ser sensíveis aos papéis que as pessoas desempenham, mas eles próprios estão no palco o tempo todo, e o público é muitas vezes exigente. A psicanálise e o teatro podem ser duas áreas em que os estudantes com aptidões limítrofes para a pesquisa qualitativa podem aprender algo valioso antes de embarcarem na pesquisa de campo.

13) Pesquise tanto no exterior quanto em seu próprio país. Foram-se os dias em que a antropologia era definida apenas como o estudo de outras culturas. Já nos anos de 1960, pesquisadores ocasionais, como André Gunder Frank, exortavam os antropólogos a desistirem de pesquisar exclusivamente longe de casa. Nos anos que se seguiram, um número crescente de antropólogos pesquisaram tanto em seus países como no exterior, e isso é algo bom. Sem experiência de pesquisa de campo no exterior, evita-se o processo doloroso (assim como as alegrias) de aprender como é viver em uma cultura diferente e de lidar com o que isso significa. Com essa experiência transcultural traz-se uma perspectiva mais profunda para a própria cultura.

## Análise formal

Embora essas várias regras de ouro fossem igualmente aplicáveis à antropologia cultural e social, na escola americana houve um esforço ainda maior por introduzir mais procedimentos de pesquisa sistemáticos, o que também havia sido o caso na primeira fase. Julian Steward (1955: 22), por exemplo, achava que o problema metodológico mais desafiador enfrentado pelos antropólogos era estabelecer uma taxonomia sofisticada dos fenômenos culturais. Sua solução foi uma taxonomia de diferentes níveis de integração sociocultural, da família nuclear à sociedade popular (associada aos camponeses) e o Estado moderno. Ele presumiu que essa taxonomia foi fundamental para o método transcultural.

Os antropólogos norte-americanos também foram a força por detrás do que foi rotulado variavelmente de análise formal, antropologia cognitiva, etnociência, análise componencial e a nova etnografia. A análise formal supostamente foi capaz de fornecer uma explicação científica dos dados mentalistas. Como Stephen Tyler afirmou, "a antropologia cognitiva baseia-se no pressuposto de que seus dados são fenômenos mentais que podem ser analisados por métodos formais semelhantes aos da matemática e da lógica" (1969: 14). Reivindicando uma capacidade de entrar na cabeça das pessoas, de alcançar as categorias e taxonomias populares das pessoas, os formalistas supostamente apresentavam a cultura tal como era percebida e experimentada pelas próprias pessoas (cf. HARRIS, 1968, cap. 20). Nem todo mundo foi convencido. Na verdade, a análise formal pode ser descrita como um pontinho no registro antropológico, com poucos seguidores e ainda menos sucessos. Geertz provavelmente falou para a maioria dos antropólogos quando descreveu a análise componencial como "um subjetivismo extremo [...] conjugado a um extremo formalismo" (1973: 11). Um *hocus-pocus*, foi como Burling (1964) caracterizou a abordagem. Como Kaplan e Manners (1972: 185) observaram, nenhum de nós tem acesso direto à mente humana, o que significa que os mapas cognitivos, códigos e regras enunciados pelos formalistas foram meras inferências, em vez da realidade cognitiva *per se*.

Nem um único antropólogo social britânico de destaque, apontou Kuper (1975 [1973]: 223), foi convertido à escola americana de análise formal, principalmente por causa de suas pretensões pseudocientíficas. No entanto, os antropólogos sociais apresentaram a sua própria versão da técnica de solução rápida. Esta foi a análise de rede (cf. BARNES, 1968, 1969a, 1969b, 1972, 1974; BOISSEVAIN & BOTT, 1957; MITCHELL, 1969). A análise de redes fez o que implicava. Traçou as conexões de uma pessoa com outras em seu ambiente, identificando facções e equipes, especificando relações instrumentais e expressivas. A análise de rede, como afirmei anteriormente, foi concebida como uma sucessora para a análise de parentesco, que havia sido prejudicada pelas mudanças sociais que transformaram a família da espinha dorsal de culturas pré-industriais a apenas uma instituição como outra qualquer. A análise de rede, tampouco, conseguiu sobreviver ao seu faturamento avançado, principalmente porque o que era em essência uma operação técnica modesta foi apresentado como um sistema explicativo em pé de igualdade com o funcionalismo estrutural ou a ecologia cultural.

## Primeiro estudo de caso: uma utopia africano-ocidental

A fim de transmitir de forma mais vívida como é fazer pesquisa de campo, devo comparar a metodologia em dois dos meus próprios projetos. O primeiro projeto, um exemplo de pesquisa no exterior, envolveu uma teocracia rica na Nigéria (BARRETT, 1974, 1977). O segundo projeto, um exemplo de pesquisa doméstica, enfocou o racismo organizado e o antissemitismo no Canadá (BARRETT 1984a, 1987). A comunidade nigeriana, localizada em uma parte isolada do Delta do Níger, acessível somente por barco e canoa, e construída sobre palafitas, porque a região está quase inteiramente debaixo de água durante a estação chuvosa, foi fundada em 1947 por um grupo de pescadores que foram inspirados por Deus. Suas práticas religiosas eram uma mistura de cristianismo e crenças indígenas iorubas, e eles acreditavam que Deus os havia abençoado com o galardão da imortalidade – não no paraíso, mas na terra. Eles não tinham cemitério, porque acreditavam que nenhum membro da comunidade (a população era de cerca de 1.200 pessoas) morreria.

Os santos apóstolos, como se autodenominavam, também acreditavam que Deus quisesse que eles vivessem de maneira completamente comunitária. Para este fim, todas as transações monetárias e financeiras dentro da aldeia foram proibidas. As pessoas trabalhavam para o bem comum, providas para todas as necessidades básicas, inclusive a alimentação, a habitação e o vestuário. Os lucros provenientes da pesca e de outros setores que acabaram sendo estabelecidos iam para o tesouro da comunidade, para serem reinvestidos pelo *oba* (rei) na infraestrutura econômica. O sistema comunitário também afetava a organização social. A família foi proibida, e, em diversos períodos, o casamento também, e a vila foi dividida em setores feminino e masculino. Dentro de alguns anos, a comunidade *Olowo*, como eu a chamo, tornou-se uma notável história de sucesso, de longe mais rica do que qualquer uma das dezenas de aldeias que a cercavam.

### A escolha do projeto

Devido às suas características utópicas e sucesso econômico, a comunidade *Olowo* desfrutava de certa fama na Nigéria, e eu a havia visitado enquanto lecionava pelo Canadian Universiy Service Overseas (Cuso) (Serviço Universitário Canadense no Ultramar). Quando me mudei para a antropologia, meu grande interesse era pelos estudos sobre o desenvolvimento, e fiquei intrigado com a possibilidade de que a comunidade *Olowo* pudesse servir como um modelo de progresso econômico para outras pequenas comunidades.

136

### Projeto de pesquisa

Como estudante de pós-graduação na década de 1960, eu estava impaciente com o que considerava a maneira casual e não científica como a pesquisa de campo era normalmente realizada. Eu pensava que se deveria começar um projeto com problemas claramente definidos, e mesmo com tentativas de explicação para estes problemas. No meu caso, eu havia lido muito sobre teorias do desenvolvimento, etnografia do Oeste Africano e Utopias pelo mundo; eu também tive acesso a três artigos que haviam sido publicados sobre a comunidade *Olowo*. Com este material de fundo especifiquei três problemas como guias para a minha eventual pesquisa. Por que a comunidade foi fundada? Como conseguiu se desenvolver economicamente? E o que lhe aconteceria após ter existido por uma geração? Para cada um desses problemas, construí modelos com base na literatura disponível. Ao mesmo tempo especifiquei as unidades lógicas de comparação no estudo, enfatizando especialmente as vantagens de se fazer um trabalho comparativo em uma aldeia que compartilhava as crenças religiosas dos olowo, mas onde a iniciativa privada, e não o comunitarismo, operasse. Para minha surpresa, eu realmente achei uma aldeia a poucos quilômetros da comunidade Olowo que preenchia estes requisitos, e as comparações feitas foram importantes. O mesmo não pode ser dito acerca do procedimento dedutivo. Os modelos que eu havia construído antes de começar a pesquisa de campo simplesmente ficaram no caminho, distorcendo o que observei e o que disse; até que eu finalmente os abandonasse e começasse a trabalhar indutivamente, como o faz a maioria dos antropólogos, a minha pesquisa sofreu (cf. BARRETT, 1976, 1977).

### A admissão

Uma vez que a Olowo era uma comunidade fechada, uma utopia, era arriscado demais simplesmente escrever ao *oba* desde a Inglaterra, onde eu estava matriculado em um programa de doutorado, e perguntar se poderia realizar lá uma pesquisa por cerca de um ano. Em vez disso, viajei para a Nigéria e apareci na comunidade sem aviso prévio e sem autorização. Este não era o procedimento normal, e ao longo do dia alguns dos guardas responsáveis pela segurança da vila me seguiram. Ao final da tarde vi alguns meninos jogando futebol à beira-mar e corri para juntar-me a eles. Naquela noite me foi concedida uma audiência com o *oba*. Expliquei por que estava lá e pedi permissão para fazer uma pesquisa na comunidade para a minha tese de doutorado. Nunca vou esquecer a reação do *oba*. Ele disse que me viu jogar futebol com os seus meninos e gostou. Sem qualquer hesitação, disse que eu poderia ficar. Tendo presumido que houvesse uma boa chance de me ser negada a permissão para pesquisa em Olowo, eu havia ido à Nigéria com um projeto alternativo em mente. Se eu teria sido aceito pelo *oba* se não tivesse me juntado aos seus jovens no campo de futebol improvisado, nunca o saberei, mas duvido.

Poucas semanas mais tarde, minha esposa e eu fazíamos planos de mudar-nos para a comunidade Olowo. Marcamos passagem em um dos barcos comunitários de passageiros de pequeno porte que operavam no Delta do Níger, passamos por uma violenta tempestade tropical e quase naufragamos. Esta experiência, no entanto, criou uma ligação entre nós e os demais passageiros, especialmente o capitão e um homem que descobrimos ser um dos súditos preferidos do *oba*. Uma semana depois de nos instalarmos na comunidade, viajamos para Lagos para comprar suprimentos. Quando voltamos, fomos chamados ao palácio. O *oba* não disfarçou o seu descontentamento. Havíamos saído, disse ele, sem a sua permissão, o que era inaceitável. Esse fato abriu-nos os olhos. Revelou-nos o quão estreitamente regulamentada era a comunidade e tornou bem clara a expectativa de que agíssemos em conformidade com as regras. Algumas concessões, devo acrescentar, nos foram feitas. Após uma discussão com o *oba*, foi-nos permitido viver no mesmo quarto em uma pousada, em vez de separadamente nos setores feminino e masculino. A igreja também era dividida em seções masculina e feminina, e lá também nos sentamos lado a lado com os homens. Nossa ideia era a de que iríamos nos adaptar ao costume local depois que já estivéssemos aclimatados, mas nunca o fizemos.

Cerca de duas semanas após termos nos instalado em Olowo, fomos acordados no meio da noite por sons de gritos e correria. Quando olhamos pela janela, vimos lanternas balançando na escuridão. Acontecia então a Guerra de Biafra, e o nosso primeiro pensamento foi o de que a luta chegara à nossa porta. Pela manhã descobrimos que toda a comoção acontecera por um estranho se haver introduzido na comunidade durante a noite e tentado furtar alguns bens. Esse homem, fomos informados, era um desertor, um antigo membro da comunidade. Assim como um rigoroso controle era exercido sobre quem entrava em Olowo, o mesmo acontecia em relação a quem quisesse partir. De fato, naquele tempo, uma pessoa farta da aldeia realmente tinha que fugir. Logo no início da pesquisa, portanto, fui cientificado da discrepância entre os ideais da comunidade e as atitudes e comportamentos reais, e este pequeno incidente mostrou-me o quão importante para a pesquisa é simplesmente estar no local.

O maior desafio durante as primeiras semanas era ter paciência para proceder lentamente, construindo relações e conhecendo pessoas, e não fazer perguntas sensíveis. Às vezes as pessoas me paravam à beira da praia e perguntavam educadamente sobre como a pesquisa estava indo. Fiquei espantado, e comecei a pensar que pesquisar na comunidade talvez fosse mais fácil do que eu havia previsto. Mas o *oba*, é claro, havia contado aos seus súditos que eu estava lá para fazer uma pesquisa, e apenas conforme os meses iam passando e eu comecei a fazer perguntas foi que eles começaram a apreciar o que a pesquisa envolvia.

Desde os primeiros dias na aldeia eu havia começado a fazer observações assistemáticas, simplesmente caminhando e tentando absorver tudo ao meu redor. Em uma das lojas comunitárias fiquei surpreso ao observar que as pessoas pagam dinheiro por bens. Como logo descobri, eu havia ingressado na comunidade Olowo logo quando uma pequena quantidade de iniciativa privada havia sido autorizada a surgir. Após cerca de um mês na comunidade, eu ainda achava arriscado fazer perguntas abertamente, exceto a algumas poucas pessoas que se haviam tornado meus amigos, mas comecei a fazer observações sistemáticas. Por exemplo, comecei a contar todos os barcos, canoas, motocicletas e bicicletas. Foi também então que, com a ajuda da minha talentosa mulher, comecei a desenhar um mapa da aldeia, atribuindo um código numérico a cada rua e casa.

### A escolha dos papéis

Um dos primeiros desafios para o pesquisador de campo diz respeito ao gerenciamento de impressões. Como você explica a sua presença? Como você quer que as pessoas o definam? Esta última questão implica que você tenha alguma escolha na matéria, mas o tem apenas até certo ponto; sua idade, sexo, etnia e país de origem, e possivelmente outras coisas, como a sua religião, todas terão um impacto. No meu caso, apresentei-me como estudante de pós-graduação, correndo o risco de logo ser rejeitado pelo *oba*, mas percebendo, à parte questões éticas, que teria sido impossível tentar passar por um membro potencial da comunidade. Lecionei inglês na escola secundária da aldeia, e gradualmente tornei-me consciente de que as pessoas de Olowo me viam principalmente como um professor, não pesquisador. Sempre que eu precisava de algo, como de uma canoa, era responsabilidade do diretor da escola providenciá-la.

Outra questão diz respeito ao quanto você quer penetrar na comunidade. É convencional, desde Gold (1958), esboçar quatro papéis de pesquisa distintos, que vão desde grande empatia a grande desprendimento: o participante completo, o participante que observa, o observador que participa e o completo observador. É talvez compreensível que a maioria dos antropólogos rejeitaria o papel de completo observador, porque, apesar da vantagem da aparente objetividade, ele anula a empatia. No entanto, o papel de participante completo tem a sua própria limitação, qual seja a de o pesquisador estar restrito à sondar analiticamente e a fazer perguntas que seriam estranhas para um membro de pleno direito. Embora meu papel preferido fosse o de um participante que observa, de fato o meu papel oscilava entre todas as quatro posições, dependendo se a comunidade estivesse em estado de harmonia ou tensão. Em retrospecto, o fato de tanto eu quanto a minha esposa ensinarmos na escola local foi excepcionalmente importante, pelo menos em termos do projeto de pesquisa. Lecionar legitimou a nossa longa estadia na comunidade (quinze meses durante a primeira viagem de campo), e fez com que a comunidade ficasse um pouco em dívida conosco, o que ajudava quando as coisas ficavam tensas.

### Gerenciando desviantes

Como pesquisadores de campo experientes o sabem, os primeiros indivíduos a buscar acolhimento junto aos antropólogos geralmente são desviantes, pessoas que por uma razão ou outra estão à margem de suas comunidades. Embora suas perspectivas, por vezes, sejam importantes, o que significa que não devem ser ignoradas, é necessário evitar demasiada interação com eles, caso contrário, o pesquisador também corre o risco de ser rotulado de excêntrico. A primeira pessoa a procurar a nossa companhia em Olowo era uma agradável mulher de meia-idade. Ela não parecia ter quaisquer outros amigos na comunidade, e eu logo soube o porquê. Ela era uma bruxa de renome, acusada de matar recém-nascidos comendo suas almas. Dois homens mais jovens também grudaram em nós feito cola. Um deles, conforme constatamos, era considerado mentalmente instável e o outro ladrão.

O caso mais ridículo de todos, no entanto, foi em parte minha própria criação. Quando estivera com o Cuso, eu conhecera um membro da comunidade quando viajava no país vizinho, os Camarões. Quando estabeleci residência em Olowo, não só encorajei suas visitas ao meu quarto, mas ainda o chamava quase todos os dias. Estes esforços para construir relação vieram abaixo alguns meses depois quando o *oba* me chamou ao palácio e explodiu. O homem que eu cortejava tão cuidadosamente, explicou, estava envolvido em feitiçaria e era completamente desacreditado pelos outros membros. O *oba* deixou claro que desprezava o homem; minha única resposta foi um sorriso amarelo e a promessa de que o evitaria no futuro.

## Técnicas

A observação participante e a dependência de informantes são geralmente as técnicas básicas de pesquisa do pesquisador de campo, e este foi o caso na minha pesquisa na comunidade Olowo. Na maioria dos dias eu simplesmente vagava pela aldeia, conversando com as pessoas nos calçadões, entrando em suas casas, divertindo-me com elas e participando de projetos de trabalhos comunitários que ocorreriam regularmente. Ocasionalmente, minhas observações seriam mais sistemáticas, como comparar o que homens de maior e menor *status*, e homens e mulheres, faziam durante o trabalho comunitário.

A observação participante é crucial, tanto pelos dados que gera quanto pela empatia que torna possível, mas tem suas limitações. Em algum momento você precisa que informantes interpretem o que você observou e forneçam informações das quais você havia sido privado. Antes de ter experiência de pesquisa de campo, eu subestimava demais a importância dos informantes.

Devido à natureza fechada da comunidade Olowo, as pessoas que eventualmente se tornaram meus informantes inicialmente aproximaram-se de mim com cautela. Em poucas semanas comecei a sondar uma meia-dúzia de homens jovens, a maioria deles estudantes ou professores na escola secundária. Cada um deles, logo fiquei sabendo, tinha os seus próprios interesses especiais, seja por religião, conflito ou por questões familiares. Após cerca de três meses analisei as características desses informantes, levando em conta a idade, o sexo, o *status* e os critérios de adesão (um punhado de não membros era de professores na comunidade). Ficou imediatamente claro que eu estava sobrecarregado em algumas categorias, mas desprovido, em outras, especialmente no que se refere a mulheres e a homens idosos de *status* elevado. Imediatamente tentei desenvolver informantes entre essas pessoas, mas nunca conseguido fazê-lo satisfatoriamente.

À medida que os meses iam passando, percebi que havia incidido em um padrão. Durante o dia eu fazia principalmente observação participante. Quando a noite caía, no entanto, passava longo tempo com os meus informantes. Isso pode muito bem ter acontecido devido à natureza fechada da comunidade, pois em nenhum outro projeto de que eu tenha participado surgiu uma distinção similar entre a pesquisa diurna e a noturna.

Incidentalmente, faz-se por vezes uma distinção entre informantes morais e transacionais. A relação do pesquisador de campo com os informantes morais se baseia na confiança e na amizade e não na remuneração financeira. Em contraste, paga-se os informantes transacionais. A suposição convencional é a de que os dados fornecidos pelos primeiros são mais confiáveis. A principal distinção em Olowo foi entre informantes públicos e privados. O *oba* selecionava indivíduos para atuarem como meus guias, membros supostamente de confiança, que me desencorajariam de tentar penetrar nos bastidores, onde os meus informantes particulares me levavam. Quando a comunidade estava tensa, talvez como resultado da fuga de algum membro, eu evitava ser visto com os meus informantes particulares, e desfilava pelo pátio com os meus informantes públicos.

As técnicas tradicionais de observação participante e a dependência de informantes haviam certamente provado o seu valor, mas eu estava determinado a experimentar técnicas mais sistemáticas e a coletar dados quantitativos. Cerca de três meses depois de me mudar para Olowo decidi fazer um censo da comunidade e incluir algumas perguntas sobre *status*. Propositadamente excluí todas as perguntas sobre atitudes, preocupando-me com a validade, e em vez disso perguntei sobre fatores objetivos, como se uma pessoa pertencia a uma das organizações de elite da comunidade.

Tendo construído o formulário do censo/questionário, levei-o ao *oba*, que me concedeu permissão para fazer a quantidade necessária de cópias no mimeógrafo da escola e administrá-lo aos seus súditos. Os formulários não podiam simplesmente ser deixados em cada casa para as pessoas preencherem, uma vez que era estranho às suas experiências. Em vez disso, em cada casa sentei-me com os moradores, discorri sobre cada item do formulário, preenchendo seus nomes, aldeia de origem, tempo de residência, idade, profissão, e *status* social.

Se há um truísmo na pesquisa de campo é o de que nada funciona exatamente como o planejado. No caso do questionário/censo, frequentemente ninguém estaria em casa, ou haveria um projeto de trabalho comunitário, ou um confronto com alguma das aldeias vizinhas. O resultado foi que três meses depois eu ainda estava indo de porta em porta com o censo/questionário. Rapidamente aprendi que é preciso executar vários projetos simultaneamente, porque era impossível manter um calendário estrito com qualquer um deles. Enquanto ainda trabalhando no questionário/censo, iniciei outro projeto baseado na técnica de ordenação de cartões (SILVERMAN, 1966). Neste projeto eu estava tentando medir correlações entre as autoridades política, religiosa e econômica na aldeia. Nomes de vários membros proeminentes foram escritos separadamente em cartões, e juízes, selecionados de acordo com os critérios de idade, gênero e *status*, foram convidados a ordenar o baralho de cartas de acordo com a importância política, e, em seguida, com a importância religiosa e econômica. Durante este período eu também examinei sistematicamente papéis específicos na aldeia, como o de líderes de cada rua, primeiro construindo um conjunto de perguntas e depois conhecendo cada líder individualmente. Às vezes, se a comunicação fosse excelente, eu escreveria as notas conforme a pessoa fosse entrevistada; caso contrário, memorizaria o que fosse dito e retornaria imediatamente para o meu quarto para escrever. Ocasionalmente eu era pressionado a fazer entrevistas em grupo, como quando tentei entrevistar uma categoria de mulheres responsáveis pelo processamento do pescado. Nestas situações eu apenas fazia perguntas inócuas, contente com a oportunidade de construir um relacionamento. Às vezes, quando me sentava com as pessoas, fazendo perguntas, elas me aconselhavam a poupar o meu tempo e ir diretamente ao *oba*, que sabia tudo, e eu assim escreveria a minha tese em uma semana!

Quando comecei o projeto, estava determinado a escrever minhas notas de campo todos os dias. Por algumas semanas cheguei a tomar algumas notas breves durante todo o dia, e à noite as transformava em notas de campo formais e organizadas. Logo, porém, comecei a encontrar-me na companhia dos meus informantes após o anoitecer, e comecei a adiar a tarefa de escrever notas de campo até a manhã seguinte. Eu fazia três cópias das notas de campo, uma cronologicamente organizada (i. é, conforme os dados chegavam), as outras duas organizadas por temas e categorias que eu considerava serem críticos para o projeto. Embora alguns ajustes dessas categorias fossem necessários, mesmo depois de seis meses no campo, acabava com notas razoavelmente bem-organizadas, o que tornava a tarefa de escrever uma tese um pouco menos dolorosa do que de outra forma poderia ter sido. Devo acrescentar que datilografei todas as notas de campo em grandes cartões com índice, o que tornou mais fácil lidar com grandes quantidades de dados; eu também distinguia entre as interpretações oferecidas por pessoas de Olowo e as minhas próprias interpretações, colocando um "a" ou "b" na margem ao lado das notas. Desde o início do projeto, categorias separadas foram mantidas para métodos e teorias; a primeira focada em técnicas, estratégias, características de informantes, relacionamentos etc.; a segunda consistia de explicações potenciais, palpites e a possível relevância da literatura teórica geral.

Um dos desafios incomuns neste projeto foi como livrar-me do papel em que havia anotado os rascunhos das notas. Não havia depósito de lixo na comunidade, e, de fato, não havia muito de qualquer tipo de papel. Assim, periodicamente eu saía para o litoral, geralmente no início da tarde, quando as pessoas estavam descansando em suas varandas, fora do alcance dos raios solares, acendia uma pequena fogueira, e queimava o papel. Em uma dessas ocasiões eu acabara de cortar o cabelo, então também queimei os restos de cabelo. Quando voltei para a comunidade, duas ou três pessoas, tendo sentido o cheiro de cabelo queimado, me perguntaram se aquilo fazia parte da minha religião. Eu não desencorajei essa interpretação, porque sabia que era importante não deixar partes do corpo cair em mãos desconhecidas, caso contrário corria-se o risco de ser amaldiçoado por feiticeiros.

### Ponto crítico

Em todo projeto de pesquisa que tenha executado tem havido um ponto crítico – um evento ou situação que tenha determinado se o projeto continuou ou foi abandonado. Na comunidade Olowo o momento da verdade foi deflagrado pelo censo/questionário. A cada dois meses eu e minha esposa deixávamos a comunidade e íamos para o continente ioruba, uma viagem de um dia por barco, e de lá para a Universidade de Ibadan, onde eu estava afiliado a um instituto de pesquisa. Tínhamos vivido em Olowo por seis meses quando decidimos fazer outra pausa. O relacionamento que desfrutávamos então ultrapassava tudo o que havíamos previsto. A pesquisa ia fluindo sem problemas, estávamos saudáveis e desfrutamos da companhia de muitos amigos. O melhor de tudo era que tínhamos caído em uma rotina que reduziu nossa ansiedade quanto a viver em uma comunidade tão isolada.

Quando partimos para Ibadan eu havia administrado o censo/questionário a três quartos da comunidade. Isto incluía todos do setor masculino, e cerca da metade do setor feminino. Um jovem tinha o hábito de acompanhar-me de casa em casa, e decidi empregá-lo como assistente. Antes de partir para Ibadan deixei-o com cem cópias do formulário do censo/questionário, com a ideia de verificar uma amostra do seu trabalho quando voltasse. Cerca de dez dias depois estávamos de volta à comunidade. Imediatamente ficou claro que algo terrível havia acontecido. As pessoas recusavam-se a cumprimentar-nos no cais, e nos ignoravam no pátio. Mais tarde, naquela noite, um dos meus melhores informantes veio sorrateiramente à nossa sala e explicou o que estava acontecendo. Aparentemente o *oba* e os anciãos estavam revoltados com o censo/questionário. O *oba* ordenou ao jovem que havia se tornado meu assistente que ficasse longe de nós, e de fato deu a mesma ordem a todos os meus informantes. No dia seguinte, tentei marcar uma audiência com o *oba*, mas foi-me recusada. Mais tarde, no dia seguinte, uma carta formal foi-me entregue em meu quarto. Na carta, o *oba* acusou-me de usar o censo/questionário para a coleta de informações de inteligência (para quem, eu nunca consegui descobrir, mas deve ser lembrado que a Guerra de Biafra estava então em pleno curso, e era de conhecimento comum que eu havia vivido em Biafra durante dois anos).

Desnecessário dizer que as coisas estavam muito tensas. Para piorá-las ainda mais, fiquei sabendo que o diretor da escola havia açoitado um dos meus informantes principais, simplesmente porque ele se havia associado a mim. Eu estava furioso, e decidi que, mesmo que isso significasse desistir da pesquisa na aldeia, eu iria exprimir os meus sentimentos. Na escola, confrontei o diretor, acusando-o de comportamento violento, e ao mesmo tempo fiz alguns comentários desagradáveis sobre a comunidade. Enquanto estava na escola, como fiquei sabendo mais tarde, minha esposa, perturbada por causa de toda aquela tensão, desatou a chorar. Estes dois incidentes – o meu confronto com o diretor e a angústia da minha esposa – logo chegaram ao conhecimento das autoridades. Fomos quase imediatamente convocados ao palácio, onde o *oba* cumprimentou-nos com simpatia e compaixão. Sentados ao redor dele estavam a maioria dos jovens educados da aldeia. Ele explicou a todos os presentes que havia me concedido permissão para usar o censo/questionário, e depois indicou o que havia dado errado. Em primeiro lugar, o assistente com quem eu havia deixado cópias do formulário entrara nas casas das pessoas e arrogantemente lhes havia ordenado que cooperassem com ele. Isso enfureceu os anciãos, que ficaram intrigados com o formulário, em primeiro lugar. Para piorar a situação, quando o assistente não encontrava ninguém em casa, roubava objetos de valor, como rádios, e os vendia à noite, em uma vila próxima.

Para encurtar a longa história, fomos exonerados. No dia seguinte o *oba* levou-me em um passeio pelo pátio em seu carro, o único da comunidade, e alguns dias depois fomos seus hóspedes em sua lancha. Durante a reunião no palácio, o *oba* perguntou-me por que eu me havia associado principalmente aos jovens, alguns dos quais ele descreveu como patifes. Expliquei que os anciãos de alto *status* e as mulheres pareciam relutantes em falar comigo. No dia seguinte, na igreja, ele ordenou a essas pessoas que me disponibilizassem tanto de seu tempo quanto eu precisasse, e pelos dois meses seguintes, graças, ironicamente, ao fracasso do censo/questionário, trabalhei com os mais velhos e com as mulheres, preenchendo assim uma grande lacuna nos dados. Quando voltamos pela primeira vez à comunidade e fiquei sabendo do que havia se passado, tive um sentimento doentio de que o *oba* confiscaria os cerca de 900 formulários do censo/questionário que eu preenchera. Na segunda noite codifiquei as perguntas e transferi todos os dados para fichas que felizmente trouxera comigo. Acabou que nem uma única palavra foi dita sobre os formulários preenchidos.

Estava claro que eu não seria capaz de operar abertamente com técnicas sistemáticas novamente. Um dos meus ajustes foi voltar-me para a entrevista estruturada. Meu procedimento usual era selecionar uma categoria de pessoas, tais como as que trabalharam em fábrica de calçados, projetar um questionário, memorizá-lo, e então trabalhar com uma amostra de indivíduos da categoria. Também desenvolvi uma técnica que agora, por considerações éticas, arrependo-me de tê-la feito. Dos novecentos formulários do censo/questionário preenchidos, eu extrairia uma amostra aleatória simples, e depois faria com que um informante de confiança viesse ao meu quarto à noite para fornecer informações sobre as pessoas da amostra, tais como se possuíam mais de uma esposa, ou se já haviam tentado fugir da aldeia. Esta técnica certamente forneceu dados ricos e sistemáticos, mas se o meu informante fosse descoberto, ele provavelmente teria sido punido, e eu e minha esposa nos encontraríamos em uma viagem só de ida para o continente.

### Retirada

Como decidir se você já fez pesquisa de campo suficiente? Certamente não com base no que aprendeu, porque você poderia passar cinco anos, ou uma vida inteira, em um projeto e ainda assim não saber tudo. Pesquisadores de campo geralmente encerram um projeto ao terem empenhado uma quantidade convencional de tempo no trabalho, anteriormente cerca de dois anos, agora cerca de 12 meses. No meu caso, a pesquisa em Olowo chegou a uma conclusão abrupta quando um dos meus irmãos inesperadamente apareceu do Canadá. Até então eu havia vivido na comunidade Olowo por quinze meses durante 1969-1970; se o meu irmão não tivesse aparecido do nada, não sei quando eu teria dado a pesquisa por encerrada, e, de fato, retornei em 1972 e em 1974 para dois turnos adicionais de pesquisa.

## Segundo estudo de caso: a extrema-direita no Canadá

"Os brancos são uma espécie em extinção. A miscigenação é mais perigosa do que a bomba atômica. Distúrbios raciais são manifestações naturais de antipatia entre diferentes espécies, e ocasiões para se alegrar. Os negros são uma espécie inferior e devem ser mantidos em seu devido lugar. No que diz respeito aos judeus, não há lugar neste mundo para eles. Existe uma conspiração judaica internacional para obter o controle do mundo. A democracia é uma invenção judaica para promover essa conspiração. O holocausto é uma farsa. Deus é o segregacionista original." Como um fascista o coloca, "Deus é racista. O sétimo mandamento significa que não deve haver mistura de raças. Se Deus quisesse vira-latas cor-de-café, ele nos teria feito desta forma".

Tais são as crenças perniciosas defendidas pelos membros da extrema-direita canadense. Nas páginas que se seguem, será evidente que a metodologia no meu estudo da extrema-direita foi bastante diferente daquela no estudo da utopia nigeriana. Isto se deu em parte devido à diversidade dos temas, em parte porque um projeto foi feito no exterior e o outro no meu próprio país, e em parte porque nesse ínterim eu mesmo mudei de ideia sobre como fazer pesquisa de campo.

### A escolha do projeto

Como observei em outro lugar (BARRETT, 1987), não se acorda simplesmente de manhã e se decide estudar supremacistas brancos e antissemitas. Vários fatores me conduziram nessa direção. Um amigo da Nigéria, que havia se mudado para o Canadá, foi atacado por vários jovens, e este e outros incidentes sugeriram que o racismo estava se tornando mais acentuado e evidente nesse país. Eu também então havia deixado de acreditar em uma ciência social objetiva, neutra quanto a valores, e comecei a argumentar que a pesquisa deveria conter um componente moral explícito. Conjugado a este estava o argumento de que a pesquisa é realmente subversiva, minando os investigados, além da sugestão de que as pessoas brancas que queiram contribuir positivamente para as relações raciais devem estudar as instituições controladas por brancos e os agressores ao invés das vítimas. Finalmente, haviam os meus próprios atributos característicos: criação em cidade pequena, educação protestante, pele branca, a idade. Como um membro da extrema-direita comentou, é perfeitamente natural ser socialista quando jovem, mas qualquer pessoa com idade superior a 35 anos que ainda seja socialista deve ser baleada.

### Projeto de pesquisa

Porque a minha tentativa de proceder dedutivamente no estudo nigeriano foi um desastre, não fiz nenhum esforço para construir modelos preexistentes no estudo canadense. Eu li muito, é claro, sobre racismo, antissemitismo, fascismo, seitas e movimentos políticos, e a literatura existente sobre grupos de extrema-direita. O propósito, no entanto, era simplesmente identificar os problemas analíticos que era importante investigar. Em suma, meu procedimento foi convencionalmente indutivo, e o meu objetivo era produzir uma etnografia completa, redonda.

### A admissão

Antes que a pesquisa de campo pudesse começar, duas questões tinham que ser respondidas. Em primeiro lugar, será que o projeto é viável? Será que os membros da extrema-direita concordarão em falar comigo, e seria seguro conhecê-los? Em segundo lugar, será que a pesquisa fará mais bem do que mal, ou será que simplesmente forneceria publicidade gratuita aos racistas e antissemitas? Para responder a essas perguntas eu consultei várias organizações antirracistas e acadêmicos com experiência em relações de raça e etnia. A resposta consistente foi a de que os membros da extrema-direita provavelmente concordariam em encontrar-me sob condições toleráveis, e que um estudo da extrema-direita seria extremamente valioso, especialmente se fosse feito em profundidade.

Tendo sido dada a luz verde, eu então caí em uma armadilha que muitas vezes captura pesquisadores de campo: adiar a entrada no campo por tanto tempo quanto possível. O padrão usual consiste em os antropólogos se esconderem em um quarto de hotel lendo Agatha Christie. Neste caso, consistiu em repetidas visitas à biblioteca e mais consultas com acadêmicos especialistas. Finalmente mergulhei. Telefonei para um homem cujas raízes fascistas remontam a várias décadas e marquei de encontrá-lo alguns dias depois. A sua primeira pergunta quando nos encontramos era se eu era judeu. Eu disse que não, e durante as horas seguintes ele falou sobre o movimento de extrema-direita e o seu próprio profundo envolvimento. Este foi o início da fase de pesquisa de campo do projeto, que durou quase exatamente cinco anos.

### A escolha dos papéis

Comparado com o projeto do Oeste Africano, no estudo da direita canadense eu tive que fazer um esforço muito maior para definir o meu papel e controlar a situação de pesquisa; caso contrário as minhas próprias visões, fortemente antirracistas, teriam tornado a pesquisa impossível. Antes de participar do primeiro encontro com o membro da extrema-direita tentei pensar em um papel que funcionasse. Decidi abordar o velho fascista como se ele fosse meu avô. Durante cerca de uma hora antes de encontrá-lo, concentrei-me na relação avô-neto e a mantive em mente durante toda a entrevista.

Este mesmo procedimento foi seguido nas outras entrevistas. Em primeiro lugar, tentaria encontrar um papel plausível e eficaz. Então gastaria uma hora preparando-me psicologicamente para o papel antes da reunião propriamente dita. Por exemplo, no início do projeto fui praticamente forçado a encontrar um enorme homem de meia-idade cuja reputação de violência era intimidadora. Ele fora um importante atleta em sua juventude, e decidi aproximar-me dele como se ele fosse Gordie Howe, um jogador de hóquei que continuou a deslumbrar os seus adversários, mesmo com 50 anos de idade. A primeira pergunta que o homem me colocou foi se eu era *gay*. Eu rapidamente levei a conversa na direção dos esportes e da sua própria carreira atlética. Finalmente introduzi sorrateiramente o tema, e fiquei ouvindo enquanto esse indivíduo supostamente perigoso abria o jogo sobre a direita, a sua própria organização e suas perspectivas para o futuro.

### Gerenciado os desviantes

No início do projeto dois indivíduos mostraram-se particularmente íntimos. Um deles havia sido membro da direita, e chegou a trabalhar como informante da polícia. Ele era objeto de gozação e desrespeito no movimento, e não surpreendentemente me via como alguém que pelo menos o ouviria. A outra pessoa era na verdade um agente *free-lancer* disfarçado – ou seja, ele vendeu seus talentos para as forças policiais –, mas eu não descobri isso durante vários meses. Tudo o que percebi foi que, por alguma razão ou outra, ele tinha uma grande necessidade de se associar a mim. Na verdade, quando eu terminei o projeto, este homem, um lobo solitário, se alguma vez houve algum, criou uma dependência de mim, telefonando-me frequentemente para casa e me pedindo para encontrá-lo para jantar ou beber. Como ele mesmo apontou, estava no limbo. Tinha que restringir sua interação com a polícia a fim de não estragar o seu disfarce; mas porque era um agente, ao invés de um membro genuíno, não poderia formar qualquer amizade duradoura dentro do movimento de extrema-direita; e tampouco, devido às suas opiniões pessoais sobre o racismo, ele desejava fazê-lo. Em suma, tornei-me o seu refúgio.

Em retrospectiva, acho que confiei em desviantes no projeto mais do que em qualquer outro estudo que eu tenha feito, o que talvez tenha sido imprudente. Dada a dificuldade de penetrar a extrema-direita, no entanto, era sempre tentador dispender tempo com pessoas que conheciam as histórias internas e estavam ansiosas para falar sobre elas.

### Técnicas

Duas técnicas principais foram utilizadas neste projeto. Uma foi o arquivamento. Havia uma enorme quantidade de material sobre a direita, parte dele em artigos de jornais, parte em bibliotecas universitárias e arquivos provinciais. Mas o material mais importante consistia de publicações internas produzidas por organizações como a Ku Klux Klan, a Guarda Ocidental, o Partido Nacionalista, e as Nações Arianas.

A outra técnica foi a entrevista não estruturada. Para acrescentar profundidade ao projeto, decidi fazer entrevistas face a face. Há, no entanto, uma tremenda diferença entre entrevistar pessoas em uma comunidade como a Olowo, onde se pretende viver por cerca de um ano, e as entrevistas estanques que caracterizaram o estudo da direita. Em pesquisa de comunidade o pesquisador se esforça, em certo sentido, por tornar-se invisível; quando ela ou ele faz entrevistas, estas não precisam ser elaboradas ou exaustivas, principalmente porque tanta informação complementar sobre os entrevistados está disponível do mero fato de se estar vivendo entre eles. Quando a entrevista é a principal fonte de dados, no entanto, o pesquisador tenta nada menos do que capturar o entrevistado mentalmente, projetar sua personalidade tão sedutoramente que as pessoas se abram como se conhecessem o entrevistador a vida inteira. Isso descreve as entrevistas com os membros da extrema-direita. Ocasionalmente tive a oportunidade de observar essas pessoas, geralmente quando ia a bares que elas frequentavam, mas a principal fonte de dados, além dos arquivos, foi a entrevista não estruturada.

Minha abordagem pode ser descrita como sinceridade enganosa. Eu notaria: o racismo está disseminado no Canadá. Pode apostar que sim, as pessoas responderiam, e acrescentariam: Isso não é maravilhoso? A minha reação era simplesmente permanecer em silêncio. De vez em quando alguém me questionaria acerca do meu ponto de vista pessoal, mas na maioria das vezes presumia-se que o que eu pensava que não importa, porque eu havia sido vítima de uma educação liberal-esquerdista.

Embora eu geralmente me vestisse corretamente para as entrevistas, com paletó esportivo e gravata, para algumas pessoas, especialmente aquelas com uma reputação de violência, eu me vestia mais formalmente para controlar o grau de distância social. Às vezes encontrava as pessoas em suas casas, mas a maioria das entrevistas foi realizada, conforme a minha preferência, em lugares públicos, como bares, restaurantes e bibliotecas. Embora eu houvesse previsto uma grande dificuldade em organizar e conduzir as entrevistas, eu não estava preparado para a depressão que elas criaram. Após cada entrevista, especialmente com os membros mais fanáticos, eu me sentia sujo. Isso acontecia de tal maneira que às vezes me perguntava se poderia prosseguir na pesquisa. Em outros projetos eu realizava duas ou três entrevistas, dia após dia. Não foi assim no estudo dos supremacistas brancos e dos antissemitas. Descobri que só conseguia ser eficiente quando realizava entrevistas esporadicamente, duas ou três, no máximo, por semana. Esta é uma das razões pela qual levei cinco anos para completar o trabalho de campo. Devo acrescentar que neste projeto houve outros benefícios em estendê-lo. Levei muito tempo para construir contatos, não apenas na direita em si, mas também nas organizações antirracistas e entre os infiltrados, que eram minas de ouro de informação. Ocasionalmente eu seria levado por um infiltrado (policial ou de outro tipo) a uma reunião de direita ou uma festa na casa de alguém. Quase sempre a pesquisa seria superficial. Os direitistas ficariam confusos, uma vez que eu fora trazido por uma pessoa que eles consideravam ser um verdadeiro racista, quanto a se eu era um pesquisador ou um membro em potencial. Como resultado, foi impossível sondar analiticamente até a profundidade necessária.

### Ponto crítico

As circunstâncias que cercaram o momento da verdade neste projeto foram bizarras, para dizer o mínimo. Quase dois anos após o início das entrevistas, candidatei-me a uma bolsa de pesquisa junto ao governo canadense. Um dia, do nada, o chefe da segurança da universidade onde eu lecionava me telefonou e requisitou uma reunião urgente. Como eu logo fiquei sabendo, uma mensagem havia sido repassada a ele por uma das agências policiais do país, de que uma organização de extrema-direita havia conseguido se apossar da minha proposta de pesquisa. Como? Um membro da organização trabalhava no ramo do governo que lidava com questões como o multiculturalismo e as relações étnicas. Os líderes da organização aparentemente ficaram chocados e irritados com o que leram na minha proposta, e consideravam maneiras de lidar comigo (nenhuma delas, aparentemente, envolvendo violência). Não vou explicar detalhadamente como lidei com a situação, apenas direi que uma sinceridade enganosa desempenhou o seu papel; em suma, reuni-me com os líderes da organização e, sinceramente, disse-lhes que havia recebido uma bolsa do governo. Eles não só retiraram a ameaça de impedir o meu contato com a direita, mas curiosamente o resultado foi semelhante ao que havia acontecido no Olowo. Durante a reunião eu havia reclamado da dificuldade de conseguir entrevistas com mulheres e apoiantes comuns (às vezes ricos) da organização. Arranjos foram feitos para que eu me encontrasse com esses setores da associação.

No projeto nigeriano eu não usei gravador, tampouco no estudo da direita, exceto quando entrevistei James Keegstra, um ex-prefeito e professor do ensino secundário em Alberta, cuja peculiar interpretação do cristianismo o levou na direção do racismo e do antissemitismo. Sem dúvida faz sentido usar um gravador quando apenas algumas entrevistas estão planejadas e o investigador depende de uma análise aprofundada de uma quantidade moderada de dados, ou em projetos onde transcrições exatas de padrões de fala são necessárias, tais como na análise do discurso. Mas em um projeto envolvendo duzentas ou trezentas entrevistas, o gravador torna-se uma cruz pesada. O tempo envolvido em transcrever tais entrevistas, para não mencionar os gastos, se o trabalho for contratado, é enorme. Além disso, entrevistas gravadas muitas vezes não são transcritas até semanas ou (às vezes) meses depois, altura em que o pesquisador pode ter esquecido o contexto em que foram conduzidas.

Minha antipatia pelo gravador pode ser puramente idiossincrática, e não algo que deva ser repassado aos alunos. No entanto, na minha opinião, o procedimento preferido consiste em escrever notas elaboradas, incluindo interpretações, conforme a pesquisa é feita. Aliás, a razão pela qual eu gravei as entrevistas com Keegstra foi que ele, à época, estava enfrentando uma acusação judicial, e eu pensei que poderia ter que ser capaz de verificar o que ele me disse em alguma data futura. Ironicamente, as baterias acabaram no meio da segunda entrevista.

Neste projeto eu não tomei nota alguma enquanto realizava as entrevistas. Em vez disso, segui um sistema de memorização que eu havia desenvolvido em Olowo, quando ficou claro que já não era possível empregar abertamente técnicas sistemáticas. Conforme uma entrevista prosseguia, eu mentalmente organizava os dados em categorias e temas, e memorizava citações marcantes. Em intervalos de poucos minutos, com parte da minha atenção ainda no que a pessoa estava dizendo, eu ensaiava o esquema crescente em minha mente. Ao final da entrevista tinha o equivalente mental de um sumário detalhado; transferi-lo para cartões classificatórios, o que eu fazia em privado imediatamente após cada entrevista, era apenas uma questão de "ler" o sumário e elaborar acerca das categorias. Às vezes funcionava tão bem que nenhum registro adicional era necessário. Geralmente, entretanto, eu simplesmente levava cerca de uma hora para fazer anotações brutas e as escrevia de maneira mais elaborada e completa na manhã seguinte.

Embora não pareça haver muita coisa escrita sobre técnicas de memorização em antropologia (os psicólogos têm mais a dizer sobre o assunto), meu palpite é que muitos pesquisadores de campo desenvolveram macetes comparáveis ao meu. E que uma coisa fique clara: eu não tenho uma capacidade incomum para memorizar coisas. Na verdade, sempre que eu forço a minha mente a seguir o procedimento descrito acima, ela geme e reclama. Mas descobri que, tendo feito o esforço e entrado na rotina, a mente eventualmente coopera.

Como no projeto da Nigéria, continuei a usar cartões classificatórios para as minhas notas de campo, mas fiz apenas duas cópias, e não três. Também abandonei minha prática anterior de colocar "a" e "b" ao lado das interpretações do agente e do observador.

Quando o pesquisador vive em uma comunidade como a Olowo, não há dificuldade em contatar as pessoas. Em um projeto como a pesquisa da extrema-direita, no entanto, o desafio é muito maior. Meu procedimento geralmente consistia em pedir a cada pessoa que eu entrevistava nomes e números de telefone de outros membros do movimento. Às vezes essa informação já me havia sido fornecida por infiltrados e organizações antirracistas, mas não podia usá-la, a menos que os integrantes tivessem um perfil público. Sempre que eu ia conduzir uma entrevista, tentava deixar alguém em quem confiasse saber com quem eu estava reunido e quando esperava retornar. Durante todo o curso do projeto também tentei manter minha família distante, encorajando as pessoas da direita a contatar-me, se quisessem, na universidade em que estava empregado. De fato, uma das grandes diferenças entre este projeto e o da Nigéria foi o papel desempenhado pela minha esposa. Na Nigéria, a minha esposa, embora não sendo antropóloga, coletou dados importantes. Ela também contribuiu muito para as conexões de que desfrutamos, em parte porque ensinava na escola, mas principalmente porque era muito querida. No estudo da extrema-direita, sua atividade estava restrita a não me perder do alcance enquanto eu realizava as entrevistas.

### Retirada

Como disse anteriormente, geralmente se encerra um trabalho de campo quando a duração convencional de tempo se esgota. A decisão também pode ser baseada na perspectiva mental da pessoa, como ocorreu no estudo da extrema-direita. Após quase cinco anos de trabalho de campo, descobri que estava esgotado. Eu já não tinha a destreza mental necessária para realizar entrevistas, e comecei a responder a alguns indivíduos. O que pesou na balança, no entanto, foi um incidente bizarro envolvendo um dos vários infiltrados que havia conhecido. Uma organização de extrema-direita colocou sua cabeça a prêmio, e o homem veio correndo atrás de mim em busca de apoio. Isso era demais. Imediatamente encerrei qualquer contato adicional com os antissemitas e os supremacistas brancos, contente em embrulhar alguma pesquisa inacabada com o que chamo de pessoas na borda direita – aquelas que preenchem a lacuna entre a extrema-direita e o conservadorismo convencional.

Quando se faz pesquisa doméstica, no entanto, a retirada não é simplesmente uma questão de entrar em um avião e voar para o país de residência. Continua-se a viver ao lado dos objetos da pesquisa, e o que se escreve necessariamente acaba em suas mãos. Na maioria dos projetos isto pode apenas incentivar os pesquisadores a ser mais responsáveis, mas, em um estudo como o que eu havia feito, as consequências são potencialmente voláteis. Como os membros da extrema-direita reagiriam ao meu eventual livro? Que tipo de livro eu deveria escrever – um volume acadêmico, ou algo acessível a leigos? E quanto ao tom? Será que o livro deveria ser comedido, *cool*, e objetivo, ou deveria denunciar com indignação que organizações como a Ku Klux Klan estavam estabelecidas no país? Minha decisão foi escrever um livro com o máximo de clareza possível, de modo a poder ser acessível a um público mais amplo, enfatizar sutilmente a minha própria postura antirracista, mas não sacrificar a fiabilidade acadêmica.

### Reflexões sobre os dois projetos

Quando conduzi meu primeiro projeto de pesquisa, o estudo da utopia nigeriana, eu estava no que pode ser descrita como a minha fase científica. Pensava que a antropologia fosse uma disciplina objetiva e isenta de valores, ou pelo menos deveria ser. Na época eu era essencialmente um funcionalista estrutural, com pitadas de teoria do conflito. Em retrospecto, há pouca dúvida de que eu enfatizava excessivamente técnicas sistemáticas à custa das ferramentas convencionais de observação participante e dos informantes. Houve também problemas éticos que eu empurrei para o lado, sob o disfarce da objetividade. A pesquisa de campo convencional, em certa medida, tem duas faces, no sentido de que até mesmo amizades devem ser exploradas pelos dados. Tal era a minha admiração por alguns indivíduos em Olowo que decidi não incluí-los em minha pesquisa, mas eles foram exceções. Normalmente, até mesmo o encontro mais informal, como a troca de cumprimentos com um homem no pátio, era munição para o moinho do pesquisador. É esta exigência constante de se estar sempre alerta, mesmo quando sentado com os amigos, para não mencionar o impacto potencialmente desumanizante, que torna o trabalho de campo estressante.

Durante as minhas três viagens de campo a Olowo não paguei informantes, preferindo estabelecer uma relação moral com eles. Depois que o projeto havia sido concluído, no entanto, decidi que tinha o dever de fazer algo, e sondei a possibilidade de criar uma bolsa de estudos com os fundos provenientes dos *royalties* dos meus livros. Imediatamente houve um obstáculo. O *oba* exigiu o direito de escolher o destinatário, e já que ele aparentemente tinha em mente a sua própria prole, o projeto se desfez. Como alternativa forneci fundos para apoiar os estudos de um dos meus principais informantes em uma escola do continente, mas dentro de um ano ele havia desistido. Quando penso no projeto agora, tenho muitas boas lembranças. Foi uma experiência que enriqueceu nossas vidas. Mesmo mais de um quarto de século mais tarde, ainda mantemos contato com algumas das pessoas da comunidade, especialmente aquelas que foram para a universidade. Mas não consigo evitar de me questionar que direito eu tinha de empreender aquele estudo, em primeiro lugar. Isto tem pouco a ver com o fato de o estudo ter ou não ter sido sólido. Na verdade, a maioria dos membros da comunidade que leu o que eu tenho publicado parece achar que pelo menos uma parte da imagem eu consegui enfocar. A questão, ao contrário, como os pós-modernistas a puseram, diz respeito à pretensa autoridade do estudioso de fora interpretar a vida das pessoas.

No momento em que havia começado o estudo da extrema-direita, eu já não esposava a ideologia de uma ciência social neutra em relação a valores. Na verdade, eu havia escolhido este projeto com a intenção explícita de minar as crenças e as atividades dos antissemitas e dos racistas. A minha suposição implícita era a de que uma outra ética opera quando se estuda os racistas comparado a quando se estuda as vítimas do racismo. Sem dúvida, alguns antropólogos encontrarão alguma exceção a este pressuposto e considerarão o que eu tenho intitulado de "amistosidade enganosa" como sendo antiprofissional. No entanto, escrevi com as vítimas do racismo e do antissemitismo em mente, e continuo a considerar a minha abordagem não apenas como sendo justificável, mas também como sendo o mais eticamente defensável projeto que eu já executei.

## Conclusão

Dependendo de onde se pluga o empreendimento antropológico na década de 1960 – nos modelos reinantes, na literatura sobre os métodos ou no trabalho de campo real – tem-se uma visão diferente da disciplina. Os modelos maiores, como a ecologia cultural, a ação social e a teoria dos conflitos, todos davam a impressão de serem científicos, ou, pelo menos, de aspirarem à ciência; no entanto, os dois últimos modelos, sem querer, conduziram a disciplina para mais longe da ciência. A literatura sobre métodos, por sua vez, tornou-se ainda mais voltada para o objetivo da ciência, enquanto a pesquisa de campo em si parecia ser uma combinação de ciência e arte. Até certo ponto, portanto, a literatura teórica, a literatura sobre métodos e a pesquisa de campo efetiva começaram a caminhar em direções diferentes do compasso, uma tendência que se acelerou durante a terceira fase.

# TERCEIRA PARTE

## Demolição e reconstrução

# 6
# Teoria

Nos anos de 1970 e de 1980 era evidente que algo extremamente diferente estava acontecendo na antropologia. Nos últimos cem anos, a disciplina oscilara entre versões duras e suaves de ciência, enfatizando condições objetivas, como tecnologia e meio ambiente em um ponto, e condições subjetivas em outro, retratando pessoas como robôs controlados por uma estrutura social rígida, ou como agentes ativos, manipuladores em um universo em constante mudança. No entanto, ao longo dessas várias mudanças de perspectiva o objetivo de um estudo científico da sociedade persistiu.

Com o surgimento de três novas orientações teóricas – o estruturalismo, o pós-modernismo e a antropologia feminista –, a visão de uma ciência natural da sociedade foi essencialmente abandonada. A adequação do positivismo, com sua ênfase em dados empíricos, provas, confirmação de hipóteses e relações de causa e efeito, foi duramente questionada pelos estruturalistas. Os pós-modernistas e feministas, por sua vez, voltaram seus canhões contra aquela obsolescência da antropologia – o empreendimento da pesquisa de campo. Ao invés de ser objetiva e axiologicamente neutra, a pesquisa etnográfica foi acusada de parcialidade cultural e de gênero, quando acadêmicos poderosos e privilegiados deturpavam as vidas de nativos e mulheres para o máximo benefício do sujeito ocidental do sexo masculino. A própria ciência foi descartada como um mecanismo ideológico que reforçou a hierarquia e o capitalismo. Se a pesquisa deve ter um futuro – e alguns escritores, especialmente os pós-modernistas, chegaram perto de defender uma era pós-pesquisa de campo – a explicação já não pode servir como o seu objetivo principal; em vez disso, a pesquisa deve ser assumidamente subjetiva e política, um veículo para promover o bem-estar de pessoas que não têm poder. Em outras palavras, o objetivo não era meramente emendar a base científica da antropologia como havia ocorrido na segunda fase. Era nada menos do que desmantelar a disciplina e começar tudo de novo.

# O estruturalismo

O estruturalismo, nos anos de 1960 e de 1970, foi uma perspectiva teórica com uma abordagem conceitual e metodológica distintiva que surgiu em várias disciplinas, incluindo a antropologia, a linguística, a crítica literária, a psicanálise e a filosofia. Embora tenha oferecido uma alternativa ao positivismo para as ciências humanas em geral, vou concentrar-me unicamente na versão que ganhou forma na antropologia.

### Características básicas

*1) Estrutura profunda* versus *estrutura superficial*. Ao invés de enfocar o comportamento empírico, observável (estrutura superficial), os estruturalistas examinam os princípios e variáveis subjacentes (estrutura profunda) que presumivelmente geram comportamento. Estes princípios caracteristicamente assumem a forma de oposições: natureza *versus* cultura, masculino *versus* feminino, mão esquerda *versus* mão direita, terra *versus* céu, quente (termodinâmico) *versus* frio (estático). Ou consistem em relações lógicas, como as opções residenciais disponíveis em um determinado sistema de descendência (p. ex., a linha paterna ou a materna). Ou aludem a profundas contradições humanas, como incesto *versus* exogamia. Em qualquer cultura particular estes princípios estão carregados de significado simbólico específico. No entanto, não há nenhuma conexão simples e direta entre eles e padrões de organização social. Isso acontece porque os princípios subjacentes podem ser expressos de formas alternativas no nível superficial. Isso explica em parte por que os estruturalistas exortam-nos a enfocarmos nossa análise na estrutura profunda, onde a gama de variáveis-chave está mais confinada.

*2) Primazia do inconsciente sobre o consciente.* Pouco esforço é empreendido no exame das atitudes e ideias das pessoas, ou das normas que supostamente as orientam, supondo-se que aquilo que motiva as pessoas esteja além de sua consciência, no nível da estrutura profunda. Os tons freudianos estarão aqui aparentes.

*3) Análise ética* versus *êmica*. O estruturalismo não somente prioriza a análise ética e as estruturas que se encontram por baixo da superfície da conduta diária, mas também relega às margens explicativas o ser humano individual, cujos motivos e ações são vistos como amplamente irrelevantes e meramente uma distração para o investigador. É compreensível, portanto, que o estruturalismo tenha sido por vezes descrito como tendo uma orientação anti-humanista.

*4) Ênfase na sincronia versus diacronia.* Ao invés de enfocar a mudança ou a diacronia, os estruturalistas estão preocupados com estruturas repetitivas. O pressuposto é que diferentes formas de organização social são produzidas repetidas vezes pelos princípios subjacentes, os quais permanecem, eles próprios, relativamente constantes. A este respeito, o estruturalismo parece ser altamente conservador, completamente fora de sintonia com a ênfase contemporânea na mudança social.

*5) Reversibilidade de tempo.* Uma distinção é estabelecida entre tempo cronológico (ou histórico) e tempo mecânico (ou antropológico). O tempo cronológico é cumulativo: os eventos desdobram-se através da história. O tempo mecânico é repetitivo: os eventos desdobram-se através do espaço. A suposição subjacente, eminentemente impugnável, é a de que o tempo mecânico corresponde ao ritmo das sociedades pré-industriais nas quais os antropólogos se concentraram, onde a organização social é supostamente reproduzida fielmente, geração após geração.

*6) Análise transformacional.* Presume-se que as diferentes instituições da existência humana – organização econômica, sistemas de casamento, arquitetura, jogo e ritual – sejam meramente transformações umas das outras, manifestações do mesmo conjunto finito de princípios subjacentes.

*7) Analogia linguística.* A cultura é como uma linguagem em dois aspectos. Primeiro, assim como não há nenhuma relação intrínseca entre o som de uma palavra e o seu significado – ao contrário, o significando repousa sobre a relação de uma palavra com as palavras que a rodeiam – os aspectos da cultura derivam o seu significado do contexto do sistema global de relações em que se encontram inseridos. Por exemplo, chamar um homem de "príncipe real" pode ser altamente cortês ou depreciativo, dependendo do contexto. Em segundo lugar, a cultura é como um idioma no qual as várias instituições culturais constituem códigos ou mensagens. A tarefa do antropólogo é decodificar essas instituições, para dizer-nos o que elas estão dizendo.

*8) Foco na vida mental.* Embora existam estudos estruturalistas da organização social (incluindo a vida econômica e o parentesco), a ênfase esmagadora tem recaído sobre os sistemas de crenças, os mapas cognitivos e o pensamento oral ou escrito. Sem dúvida, o enfoque principal tem sido a mitologia, entendida como uma "linguagem" distintiva ou "código" que reflete a maneira como o cérebro humano opera e articula temas fundamentais, dilemas e contradições da vida.

*9) Reducionismo neurológico.* Por detrás do nível de comportamento observável, ou do nível superficial, encontram-se os princípios que geram a interação cotidiana.

Por trás desses princípios, em um nível ainda mais profundo, está o cérebro humano. O pressuposto é o de que a cultura é alterada e limitada no seu âmbito pelas operações inerentes do cérebro, que são pensadas serem universais em toda a humanidade. Os estruturalistas esforçam-se não somente em detectar o impacto do cérebro sobre a organização cultural, mas também em explicar como o cérebro opera. Dado o pressuposto de que os princípios da mitologia aproximam-se daqueles do cérebro, é compreensível a razão pela qual a mitologia tem sido a oficina do estruturalista.

Um exemplo cotidiano do impacto do cérebro sobre a cultura refere-se ao espectro de cores. Este espectro é um *continuum*, e, portanto, não há nenhum ponto definido onde uma cor comece e a outra termine. Ainda assim, diferenciamos o vermelho, o verde, o azul etc. A explicação é que o cérebro naturalmente discrimina e classifica fenômenos, e que essas categorias assumem um significado simbólico em seus contextos culturais. Um caso concreto é o uso generalizado do vermelho para indicar a injunção "pare!", e do verde para "siga!", com o amarelo como intermediário. Em outras palavras, as regras de trânsito são vistas como transformações das operações fundamentais do cérebro.

*10) O método dialético.* Presume-se que o cérebro, como um computador, opere em termos de oposições binárias. O conhecimento antropológico convencional tem por muito tempo assumido que as oposições binárias sejam quase universalmente representadas na organização cultural, resultado, diriam os estruturalistas, do impacto do cérebro. As oposições binárias estavam a apenas um pequeno passo do método dialético: tese, antítese e síntese, supostamente refletindo a influência de Marx.

*11) A ponte natureza-cultura.* Uma das características dos estruturalistas tem sido a sua disposição para enfrentar profundos problemas filosóficos. O que torna humanos os seres humanos? Como eles fizeram o salto da natureza para a cultura? Existe alguma diferença entre os seres humanos e os outros animais?

*12) Os seres humanos como classificadores.* Central para o estruturalismo é a afirmação de que o que torna os humanos únicos é a sua capacidade de classificação. Esta capacidade é considerada intrínseca ao cérebro humano. Pensar é classificar. A primeira atividade é impossível sem a segunda. Diz-se que a propensão a classificar é universal entre os homens, de caçadores e coletores aos capitalistas industriais, e marca o *homo sapiens* como um tipo especial de animal: um intelectual.

*13) Modelos reduzidos.* Felizmente, para os antropólogos, há atalhos analíticos: modelos reduzidos. Estes são tipos de cultura ou categorias de cultura reduzidas à sua expressão mais simples, as propriedades elementares. Nestas situações, as camadas de pensamento consciente, ou ideologia, normas e racionalização, são relativamente finas. Isto significa que é mais fácil alcançar a estrutura inconsciente ou profunda, e, em última instância, expor o funcionamento do cérebro humano.

Um exemplo de um modelo reduzido é supostamente a cultura primitiva. Diz-se que contém todos os elementos básicos que caracterizam a existência humana em todos os lugares, mas retrata a essência da condição humana na sua realidade completa e sem disfarces. O conceito de modelo reduzido, mesmo presumindo-se que faça sentido, era uma bênção impura. Ele justificou um contínuo enfoque das sociedades primitivas, precisamente o ponto da história em que os antropólogos tiveram que adaptar-se ao fato de que o seu território pão com manteiga havia praticamente desaparecido da face da terra.

### Figuras-chave
*Claude Lévi-Strauss*

O estruturalismo na antropologia foi estabelecido quase exclusivamente por Lévi-Strauss, merecidamente um herói cultural na França, nascido na Bélgica, em 1908. Lévi-Strauss encetou a redefinição de toda a abordagem da disciplina. Ele desafiou a tradição empírica, positivista, argumentando que a cultura é mais como uma linguagem ou um sistema lógico de sinais do que um organismo biológico, que havia sido a analogia preferida pelos funcionalistas estruturais. A implicação era a de que a abordagem epistemológica e metodológica defendida na ciência natural não era apropriada para a antropologia ou para as ciências sociais em geral.

A enorme contribuição de Lévi-Strauss ao estruturalismo é refletida no fato de que todas as características básicas apresentadas acima serem desenvolvidas em seus numerosos livros e artigos, inclusive a distinção entre estruturas superficial e profunda. Há várias razões, segundo Lévi-Strauss, para não nos concentrarmos em uma estrutura superficial. Uma é que, no nível da interação humana observável, há muitos fatos, muita coisa acontecendo. Outra é que estes fatos, quase ilimitados, são apenas vagamente governados por causa e efeito; em outras palavras, no nível empírico existe um grau de aleatoriedade que torna a análise sistemática extremamente difícil. Além disso, a vida cotidiana, a consciência cotidiana, está eivada de racionalizações, uma vez que as pessoas tentam justificar suas ações e crenças para as outras e para si mesmas. Faz pouco sentido, portanto, considerar as interpretações que as pessoas fazem de suas vidas, porque essas interpretações provavelmente não corresponderão ao comportamento. Redirecionando a análise antropológica para a estrutura profunda, para o inconsciente, o estruturalismo impede o investigador de ficar emperrado nos dados (enganosos).

Para ilustrar o que Lévi-Strauss estava tentando fazer, consideremos o projeto de um suéter colorido. Estruturalistas como Lévi-Strauss não estariam interessados no projeto em si. Em vez disso, o seu objetivo seria o de descobrir as regras subjacentes (tricô 1, ponto 2 etc.), que produzem o projeto. Da mesma forma, ao investigar a vida cultural, o foco recai sobre os princípios subjacentes que geram os padrões de superfície, e não sobre os próprios padrões.

Lévi-Strauss refere-se ao cérebro humano como "o hóspede não convidado" da antropologia. O seu argumento consiste em que o âmbito cultural é significativamente moldado pelas operações do cérebro, especialmente o padrão binário. Um exemplo fundamental é a oposição natureza-cultura. Lévi-Strauss pergunta por que cozinhamos alimentos como a carne. A sua explicação consiste em que cozinhar a carne é um meio pelo qual a natureza é transformada em cultura, ou um meio pelo qual os seres humanos se distinguem dos outros animais. Lévi-Strauss define o alimento cozido como o alimento fresco cru que foi transformado por meios culturais. Ele define a comida estragada como o alimento fresco cru, que foi transformado por meios naturais. Lévi-Strauss sempre tentou reduzir os dados a oposições binárias, e em sua análise da preparação de alimentos temos duas delas: natureza *versus* cultura, e normal (cru) *versus* transformado (cozido ou podre).

Embora Lévi-Strauss tenha lançado nova luz sobre uma série de temas clássicos da antropologia, do parentesco à estrutura social, o totemismo e a lógica do pensamento pré-industrial, ele é mais conhecido pela sua análise criativa da mitologia. Ele conjecturou que os mitos constituem um tipo de linguagem, que fica a meio-caminho entre a linguagem convencional e a mente humana. Os mitos, em outras palavras, são os veículos que supostamente levam o analista para perto das atividades do cérebro. Lévi-Strauss estava menos preocupado com o que o mito nos diz sobre o mundo social do que com o que indica acerca das "operações" cerebrais. O seu interesse, em outras palavras, não era tanto pelo que os seres humanos pensam quanto pelo modo como eles pensam, embora uma das suas principais afirmações tenha sido a de que os mitos giram em torno de dilemas e contradições humanas fundamentais, como a de que viver significa morrer.

Segundo Lévi-Strauss, uma versão de um mito não é melhor do que outra, tampouco os mitos melhoraram ou se tornam mais ricos ao longo do tempo com novas versões. Além disso, é possível iluminar uma versão de um mito em 1990 com uma versão que apareceu em 1890, ou o contrário. Lévi-Strauss chegou mesmo a tentar explicar mitos que ocorrem em uma parte do mundo com aqueles que são encontrados em outras partes do mundo, rejeitando assim o que tem sido um princípio metodológico básico em antropologia: crenças e comportamento devem ser explicados em seu contexto cultural específico. O procedimento aparentemente desconcertante de Lévi-Strauss repousa na distinção entre tempo cronológico (histórico) e tempo mecânico (antropológico). No tempo mecânico, materiais culturais, como o mito, não progridem de maneira cronológica; eles simplesmente são reproduzidos através do espaço. Isso explica por que Lévi-Strauss saltou de um ponto no tempo de volta para outro, ou até mesmo através dos continentes.

O que Lévi-Strauss está defendendo é uma concepção muito diferente e radical de causalidade. Um princípio fundamental da ciência consiste em que a causa deve preceder ao seu efeito no tempo; ou uma variável independente deve preexistir a uma variável dependente. Os estruturalistas presumem que este tipo de lógica seja inadequado em sociedades orientadas para o tempo mecânico. Em vez de causa e efeito, existem transformações, como as diferentes versões de um mito. Apesar de Lévi-Strauss ter estabelecido uma distinção entre observação (coleta de dados empíricos) e experimentação (manipulação de modelos consistentes de relações abstraídas a partir de fenômenos empíricos), é importante enfatizar que o processo não é o convencional de confirmar ou não hipóteses empiricamente. Em vez disso, consiste na decodificação das mensagens em uma instituição cultural e no rastreamento destes códigos conforme eles são transformados de uma instituição em outra.

### Edmund Leach (1910-1989)

Assim como Radcliffe-Brown tornou-se o agente de relações públicas de Durkheim no mundo anglófono, Leach realizou um serviço semelhante para Lévi-Strauss. Treinado por Malinowski na London School of Economics, Leach estabeleceu suas credenciais intelectuais com a publicação de *Political Systems of Highland Burma* (1965 [1954]). Insatisfeito com o pressuposto de equilíbrio e a analogia orgânica prevalentes na antropologia daquele tempo, Leach estabeleceu uma distinção entre o comportamento real e os modelos antropológicos erguidos para explicá-lo. O comportamento cotidiano é dinâmico, confuso, impulsionado por escolha, contradição e energia; nunca está em equilíbrio. Modelos antropológicos, em contrapartida, são sempre modelos de equilíbrio. O

165

melhor que o antropólogo pode fazer é erguer modelos ficcionais "como se" – ficcionais, porque a vida real nunca é estática. Uma das características inovadoras deste estudo é a afirmação de que, em suas vidas cotidianas, as pessoas fazem a mesma coisa. Elas também erigem modelos de equilíbrio "como se", que são representações ideais que proporcionam uma sensação de ordem em um universo de outro modo caótico. A realização de Leach consistiu em manter uma característica fundamental do funcionalismo estrutural, a noção de equilíbrio, e, simultaneamente, promover o modelo de ação social contido na obra de Malinowski e mais tarde desenvolvido por pessoas como Bailey e Barth.

Leach não era apenas um porta-voz de Lévi-Strauss. Em várias publicações (1961a, 1962, 1966), ele introduziu a sua própria versão do estruturalismo. No entanto, ele tem sido provavelmente mais conhecido pelas suas tentativas de explicar a capacidade imaginativa de Lévi-Strauss de fornecer novas interpretações para assuntos antigos, como o mito e o totemismo. Ele também aplaudiu o sucesso de Lévi-Strauss em tornar as grandes comparações interculturais novamente respeitáveis. Em outro dos seus livros influentes, Leach (1961b: 2) expressou uma forte preferência pelas grandes generalizações comparativas de Lévi-Strauss ao método comparativo mais controlado, buscado por Radcliffe-Brown, descartando o último estilo como mera "captura de borboleta – classificação, arranjo das coisas de acordo com os seus tipos e subtipos".

Apesar de ser o profeta inglês de Lévi-Strauss, Leach, sempre um combativo dissidente, não hesitou em ocasionalmente golpear o seu herói. Enquanto Lévi-Strauss via o estruturalismo como um método especial, Leach afirmou que o "estruturalismo não é nem uma teoria nem um método, mas 'uma maneira de olhar as coisas'" (1973: 37). Leach também apontou que, embora Lévi-Strauss recomendasse que os antropólogos gastassem uma grande quantidade de tempo no campo, a sua própria experiência de pesquisa de campo foi breve e escassa. Leach também comentou causticamente sobre a tendência de Lévi-Strauss a ignorar os fatos se estes não se encaixassem nas suas suposições preconcebidas, e a argumentar que, se algum fato correspondesse à sua teoria, isso era suficiente para provar a sua validade (1974: 20). No geral, porém, a avaliação de Leach do estruturalismo era entusiástica. De fato, em dado momento ele comentou: "Lévi-Strauss muitas vezes consegue me fornecer ideias, mesmo quando eu realmente não sei o que ele está dizendo" (1968: xvii).

## Avaliação

Lévi-Strauss trouxe de volta à agenda antropológica as grandes questões da humanidade. O que significa ser humano? Como funciona a mente humana? Com base em quê pode-se argumentar que todos os seres humanos são iguais, dada a imensa gama de variações culturais? Em alguns aspectos, a sua abordagem da antropologia era decididamente progressista. Ele sustentou que o Ocidente não é privilegiado em relação ao resto do mundo; na verdade, não existem sociedades superiores. E ele rejeitou a antiga distinção antropológica entre pensamento lógico e pré-lógico, ou entre mundo industrial e pré-industrial.

Lévi-Strauss jogou fora a ciência convencional, positivista, mas não a ciência em si. O seu argumento era o de que o estruturalismo constituiu o procedimento científico adequado à investigação da cultura. Ele concebeu a cultura como um sistema de linguagem a ser decodificado, em vez de um mecanismo com partes sincronizadas ou um organismo com funções. Em termos de epistemologia, ele ofereceu-nos transformações em vez de causas e efeitos, e definiu a estrutura social não como uma representação geral do mundo empírico, como Radcliffe-Brown e outros o fizeram, mas sim como uma abstração, ou modelo, no qual as variáveis consistem em relações lógicas entre coisas, ao invés das próprias coisas.

Nos anos de 1960 e 1970 Lévi-Strauss foi, provavelmente, considerado o mais eminente antropólogo vivo, e de fato ele também era amplamente lido por pessoas de outras disciplinas. Mesmo naqueles dias, no entanto, os céticos abundavam. Tanto Maybury-Lewis (1970: 161) quanto Burridge (1968: 114) queixaram-se de que era impossível submeter afirmações e hipóteses estruturalistas à confirmação empírica[1]. Mais recentemente, Hill e seus colaboradores (1988) demoliram a distinção que Lévi-Strauss estabeleceu entre tempo mecânico e tempo cronológico, correspondente ao que ele chamou de sociedades frias e sociedades quentes, especialmente em relação aos mitos. O seu contra-argumento é o de que os mitos contêm uma dimensão histórica, cronológica, e que as sociedades nas quais proliferam são diacrônicas, e não sincrônicas[2].

---

1. Mas cf. Mepham (1973: 105-106) para um argumento de que as regras para a confirmação empírica ou testabilidade de teorias são ambíguas na ciência em geral, e simplesmente inadequadas para perspectivas como o estruturalismo, onde o foco incide sobre as transformações em vez de sobre as correlações e generalizações empíricas, e sobre a linguagem, em vez de sobre sistemas mecânicos e funcionais.

2. Para uma boa discussão de Hill, bem como um argumento de que a sociedade contemporânea continua a estar impregnada do mito, cf. Zimmerman (1993).

O que é ligeiramente surpreendente, dada a estatura de Lévi-Strauss na década de 1960 e de 1970, é o quão rapidamente ele caiu em desgraça. Hoje o número de antropólogos proeminentes que continuam a seguir o estruturalismo provavelmente poderia ser contado nos dedos de uma mão. Isso pode ter acontecido, em parte, devido a uma impressão crescente de que o estruturalismo era mais inteligente do que válido. No entanto, a principal razão pela qual ele não conseguiu manter-se no poder, em minha opinião, foi a de ter lidado quase que exclusivamente com dados mentalistas, e não ter relacionado tais dados com o mundo material, e evitado as grandes questões sociais e políticas dos seus dias. O que o estruturalismo fez, em vez disso, foi fascinar a antropologia, mais uma vez, com uma imagem romanceada e distorcida de uma sociedade primitiva imutável.

## O pós-modernismo

Os anos de 1960, aproximadamente, que correspondem à segunda fase da minha descrição geral da teoria, foram marcados por uma profunda crise na antropologia. Os antigos impérios coloniais se desintegraram e os líderes das nações recém-independentes não estavam entusiasmados com a perspectiva de uma nova onda de etnógrafos ocidentais, dada a sua ligação histórica com o colonialismo e a ênfase no tradicional e no exótico. Foi nesta época que a expressão "imperialismo dos dados" fez a sua aparição, com a acusação de que os estudiosos ocidentais estavam "roubando" as nações do Terceiro Mundo de uma das suas valiosas *commodities*. Diante de uma exigência crescente de que a pesquisa fosse útil e relevante, porque o conhecimento pelo conhecimento era insuficiente, emergiu um novo enfoque no "desenvolvimento" e na "modernização" (frequentemente equiparado à ocidentalização), ocorrendo uma mudança para a pesquisa nos setores rurais da Europa Ocidental e até mesmo para medidas experimentais de trabalho de campo domésticas[3]. Foi durante este período que os primeiros sinais de uma lacuna entre teoria e método tornaram-se perceptíveis, com a literatura metodológica continuando a perseguir a ciência, e escritores como Bailey e Gluckman introduzindo mais modelos complexos que empurravam esse objetivo para cada vez mais longe do alcance.

---

3. Não havia nada de muito novo acerca da noção de que a pesquisa deve ser útil para a sociedade. Há muito tempo Marx, Weber e Durkheim tinham dito a mesma coisa. É muito mais fácil falar sobre engenharia social, no entanto, do que significativamente colocá-la em prática. Cf. a discussão da antropologia aplicada no próximo capítulo.

Na terceira fase as coisas realmente começaram a mudar. Embora Lévi-Strauss pensasse que ainda estivesse envolvido no trabalho científico, era uma versão radicalmente diferente de ciência: não positivista e não verificável. Com a recente proeminência do pós-modernismo, apertou-se completamente o parafuso, já que a ciência foi declarada morta. Como declarou Tyler, o "pensamento científico agora é um modo arcaico de consciência" (1986: 123). Antes do pós-modernismo, alguns antropólogos podem ter duvidado da possibilidade de se alcançar o rigor do cientista duro, em parte porque não podiam experimentar com seres humanos nada que se comparasse a um laboratório controlado, e, em parte, por causa da imensa complexidade da interação humana; no entanto, a ciência era o ideal a que normalmente aspiravam. Não era assim com os pós-modernistas. Para esta nova geração de estudiosos já não era o caso de a ciência ser inalcançável devido a obstáculos técnicos. Em vez disso, a própria ideia de uma ciência da cultura foi desafiada por razões epistemológicas e éticas. No que diz respeito à epistemologia, a suposição que havia guiado a antropologia desde a virada do século – de que não só era possível descrever e interpretar outras culturas, mas que era vantajoso pesquisar no estrangeiro a fim de se obter objetividade – foi questionada. Quanto à ética, os pós-modernistas consideravam o trabalho de campo como uma atividade política pela qual ocidentais poderosos tradicionalmente representaram (leia-se "deturparam") as vidas dos não ocidentais, os despersonalizaram e objetificaram como espécimes científicos e, indiretamente, apoiaram a hegemonia do Ocidente sobre o resto do mundo.

O pós-modernismo penetrou várias disciplinas, tais como a crítica literária, a filosofia, a geografia e a arquitetura. Embora o meu enfoque seja sobre a versão que lançou raízes na antropologia, não será possível evitar alguma discussão de crítica literária, uma vez que, em muito grande medida, ela tem impulsionado o experimento antropológico.

**Características básicas**

*1) Desafio à autoridade antropológica.* A ideia aqui é a de que seria incrivelmente arrogante da parte dos antropólogos presumirem que tenham tanto a capacidade quanto o mandato para descreverem, interpretarem e representarem a vida de pessoas de outras culturas. A suposição subjacente, refletindo o desequilíbrio de poder no passado colonial entre o Ocidente e o resto do mundo, e o estatuto privilegiado atribuído à ciência, tem sido a de que as pessoas em outras culturas não tinham a capacidade de falarem por si mesmas.

169

*2) Abordagens dialógicas e polivocais.* O pós-modernismo tem mais do que a sua quota de linguagem técnica ou jargão, tal como a dialógica e a polivocal[4]. Estes termos sugerem uma abordagem muito diferente da monológica que antes dominava a etnografia, com a única voz ouvida sendo a do antropólogo. Os pós-modernistas argumentam que uma etnografia sempre consiste de múltiplos autores: o antropólogo, cuja voz ouvimos como descritor, analista e intérprete, e as vozes dos sujeitos e informantes da pesquisa, que são suprimidas no texto do etnógrafo[5]. Os pós-modernistas retratam o trabalho de campo como um diálogo profundo e complexo entre o etnógrafo e "os nativos" uma aventura conjunta da qual emergem significado e interpretação, e elevam o papel dos sujeitos em um projeto de pesquisa a um nível igual ao do pesquisador.

Uma abordagem dialógica, deve-se salientar, não equivale meramente a tocar no ponto de vista do ator. A maioria dos antropólogos (com exceção dos ecologistas culturais e dos evolucionistas) sempre tentou fazê-lo. Em vez disso, o antropólogo, em sua monografia, abandona o manto de autoridade e (de certa forma) fornece igual oportunidade para as vozes dos sujeitos da pesquisa[6].

*3) A etnografia como texto literário.* Uma das novas características do pós-modernismo é o enfoque da etnografia como um tipo de escrita, um tipo de literatura, um texto a ser analisado usando as ferramentas da crítica literária. Todas as etnografias são consideradas fictícias, não no sentido de serem um faz de conta ou irreais, mas no sentido de serem feitas, fabricadas, criadas. Assim como um poema ou romance pode ser analisado em termos de tom, estilo e recursos literários, de modo análogo o pode ser a monografia do antropólogo. Esta perspectiva destaca uma dimensão crítica anteriormente ignorada – a de

---

4. Comentando sobre a maneira como os pós-modernistas apimentam suas publicações com o jargão, Abu-Lughod observa, "Apesar de uma sensibilidade às questões da alteridade e do poder, e da relevância da textualidade para estas questões, eles usam um discurso ainda mais exclusivo, e, portanto, mais reforçador das distinções hierárquicas entre eles e outros antropológicos que não aquele da antropologia ordinária que criticam" (1991: 152).

5. Há ainda outra voz – a do leitor. Ao invés de retratar os leitores como passageiros passivos carregados em uma única direção pela "realidade objetiva" de um texto, os pós-modernistas argumentam que cada leitor cria o seu ou a sua interpretação única de um texto. Mais uma vez, portanto, a autoridade do autor é prejudicada, porque o controle do autor sobre a mensagem de um texto está longe de ser absoluta.

6. Uma das maneiras de fazer isso é seguir o procedimento de Boas e Malinowski de coletar e publicar textos vernaculares. Como Clifford (1980: 525) assinala, isto serve a dois propósitos. Permite aos próprios sujeitos da pesquisa apropriarem-se dos seus próprios textos e aumenta a capacidade do leitor de avaliar e reinterpretar a representação do autor.

que uma grande parte do que os antropólogos fazem é escrever: inscrevendo mitos e rituais, compondo notas de campo e produzindo artigos e livros para publicação. Um resultado tem sido situar a etnografia dentro da pasta das ciências humanas, em vez de na das ciências. Outro tem sido tornar os antropólogos mais conscientes dos gêneros literários e até mesmo levá-los a fazer experiências com eles. Um caso em questão é o relato, extremamente legível, dos huteritas, escrito por Stephenson, publicado em 1986, onde o simples fato etnográfico, o comentário teórico e metodológico, o diálogo e relatos da vida pessoal do autor são combinados em um estilo deliberadamente discursivo.

*4) Um enfoque na interpretação e no significado, e não na causalidade e no comportamento.* A cultura é considerada como um sistema de sinais e símbolos, um complexo de significados, uma linguagem – na verdade, um texto em pleno direito[7]. A tarefa do antropólogo consiste em unir forças com os "nativos" e interpretá-los. As palavras de ordem neste procedimento são a hermenêutica e a desconstrução. A hermenêutica é um artifício literário que supostamente permite que o investigador compreenda a maneira pela qual os nativos decifram e decodificam os seus próprios textos ou cultura. A desconstrução envolve quebrar "essências" como família, fêmea e masculino em seus componentes individuais, a fim de iluminar as dimensões embutidas de ideologia e poder.

*5) Uma tendência a fugir da grande teoria e da generalização.* Modelos abrangentes, explicação e previsão – os blocos de construção do positivismo – estão de fora. O positivismo é considerado como inadequado e imoral. Ele não consegue lidar com a visão da cultura como um complexo infinito de mudanças e interpretações individuais e de significados contestados; e, ao erigir modelos abstratos de interação humana, promove ordem e consistência às custas da autonomia individual e da variação, fornecendo, em última análise, apoio para a ideologia dominante.

Os pós-modernistas, em contraste, enfatizam o particular e o único, valorizam "o outro" (os sujeitos da pesquisa), e estão confortáveis com uma imagem da vida social que é inerentemente fragmentada, desarticulada e incompleta.

*6) Uma ênfase renovada no relativismo.* O relativismo, uma doutrina iniciada por Boas, enfatizou a singularidade de todas e cada uma das culturas, e versões mitigadas foram geralmente aceitas em toda a disciplina. Isso deve ter significado, se poderia pensar, o enfraquecimento da antropologia comparati-

---

7. Um texto no sentido pós-moderno não precisa ser um documento escrito. Tradição oral, contos populares, cultura – na verdade, qualquer coisa que seja infundida de significado e exija interpretação está qualificada como texto.

va, do método transcultural. No entanto, o que o relativismo, eventualmente, resumiu foi a visão bastante simples segundo a qual os costumes tinham que ser compreendidos inicialmente em seu contexto cultural específico, e que era inaceitável comentar sobre o valor moral dos costumes, especialmente comparando-os negativamente àqueles da sua própria cultura.

O que é curioso acerca do pós-modernismo, especialmente no período atual da história, em que a globalização e a imigração aproximou culturas em um ritmo inédito, é que o relativismo foi redescoberto com uma vingança. No entanto, a ênfase no relativismo é perfeitamente consistente com a missão pós-moderna de valorizar as vidas do "outro", e de promover (e mesmo de glorificar) a diferença ao invés da mesmice.

7) *Etnografia autor-saturada e não dados-saturada.* Antes que o pós-modernismo fizesse sua aparição, a etnografia era julgada pela qualidade dos dados e pela elegância e contundência da análise. Ao contrário dos sociólogos, que eram mais propensos a imitar o estilo de artigos científicos, os antropólogos geralmente escreviam na primeira pessoa. No entanto, mesmo na antropologia, a presença do autor não podia ser proeminente, porque isso poderia pôr em dúvida a solidez dos dados e a objetividade do investigador.

Com o pós-modernismo, tem sido o autor (ou múltiplos autores, se houver um objetivo dialógico) que tomou o centro do palco. Agora abundam reflexões sobre questões epistemológicas e subjetivas – como o autor "conhece" uma cultura e interpreta os dados, como o significado é negociado entre o pesquisador e o pesquisado, assim como reflexões autoconscientes sobre a experiência subjetiva do trabalho de campo. Como Nader observou, "Os antropólogos deixaram de insistir que o antropólogo fique de fora da etnografia a ter a presença do antropólogo dominando a etnografia" (1988: 153). Não surpreende, portanto, que na monografia pós-moderna, muitas vezes, aprendamos quase tanto sobre o autor quanto sobre as pessoas enfocadas pela pesquisa.

8) *O pós-modernismo como uma entidade empírica.* Uma grande parte do debate entre aqueles atraídos para e repelidos pela perspectiva pós-modernista dá a impressão de que o que está envolvido não é mais do que um exercício acadêmico. De fato, como Singer o colocou, "a antropologia pós-moderna é um esporte acadêmico" (1993: 23). A implicação é que o pós-modernismo é apenas outra perspectiva teórica sonhada por acadêmicos cansados (ou talvez maliciosos), com pouca conexão com a vida das pessoas. Este, decididamente, não é o caso. Paralelamente à perspectiva acadêmica pós-modernista estão em curso enormes mudanças revolucionárias no mundo empírico.

O advento do modernismo convencionalmente remonta ao século XVIII, à época do Iluminismo, de Voltaire, quando a ciência, a racionalidade e o progresso ordenado começaram a ser defendidos. O mundo pós-moderno, em contrapartida, é marcado pela fragmentação cultural em escala global. Corporações transnacionais e comunicação de massa têm minado a integridade cultural e nacional. Guerras, fome e dificuldades econômicas têm deslocado populações do Terceiro Mundo para as nações do Primeiro Mundo, um fenômeno que Appadurai denomina "desterritorialização" (1991: 192). É no Ocidente, entretanto, onde o movimento acadêmico pós-moderno tem tido o maior impacto, que tem sido mais afetado por estas mudanças. Como Trouillot colocou, "as metanarrativas do Ocidente estão se desintegrando" (1991: 20). Entre estas metanarrativas está a instituição da ciência. A ciência agora é considerada como apenas outro tipo de história, não sendo melhor, e, de fato, sendo possivelmente inferior aos sistemas indígenas explicativos de outras culturas. Houve uma perda de fé na superioridade econômica e política do Ocidente e uma tendência dos fragmentos no interior de uma nação e cultura – grupos étnicos e outros tipos de grupos de interesse – a deslocarem instituições sociais bem definidas, e do particularismo e do sentimento ofuscarem o geral e o racional.

Harvey (1989) considera o pós-modernismo como um escudo que protege os estudiosos da difícil realidade do poder global e da desigualdade. Talvez ele esteja certo, mas o importante é que por detrás da fraude acadêmica (ou do jogo) se encontram grandes mudanças no cenário mundial – expressões, segundo Jameson (1984), do estágio tardio do capitalismo.

### Figuras-chave
*James Clifford e George Marcus*

A virada para, se não a origem do pós-modernismo na antropologia pode ser atribuída a uma única publicação: *Writing Culture* (Escrevendo a cultura) (1986). Composta de contribuições de nove pesquisadores e editada por Clifford e Marcus, este volume muito influente esboça a premissas básicas da perspectiva pós-moderna. Clifford começa seu ensaio introdutório enfocando a escrita. Escrever é o que os etnógrafos fazem. Mas a escrita não consiste na representação objetiva de outras culturas, como usualmente presumimos (ou esperávamos), mas sim da invenção ou elaboração de ficções etnográficas. Etnografias são ficcionais, explica Clifford, no sentido de que são construções parciais, imagens incompletas do mundo como interpretado pelo etnógrafo, e não no sentido de serem falsas ou fantasiosas.

Se as etnografias são ficcionais, então elas podem ser analisadas como textos literários, sondadas para convenções estilísticas, artifícios retóricos e alegoria. Em um capítulo posterior, "Sobre a Alegoria etnográfica", Clifford afirma: "Textos etnográficos são inevitavelmente alegóricos" (p. 99). Isso significa que qualquer relato cultural conta uma história sobre alguma outra coisa, algo além dos dados imediatos. Para ilustrar seu ponto, Clifford se volta para a controvérsia Mead-Freeman, que discuti no capítulo 1. Mead, como vimos, retratou os samoanos como pessoas felizes, livres de estresse, sexualmente liberadas, um exemplo maravilhoso da maleabilidade da cultura humana. Estes mesmos Samoans, de acordo com Freeman, eram violentos e ansiosos, cativos de condições biológicas que controlam todos os seres humanos. A controvérsia Mead-Freeman, Clifford observa, não é realmente uma questão sobre a qual o relato é preciso. Em vez disso, trata-se de uma alegoria representando uma oposição ocidental mítica: os apolíneos de Mead e os dionisíacos de Freeman[8].

Em um mundo letrado, que inclui antropólogos indígenas em outras culturas, e uma tendência entre os etnógrafos ocidentais a fazerem pesquisa doméstica, o antropólogo deixou de ser uma figura heroica, de autoridade. Como Clifford aponta, "a antropologia já não fala com autoridade automática para outros definidos como incapazes de falarem por si mesmos" (p. 10). Embora Clifford, provavelmente, não o coloca de modo tão crasso, um caminho possível de impedir que a disciplina deslize ainda mais consiste em adaptar uma estratégia que dê voz aos sujeitos da pesquisa, que seja dialógica e não monológica.

Os outros contribuintes de *Writing Culture* cobrem problemas semelhantes, do fracasso do positivismo à pretensa autoridade do autor, do poder incorporado à linguagem e as promessas de uma nova perspectiva que trata a etnografia como um texto literário. O capítulo de Rabinow, "Representações são fatos sociais: Modernidade e Pós-modernidade em antropologia", merece atenção especial por causa de sua vontade de avaliar o pós-modernismo criticamente, em vez de promovê-lo como se fosse uma revelação religiosa. Rabinow aponta a natureza parasitária da abordagem de Clifford: ele alimenta os textos criados pelo etnógrafo, em vez de criar a sua própria etnografia. Apesar de reconhecer os benefícios que resultam no tratamento de etnografias como textos literários, Rabinow observa: "O *insight* de que os antropólogos escrevem empregando convenções literárias, embora interessante, não é inerentemente provocadora de

---

8. Esses termos foram empregados muito tempo antes por Ruth Benedict em *Patterns of Culture* (Padrões de cultura) (1934) a fim de contrastar as pessoas que vivem em cooperação e harmonia com outras inclinadas à concorrência e a impulsos destrutivos.

crise" (p. 243). Clifford, de acordo com Rabinow, argumenta que a partir de Malinowski os antropólogos têm empregado dois dispositivos para estabelecer sua autoridade. Em primeiro lugar, existe um relato pessoal, subjetivo, o qual estabelece para o leitor que eles realmente estavam ali, no campo, frente a frente com os nativos. Em segundo lugar, o elemento pessoal no corpo de uma etnografia dá lugar à apresentação supostamente objetiva dos dados, que carimba o trabalho como científico. Ao longo do caminho, Clifford afirma, a dimensão dialógica do trabalho de campo é suprimida. No entanto, como Rabinow aponta, as próprias publicações de Clifford (ou textos) não são dialógicas. Na verdade, ao insistir no diálogo, Clifford apenas estabeleceu o seu próprio critério de autoridade (p. 244). Além do mais, afirma Rabinow, textos dialógicos podem ser tão encenados ou artificializados por um autor quanto os monológicos de outrora.

### George Marcus e Michael Fischer

Marcus não era apenas coeditor de *Writing Culture*, mas também coautor de outro influente estudo, *Antropology as Cultural Critique* (Antropologia como crítica cultural). Também publicado em 1986, o volume de Marcus e Fischer tenta avaliar o que a reorientação da antropologia na direção da crítica literária significou para a disciplina. Deve-se notar que, embora eles empreguem a expressão "antropologia interpretativa", em vez de pós-modernismo, os dois termos significam a mesma coisa para eles. Assim, no início de *Antropology as Cultural Critique* somos informados que por detrás dos esforços para experimentar novas formas não monológicas de fazer etnografia reside "uma crise de representação" (p. 8). Isto é, num mundo transformado, onde o manto de autoridade do etnógrafo está desgastado, com o que se parece uma etnografia aceitável?

Marcus e Fischer afirmam que a etnografia passou por uma mudança "de ênfase do comportamento e da estrutura social, amparada pelo objetivo de 'uma ciência natural da sociedade', para o significado, os símbolos e a linguagem, e para um reconhecimento renovado, central para as ciências humanas, de que a vida social deve, fundamentalmente, ser concebida como a negociação de significados" (p. 26). Além disso, a monografia etnográfica, doravante considerada como uma simples apresentação (não representação), tem se tornado complexa. Em que base ela pode ser considerada "precisa" ou "verdadeira"? Como o conhecimento (ou afirmação) é fabricado? Que dispositivos literários são utilizados pelo autor para controlar a representação? Quais os fatores – culturais e históricos – que além do controle do autor moldam uma representação do estudo da vida cultural, de uma maneira comparável ao *Orientalismo* de Said?

No coração mesmo da antropologia interpretativa, de acordo com Marcus e Fischer, está o relativismo: "a antropologia interpretativa pode ser melhor entendida como a herdeira revigorada e sofisticada do relativismo, a perspectiva de que a antropologia cultural foi pioneira e sobre a qual foi fundada nos anos de 1920 e de 1930" (p. 32). Antropólogos anteriores teriam minimizado bastante o grau de diversidade transcultural a fim de legitimar generalizações universais. O relativismo não só corrige esse erro, mas também melhora o diálogo entre reinos culturais únicos.

Dois dos objetivos mais importantes de Marcus e Fischer têm sido esboçar um procedimento significativo de crítica cultural e demonstrar como integrar as questões suaves (significado, símbolos, voz etc.) da antropologia interpretativa e as questões duras da política, da economia e da mudança histórica. O estilo habitual da crítica cultural, segundo afirmam, deixa muito a desejar. Os antropólogos geralmente têm apresentado uma versão romantizada de outras culturas, de modo a desvalorizar a sociedade ocidental materialista. Além disso, a comparação geralmente não tem se apoiado em nada mais sólido do que a própria experiência do etnógrafo como membro da sociedade ocidental. Marcus e Fischer razoavelmente defendem um novo estilo de crítica antropológica em que o trabalho de campo doméstico seja tão extenso e completo quanto aquele feito no exterior.

Sua tentativa de integrar a antropologia interpretativa e uma perspectiva de economia política é consideravelmente menos impressionante, e o obstáculo é a cultura, ou, pelo menos, o seu presumido impacto causal. Eles se queixam de que os economistas políticos, especialmente os de orientação marxista, tais como Eric Wolf, minimizam a importância da cultura, atribuindo-lhe um *status* meramente ideológico. No entanto, os próprios Marcus e Fischer reconhecem que, como consequência de mudanças em todo o mundo, a própria noção de cultura autêntica, distintiva, autossuficiente é um anacronismo. É curioso, então, que eles continuem a considerar o papel do antropólogo como documentando a "distinção entre culturas" (p. 43).

### Clifford Geertz (1926-2006)
O antropólogo cultural norte-americano Clifford Geertz desfrutava de uma reputação internacional já em 1960. Foi na década de 1970 e 1980, no entanto, que a sua influência atingiu o auge, especialmente como resultado de seus esforços para estabelecer uma nova perspectiva: a antropologia interpretativa. Ele destronou Lévi-Strauss como gênio reinante da disciplina. No seu ensaio de

1973, amplamente lido, *Thick Description* (Descrição densa) Geertz escreveu: "Acreditando, com Max Weber, que o homem seja um animal suspenso em teias de significado que ele mesmo teceu, presumo que a cultura seja essas teias, e que a sua análise consista, portanto, não em uma ciência experimental em busca de uma lei, mas em uma ciência interpretativa em busca de sentido" (p. 5). Em vez de generalizar através dos casos, qual seja o procedimento científico normal, a antropologia interpretativa almeja uma "descrição densa" ao generalizar profundamente *dentro de* casos (p. 26).

O nome de Geertz está intimamente associado à virada para o pós-modernismo, especialmente a ênfase em textos e na redação e a mudança da estrutura e da causalidade para o significado e a interpretação. Em uma nota de rodapé em "Thick Description" (1973: 19), o primeiro e mais importante ensaio no *The Interpretation of Cultures* (A interpretação das culturas), ele afirmou: "A autoconsciência sobre os modos de representação (para não falar de experimentos com eles) faltou muito na antropologia". Em outro influente artigo, "Deep Play" (1973: 448), ele retratou a cultura como "uma coletânea de textos", e comparou a análise etnográfica à penetração de um documento literário. Em outro lugar ele afirmou (1973: 15) que "escritos antropológicos são eles mesmos interpretações, e de segunda e terceira ordens. (Por definição, somente um "nativo" faz as de primeira ordem: é *a sua* cultura.) Eles são, portanto, ficções; ficções, no sentido de que são 'algo feito', 'algo fabricado' [...] não que sejam falsas".

Tudo isso soa muito semelhante à versão do pós-modernismo mais tarde desenvolvida por James Clifford e seus colegas, e, de fato, vários comentaristas (HARRIS, 1993; SHANKMAN, 1984; MARCUS & FISCHER, 1986) têm apontado para Geertz como o pesquisador que lançou os fundamentos da perspectiva. Ao meu juízo, no entanto, há uma diferença considerável entre a marca de antropologia de Geertz e o pós-modernismo. Por um lado, Geertz continua a considerar a sua perspectiva interpretativa como uma ciência. Além disso, nem todos concordam que a antropologia interpretativa de Geertz e o pós-modernismo sejam idênticos. Rabinow (1986) separa e contrasta as duas perspectivas. Clifford (1983: 132-133) observa que Geertz, em "Deep Play", suprime o elemento dialógico, permitindo que apenas a sua própria voz seja ouvida. Spencer (1989: 147-149), que refere-se a Geertz como "um dos mais importante dândis literários da disciplina", afirma que, desde a década de 1960, os escritos de Geertz permitem cada vez menos espaço para que os leitores concordem ou discordem com ele. Como Spencer escreveu: "No mundo de Geertz, relatos etnográficos são avaliados em uma base aceite ou recuse" (p. 148). Crapanzano (1986: 74) refere-se às pretensões "fenomenológico-hermenêuticas" de Geertz e diz que Geertz só nos dá suas interpretações e não as dos nativos. A crítica usual da etnografia da geração anterior era a de ser subanalisada. Ironicamente, a acusação de Crapanzano é que a etnografia de Geertz é superanalisada.

Sangren (1988: 422) faz alusão ao tratamento "parricida" de Geertz em *Writing Culture*, tendo muitos dos contribuintes sido, anteriormente, fortemente influenciados por Geertz. Geertz, por sua vez, refere-se a *Writing Culture* como "uma interessante coleção do muito bom e do muito ruim, do conhecível e do pretensioso, do verdadeiramente original e do meramente atordoado" (1988: 121). Geertz também fala sobre a enorme perda de nervos por parte dos antropólogos atuais, refletida e possivelmente causada pelo pós-modernismo. Em suas próprias palavras: "Na verdade, o próprio direito de escrever – de escrever etnografia – parece em risco" (1988: 133). Tudo isso sugere que o pós-modernismo, embora tenha sido parcialmente inspirado por Geertz, foi pouco entusiasmado por ele com a direção que essa nova perspectiva tomou. Karl Marx, refletindo sobre a forma como os seus próprios argumentos foram distorcidos, aparentemente brincou: "Eu sou não um marxista". Ele não me surpreenderia em ouvir Geertz afirmar: "Eu não sou um geertziano".

### Avaliação

Embora o pós-modernismo tenha inegavelmente tido um imenso impacto sobre a antropologia, também tem suscitado contra si uma reação crítica vigorosa. A minha impressão, na verdade, com base em conversas de corredor que ocorrem informalmente na academia, é que muitos antropólogos que possuem apenas o conhecimento mais rudimentar do pós-modernismo têm estado bastante dispostos a rejeitá-lo como sendo desprovido de sentido. Deixe-me enumerar algumas das críticas.

Em primeiro lugar, os pós-modernistas exigem que o autor como única autoridade recue, e que os livros sejam dialógicos, reconhecendo todas as vozes que estejam envolvidas. Os críticos afirmam que este objetivo não é viável. Em última análise, é o autor que seleciona as provas e temas, e organiza o estudo. Lembre-se do comentário de Rabinow de que mesmo os escritos de Clifford são não dialógicos. No entanto, Clifford não discordaria. Ele reconheceu plenamente que o autor continua na "posição editorial, de executiva", e faz alusão à autoria plural como uma utopia (1983: 140). O seu ponto é apenas que o diálogo é a meta que etnografias devem almejar.

Em segundo lugar, o pós-modernismo pode equivaler a um modelo pós-campo. Se a pesquisa, especialmente em outras culturas, não for sólida, tanto por razões epistemológicas (como podemos "conhecer" o outro) quanto por razões éticas (que direito temos de representar o outro), por que não desistir do exercício completamente? Jonathan Spencer sugere que o pós-modernismo fornece uma desculpa para não se fazer qualquer pesquisa primária[9], e acrescenta acerca de *Writing Culture*: "Parece mais do que provável que o livro provocará uma tendência a distanciar-se da antropologia, e a aproximar-se de uma crítica e de uma metacrítica cada vez mais estéril" (1989: 161). Um comentário relacionado é o de que o pós-modernismo, ao incentivar reflexões autoconscientes sobre como era estar em campo, e sobre como o pesquisador compreende os dados, é incrivelmente autoindulgente. No entanto, Marcus e Fischer condenam exatamente essa tendência, rotulando-a uma forma de exibicionismo e dando a entender que não seja uma característica necessária do pós-modernismo (1986: 42).

Em terceiro lugar, o pós-modernismo, com a sua sensibilidade para com "o outro", e sua crítica da antropologia colonial, positivista, parece ser radical, até mesmo revolucionário. No entanto, Spencer comentou: "Se *Writing Culture* deve ser tomado como evidência para uma sujeição mais sincera da antropologia à teoria literária os possíveis ganhos, na verdade, parecem insuficientes. Eu iria mais longe e sugeriria que, apesar de suas armadilhas de radicalismo político e intelectual, trata-se, em algumas de suas preocupações, de um documento deprimentemente reacionário" (p. 145).

Pareceria que, ao colocar tanta ênfase nas etnografias como textos, e ao analisá-las independentemente das instituições políticas e econômicas, algumas das mais significativas dimensões da vida social, tais como quem come e quem passa fome são ignoradas. Lembre-se, no entanto, da tentativa de Marcus e Fischer de integrar as perspectivas pós-modernistas e as econômico-políticas. Também é relevante destacar que, em seu prefácio a *Writing Culture*, Clifford candidamente observou que uma análise textual só parcialmente pode lidar com as questões mais abrangentes da desigualdade institucionalizada e das restrições globais políticas e econômicas. O que ele pede é que a explicação limitada de que o pós-modernismo de fato provê sejam avaliadas com equidade, em vez de preconceito.

Em quarto lugar, às vezes é defendido (BAILEY, 1991, HARRIS 1993) que não existem normas no pós-modernismo, que um relato cultural seja tão

---

9. Jarvie faz a mesma crítica, e rejeita o pós-modernismo como contemplação do próprio umbigo (1988: 428).

bom quanto qualquer outro, que vale tudo. Clifford rejeita acaloradamente esta crítica, e implica que as "boas" etnografias possam ser consideradas verdadeiras "ficções" (1986: 6, 24). Embora os critérios de crítica literária empregados para medir a qualidade de um texto possam ser ambíguos e discutíveis, o mesmo pode ser dito acerca dos chamados critérios científicos, pelo menos quando aplicados a materiais culturais.

Em quinto lugar, Sangren (1988: 408-409) vê o pós-modernismo principalmente como um jogo de poder, com acadêmicos disputando por influência, mobilidade, cargo e promoção. Embora os pós-modernistas nunca realmente neguem esse aspecto – de fato, Rabinow (1986, 1991) discorreu longamente sobre a micropolítica da academia e o jogo da contratação – Friedman (1988: 427) denuncia que Sangren não consegue entender que o pós-modernismo está articulado com as mudanças na sociedade que têm minado a ciência e a autoridade acadêmica ocidental.

Em sexto lugar, alguns antropólogos como Bailey e Harris consideram que o pós-modernismo signifique que a própria fundação da disciplina como o estudo de outras culturas tem sido um falso programa, e que comparações interculturais são impossíveis. Eu acredito que esta seja uma possível interpretação da virada para um relativismo revitalizado. No entanto, a análise transcultural, como vimos, é o cerne do estudo de Marcus e Fischer. Além disso, os pós-modernistas parecem estar defendendo um meio de comunicação transcultural que vai realmente funcionar em um mundo onde a voz autorizada do etnógrafo perdeu sua força. O diálogo, de fato, pode ser entendido não apenas como uma variedade de vozes reunidas em um texto, mas sim como uma troca profunda entre indivíduos situados em diferentes contextos culturais.

Parece haver, no entanto, uma contradição persistente dentro do pós-modernismo. Se o etnógrafo não pode conhecer uma cultura diferente da sua própria, se a meta dialógica for utópica e se os textos antropológicos forem representações distorcidas que melhoram a dominação do "outro" – as quais minam a base epistemológica e ética da etnografia – a solução óbvia parece ser mudar o enfoque da pesquisa para a própria sociedade. Certamente escritores como Clifford e Marcus e Fischer ocasionalmente reconhecem que há agora uma antropologia doméstica de boa-fé. No entanto, os trabalhos que eles consideram modelos para a perspectiva pós-moderna têm quase inteiramente sido baseados no trabalho de campo em outras culturas. Com efeito, é bastante notável quantos destes foram feitos em Marrocos (CRAPANZANO, 1980; DWYER, 1982; RABINOW, 1977), um país com um aparelho político de mão pesada e um grande abismo entre os que têm posses e os que não têm – bem parecido com as colônias que atraíram os antropólogos no passado. Alguns críticos, como foi demonstrado, consideram o pós-modernismo como uma orientação pós-campo. Poderia se argumentar que, ao colocar tanta ênfase no retrabalho de velhas etnografias, o pós-modernismo, assim como o estruturalismo, tem salvado o enfoque da antropologia sobre outras culturas (especialmente no mundo pré-industrial) no momento mesmo em que ela corre o risco de desaparecer!

Nada obstante o último comentário, seria injustificado descartar o pós-modernismo. Se as grandes mudanças no mundo empírico que foram agrupadas sob a rubrica pós-modernista forem de fato reais – e há pouca razão para duvidar disso –, as nossas posturas teóricas e metodológicas devem se adequar. Pode muito bem ser que algumas das reivindicações feitas pelos pós-modernistas, como a morte da ciência, não resistam ao teste do tempo. No entanto, é difícil imaginar uma antropologia futura insensível às dimensões textuais, ignorante da representação e de tudo o que ela implica. No cômputo final, o destino do pós-modernismo vai se dar no contexto da pesquisa de campo, porque uma perspectiva teórica que seja debatida quase inteiramente em abstrato não pode perdurar. O estruturalismo de Lévi-Strauss é um caso em questão. Presumindo-se que haja muito para se louvar acerca do pós-modernismo (bem como muito para se criticar), suponho que o seu futuro dependerá da flexibilidade e da inventividade dos próprios etnógrafos[10]. Isso porque é perfeitamente possível imaginar uma antropologia sem pós-modernismo. Mas uma antropologia desprovida de trabalho de campo é uma contradição em termos.

## A antropologia feminista

Duas revoluções intelectuais têm varrido a academia nos últimos anos: o pós-modernismo e o feminismo. Talvez ainda mais obviamente do que no caso do pós-modernismo, o feminismo acadêmico tem sido paralelo e alimentado por ações em curso e pelas mudanças no mundo empírico, nomeadamente em relação ao movimento feminista. Embora o feminismo, assim como o estruturalismo e o pós-modernismo, atravesse várias disciplinas, entre elas, de maneira proeminente, a Sociologia, a Filosofia e a Literatura, o meu enfoque principal,

---

10. Dois dos meus alunos têm esboçado programas de pesquisa orientados pelo pós-modernismo. Shawn Chirrey (1994) montou um estudo de pós-modernista da prática médica. Jean Becker (1993) examinou o que ela afirma ser um notável grau de sobreposição entre os princípios do pós-modernismo e do pensamento aborígene.

mais uma vez, estará na Antropologia, e por boas razões. A Antropologia forneceu a base para a exploração de inúmeras questões importantes para o feminismo, como quanto a se os papéis dos gênero e a opressão feminina foram universalmente os mesmos ou culturalmente diversos.

### Características básicas

*1) Todas as relações sociais são de gênero.* Não só todas as relações sociais, mas também todo o conhecimento delas é de gênero (WARREN, 1988: 10). Isto significa que o gênero deve ser incluído ao lado de classe, *status*, papel, poder e idade como um dos nossos termos básicos ou primitivos – primitivo no sentido filosófico de ser elementar.

Este pareceria ser um importante avanço na investigação das ciências sociais, mas não é sem controvérsia. Alguns escritores, como Acker (1989: 77), aplaudem o enfoque no gênero ao invés do enfoque mais estreito sobre as mulheres, que, segundo argumentam, marginaliza e confina em guetos os estudos feministas. Mas nas palavras de Stanley e Wise, "Vemos o estudo de gênero como uma versão despolitizada do feminismo semelhante ao estudo das 'relações raciais', ao invés do racismo e do colonialismo" (1990: 45).

*2) Uma epistemologia distintiva.* A separação entre sujeito e objeto, ou pesquisador e pesquisado é rejeitada. A investigação deve ser um evento colaborativo, dialógico. A subjetividade é associada ao feminino, e é superior à objetividade "masculina" (WHITTAKER, 1994). Meis (1983) exorta os estudiosos do sexo feminino a incorporarem as suas próprias experiências subjetivas de opressão em seus projetos de pesquisa. MacKinnon (1983: 543) argumenta que a base analítica do feminismo é a sexualidade e que o seu método é a conscientização.

*3) Uma ética distintiva.* O conhecimento pelo conhecimento não é suficiente. O objetivo principal da pesquisa é empoderar as mulheres e eliminar a opressão.

*4) Antipositivismo.* A linguagem da ciência é considerada como a linguagem da opressão. Procedimentos que envolvam hipóteses, definição operacional, escalas, provas e regras de desconfirmação são rejeitados. É dito que a pesquisa positivista serve o interesse das elites. A neutralidade de valores, mesmo que fosse possível de se atingir, seria descartada, porque a pesquisa feminista assumidamente promove os interesses das mulheres. A imagem do universo ordenado, outra característica fundamental do positivismo, e os modelos arrumados, logicamente organizados, favorecidos no passado, são substituídos por etnografias incompletas e fragmentadas que, sem dúvida, refletem com mais precisão a vida das pessoas.

*5) Preferência por métodos qualitativos.* Uma distinção é estabelecida entre métodos quantitativos, "masculinos", e métodos qualitativos, "femininos" (STANLEY & WISE, 1990: 21). A corrente principal, dos métodos quantitativos, torna-se método à corrente masculina. A pesquisa qualitativa levou um tiro no braço dos pesquisadores feministas. Empatia, subjetividade e diálogo supostamente permitem que o investigador compreenda os mundos internos das mulheres, ajudando-as a articular e combater a sua opressão.

Mesmo a entrevista, uma técnica central na antropologia contemporânea, às vezes é acusada de ser muito positivista. Na verdade, Oakley (1981) afirma sem rodeios que entrevistar as mulheres é uma contradição, em termos. A explicação é que as entrevistas convencionalmente têm implícita uma distinção entre especialista e leigo, cujo objetivo é o de gerar um corpo de conhecimento objetivo. Métodos genuinamente "femininos", ao contrário, congregam pesquisador e sujeito como iguais, impulsionados tanto pela política como pelo conhecimento.

*6) A história de vida.* Uma técnica qualitativa específica, a história de vida, bastante proeminente nas ciências sociais, antes da Segunda Guerra Mundial (cf. DOLLARD, 1935), mas posta de lado desde então pela tendência à quantificação, foi redescoberta por escritores feministas. A história de vida é vista como um meio de dar voz ao povo, de capturar vividamente as forças institucionais e históricas conforme incidem e são experimentadas pelos indivíduos; e de proteger a completude e a integridade dos indivíduos, em vez de fatiá-los em fatias analíticas que são embaladas em generalizações que refletem as características abstratas da estrutura social.

*7) A essência feminina.* Como será assinalado abaixo, há uma controvérsia considerável sobre se é justificável falar de uma essência feminina (e, portanto, de uma essência masculina igualmente). Tal suposição, poder-se-ia pensar, concederia muito espaço para o reducionismo biológico e se dissiparia perante a diversidade entre as mulheres. No entanto, a noção de uma essência distintiva feminina, "da Mulher com M maiúsculo", tem-se revelado atraente como um contrabalanço a representações misóginas.

*8) Assimetria sexual universal.* A antropologia provou ser um terreno fértil para se analisar duas questões fundamentais. Primeiro, se a desigualdade de gênero existiu em todas as culturas em todos os tempos. O debate em torno dessa questão tem se concentrado em caçadores-coletores. Alguns escritores, especialmente os marxistas (LEACOCK, 1977; SACKS, 1979) têm argumentado contra a tese da "assimetria sexual universal", alegando que as relações de gênero nas sociedades de caçadores-coletores eram igualitárias. Mesmo a tendência na literatura a exaltar o "homem caçador" e a ignorar a "mulher coletora" podem ser registradas como outro exemplo de preconceito machista. Embora exista um consenso geral de que, em comparação com outros tipos de sociedade, as de caçadores e coletores eram notavelmente não estratificadas, segundo Lamphere (1977: 624) ainda não foi decidido se elas eram completamente igualitárias.

A outra questão é muito menos ambígua: conforme a sociedade humana evoluiu através da história da caça e da coleta para a agricultura e a industrialização, a igualdade de gênero aumentou ou diminuiu? Embora, como Tiffany aponta, funcionalistas estruturais possam ter sido inclinados a argumentar que, com a modernização e o desenvolvimento, a igualdade de gênero tem aumentado progressivamente, o julgamento esmagador, tanto de marxistas quanto de não marxistas é exatamente o oposto. Boserup (1970), Atkinson (1982) e Cebotarev (1986) argumentam todos que, com o surgimento da agricultura e do Estado, com o colonialismo, a modernização e os programas de ajuda internacional, a autonomia econômica e política das mulheres diminuiu. Esse pode ser o caso em nações em desenvolvimento, mas e quanto às democracias ocidentais? A impressão geral é a de que avanços significativos no sentido da igualdade de gênero têm sido alcançados, mas, assim como nas relações raciais, a diferença entre os mundos feminino e masculino pode estar aumentando, e a violência pode estar em ascensão.

*9) Antropologia das mulheres* versus *antropologia feminista*. A antropologia *das* mulheres foi a precursora da antropologia feminista. Ela começou a tomar forma na década de 1960 e 1970, em reação à suposição implícita na etnografia até aquele ponto de que o mundo masculino representava o mundo inteiro. Para corrigir o viés de gênero surgiu um enfoque nos papéis e visões de mundo das mulheres, como no reestudo feito por Weiner, em 1976, dos trobriandeses de Malinowski.

A antropologia da perspectiva das mulheres tem sido por vezes referida criticamente como apenas o estágio "adicione mulheres e misture". Ela certamente tornou legítimo na disciplina o enfoque nas mulheres e na desigualdade de gênero, mas não constitui uma nova perspectiva, que seja capaz de transformar o existente paradigma de orientação masculina. A antropologia feminista, o segundo estágio, marcou uma abordagem qualitativamente diferente. O objetivo já não era o de simplesmente expandir o âmbito da disciplina para incluir os papéis das mulheres ao lado dos papéis dos homens; em vez disso, tornou-se nada menos que o de erguer um novo paradigma, que serviria como uma alternativa à antropologia convencional, possibilitando assim renovar toda a disciplina.

A própria antropologia feminista passou por vários miniestágios. Em primeiro lugar, houve a esperança de uma antropologia andrógina, na qual a distinção entre masculino e feminino se tornasse sem sentido; mas dada a história androcêntrica da antropologia, esta era uma aspiração irrealista, pelo menos no curto prazo. Em segundo lugar, houve uma mudança de ênfase para a essência do sexo feminino. Em vez de minimizar as diferenças de gênero, a atenção mudou para os atributos especiais, positivos do feminino genérico, afastando-se dos estereótipos antigos que haviam subestimado as mulheres. Em terceiro lugar, surgiu uma ênfase na diversidade feminina. Esta mudança de perspectiva em grande parte surgiu por causa de críticas de que os estudos feministas eram controlados por mulheres de classe média, ocidentais, heterossexuais, brancas, que implicitamente representavam a chamada essência do feminino. Ao enfatizar a diversidade, os pesquisadores feministas tentaram a ser mais sensíveis às divisões de orientação de classe, racial e sexual entre mulheres, além das diferentes posições ocupadas por mulheres em sociedades industriais e pré-industriais e em populações de imigrantes e não imigrantes.

Finalmente, havia sinais do surgimento de um paradigma feminista. Como Atkinson observou, "o objetivo último da antropologia feminista não deve ser simplesmente complementar nosso conhecimento, mas de fato realinhar nossas abordagens disciplinares" (1982: 255). A antropologia feminista, em outras palavras, não deve equivaler a apenas mais uma orientação teórica além das já existentes. Em vez disso, deve constituir uma alternativa à antropologia convencional que pesquisadores tanto do sexo feminino quanto do masculino possam abraçar. Este novo paradigma foi muitas vezes designado pelo rótulo mais estreito de metodologia feminista, refletindo a centralidade de características como o diálogo e o empoderamento.

### Figuras-chave[11]
*Marjorie Shostak*

Em 1969, Shostak fixou residência entre os !Kung, um povo de caçadores-coletores também conhecido pelo termo pejorativo bosquímanos, os quais viviam em Botsuana, na borda do Deserto de Kalahari, na África. Shostak estava seguindo os passos de uma equipe de antropólogos de Harvard (cf. LEE, 1979;

---

11. Há uma vastíssima literatura feminista, e não posso fingir ter uma ideia razoavelmente firme sobre mais do que uma porção dela. Devo acrescentar que a escolha dos autores que são descritos aqui como principais contribuidores foi bastante arbitrária, refletindo as obras que me têm particularmente influenciado.

LEE & DEVORE, 1976) que, seis anos antes, havia iniciado um estudo ambicioso entre os !Kung, que abrangia da nutrição, da genética e das práticas de criação dos filhos aos rituais e o folclore. Desde o início Shostak não estava satisfeita com as generalidades acerca da organização social e dos sistemas de crenças que têm sido características da investigação etnográfica. Ela queria ir mais fundo, para descobrir como era ser um !Kung, como eles viam as suas próprias vidas, o que os tornava felizes e tristes, como se sentiam em relação aos seus cônjuges e filhos. Como uma jovem mulher engajada no movimento feminista nos Estados Unidos, ela queria especialmente descobrir o que significava ser mulher entre os !Kung.

Durante um período de 20 meses, Shostak concentrou-se em aprender a língua e obter uma compreensão geral da vida !Kung. Durante este período ela entrevistou oito mulheres, achando mais fácil trabalhar com as mulheres do que com os homens. Foi apenas duas semanas antes da sua partida que o enfoque da sua pesquisa se lhe tornou claro, resultando eventualmente na publicação de *of Nisa: The Life and Works of a !Kung Woman* (de Nisa: A vida e as palavras de uma mulher !Kung) (1981). Com base em 15 entrevistas gravadas com uma mulher, esta história da vida de Nisa (um pseudônimo) apresenta em suas próprias palavras uma varredura da sua existência a partir de suas primeiras lembranças quando criança, passando pelo seu casamento e o nascimento de seus filhos até o limiar da velhice.

Atkinson (1982: 251) observou que *Nisa* poderia muito bem se tornar um clássico, e com boa razão. O livro é bem-organizado e bem-escrito. A autora fornece uma excelente introdução aos !Kung como caçadores e coletores, além de prefácios curtos e relevantes para cada capítulo. Como um exemplo da abordagem dialógica e do objetivo de proporcionar um retrato preciso do indivíduo, ao invés de generalizações, e de transmitir o sentido da vida através da lente de uma mulher, *Nisa* triunfa.

A história desta mulher, contada vividamente em suas próprias palavras, desenrola-se suavemente – talvez suavemente demais, refletindo a mão condutora da autora. A realização de Shostak, pode-se notar, não passou despercebida pelos pós-modernistas. Em *Writing Culture*, tanto Pratt (1986: 42-49) quanto Clifford (1986: 98-110) selecionaram *Nisa* pela especial atenção como experiência etnográfica, tanto polivocal quanto humanista.

Embora *Nisa* seja impressionante, não é impecável. Algumas sobrancelhas podem ser levantadas pelo fato de que somente no período de duas semanas antes de sua partida Shostak cristalizou o enfoque na mulher chamada Nisa. Mas isso é exatamente o que acontece muitas vezes no trabalho de campo; os objetivos bem-organizados em propostas de projetos de pesquisa são defenestrados tão logo se dá alguns passos além do casulo do ambiente universitário. Shostak, de fato, merece ser parabenizada por ajustar-se ao que estava observando e experimentando no campo. Muito mais incômodo é o seu relacionamento morno com Nisa e outras mulheres. Em suas palavras, "eu não me tornei a 'melhor amiga' de Nisa, nem ela se tornou a minha. Ela raramente perguntava muito sobre mim, tampouco parecia particularmente interessada na minha vida, e não havia dúvida de que os arranjos financeiros eram importantes para ela" (1981: 42).

Esta aparente falta de relação profunda, e o arranjo metódico que Shostak foi forçada a estabelecer em relação à Nisa, a fim de obter sua cooperação, levanta dúvidas consideráveis acerca da validade do tema central do livro: a obsessão de Nisa com o sexo. De fato, talvez não seja forte demais descrever *Nisa* como uma forma leve de pornografia. Será que a vida de Nisa realmente gira em torno de questões sexuais, ou ela estava simplesmente inventando tudo? A própria Shostak candidamente expressou ceticismo acerca da confiabilidade das informações de Nisa, e se perguntou em voz alta se as suas próprias preocupações com a sexualidade teriam influenciado Nisa. Ao final, com o benefício de uma outra licença para pesquisa de campo entre os !Kung, quatro anos depois, Shostak ateve-se às suas armas: ocorreu um interesse generalizado por questões sexuais na sociedade !Kung. No entanto, Shostak revelou que outro antropólogo havia aprendido "que os !Kung retrataram-me em um de seus divertidos (e muitas vezes mordazes) retratos como alguém que correu atrás das mulheres, as olhou nos olhos e disse: 'Você transou com o seu marido na noite passada'" (1981: 350). Era tal a reputação da linha de investigação de Shostak que, aparentemente, bastava que uma mulher lhe falasse para que o marido suspeitasse que estava tendo um caso.

*Nisa* pode, então, ser desconsiderada como outro exemplo em que "os nativos" inventaram uma história fantasiosa para agradar o antropólogo e divertir-se? Possivelmente. No entanto, a despeito de todas as suas falhas, *Nisa* continua sendo uma experiência bem-sucedida na metodologia feminista. Isto não é somente porque dá voz e humaniza a mulher !Kung, mas também por causa da sua honestidade. As gerações anteriores de etnógrafos raramente se expuseram a críticas revelando suas insuficiências como pesquisadores de campo ou fraquezas em seus dados. As reflexões autoconscientes e sinceras de Shostak elevaram o empreendimento etnográfico a um nível superior[12].

---

12. Muito menos conhecido, mas possivelmente superior a *Nisa* em termos de análise textual e abordagem dialógica é *Life Lived Like a Story* (A vida vivida como uma história) (1990) de Julie Cruikshank. Esse livro é muito mais complexo do que *Nisa*, principalmente porque o autor permitiu que a sua or-

*Marilyn Strathern*

A antropologia feminista é apenas um ramo da antropologia convencional, ou ambas constituem abordagens ou paradigmas separados? Esta pergunta é provocativamente examinada em *An Awkward Relationship: The Case of Feminism and Anthropology* (Um relacionamento estranho: o caso do feminismo e da antropologia), de Strathern (1987a). Strathern, uma antropóloga social britânica, começa por comentar sobre o fracasso dos estudos feministas em transformar as disciplinas que formam a base do estudo acadêmico. Tal fracasso, em seu julgamento, não é surpreendente, porque os estudos feministas atravessam várias disciplinas ao invés de lhe serem isomórficos, desafiando, portanto, interesses escusos. Mas a antropologia, ela sugere, é diferente. Muitas vezes apontada por sua receptividade ao pensamento feminista, a antropologia tem, de fato, sido tolerante *demais*; absorveu os estudos feministas como apenas outra abordagem entre muitas. Em outras palavras, abriu-se espaço para a antropologia feminista sem apresentar qualquer tipo de desafio à disciplina como um todo, o que contraria, portanto, o objetivo último dos estudos feministas.

O "relacionamento estranho" refere-se ao confronto entre o feminismo interdisciplinar e as disciplinas autônomas, e à dissonância entre o objetivo feminista de transformar a antropologia e a resposta do feminismo tradicional como apenas mais uma especialidade dentro da disciplina. Nota-se também, de forma significativa, uma grande diferença entre a disciplina da antropologia geral e a da antropologia feminista no que concerne à relação com o outro. Na antropologia tradicional, e especialmente na variedade recente conhecida como pós-modernismo, sempre há uma dicotomia entre o pesquisador e o outro; no entanto, o conceito central da antropologia é o de que ela é capaz de preencher a lacuna através da promoção do ponto de vista do agente, e talvez até mesmo tornando-se multivocal. Na antropologia feminista também existe uma lacuna entre o investigador e o outro, sendo que o outro denota o patriarcal ou o masculino. No entanto, ao invés de tentar preencher a lacuna, os antropólogos feministas tentam sustentá-la. Na verdade, como Strathern afirma (1987a: 288), o outro é uma condição necessária para a existência da identidade feminista. A colaboração com o outro, tão central ao pós-modernismo, está, por definição, fora de questão na antropologia feminista.

---

ganização e temas fossem determinados por três mulheres Yukon cujas histórias estão relacionadas, refletindo suas formas de enxergar o mundo, em vez das convenções literárias do escritor acadêmico. Embora o estudo de Cruikshank seja admiravelmente colaborativo, é interessante notar que ela não se propôs intencionalmente a produzir uma obra pós-moderna (comunicação pessoal).

O trabalho de Strathern também encontrou seu caminho em *Writing Culture*. Como Rabinow (1986: 255) observa, Strathern não está tentando demonstrar a compatibilidade do feminismo com, ou a sua contribuição para a antropologia tradicional; ao contrário, ela quer reforçar o muro que os separa. As ironias, como aponta Rabinow, são deliciosas. Por um lado temos os pós-modernistas (a maioria deles do sexo masculino), que adaptam uma postura em relação ao outro que é cuidadosa, participativa e inclusiva. Por outro lado, temos os feministas antropológicos de Strathern, enfatizando a diferença, o poder e a hierarquia[13].

*Elvi Whittaker*

Em *Decolonizing Knowledge: Toward a Feminist Ethic and Methodology* (Descolonizando o conhecimento: rumo a uma ética e a uma metodologia feminista) (1994), Whittaker, uma antropóloga canadense, fornece uma imagem admiravelmente clara dos problemas e objetivos dos estudos feministas. Ela começa por observar que embora o feminismo e o pós-modernismo sejam muitas vezes vistos como lutas de mulheres e homens, respectivamente, ambos estão fundamentalmente preocupados com a representação – a representação das mulheres pelos homens, e do outro cultural por cientistas sociais ocidentais. Whittaker argumenta que a relação entre mulheres e homens é comparável àquela entre colonizado e colonizador. Em ambos os casos, homens ocidentais, brancos e heterossexuais impuseram sua visão de mundo sobre o outro (mulheres e povos coloniais), subjugando o outro e consolidando o seu domínio sobre as alavancas do privilégio. A ciência, segundo Whittaker, tem desempenhado o seu papel no controle hegemônico desfrutado pelos homens, empurrando a suposição duvidosa de objetividade, exigindo uma separação entre sujeito e objeto, e afirmando uma "verdade", um estatuto explicativo superior a qualquer outro corpo de conhecimento. Na realidade, contesta Whittaker, a ciência é um empreendimento de gênero, culturalmente moldado, que ajuda a reproduzir as condições que sustentam o patriarcado.

Os estudos feministas instruem as mulheres a redarguirem, a articularem as suas próprias vozes. Centrais para o empreendimento feminista são as questões epistemológicas e éticas, sendo ambas tratadas vigorosamente por Whittaker. A pesquisa feminista, argumenta ela, é "um sistema intelectual que

---

13. Para um tratamento mais explícito do pós-modernismo por Strathern, cf. seu artigo "Out of Context: The Persuasive Fictions of Anthropology" (Fora de contexto: as ficções persuasivas da Antropologia) (1987b).

conhece a sua política" (p. 357). O conhecimento em si mesmo é secundário para o enfraquecimento da opressão e o apoio ativo dos objetivos das mulheres. Ativismo político e pesquisa responsável são uma e a mesma coisa. A separação entre o pesquisador e o pesquisado não tem lugar na metodologia feminista. A subjetividade, ao invés de uma objetividade artificial prevalece. Grandes teorias e modelos abrangentes meramente despersonalizam e distorcem; o feminismo promove múltiplas verdades contestadas (sendo a ciência apenas uma delas), e textos etnográficos que são bastante fragmentados e incompletos, ao invés de produtos já totalmente acabados – os artefatos da ciência. Não só o mandato ético informa a escolha de temas de investigação e o uso a que a pesquisa é aplicada, mas, além disso, o feminismo rejeita a mentalidade competitiva de "comprar e vender", característica da pesquisa masculina, substituindo-a por princípios cuidadosos, colaborativos, mais semelhantes à relação mãe e filho.

Caso permaneça qualquer ambiguidade acerca da visão contundente e polêmica de Whittaker da metodologia feminista, considere o seguinte: "A própria cena da 'pesquisa' desaparece. Não há questões, questionamentos e curiosidades a serem satisfeitos. Ao contrário, há agendas de interesse comum e conhecimento construído em consórcio com outros. Idealmente, os resultados não têm autores e autoridades [...]. Entrevistas e outras técnicas positivistas desaparecem. A autoridade do pesquisador se dissipa" (p. 358).

Whittaker nos oferece uma indicação elegante dos ideais da antropologia feminista, mas quão viáveis são esses ideais no trabalho de campo real? É interessante notar que, em seu estudo anterior da experiência do branco no Havaí (1986), justamente reputada como uma experiência inovadora em relato etnográfico, ela descobriu que a forte postura antipositivista que a tinha acompanhado ao campo não poderia ser sustentada. Goste-se ou não, o positivismo se intrometeu. Embora isso não signifique necessariamente que o trabalho de campo exigirá um ajuste semelhante à metodologia feminista, uma questão que ela foi levada a levantar ao final do seu artigo de 1994, "Decolonizing Knowledge" (Descolonizando o conhecimento), é no mínimo sugestiva: "Como seria um texto resultante da investigação feminista?" (p. 359).

## Feminismo cultural *versus* desconstrucionismo

O que é uma mulher? Essa pergunta vai ao centro de um debate entre feministas culturais, que presumem uma essência feminina, e desconstrucionistas que afirmam que absolutamente não existem essências, construções meramente ideológicas (como "mulher"), que refletem preconceito cultural e poder. "Feminismo cultural", explica Alcoff, é a ideologia de uma natureza ou essência feminina reapropriada pelas próprias feministas em um esforço para revalidar atributos femininos subvalorizados" (1988: 408). A suposição de uma essência feminina cognoscível tem sido inerente à representação masculina das mulheres. Feministas culturais revertem a imagem negativa, de modo a que passividade se torne tranquilidade e sentimentalismo conote cuidado. Do ponto de vista dos desconstrucionistas, a noção de uma essência feminina, definida seja por homens ou por mulheres, é absurda. Uma vez que construções como mulher e homem são liberados de sua bagagem ideológica, não sobra praticamente nada, apenas atores individuais reduzidos a unidades na estrutura social, desprovidas de vontade, significado e autonomia.

As feministas culturais e os desconstrucionistas ambos representam obstáculos quase intransponível à antropologia feminista. Como apontado por Abu-Lughod (1991), o feminismo cultural equivale à reversão do orientalismo. Na crítica de Said, isso significava aceitar a representação cultural rígida imposta ao Oriente pelo Ocidente, mas tentando transformá-la em uma vantagem, como a ênfase de Gandhi na maior espiritualidade da Índia hindu. De forma semelhante, as feministas culturais retratam a essência feminina sob uma luz positiva. O problema é que a representação do Oriente pelo Ocidente e das mulheres pelos homens não é desalojada, expondo e destruindo os mecanismos subjacentes de poder e ideologia. Com efeito, de certa forma estas representações são reproduzidas, porque a torção positiva introduzida por Gandhi e pelas feministas culturais depende de sua existência prévia e contínua.

As implicações do desconstrucionismo são, se alguma, ainda mais devastadoras. Se o construto mulher é apenas uma ficção, se a mulher não existe, exceto em um sentido ideológico, como pode haver uma perspectiva e um movimento feminista? Como Alcoff observa, o desconstrucionismo "tem o efeito deletério de degenerar a nossa análise, ou, com efeito, de tornar o gênero novamente invisível" (1988: 420).

Será que a perspectiva que enfatiza a diversidade feminina oferece um meio-termo razoável entre o feminismo cultural e o desconstrucionismo? Em uma tal perspectiva, as mulheres constituem uma categoria socialmente significativa, mas não há nenhuma mulher típica e, portanto, nenhum feminismo típico, mas sim vários feminismos, refletindo diferenças de classe, orientação sexual, raça e etnia. Como Harding observa, "em muitos casos, as vidas das mulheres não são apenas diferentes umas das outras, mas estruturalmente opostas"

(1992: 181). No entanto, isso imediatamente mergulha-nos em outro atoleiro. Em face da diversidade feminina, como se pode dizer alguma coisa sobre gênero em geral? Será que cada segmento da população feminina é único? Será que a experiência conta para todos, significando que uma pessoa de cor não pode entender uma pessoa de origem europeia e vice-versa? Harding reconhece que as mulheres de cor, por exemplo, através de suas experiências vividas, têm uma vantagem em termos de autocompreensão. E ela argumenta que necessariamente as mulheres brancas não podem falar *como* ou *para* as mulheres de cor. No entanto, Harding também afirma que categorias como gênero, raça e orientação sexual constituem relações sociais. Ou seja, as mulheres se definem em relação aos homens, e vice-versa, e também em relação a outras mulheres. Por exemplo, uma mulher branca de classe média e heterossexual não é de classe alta ou baixa, e não é uma pessoa da cor, e não é uma lésbica. A realização de Harding, em outras palavras, consiste em elevar a diversidade feminina a uma perspectiva feminista global em que todas as partes estão interconectadas.

Harding também oferece alguns comentários penetrantes sobre a experiência feminina. Essa experiência é o alicerce sobre o qual repousa a consciência feminista, mas, segundo ela, não é incorrigível. Em suas palavras, "não pode ser que as experiências das mulheres ou 'o que as mulheres dizem' em si mesmo forneça bases confiáveis para afirmações de conhecimento acerca da natureza e das relações sociais. As mulheres dizem todos os tipos de coisas – declarações misóginas, argumentos ilógicos, declarações enganosas a respeito de uma situação apenas parcialmente compreendida, afirmações racistas, tendenciosas e heterossexistas" (p. 185). Se a experiência não é uma base ou pré-requisito suficiente para gerar conhecimento feminista[14], será que isso abre uma fresta da porta para as contribuições dos homens? Como Harding o coloca, "não pode ser que as mulheres sejam as únicas geradoras de conhecimento feminista. As mulheres não podem reivindicar esta capacidade de serem exclusivamente suas, e os homens não devem ser autorizados a alegarem que, porque não são as mulheres, não são obrigados a produzir análises totalmente feministas" (p. 183).

---

14. Harding, não surpreendentemente, é crítica da teoria da perspectiva feminista (cf. SMITH, D., 1986, 1987), que começa com o mundo cotidiano de mulheres e não com questões e problemas ditados pela literatura. Empilhadas contra a teoria da perspectiva feminista, de acordo com Harding, está não só que as experiências das mulheres podem ser corrigidas, mas também o fato de que não há nenhuma "vida da mulher" típica a partir da qual as feministas deveriam começar a pensar (1992: 181).

## Feminismo e marxismo

Pareceria haver uma afinidade quase natural entre feminismo e marxismo. Ambos estão centrados em questões de desigualdade e opressão, com as mulheres comparadas aos nativos, e por vezes ambos são apresentados como alternativas, ao invés de suplementos à ciência social convencional. No palco da antropologia das mulheres nos anos de 1960 e de 1970, marxistas como Leacock (1977) e Sacks (1979) eram proeminentes, e Acker et al. (1983) defenderam um feminismo baseado em princípios marxistas. No entanto, tem havido considerável discordância, e acrimônia mesmo, entre marxistas e feministas. Marxistas acusam o feminismo de promover o gênero em detrimento da classe, resultando em uma análise que sustenta a classe dominante. Os feministas, por sua vez, acusam o marxismo de ser uma abordagem de orientação masculina que serve aos interesses dos homens através da promoção da classe em detrimento do gênero, ocultando assim as questões das mulheres (cf. MacKINNON, 1982: 517-518). A solução óbvia é conciliar o gênero e a classe, mas, como Meis observou, apesar de todos os ganhos do movimento feminista, ainda não há entendimento claro acerca da relação entre a exploração das mulheres e exploração de classe (1983: 117).

## Feminismo e pós-modernismo

O feminismo e o pós-modernismo também parecem ter muito em comum. Lembre-se da atenção prestada à *Nisa*, de Shostak, em *Writing Culture*, e a observação de Whittaker de que tanto o feminismo quanto o pós-modernismo estão fundamentalmente preocupados com a questão da representação. Várias outras escritoras feministas têm apontado paralelos entre as duas abordagens. Stacey (1988: 25) defende um maior grau de fertilização cruzada entre elas. Opie escreveu: "Seguindo a teoria pós-modernista defendi a produção de textos que integram múltiplas vozes" (1992: 59). Stanley e Wise têm realmente usado a expressão "pós-modernismo feminista" (1990: 27).

Quando consideramos a importância central da representação, o objetivo dialógico e a preferência pela técnica da história de vida compartilhados pelo feminismo e pelo pós-modernismo, apenas uma conclusão parece ser óbvia: se eles não forem irmãos intelectuais, são pelo menos primos-irmãos. No entanto, nem todos concordariam com isso. *Writing Culture* não incluiu qualquer contribuição que expressasse uma perspectiva feminista, embora tenha incluído uma autora[15]. Talvez antecipando o que viria a seguir, Clifford explicou que "fomos confrontados pelo que nos pareceu um – importante e lamentável – fato óbvio. O feminismo não havia contribuído muito para a análise teórica de etnografias como textos" (1986: 19). O feminismo, em outras palavras, não tem sido suficientemente experimental. No entanto, seria difícil descrever alguns livros, tais como *Return to Laughter* (Retorno ao riso), de Bowen (1954), um relato sensível e original da dimensão humana da pesquisa de campo, como outra coisa que não algo experimental.

Os feministas começaram a questionar o valor de uma abordagem acadêmica que articula a teoria literária ocidental para a análise das relações de poder que estavam no cerne da luta das mulheres. Também foi apontado que existem diferenças significativas na relação entre o pesquisador e o pesquisado nas duas abordagens. Os pós-modernistas começaram com um hiato entre o investigador e o outro, que eles tentaram eliminar; mas pesquisadores feministas são parte do que estudam: as mulheres. Talvez a crítica mais contundente de todas foi lançada por Mascia-Lees et al. (1989). Elas apontaram que o pós-modernismo surgiu no momento da história em que os homens brancos ocidentais já não controlavam a produção de conhecimento, quando o outro antropológico começou a redarguir, uma consequência da (supostamente) reduzida influência do Ocidente sobre o mundo. A resposta de homens ocidentais, não mais capazes de definir a verdade, foi alegar que não há verdade, apenas convenções literárias e histórias múltiplas.

Mascia-Lees e seus colaboradores concluíram que não só a teoria e a prática feministas têm muito mais a oferecer do que o pós-modernismo em relação à tarefa de compreender e confrontar os mecanismos políticos que sustentam o patriarcado, mas também que o "pós-modernismo pode ser outra invenção masculina projetada para excluir as mulheres" (1991: 427)[16]. Se assim o for, o pós-modernismo alinha-se à antropologia liberal tradicional e ao marxismo. Todos os três supostamente tiveram uma coisa em comum: eles subverteram os interesses das mulheres.

---

15. Abu-Lughod salienta que não só as feministas, mas também os "mestiços" (*halfies*) – pessoas com origem étnica mista – ficaram de fora de *Writing Culture*.

16. Seu ataque pungente ao pós-modernismo não caiu bem com todos. Cf. o debate entre Kirby e Mascia-Lees et al. em Kirby (1991).

**Avaliação**

A antropologia feminista, especialmente quando fundida com preocupações sobrepostas no pós-modernismo, equivale a uma poderosa crítica da antropologia positivista, mas algumas dúvidas devem ser expressas. Uma coisa é argumentar que o conhecimento por si só não é suficiente, que a pesquisa deve ser movida por uma forte missão ética que se traduz na melhoria de vida das pessoas. Uma coisa muito diferente é reduzir a pesquisa principalmente a uma agenda política, com a militância como a sua razão de ser. Um motivo é que isso apenas estimula o pêndulo a oscilar no sentido contrário, de volta para a produção árida de conhecimento pelo conhecimento, um resultado que parece sempre ser encorajado pela cultura da academia. O resultado, então, é uma divisão entre ativistas na rua e analistas na universidade.

Neste contexto, a história do marxismo é instrutiva. Os marxistas também defenderam uma fusão da teoria e da ação (ou práxis). Mas tem sido principalmente aqueles indivíduos comprometidos com organizações marxistas, como os internacionais socialistas que prevaleceram. Quanto mais o marxismo se tornou aceito como uma perspectiva acadêmica legítima no contexto da universidade, mais tornou-se domado, com explicações ofuscando a política e seus proponentes montando críticas da sociedade e, ao mesmo tempo, aprofundando-se na existência convencional da classe média (PINCUS, 1982). Já há sinais, segundo Meis, de que o feminismo tem experimentado um destino semelhante: "O atual interesse mundial pelos estudos feministas também pode ser atribuído a certos esforços para neutralizar o protesto potencial do movimento. Em muitos países já existe uma lacuna entre os estudos feministas e o movimento feminista" (1983: 138).

Embora existam diversas variedades de feminismo, todas elas partem da suposição de que a ciência social convencional tem sido marcada por um viés masculino. Eichler (1986) indica quatro reações a esta acusação. A primeira: não faça nada, é assim que as coisas funcionam; essa, segundo ela argumenta, tem sido a maneira pela qual a maioria dos cientistas sociais tem respondido (ou deixado de responder). A segunda: adicione mulheres quando conveniente a uma análise; Eichler rotula esta resposta de liberal, e ela resume muito bem a reação limitada da maioria dos acadêmicos do sexo masculino, inclusive os meus próprios esforços em um recente estudo da zona rural de Ontário (BARRETT, 1994). A terceira: pesquisa centrada na mulher. A quarta: pesquisa não sexista.

Embora Eichler pense que esta última opção seja a nossa meta final, em seu julgamento é necessário primeiro concentrar-se na terceira opção. No entanto, mesmo a pesquisa centrada na mulher não é necessariamente livre do viés masculino. Em suas palavras, "um estudo pode ser exclusivamente sobre as mulheres, mas se essas mulheres são vistas apenas em relação a um universo social construído em torno de indivíduos do sexo masculino, ela permanece tão sexista quanto se o trabalho fosse exclusivamente sobre os homens" (51). Esta observação realça o quão importante é esculpir uma verdadeira perspectiva feminista, que rivalize com a antropologia convencional, em vez de ser absorvida por ela. Trata-se de uma questão em aberto, no entanto, se a antropologia feminista alcançou essa estatura, ou pode fazê-lo no futuro, e mesmo se os ganhos que foram obtidos não serão eventualmente perdidos pelas forças conservadoras da antropologia dos velhos tempos. Talvez a contribuição realista da antropologia feminista consistirá no *processo* envolvido na luta por uma disciplina não sexista, libertadora, e não na realização do objetivo em si[17].

## Conclusão

Na primeira fase, a versão forte da ciência foi representada pela antropologia social britânica (nomeadamente em relação ao funcionalismo estrutural), e a versão fraca pela antropologia cultural americana (principalmente em relação ao particularismo histórico). Na segunda fase a situação foi revertida; foi a escola americana de ecologia cultural que se aproximou da investigação nomotética, com a teoria do conflito e da ação social constituindo versões pálidas do empreendimento científico. Na terceira fase já não fazia sentido falar em termos de versões forte e fraca de ciência. A antropologia social, que já fora a escola dominante na disciplina, foi esvaziada, reduzida a embaralhar-se na orientação do pós-modernismo, a fim de recuperar o atraso com a ação. A antropologia cultural, por sua vez, não se limitou a optar por uma versão fraca de ciência: ela rejeitou a própria ciência.

Houve, como sempre, mais coisas acontecendo na disciplina do que o pós-modernismo e a metodologia feminista, mesmo durante a terceira fase. Uma espécie de antropologia subterrânea, consistente das abordagens convencionais no passado, continuou a prosperar, malgrado a popularidade do pós-modernismo. Eu tenho atribuído a este tipo de antropologia o rótulo meio pejorativo de antropologia sem nome, um tema que será explorado no próximo capítulo.

Finalmente, o que faz com que velhas orientações teóricas morram e novas surjam em seu lugar? Nas ciências exatas, a resposta muitas vezes tem a ver

---

17. Uma fonte útil sobre as mulheres na antropologia é Gacs et al. (1988).

com a descoberta de um modelo ou técnica superior, aquelas que conseguem lidar com enigmas não resolvidos. Raramente esse foi o caso nas ciências sociais. Em vez disso, a principal fonte de mudança teórica tem sido as propriedades especiais do seu banco de dados. O mundo social, em um grau sem precedentes no mundo da natureza, muda constantemente (às vezes dramaticamente). Novas perspectivas teóricas devem surgir para acompanhar a transformação social. Além disso, orientações teóricas em disciplinas como a Antropologia tendem a se repercutir a partir de orientações existentes. Por exemplo, uma nova orientação como o pós-modernismo frequentemente consiste nas propriedades diametralmente opostas que se destacaram nas orientações que elas usurparam, como a ecologia cultural e a economia política. Também tem havido, portanto, um certo grau de circularidade e repetição na teoria antropológica. Um caso em questão é o terreno comum entre pós-modernismo e particularismo histórico, especialmente no que concerne à ênfase na subjetividade, ao relativismo, à natureza supostamente fragmentada da cultura. Se tudo isso parece sugerir que os nossos corpos teóricos nem sempre refletem o mundo social que prevalece em qualquer ponto particular no tempo, essa é a minha intenção. Esperar mais de uma teoria equivale a não compreender as fontes que a criam[18].

---

18. Para uma discussão mais detalhada das fontes de mudanças teóricas em antropologia, cf. Barrett (1984b, cap. 4).

# 7
# Método

Com o surgimento do pós-modernismo e da metodologia feminista, a ciência sofreu um baque. Ela foi declarada morta ou rejeitada como uma história incompleta, parcial, e que apoiava o privilégio. No entanto, na literatura sobre métodos permaneceu a esperança de que a pesquisa qualitativa pudesse ser tornada tão rigorosa e explícita quanto a pesquisa quantitativa. Na terceira fase, não foram simplesmente as literaturas teórica e metodológica que estavam fora de sintonia. O mesmo aconteceu com a situação da pesquisa de campo. Na verdade, uma grande parcela da etnografia atual simplesmente ignora tanto a literatura teórica quanto a metodológica. A explicação, suponho eu, é que muitos etnógrafos não são capazes de digerir o cientificismo da literatura metodológica ou "o fim da pesquisa de campo" provocado pelo estruturalismo e pelo pós-modernismo, e o que poderia ser chamado de a irracionalidade sofisticada que caracteriza grande parte do pós-modernismo e uma parcela da antropologia feminista.

O tipo de trabalho etnográfico que evita tanto a literatura sobre métodos quanto as duas orientações teóricas dominantes dos anos de 1980 e de 1990 é o que tenho rotulado de antropologia sem nome. Antropólogos sem nome (se eu puder escapar ao oxímoro) continuam fazendo pesquisa de campo de longa duração, tratando os dados como se houvesse algo mais sólido acerca deles do que as interpretações arbitrárias do investigador, empregando técnicas tais como a entrevista, e oferecendo generalizações e identificando as causas e correlações. Em outras palavras, antropólogos sem nome continuam fazendo etnografia convencional. Alguns deles podem perfeitamente operar dentro de uma perspectiva identificável do passado, como a ecologia cultural ou a ação social, mas ao fazê-lo lutam uma batalha contra um poderoso adversário: as forças combinadas do feminismo e do pós-modernismo.

A antropologia sem nome pode ser tanto uma coisa boa quanto uma coisa ruim. Pode ser boa no sentido de manter vivo o empreendimento do trabalho de campo durante um período em que grande parte da literatura é sufocada por discussões agonizantes sobre metateoria e meta/método. Pode ser ruim se o pós-modernismo e a antropologia feminista, ao invés de serem modismos curiosos sobre a paisagem intelectual, provarem ter o poder de permanecerem. Em tal eventualidade, antropólogos sem nome terão escrito as suas próprias sentenças de morte[19].

## A literatura sobre os métodos

Em termos do objetivo da ciência, nada havia de extraordinário nos anos de 1980 e de 1990 para a literatura sobre métodos, que continuou a ser dominada por antropólogos americanos, embora antropólogos e sociólogos britânicos também tivessem começado a contribuir. Textos introdutórios gerais, "10 passos fáceis para o sucesso na pesquisa qualitativa", ainda inundavam o mercado (AGAR, 1980; BABBIE, 1983; BERG, 1989; BURGESS, 1982; ELLEN, 1984; HAMMERSLEY, 1992; HAMMERSLEY & ATKINSON, 1983), inclusive um pesado volume editado por Denzin e Lincoln (1994). O mesmo era verdade para textos retrospectivos em que pesquisadores de campo reconstruíam os métodos utilizados em seus projetos (DIETZ et al., 1994; SHAFFIR et al., 1980; VAN MAANEN, 1983), e para o gênero confessional em que o leitor era convidado a simpatizar com a experiência do pesquisador (ANDERSON, B.G., 1990; WARD, 1989; WERNER, 1984). A lista de publicações sobre técnicas e questões específicas continuou a se expandir: observação participante (SPRADLEY, 1980), amostragem (HONIGMANN, 1982), entrevista (BRENNER et al., 1985; DE SANTIS, 1980; DOUGLAS, 1985), análise (GUBRIAN, 1988; STRAUSS, 1987; STRAUSS & CORBIN, 1990), estatísticas (GEPHART, 1988), confiabilidade e validade (KIRK & MILLER, 1986), semiótica (MANNING, 1987), etnografia educacional (BURGESS, 1985; DOBBERT, 1982) e de gênero (WARREN, 1988).

Durante este período surgiu uma nova série sobre métodos qualitativos, a Série Sage, mas os livros publicados nela, alguns deles aparentemente destinados ao menor denominador comum nos cursos de graduação, eram desiguais em termos de qualidade, muito abaixo do padrão das séries Holt, Rinehart e Winston (cf. KENT, 1989). Algumas questões metodológicas receberam mais

---

19. Em certo sentido, sempre houve antropólogos sem nome. Muitos pesquisadores têm se recusado a identificarem-se com qualquer orientação teórica particular, preferindo uma abordagem eclética que recorre a orientações diversas. Devo acrescentar que a própria noção de uma orientação teórica é um pouco ambígua. Uma orientação teórica é essencialmente o que as pessoas em uma disciplina concordam que seja uma orientação. Geralmente, torna-se identificada como tal quando se percebe que um grande número de pesquisadores têm utilizado aproximadamente a mesma abordagem em seus estudos. Ocasionalmente, como no caso de Lévi-Strauss, a abordagem feita por uma figura única e dominante pode alcançar a estatura de uma nova perspectiva.

ênfase do que foi o caso em 1960 e 1970, tais como política da pesquisa de campo (ADLER et al., 1986; BRAJUHA & HALLOWELL, 1986; PUNCH, 1986), antropologia doméstica (GREENHOUSE, 1985; MESSERSCHMIDT, 1981; NARAYAN, 1993) e avaliações críticas da pesquisa de campo (BORMAN & TAYLOR, 1986; BRYMAN, 1984; GEERTZ, 1988; RICHER, 1988; STOCKING, 1983). Sem dúvida, no entanto, a grande mudança foi o surgimento de uma literatura sobre o uso de computadores na pesquisa qualitativa.

Na década de 1960, Gilbert e Hammel (1966) e Hymes (1965) tinham escrito sobre aplicações informáticas em antropologia, mas foi só nos anos de 1980 e de 1990 que a mensagem começou a ser transmitida (BERNARD & EVANS, 1983; CONRAD & REINHARZ, 1984; FIELDING & LEE, 1991; GERSON, 1984; PODELEFSKY & McCARTY, 1983). A esta altura, claro, a máquina de escrever pertencia à idade do cavalo e da charrete, e os escritores que ainda colocavam uma caneta no papel eram dinossauros virtuais. Como Tesch o disse, "Hoje qualquer pesquisador qualitativo que não use um computador, pelo menos para o processamento de texto, é considerado uma raridade" (1991: 225). O desenvolvimento e a crescente sofisticação dos programas de software como o Ethnograph (cf. SEIDEL & CLARK, 1984; SEIDEL; KJOLSETH & CLARK, 1985; SEIDEL; KJOLSETH & SEYMOUR, 1988) e o Nudist (cf. RICHARDS & RICHARDS, 1987, 1989, 1991), com a promessa de uma solução para a tarefa de lidar com as massas caóticas de dados qualitativos, fizeram com que os antropólogos se rendessem.

Richards e Richards (1987), os criadores do Nudist, condenaram o grau de mistificação que ainda existia na pesquisa qualitativa, e afirmaram que o programa é muito mais do que "um superarmário". Nudist é um acrônimo para *Non-numerical Unstructured Data Indexing, Searching, and Theorizing* (Indexador, pesquisador e teorizador de dados não numéricos não estruturados). É dividido em um sistema de documento, um sistema de indexação e um sistema de análise. No julgamento dos Richards, a capacidade do Nudist gerar e testar a teoria é a sua característica mais significativa. O sistema de análise, eles escreveram, "é um conjunto de facilidades para manipular a indexação do banco de dados de várias maneiras em processos de criação de categoria projetados para ajudar o pesquisador a definir e explorar ideias de investigação, encontrar o texto pertinente a ideias complexas, buscar palpites selvagens em todas as direções, manter os mais frutuosos e formular e testar hipóteses" (1991: 308)[20].

---

20. Nesse artigo, Richards e Richards juntam forças com Anselm Strauss, enfatizando a compatibilidade do Nudist com teoria fundamentada, uma abordagem analítica que eu discutirei detalhadamente no próximo capítulo.

Embora possa haver pouca dúvida acerca do valor dos programas de computador para campos especializados de pesquisa, tais como a análise do discurso, é a afirmação de que o computador pode fazer o trabalho de teorização e interpretação em projetos etnográficos convencionais que levanta as sobrancelhas de pesquisadores de campo. A maioria deles, a menos que sejam masoquistas, provavelmente concorda que algum tipo de organização sistemática de dados qualitativos é necessária. Por isso, é fácil concordar com Tallerico que programas como o Ethnograph equivalham a um superarmário. A grande questão é se eles podem fazer mais do que isso. Tallerico, por exemplo, tem dúvidas de que isso seja possível. Ela argumenta que "as tarefas conceituais mais importantes não podem ser delegadas ao microcomputador". Programas de software não são substitutos para os *insights* e interpretações do pesquisador. Ela também adverte que há um perigo de o pesquisador ser seduzido pelo computador, dando-lhe mais atenção do que aos dados (1991: 281-283). Em sua experiência, os alunos que usam programas como o Ethnograph tendem a exagerar a qualidade científica de seus relatórios e dissertações, presumindo que, por terem usado um computador, o seu trabalho deve ser válido.

Dúvidas semelhantes foram expressas por Pfaffenberger (1988). Ele ressalta que o procedimento de usar palavras-chave para recuperar dados encobre as suas várias conotações, da literal à irônica. Embora a maioria dos acadêmicos, mesmo se fossem céticos acerca da capacidade do computador assumir a tarefa de teorizar, reconheçam a tremenda vantagem de usar o computador como um processador de texto, Pfaffenberger é cético mesmo a esse respeito. Ele desafia a visão convencional de que o processador de texto é útil à escrita. Uma limitação do processador de texto, ele afirma, é que ao escrever é importante ver a estrutura geral do trabalho que se está elaborando, e não apenas o que está na tela. A solução parece simples: imprimir uma cópia impressa. Mas, como Pfaffenberger observa, isto dá a impressão de um produto bonito, acabado, e nos coloca sob o feitiço da "autoridade do texto impresso" (p. 19). Porque tudo parece tão bom – tão profissional – há uma tendência a aceitá-lo prematuramente como a palavra final.

Suponho que seja uma questão aberta se a etnografia assistida por computador é a onda do futuro, e se a próxima geração de pesquisadores de campo considerará que a impressionante tarefa de ordenar, recuperar e analisar dados não seja mais complicada do que brincar com um teclado. Gostaria, no entanto, de soar um alerta suave. Minha impressão é a de que os estudiosos que têm sido os mais entusiasmados acerca da etnografia assistida por computador, eles próprios raramente têm feito pesquisa de campo de longo prazo. Para estes indivíduos (muitos deles sociólogos), programas como o Nudist quase parecem ser um substituto para a pesquisa em profundidade, uma vez que, com base em poucos dados, pode-se executar dezenas de tabulações cruzadas e correlações. Este não foi, claro, o cenário previsto pelos criadores desses programas. O que vai ser interessante é ver se ele se tornará o modelo para a etnografia no século XXI.

## A situação da pesquisa de campo

Na terceira fase havia, obviamente, um enorme abismo entre a literatura teórica e a literatura sobre métodos, com a primeira guinando bruscamente para longe da ciência convencional e a última ainda no seu encalço. Ambos os corpos literários têm se preocupado com a desmistificação, mas em sentidos muito diferentes. A literatura sobre os métodos se envolveu na desmistificação no nível da técnica, e tentou mostrar-nos como fazer melhor ciência. A literatura teórica, especialmente o pós-modernismo e a antropologia feminista, abordou a desmistificação ao nível da epistemologia, e argumentou que era a ciência que estava mistificando. O remédio não era mais ou melhor ciência; mas, menos ciência e mais pesquisa humana, não autoritária, empoderadora e responsável.

Uma grande parte das energias dos etnógrafos durante a fase três foi direcionada não para o trabalho de campo, como tal, mas para debates abstratos de questões metodológicas, epistemológicas e éticas, embora a antropologia feminista tenha inspirado mais pesquisa original do que o estruturalismo e o pós-modernismo. Dorothy Smith (1986), por exemplo, examinou o cotidiano de mulheres no contexto de processos sociais e econômicos mais amplos, tomando cuidado para não transformar as mulheres em objetos de pesquisa. Seu ponto de partida é as experiências das mulheres, e seu objetivo é fornecer às mulheres as ferramentas analíticas necessárias para compreender, e, portanto, confrontar, a maneira pela qual as suas experiências são moldadas pelas instituições em que vivem. Considero preciso observar, no entanto, que ainda hoje apenas uma minoria dos etnógrafos fez pesquisa guiada por métodos feministas.

Na década de 1990 algumas mudanças na situação da pesquisa de campo tornaram-se aparentes. A história de vida havia sido revivida como, talvez, a técnica principal. O método comparativo não estava completamente morto – afinal, até mesmo pós-modernistas proeminentes como Marcus e Fischer continuaram a apoiá-lo –, mas estava respirando com dificuldade, e por razões compreensíveis. O método comparativo pertence à investigação nomotética. Tem sido a alternativa do antropólogo à experiência laboratorial controlada. Com efeito, costumava-se pensar que, a menos que se pudesse especificar um número de comparações lógicas em um projeto, o "problema" nem era afiado nem frutífero. Com o ataque contra a ciência no pós-modernismo e na antropologia feminista, o método comparativo foi empurrado para escanteio.

A concepção do etnógrafo de comunidade também mudou mais uma vez. Na fase dois havia sido reconhecido que nenhuma comunidade foi isolada e que as forças externas nela impingidas tinham de ser levadas em consideração. Na terceira fase houve uma sutil modificação; forças externas não apenas invadiram a pequena comunidade, elas foram uma parte intrínseca da comunidade, tão centrais quanto o conselho local. Em certo sentido, portanto, a divisão macro-micro, muitas vezes considerada paralela aos reinos urbano e rural, não existia mais. Deve-se acrescentar que a concepção de comunidade também tem sido afetada por preocupações teóricas. Por volta da década de 1990 a comunidade tornou-se apenas uma outra essência a ser desconstruída, como mulher, homem, ou da ciência. Não é de admirar, portanto, que os etnógrafos contemporâneos tenham se afastado de estudos de comunidade arredondados, construindo, em vez disso, histórias de vida e favorecendo a fala sobre a observação[21].

A tendência na fase dois a um curto período de pesquisa de campo continuou na fase três, possivelmente ainda mais forte. Houve um tempo em que um projeto de doutorado de um etnógrafo constituía, possivelmente, a peça principal da pesquisa que ele ou ela jamais faria. De fato, se não se publicasse a tese, a reputação ficava prejudicada. Este já não parece ser o caso. Hoje em dia, a atitude por vezes transmitida é a de que a tese é um obstáculo que tem de ser superado para que se possa finalmente voltar para a pesquisa significativa.

Embora os grandes debates teóricos nos anos de 1980 e de 1990 estivessem centrados em torno do pós-modernismo e da antropologia feminista, a maior parte da etnografia continuou a seguir as técnicas forjadas na primeira fase, as regras práticas que surgiram na segunda fase, e as várias orientações teóricas que antecederam as duas revoluções intelectuais recentes. Isto é o que eu tenho chamado de antropologia sem nome. Não tem, no entanto, escapado

---

21. Como Arensberg argumentou há muito tempo, o estudo de comunidade não é o estudo da comunidade como tal, como uma realidade ou assunto territorial. Em vez disso, trata-se de uma abordagem metodológica distinta. A pequena comunidade, para Arensberg, constituía uma configuração naturalista onde as relações sociais podiam ser investigadas cruamente. Nas próprias palavras de Arensberg, o "estudo de comunidade não é o estudo das culturas inteiras, ou de comunidades [...]. É o estudo do comportamento humano em comunidades" (1954: 120).

à influência do pós-modernismo. Este tem, em larga medida, se tornado a nova ortodoxia contra a qual é medida a etnografia (SANGREN, 1988: 409; NADER, 1988: 153). Um caso em questão é *The Queen's People* (O povo da rainha), de Carstens (1991), um estudo do povo Okanagan, em British Columbia, por um etnógrafo altamente experiente, com base em extensa pesquisa em arquivos e longo período de pesquisa de campo. Os comentários desse estudo, feitos por acadêmicos, variaram dos aplausos à vaia, às vezes um sinal de que se encontra envolvido um trabalho inovador. Lanoue (1991) deu um tapinha nas costas de Carstens por permitir que as vozes dos Okanagan fossem ouvidas, e comentou que era "como se os Okanagan e não Carstens" tivessem escrito o livro. Em nítido contraste, tanto Barker (1992) quanto Trigger (1993) criticaram *The Queen's People* por não conseguir apresentar o ponto de vista dos nativos. De acordo com Barker, apenas a voz do autor é ouvida no estudo. Barker termina a sua revisão perguntando-se se os Okanagan consideram-se o povo da rainha ou se essa é apenas a interpretação imposta por Carstens. A partir do livro em si, Barker observa, o leitor não é capaz de dizê-lo.

*The Queen's People* oferece um ouvido simpático para os sofrimentos dos Okanagan pelas mãos de pessoas brancas ao longo das décadas e sublinha o estrangulamento hegemônico realizado pelas principais instituições canadenses. No entanto, Trigger argumenta que uma fraqueza importante do livro é a sua incapacidade de reconhecer e analisar o grau em que povos aborígenes como os Okanagan se engajaram em resistência efetiva desde a chegada das pessoas brancas.

Ainda mais danosa é uma revisão por Wickwire e McGonigle (1991). Evocando a crítica pós-moderna da antropologia científica convencional, eles descartam *The Queen's People* como apropriação cultural, na qual o autor roubou os Okanagan de sua história e impôs a sua própria interpretação. Como Wickwire e McGonigle observam, "É a voz de Carstens, não as vozes do povo Okanagan que está sendo ouvida" (p. 113). Mesmo a condenação explícita de Carstens do racismo branco e do controle hegemônico é atacada por Wickwire e McGonigle. Eles também, assim como Trigger, censuraram Carstens por não perceber a capacidade dos povos subordinados de resistir, lutar e sobreviver. Cerca de uma geração atrás, é provável que *The Queen's People* tivesse sido universalmente elogiado tanto pelos seus dados quanto por sua postura humanista. No clima político e intelectual de hoje, no entanto, o livro tem sido presa fácil para os guardiões da nova ortodoxia.

# Terceiro estudo de caso: mudança social na zona rural de Ontário

Embora eu possa pensar em vários livros recentes que poderiam ser tomados como exemplos de antropologia sem nome, duvido que muitos dos meus colegas gostariam de ser rotulados dessa maneira, e, para manter a paz, escolhi o meu próprio estudo de 1994 sobre a mudança social na zona rural de Ontário. Como no primeiro e segundo estudos de caso, o meu objetivo é transmitir com mais detalhes o que está envolvido na metodologia de trabalho de campo. A fim de mostrar que nem todos os projetos se desdobram suavemente mais tarde, fornecerei uma descrição do meu estudo sobre gênero e violência na Córsega.

Paraíso, como chamo a cidade na zona rural de Ontário em que me concentrei, foi fundada no final de 1800 por imigrantes ingleses, a maioria dos quais protestantes da Irlanda do Norte. Situada no meio da região agrícola, tem sido pela maior parte de sua história uma sonolenta pequena comunidade – até os anos de 1970. Foi então que uma invasão ocorreu, quando pessoas da cidade em busca de habitação a preços acessíveis e de uma melhor qualidade de vida mudaram-se em massa para Paraíso e comunidades vizinhas. No espaço de um punhado de anos, sua população, anteriormente de cerca de 1.200 pessoas, quase triplicou. O impacto enviou uma onda de choque pela aldeia, estilhaçando os valores e a identidade que outrora foram tão proeminentes.

Não foi apenas o tamanho que fez o estrago. Igualmente importante é a diversidade dos recém-chegados. A maioria das pessoas em Paraíso tinha pertencido às igrejas Unida e Anglicana. Entre os recém-chegados havia membros de várias denominações protestantes, além de católicos, hindus, sikhs, muçulmanos e budistas. Os recém-chegados também transformaram a paisagem étnica, estando os seus países de origem espalhados pelo mundo; e, pela primeira vez na história da região de Paraíso, houve um número significativo de minorias visíveis, especialmente pessoas cuja ancestralidade remonta à África, Índia e Paquistão.

### A escolha do projeto

O estudo de Paraíso, não guiado pelo pós-modernismo e pela metodologia feminista, não é apenas um exemplo de antropologia sem nome, mas também de antropologia doméstica – neste caso, realmente doméstica, porque era onde eu morava nos primeiros doze anos da minha vida. Meu interesse em fazer pesquisa em Paraíso, na verdade, remontava ao projeto na África Ocidental. As duas comunidades eram aproximadamente do mesmo tamanho, e eu muitas vezes as comparei na minha mente a fim de compreender mais profundamente as características especiais da Utopia nigeriana. Crescer em Paraíso nos anos de 1940 tinha sido agradável em muitos aspectos, com beisebol no verão, hóquei no inverno, pesca de truta e apenas problemas suficientes para tornarem a vida interessante. Contudo, o que mais marcou a minha memória foram os diferentes níveis do sistema de classes, com algumas poucas famílias poderosas fora do alcance no topo, uma camada inferior de famílias sem dinheiro e quase nenhum movimento para cima ou para baixo de uma geração para a seguinte. Quando comecei a pesquisa em Paraíso, em 1988, foi com a intenção de estudar o sistema de estratificação.

### Projeto de pesquisa

Meu plano era realizar uma comparação sistemática da classe social na década de 1950 e na de 1980. Quando soube do enorme número de recém-chegados na comunidade, expandi o foco em duas direções. Uma foi estudar o processo de migração. Isto significava examinar as razões pelas quais as pessoas haviam se mudado para Paraíso, e como tinham se ajustado à vida na cidade pequena. Também envolvia uma análise do fenômeno da pendularidade, porque, para a maioria dos recém-chegados, Paraíso era apenas o seu quarto; seus trabalhos permaneceram em lugares como Mississauga e Toronto, a uma distância de 50-60 milhas. Uma parte dos recém-chegados, como indiquei, eram pessoas de cor. Desde então eu concluíra o estudo da direita radical, ficara curioso acerca da natureza do racismo e do antissemitismo entre os canadenses comuns. Quando descobri a enorme diversidade étnica em Paraíso e na área em torno dele, decidi-me por um terceiro foco: raça e relações étnicas na Ontário rural.

O Projeto Paraíso foi semelhante ao projeto da direita radical, já que o procedimento era indutivo, com questões e problemas para orientar o trabalho de campo, em vez de modelos preconcebidos. Foi semelhante ao projeto nigeriano, no sentido de que algum trabalho comparativo aconteceu, mas de um modo muito menos sistemático. Na Nigéria eu havia conduzido uma comparação rigorosa entre os Olowo e outra aldeia que eu chamei de Talika. No estudo de Paraíso pesquisei em aldeias vizinhas e entre os agricultores, principalmente para avaliar se havia algo de atípico sobre Paraíso.

### Admissão e escolha de papéis

Em nítido contraste com os projetos da extrema-direita e o nigeriano, a admissão em Paraíso foi fácil. A comunidade estava localizada a cerca de uma hora de carro da cidade em que eu morava, e eu simplesmente entrei no carro e apareci na prefeitura. Porque eu tinha crescido em Paraíso, e alguns dos meus parentes continuavam a viver ali, em minha mente eu ainda pertencia à comunidade (pelo menos em algum grau), e acho que a minha suposição, justificada ou não, era a de que eu tinha o direito de estudá-la. No entanto, a razão pela qual fui à prefeitura foi estabelecer um contato semiformal com os funcionários.

A partir do momento em que entrei na prefeitura, ficou claro que a pesquisa em Paraíso seria uma experiência diferente de tudo o que eu já havia encontrado. O escrivão da cidade, depois de ouvir o meu nome, veio apertar minha mão, explicando que conhecera os meus pais muito bem e lembrava dos meus irmãos. Depois de conversar por um tempo, ele escoltou-me pessoalmente ao edifício em que os arquivos locais eram mantidos, destrancou a porta e me disse que eu poderia me trancar sempre que quisesse. Quando voltei mais tarde à prefeitura naquele primeiro dia, uma das secretárias se apresentou, e brincou que não pertencia à família conhecida na cidade com o mesmo sobrenome. A razão para a qualificação foi imediatamente óbvia para mim, lembrei-me da outra família como uma das mais pobres do vilarejo quando eu era menino, com uma reputação de estar na parte mais inferior da escala. Se eu não tivesse vivido anteriormente na cidade, nunca teria compreendido a importância do comentário da mulher.

O papel que eu adotei para a interação com as minorias e os recém-chegados foi simples. Eu simplesmente me apresentei como um antropólogo interessado na mudança social na zona rural de Ontário. Quase sempre eu explicaria que havia sido criado em Paraíso, daí o meu interesse pela comunidade, mas eu nunca me prendia à questão. Isso porque as relações entre os recém-chegados, inclusive as minorias, e os nativos da cidade estavam tensas. Da perspectiva de muitos dos nativos, os recém-chegados destruíram o antigo modo de vida. Da perspectiva dos recém-chegados, os nativos estavam mentalmente presos no século XIX, indispostos a estender o tapete de boas-vindas.

Meu papel de interagir com os nativos era muito mais complexo e, em parte, além do meu controle. Os nativos me viam tanto como um forasteiro quanto como um conterrâneo, um pesquisador e um bem-intencionado residente de Paraíso. Na maioria das vezes isso era uma vantagem. Aumentou a integração e levou-me rapidamente aos bastidores. Houve, no entanto, problemas. Um deles foi a ambiguidade na mente de algumas pessoas acerca da minha identidade. Algumas das pessoas mais velhas, que conheceram os meus pais e avós, achavam difícil se relacionar comigo como pesquisador. Do seu ponto de vista, eu era o filho de velhos amigos e conhecidos. Como consequência, entrevistas com essas pessoas nunca foram satisfatórias. Era simplesmente impossível investigar analiticamente, pelo menos na medida em que eu gostaria. Tampouco era uma rua de mão única. Eu também estava relutante em transformar as relações humanas em pesquisa.

Colegas me haviam avisado que haveria muitos obstáculos ao estudo da minha própria comunidade, e eles estavam certos. Cheguei a experimentar entrevistar amigos de infância, mas logo desisti. A não ser que estivesse disposto a promover minha pesquisa à custa da amizade – o que eu não estava preparado para fazer –, eu poderia ter continuado com as entrevistas. Felizmente, porém, em uma cidade com mais de três mil habitantes, há quase sempre um número adequado de candidatos em qualquer setor ou categoria particular para tornar desnecessário selecionar velhos amigos. No geral, na verdade, minha experiência pregressa em Paraíso foi totalmente benéfica. Não só ajudou muito na interação, como importou no fato de eu estar na posse de informações que um estranho teria levado anos para acumular. Em certo sentido, no estudo de Paraíso, eu fui o meu próprio informante.

### Gerindo desviantes

Dada a minha experiência de campo passada, eu teria ficado surpreso se não tivesse encontrado desviantes no início do projeto em Paraíso. Em um caso que não foi apenas uma questão de um indivíduo que não se encaixava perfeitamente na comunidade, mas de uma família inteira. Marcada por uma reputação de alcoolismo e indolência, e localizada na parte inferior da escala social, os membros desta família eram excepcionalmente amargos acerca das suas vidas em Paraíso. Eles acreditavam que "a hierarquia", como se referem aos que controlavam a cidade, havia frustrado cada tentativa que fizeram de sair da pobreza. Suas queixas, aparentemente, eram antigas em Paraíso e geralmente ignoradas, o que provavelmente explica por que eles estavam tão ansiosos em falar comigo.

Logo no início do projeto comecei a topar com um homem de meia-idade quase todas as vezes em que entrava na cidade, e finalmente percebi que ele estava tentando fazer contato. Tratava-se de um indivíduo incomum, com fama de ser extremamente inteligente com máquinas, e era o cidadão de Paraíso que levou os políticos locais à loucura. Sempre que havia eleição, ele acusava aos brados membros do conselho de corrupção e incompetência. Este homem idiossincrático, quase sempre solitário, tinha um ponto de vista interessante e penetrante sobre Paraíso. Seu caso ilustra um ponto feito em um capítulo anterior: embora uma exposição excessiva aos desviantes possa prejudicar o pesquisador, eles não devem ser ignorados, pois às vezes têm coisas importantes a dizer. Devo acrescentar que, na minha experiência, nem todas, ou mesmo a maioria das pessoas que poderiam ser rotuladas desviantes, procuram o antropólogo. Em Paraíso, por exemplo, havia indivíduos que mantinham todos por perto, inclusive eu. Aliás, há um outro tipo de pessoa que é quase certo o pesquisador encontrar. Trata-se do grande defensor da imagem pública. Tais indivíduos são difíceis de reconhecer no início de um projeto de pesquisa, porque, nessa fase, quase todos oferecem uma versão ficcional da comunidade. Porque os políticos querem mais do que qualquer outra coisa manter o pesquisador de campo longe dos bastidores, há uma tendência a evitá-los, ou a rejeitar as suas perspectivas como absurdamente enganosas. No entanto, fazê-lo é um erro. A estrutura ideal de uma comunidade, ou a frente de palco, é tanto parte da comunidade quanto a estrutura real, ou os bastidores. Aprendi a acolher o contato com os políticos a fim de obter uma imagem clara de como uma comunidade deve ser.

### Técnicas

Minha pesquisa em Paraíso passou por três estágios. Primeiro, houve o estudo piloto, com duração de cerca de seis meses. Minhas principais técnicas foram então a documental, a observação participante e as entrevistas não estruturadas. Os arquivos locais eram ricos em dados, bastante valiosos para a obtenção de uma imagem dos primeiros anos em Paraíso, e para a comparação dos anos de 1950 com os de 1980. Durante este período eu intencionalmente tentei não me concentrar em qualquer problema específico, a fim de ser receptivo a questões importantes, mas imprevistas.

Depois de cerca de seis meses eu me voltei para a técnica que dominou o projeto – a entrevista estruturada. A versão utilizada com os nativos consistiu de 33 questões, e no começo eu realmente lia cada questão do formulário e registrava o que as pessoas diziam. O resultado foi desastroso. Pessoas foram intimidadas pela formalidade, nervosas demais para se abrirem. Obviamente eu deveria ter pensado melhor ao invés de prosseguir desta maneira pomposa, e logo mudei minha abordagem, memorizando todas as perguntas, colocando-as informalmente, e não necessariamente na ordem do formulário de entrevista. O custo deste procedimento mais casual é que nem toda questão é sempre levantada ou completamente respondida. Os benefícios são muito mais profundidade e mais reações espontâneas, cândidas dos entrevistados.

Neste projeto tomei notas abertamente durante a entrevista, que normalmente durava duas ou três horas. Normalmente eu fazia duas entrevistas por dia, às vezes três, o que já era demais. Levava-se o mesmo tempo escrevendo uma entrevista que a conduzindo, e geralmente eu o fazia tarde da noite, ou na manhã seguinte se eu tivesse conseguido me encontrar com alguém ou participar de um evento durante a noite. Como em meus projetos anteriores, eu coloquei todas as minhas anotações de campo em cartões catalográficos grandes e fazia duas cópias. Os cartões eram organizados em categorias importantes para o projeto, os maiores consistindo de nativos, recém-chegados e minorias. Como muitos outros pesquisadores de campo, eu também mantive um diário sobre questões metodológicas.

No momento em que o projeto foi concluído eu tinha feito mais de 300 entrevistas. Em retrospecto, eu francamente estava surpreso por ter colocado tanta ênfase nas entrevistas. Na minha única outra experiência com um estudo da comunidade, os Olowo, na Nigéria, eu também realizei entrevistas, mas elas eram muito menos importantes do que a observação participante e os informantes. Penso que a razão pela qual me voltei para a entrevista estruturada como a principal técnica em Paraíso era que a comunidade era muito menos coesa do que a Olowo. Em Olowo havia uma única igreja, e todos se conheciam. Essa era quase a maneira como era Paraíso na década de 1940 e 1950, mas não na de 1980. Então, a cidade de Ontário estava dividida entre nativos e recém-chegados, com o mínimo de interação entre eles. Ela também estava dividida em termos de classe social, e, na verdade, teria sido difícil localizar qualquer evento social ou situação que aproximasse todos os residentes. A entrevista estruturada foi uma maneira de lidar com as limitações da observação participante, dada a heterogeneidade e a fragmentação da comunidade.

Apresso-me a acrescentar que fiz uma quantidade razoável de observação participante. Esta tornou-se a técnica dominante durante a terceira etapa do projeto. Minha preocupação era que as entrevistas estruturadas fossem muito artificiais, não suficientemente incorporadas à vida social conforme se manifestava. Mais particularmente, eu estava preocupado com uma metodologia que colocou ênfase demais no que as pessoas diziam, nas suas atitudes relatadas. Durante os últimos seis meses de trabalho de campo eu ainda realizei entrevistas, mas concentrei-me principalmente na observação participante, esperando preencher as lacunas entre as entrevistas, e medir o que as pessoas diziam contra o que faziam. Ao mesmo tempo, passei muito tempo com vários informantes que surgiram ao longo dos três anos anteriores, contando com eles para interpretar questões que me intrigavam e convidando seus comentários críticos sobre a minha versão da comunidade.

### Ponto crítico

O ponto crítico neste projeto foi de natureza inteiramente pessoal. Cerca de oito meses após o trabalho de campo ter começado, um dos meus parentes mais próximos morreu e foi enterrado no cemitério de Paraíso. Por vários meses achei mentalmente impossível fazer pesquisa concentrada, e comecei a duvidar da minha sabedoria ao decidir estudar a minha cidade natal. Eventualmente meu espírito reviveu e voltei às pesquisas. Francamente, no entanto, se eu tivesse sido capaz de prever a tragédia familiar eu nunca teria lançado o projeto, porque há algo indecoroso em deixar a memória de um ente querido de lado apenas para manter vivo um exercício acadêmico.

Outra coisa estava acontecendo que atrasou o projeto, apesar de que seria um exagero descrevê-la como um ponto crítico. Como muitos acadêmicos, eu dispensara o pós-modernismo e a metodologia feminista com base em nada mais do que os meus próprios preconceitos. Eu não tinha lido essas literaturas, e o pouco que eu sabia sobre elas foi tirado de apresentações em conferências e conversas de corredor. No meio do projeto de Paraíso comecei a ler muito sobre o pós-modernismo e a antropologia feminista. Muitos dos argumentos tocaram um nervo. A perspectiva de uma antropologia que reduzia a autoridade do escritor, incentivava a colaboração entre o entrevistador e o entrevistado, e até mesmo empoderava os sujeitos da pesquisa era sedutora. O pós-modernismo e a metodologia feminista pareciam oferecer respostas para dilemas éticos que sempre me haviam agitado desde que comecei a estudar antropologia. Comecei a considerar minha abordagem do estudo de Paraíso como fora de moda, um regresso aos dias em que o pesquisador penetrava os bastidores por bem ou por mal, e quando havia uma predisposição a desconsiderar o que qualquer pessoa tenha dito como fantástica.

Apesar das dúvidas, continuei com o Projeto Paraíso. O livro que eu eventualmente produzi é suficientemente sólido, espero, pelo menos em termos do tipo de antropologia (sem nome) que representa. No entanto, esse não é o ponto. Suspeito que, quando as pessoas expressam seu descontentamento acerca de um livro que foi escrito sobre elas, não é tanto que elas considerem o conteúdo impreciso e inválido – na verdade, eles podem sequer terem lido o livro completamente; o que incomoda as pessoas é que elas foram colocadas sob um microscópio, tratadas como espécimes científicos, e, dessa maneira, desumanizadas. Conforme continuei a absorver a literatura sobre o pós-modernismo e a antropologia feminista, fiquei extremamente consciente das limitações morais da minha abordagem de Paraíso.

### Retirada

Quando o trabalho de campo chega ao fim e começa a fase de escrita, uma decisão tem que ser feita quanto ao uso de nomes fictícios para as comunidades que foram estudadas. Usei pseudônimos no projeto do Oeste Africano, principalmente porque tinha descoberto tanto conflito que pensei que seria impossível escrever sobre isso sem tomar medidas para proteger a identidade da aldeia. No entanto, os Olowo eram tão conhecidos nos círculos acadêmicos da Nigéria que o pseudônimo teve pouco efeito. A mesma questão surgiu com o estudo da comunidade na zona rural de Ontário. Após considerável reflexão, decidi novamente conferir à cidade um nome fictício, principalmente porque eu tinha prometido proteger as identidades dos indivíduos que foram entrevistados.

Pessoas não familiarizadas com Paraíso podem levar certo tempo para descobrir a identidade da cidade, mas é uma história diferente para os próprios moradores de Paraíso. Em uma recente visita à comunidade fiquei surpreso ao saber do impacto do meu livro sobre o conselho local. Se uma reunião corria bem, vereadores aparentemente exclamavam: "Paraíso encontrado!" Se uma reunião era rancorosa, brincavam: "Paraíso perdido!"

## Quarto estudo de caso: gênero e violência na Córsega

Se eu tivesse que resumir a essência da Córsega em um par de palavras, seria beleza e violência. Esta ilha francesa no Mediterrâneo tem de tudo: imponentes montanhas de granito que ao sol têm um brilho rosa, castanheiros e oliveiras nos planaltos, profundos vales verdes através dos quais fluem rios cheios de truta (e enguia) e trechos de praias limpas e arenosas quase a cada curva da estrada. Há, então, também, a violência. Da Idade Média ao início do século XX, a sociedade corsa foi traumatizada pela vingança – uma forma de conflito sangrento entre famílias estendidas, geralmente motivado por ofensas contra a honra de uma pessoa, especialmente a honra de uma mulher. Em uma população de pouco mais de cem mil, as brigas de família chegam a custar cerca de mil vidas anualmente. A maioria das vítimas e seus assassinos eram homens. Nos séculos anteriores as mulheres não tinham direitos legais, não eram autorizadas a usarem sapatos ou montarem em um cavalo ou jumento, e o nascimento de uma criança do sexo feminino não era uma ocasião para comemorar. Em um caso (WILSON, S., 1988: 211), um homem ameaçou matar sua esposa se ela não produzisse um filho; quando ela deu à luz uma menina, ele cumpriu a ameaça. Dados os preconceitos da época, havia pouca honra a ser adquirida por assassinar mulheres, exceto como segundos melhores alvos, se os seus parentes do sexo masculino fossem poucos ou difíceis de localizar. Nestas circunstâncias, não era raro que as mulheres se vingassem com as próprias mãos, e, em um aspecto, as mulheres realmente dominavam a vingança. Era sua responsabilidade manter um estado de inimizade, certificar-se de que a sede de vingança não se abateu com o tempo. Isso elas faziam preservando as vestes ensanguentadas de um membro da família que tivesse sido assassinado e criando seus filhos em uma dieta de ódio e vingança.

Intimamente relacionado com a vingança estava o banditismo. Vingar um insulto a uma família, não importa o quão trivial, era considerado tanto um ato de honra quanto um dever. Quando isso resultava na morte, o assassino geralmente escapava para planaltos e vales isolados da montanha a fim de evitar prisão ou retaliação, tornando-se o que foi chamado de "um bandido de honra". Uma pequena porcentagem destes bandidos eram mulheres, mas a maioria das mulheres associadas ao banditismo eram esposas ou amantes de foragidos do sexo masculino.

Hoje a vingança corsa é uma coisa do passado, mas foi substituída por um movimento de independência muscular e cada vez mais violento. Durante quase toda a sua história conhecida, a Córsega tem sido submetida à invasão e ocupação por vizinhos poderosos. Houve assentamentos gregos já em 500 a.C., seguido por sarracenos, mouros, romanos e pisanos. Os genoveses governaram a ilha de meados da década de 1300 até meados de 1700. Ao final de 1700, os franceses obtiveram o controle, e desde então a Córsega tem sido um território francês.

Embora os esforços para alcançar independência, ou pelo menos autonomia, sejam anteriores à ocupação francesa, e tenham ocorrido esporadicamente ao longo das décadas, foi em 1960 que o movimento de independência explodiu. O que o despertou foi o estabelecimento, na Córsega, de cerca de 17.000 *pied-noir*; estes eram cidadãos franceses que tinham sido forçados a abandonar a Argélia depois da sua própria aposta bem-sucedida na independência. O *pied-noir* rapidamente se tornou uma força econômica dominante na ilha, principalmente, segundo os corsos, porque eles eram injustamente financiados pelo governo francês. Em meados dos anos de 1970, a independência de uma recém-formada organização chamada ARC (*L'Action Régionaliste Corse*) liderou um ataque contra o *pied-noir* (SIMEONI, 1975), resultando em duas mortes. Foi rapidamente reprimida pela polícia e pelo exército, mas durante a próxima década uma dúzia de organizações nacionalistas surgiu, algumas delas empenhadas em alcançar a independência, outras com a meta mais modesta da autonomia. Embora a maioria dessas organizações fosse clandestina, algumas delas, semelhantes ao Sinn Fein do IRA, na Irlanda do Norte, tinham alas políticas abertas. Inicialmente elas limitaram seus ataques à propriedade – edifícios de propriedade pública, como bancos e agências de correios, instalações turísticas de propriedade estrangeira, como hotéis e parques de campismo, e até mesmo as vivendas dos ricos franceses. No início de 1990, o assassinato tinha se tornado rotina. Por volta da mesma época, de maneira vingativa, os membros das organizações de independência rivais começaram a assassinar uns aos outros. Essa sucessão de eventos, aliada ao fato de que um mínimo de 500 bombas eram detonadas anualmente naqueles anos, provocou uma resposta surpreendente, mas significativa. As mulheres corsas, em 1995, lançaram um movimento de paz para pôr fim aos assassinatos e bombardeios. Ao fazê-lo, contrariaram as normas da Córsega: a expectativa de que as mulheres ficassem fora da política e prestassem apoio incondicional aos homens das suas vidas. Não inesperadamente, os líderes dos vários grupos nacionalistas as condenaram como traidoras.

### Primeira fase

Um monte de coisas deu errado com esse projeto, algumas delas por minha culpa. Por exemplo, selecionei a Córsega como um local de pesquisa por todas as razões erradas. Na Universidade de Sussex, na Inglaterra, onde eu estava matriculado em um programa de doutorado, a maioria dos estudantes estava fazendo trabalho de campo em aldeias de montanha na Espanha, na França e na Itália. Percebendo que eu poderia não obter permissão para realizar pesquisas na utopia do Oeste Africano, eu precisava ter uma alternativa viável, e alguém sugeriu a Córsega. Eu sabia quase nada sobre o lugar, mas a simples menção do nome da ilha mediterrânea suscitava imagens de romance e intriga em minha mente. Em 1974, a caminho da Nigéria, passei algumas semanas na Córsega, e em um sentido metafórico tornei-me seu prisioneiro desde então. De alguma maneira eu tinha que fazer pesquisa lá. Quando falava com os corsos e lia sobre sua história, a única coisa que se destacava em termos de significado antropológico era a vingança. Consultas com especialistas corsos revelaram que o único estudo aprofundado sobre a vingança havia sido publicado no início de 1900 por um advogado (BUSQUET, 1920).

214

Em 1978 voltei com a minha família para a Córsega a fim de iniciar um estudo sobre a vingança. No primeiro par de meses vivemos em uma cidade costeira relativamente nova. Gostaria de ser capaz de dizer que foi selecionada por sólidas razões acadêmicas. Mas o fato é que o nosso carro velho, comprado na Inglaterra, quebrou, e nós simplesmente decidimos permanecer. Em alguns aspectos, a escolha da cidade foi fortuita, embora possa ser antiético dizê-lo. A violência pairava no ar. Bombas explodiam periodicamente, muitas vezes soava um tiroteio durante a noite, indivíduos eram assassinados e duas das lutas mais cruéis que eu já testemunhei ocorreram na cidade – um dos casos envolvia dois irmãos determinados a destruírem um ao outro. Alguns moradores da cidade explicaram que a maior parte da violência estava relacionada à inimizade pessoal, ao comércio de drogas e a brigas eleitorais, e insistiram que a cidade não representava a "verdadeira" Córsega do interior montanhoso. Eu já tinha dúvidas quanto à adequação da cidade à investigação da vingança. Quando soube de uma região próxima das montanhas que havia sido famosa por suas vinganças, fizemos as malas e nos mudamos para uma aldeia na área. A diferença em termos de interação social foi bastante notável. Na cidade costeira, as pessoas eram recatadas em suas interações com outras. Comportamento jocoso era raro, sobretudo, foi-me dito, porque corria o risco de ser interpretado como desrespeito. A aldeia de montanha não era desprovida de tensão, mas as pessoas trocavam saudações amistosas na praça principal, brincavam umas com as outras nos dois bares públicos, e visitavam-se em suas casas.

Não demorou muito até que um excelente relacionamento fosse estabelecido. Com efeito, a família que ocupava o apartamento acima do nosso rapidamente nos adotou, certificando-se de que nós fossemos incluídos em eventos da comunidade. Sem dúvida, a nossa integração na aldeia foi facilitada pelas nossas crianças, outro lembrete de que, se um antropólogo não tem filhos, ele ou ela deve tomar emprestado um par deles antes de embarcar em uma pesquisa. Meu papel nos primeiros dias na aldeia era bastante ambíguo. Eu era visto como um turista, alguém em férias prolongadas. Mesmo quando perambulava pela vila, envolvendo as pessoas em discussões sobre a política contemporânea e perguntando-lhes sobre as vinganças bem conhecidas do passado, as pessoas não pareciam me levar a sério. Curiosamente, isso pode ter acontecido devido a uma renomada tolerância entre os corsos para com aqueles poucos indivíduos que conseguem passar pela vida graciosamente, sem nunca manter um trabalho regular.

Nestes primeiros meses deparei-me com a minha quota de desviantes. Na aldeia de montanha um homem de meia-idade ofereceu-me sua amizade, oferecendo-me legumes da sua horta e me convidando para assistir televisão com ele à noite. Esta foi uma oportunidade para aprofundar as minhas interações na comunidade, e eu a aproveitei ao máximo. Em uma ocasião informei à família que nos havia adotado que eu retribuiria uma refeição ao homem. Os olhares em seus rostos momentaneamente me paralisaram. Na volta, fui convidado a encontrá-los em seu apartamento. Eles lançaram um ataque contra o homem, dizendo que ele estivera na prisão três vezes, se recusara a permitir que a sua esposa moribunda procurasse atendimento médico e era desprezado por quase todo mundo na aldeia. Seu forte conselho era que eu o evitasse no futuro. A história parecia repetir-se, porque eu tinha encontrado o mesmo tipo de problema na utopia nigeriana quando tentara estabelecer uma relação com um homem a quem o *oba* (rei) detestava. Enquanto me preparava para deixar nossos vizinhos, humilhado e contrito, um deles comentou que o homem era um judeu. Se isso informou ou não o seu julgamento do homem permaneceu além do meu conhecimento.

Um tipo diferente de desviante tornou-se, por um tempo, meu amigo do peito na cidade costeira. Ele vivera fora da Córsega por vários anos, e, quando voltou, tornou-se um faz-tudo. Apesar de charmoso e inteligente, era evidente que tinha poucos amigos. No começo pensei que fosse porque só recentemente havia voltado para a ilha. Finalmente as pessoas começaram a me avisar que ele era um ladrão e estava envolvido em vários empreendimentos ilegais. Minha impressão era a de que ele tinha informações privilegiadas sobre o movimento clandestino de independência – ele me havia informado que o escritório de um advogado logo seria bombardeado, e foi o que aconteceu – e talvez até mesmo estivesse associado a ele. Se assim o fosse, eu queria que o nosso relacionamento continuasse. Este foi um grande erro da minha parte, porque em uma ocasião, quando em sua companhia, ele fez algo muito ilegal. Porque eu estivera com ele, por um breve período fui incluído no inquérito policial subsequente. Embora logo tenha sido dispensado como um inocente, culpado apenas pelo meu pobre julgamento na escolha da companhia, a interação com o meu "amigo" foi bruscamente interrompida.

Com o passar das semanas na aldeia, nos sentimos abençoados. A paisagem ao nosso redor era belíssima, fomos tratados majestosamente, e a vida em geral era totalmente satisfatória. No entanto, mais uma vez, tive dúvidas quanto ao local de pesquisa, assim como acerca da minha metodologia. A aldeia tinha sido de fato o centro da atividade revanchista no passado, mas os dados relevantes não estavam lá, eles estavam abrigados nos arquivos principais da maior cidade daquela parte da ilha. Em um capítulo anterior apontei que, embora o

216

problema sob investigação devesse ditar a escolha dos métodos, frequentemente nos comprometemos com uma metodologia específica e permitimos que dite as regras. Esse foi precisamente o meu erro na aldeia da Córsega. Treinado como etnógrafo, tentei realizar um estudo histórico com uma metodologia inadequada: a observação participante da vida contemporânea. Se eu estivesse seriamente empenhado no estudo, era óbvio que teria me concentrado nos arquivos[22]. Relutantemente, fiz o ajuste e comecei a passar cinco dias a cada semana nos arquivos da cidade (minha família permaneceu na aldeia da montanha), trabalhando com papéis empoeirados ao invés de pessoas vivas. As demandas de personalidade exigidas pela pesquisa em arquivos parecia ser mínima comparadas às da observação participante, embora eu suponha que se pudesse entrar nos livros errados dos responsáveis pelos arquivos. Felizmente eu fui formalmente apresentado a eles por um dos estudiosos mais respeitados da Córsega.

O projeto de pesquisa foi complicado. Meu objetivo era produzir uma visão histórica geral da vingança corsa, informada mediante comparações modestas, baseadas na minha leitura, com outros lugares de vingança, como Escócia, Albânia, Cabília e Appalachia, e analisada em termos da teoria antropológica contemporânea. Embora a pesquisa de arquivo não me agradasse, eu estava fazendo progressos consideráveis com a minha compreensão da vingança e da história da Córsega, até que se desse uma guinada crítica quase inevitável. O que aconteceu é que a minha filha, com menos de um ano de idade à época, caiu gravemente doente. Por cerca de uma semana ela foi tratada em um hospital na cidade onde os arquivos estavam localizados. Quando ela não melhorou, fizemos as malas e voltamos para o Canadá. Pelos próximos anos, ocupei-me com um projeto sobre teoria antropológica e com os projetos sobre a extrema-direita do Canadá, e a mudança social na Ontário rural. No entanto, a sensação de incompletude em relação ao estudo corso nunca me deixou, tampouco a esperança de que um dia eu voltaria para ele.

*Segunda fase*

No início dos anos de 1990 eu fiz planos de relançar o estudo da Córsega. Quase imediatamente descobri que alguém (WILSON, S., 1988) havia pro-

---

22. Deve-se notar que a partir dos anos de 1970 tem havido um ressurgimento de pesquisas empregando fontes e métodos históricos e de arquivo. Cf. Wolf (1982), Goody (1976, 1983), MacFarlane (1979), e Sahlins (1981). Ao mesmo tempo, tem havido um interesse crescente na história da antropologia. Cf. Trautman (1987), Ackerman (1987), Stocking (1987), Darnell e Irvine (1994), e Thornton e Skalnik (1993). Para um comentário interessante sobre estas tendências, cf. Jarvie (1989).

duzido o livro sobre a vingança que eu tinha em mente. Isso significava que ou eu tinha que abandonar o projeto de uma vez por todas, ou chegar a um novo ângulo. Eu sempre fui curioso acerca da possível sobreposição da violência associada à vingança e o movimento contemporâneo pela independência. A questão de gênero no que concerne à vingança – especialmente a inabalável determinação das mulheres de sustentar a sede de vingança da família – também me intrigavam. Estes interesses ligavam-se bem à literatura sobre antropologia feminista na qual eu estava me aprofundando na época, e, quando aprendi sobre o movimento de paz das mulheres que surgiu na Córsega, em 1995, eu decidi fazer do gênero um foco central do estudo.

O novo projeto de pesquisa era muito mais abrangente. Ele abraçava a vingança e o fenômeno correlato do banditismo, além do movimento de independência e do correlato movimento pacifista de mulheres. Tinha ainda uma dimensão comparativa sistemática. Como resultado da minha leitura, eu havia aprendido que a vingança na Albânia era notavelmente semelhante à da Córsega, e a escolhi como unidade de comparação. Para efeitos de comparação com os movimentos de independência e de mulheres pacifistas, selecionei a Irlanda do Norte. Sua luta pela e contra a independência era não só bem conhecida e bem documentada, mas também eram iniciativas de paz conduzidas por mulheres durante e após os distúrbios de 1969. Com efeito, duas mulheres tinham recebido um Prêmio Nobel da Paz (DEUTSCH, 1977) por seus esforços pelo fim da violência.

Tendo em vista o escopo do projeto, ele se tinha transformado em um estudo de biblioteca, exceto no que diz respeito ao movimento nacionalista corso e à iniciativa pacifista de mulheres. Para esta parte do projeto eu me baseei em uma variedade de técnicas: exame sistemático dos jornais diários; entrevistas informais com corsos de todas as esferas da vida, e observação participante, algumas delas bastante focado, tais como quando me juntei a grupos de mulheres representando o movimento pela paz durante suas manifestações públicas mensais. Apesar de nenhum dos homens que eu entrevistei, ou com os quais eu simplesmente conversei em bares, ter candidamente declarado estar ativo no movimento nacionalista (tinha minhas suspeitas acerca de um par deles), eu tinha informantes excelentes (ou consultores) no movimento de mulheres, inclusive duas que ajudaram a estabelecê-lo. Ainda assim, eu estava preocupado com o impacto do meu gênero nesta tangente do projeto, especialmente entre as mulheres que não estavam acostumadas a interagir com estranhos do sexo masculino. Por esta razão contratei uma jovem com algum treinamento em antropologia como assistente de pesquisa. Guiados por uma agenda de entrevistas bastante crua que eu havia preparado, seu trabalho era entrevistar tanto mulheres que haviam assinado o plebiscito pela paz quanto as que não o haviam feito, às vezes porque se opunham à iniciativa pela paz. Também foi solicitado à assistente de pesquisa investigar as atitudes dessas mulheres sobre o movimento nacionalista e montar um gráfico das várias organizações. Por motivos completamente alheios à sua competência, dentro de alguns meses tive que encerrar os seus serviços.

O que aconteceu foi que, menos de um ano após reviver o projeto, o desastre aconteceu novamente – não uma, mas três vezes. Seria autoindulgente fornecer algo mais do que os fatos, que são os seguintes. Em 1996, um dos meus irmãos morreu de câncer. Quase um ano se passou antes que eu voltasse para a Córsega. Em 1998, o câncer ceifou um segundo irmão. Vários meses depois eu estava tentando novamente coletar dados na Córsega sobre o movimento nacionalista e o pacifista. Em 2001, meu filho, quando estudava em uma universidade no Canadá, quase morreu em um incêndio. Tudo isso encerrou a minha pesquisa de campo na fabulosa ilha da beleza.

### Post mortem

Será que eu nunca deveria ter tentado reviver o projeto corso na década de 1990 após ser forçado a abandoná-lo vários anos antes? Se eu o tivesse abandonado, não teria sido a única vez que os planos da minha pesquisa não davam certo. Eu já havia me interessado uma vez pela cena política, alimentada por um movimento antinuclear, no território francês da Nova Caledônia. Embora eu recebesse uma bolsa de pesquisa para passar um ano na ilha, as autoridades francesas recusaram-se a conceder-me um visto. Fim de projeto. No final dos anos de 1980 realizei vários meses de trabalho de campo sobre o tema dos jovens imigrantes do Terceiro Mundo envolvidos em times de hóquei no gelo em Toronto. Eu tinha acabado de publicar o estudo deprimente sobre a extrema-direita e ansiava por um projeto que celebrasse tanto os jovens imigrantes quanto a sociedade canadense. Eventualmente também desisti desse projeto quando descobri que não eram muitos os imigrantes do Terceiro Mundo que calçavam os patins, e que aqueles que o fizeram encontraram uma quantidade considerável de insultos racistas, tanto de jogadores quanto de espectadores. Convém acrescentar que nunca me arrependi do tempo e do esforço empenhado nestes grandes projetos abandonados. No processo de elaboração de suas propostas de pesquisa, aprendi muito, e esse conhecimento ficou comigo.

Embora os acadêmicos não sejam muito abertos ou sinceros acerca dos seus projetos fracassados, eu ficaria surpreso se a minha própria experiência fosse totalmente atípica. A maioria de nós tem vários projetos em mente ao mesmo tempo, e acaba realizando o que se mostra viável. No entanto, se eu tivesse a oportunidade de refazer os passos do projeto corso, eu teria descartado o foco na vingança e convertido o estudo em uma investigação sobre a vida política contemporânea na aldeia de montanha, comparando-a com a da cidade costeira. Uma das razões para fazê-lo foi a descoberta de que não sou particularmente bom (ou interessado) em pesquisa de arquivos. Em outros projetos realizei estudos de arquivo, mas sempre como um suplemento a uma pesquisa etnográfica extensa. Um historiador corso altamente realizado comentou comigo uma vez que o cheiro e a sensação de documentos mofados deve ser emocionante. Essa emoção me escapou. É claro que mesmo se o projeto tivesse sido reconfigurado como um estudo etnográfico convencional, os três pontos críticos da década de 1990 ainda teriam se materializado. No entanto, por volta desta época, o estudo, menor, mais gerenciável e mais propício aos meus interesses metodológicos, poderia ter estado em fase de conclusão.

Uma ou duas palavras também devem ser ditas sobre a linguagem. Eu comecei o projeto corso com um conhecimento razoavelmente sólido do francês, recompensa de anos de instrução escolar formal e de viagens por territórios franceses, e decidi me concentrar em me tornar fluente antes de tentar aprender a língua indígena, o corso. Meu sucesso anterior em aprender a falar um pouco tanto de Igbo quanto de Yoruba na Nigéria, sem o auxílio de um treinamento formal na linguagem, até me fez pensar que eu tinha pelo menos um modesto talento para idiomas. No início meu progresso na língua francesa foi satisfatório, embora a mudança para os arquivos tenha colocado a ênfase na palavra escrita e não na falada. Quando o projeto foi relançado na década de 1990, descobri que tinha perdido muito da minha fluência. Para tornar as coisas piores, ficou claro que as mortes dos meus irmãos haviam exigido um preço infeliz: minha confiança como pesquisador (e como ser humano) tinha diminuído. Eu estava muito mais hesitante em iniciar conversas com as pessoas nas ruas ou participar de grupos nos bares. O resultado curioso foi que posso ter acabado não estando muito mais fluente em francês do que quando começara o projeto no final dos anos de 1970. Tanto para a minha autoatribuída "modesta facilidade" para línguas!

O projeto tal como revisado na década de 1990 é certamente muito maior – talvez maior demais – do que aquele com que eu tinha começado, e lhe falta a riqueza etnográfica característica de uma sólida pesquisa de campo. No entanto, não é insignificante. Tecendo e conectando os vários temas – vingança, banditismo, nacionalismo e os movimentos pacifistas de mulheres – são as variáveis de gênero e honra. Em minha opinião, a importância do gênero no que concerne à violência tem sido lamentavelmente subestimada na antropologia majoritária. Colocado de maneira mais forte, tenho ainda que me deparar com uma situação de violência na qual o gênero seja irrelevante. Mesmo em casos como o do massacre na Escola Columbine, onde apenas perpetradores homens estavam envolvidos, fica a pergunta: Por que homens? A resposta rápida pode ser que os homens sejam geneticamente predispostos à violência, mas esse argumento recebe pouco ou nenhum apoio do material corso. As mulheres corsas não só assumem o papel principal na manutenção da dinâmica das vinganças, mas na década de 1990 os homens também eventualmente juntaram-se ao movimento de mulheres pela paz. Nas entrevistas com as mulheres da Córsega, tantas foram as que argumentaram que não há diferença de gênero em termos de capacidade para a violência quanto as que argumentaram que os homens são "naturalmente" o sexo violento. Ainda mais notável, embora fosse muito menos provável do que os homens corsos que as mulheres corsas detonassem bombas ou assassinassem pessoas em nome de aspirações nacionalistas, suas atitudes em relação à violência não eram muito diferentes das atitudes dos homens: algumas horrorizadas, algumas indiferentes e algumas simpáticas. Quase a mesma coisa; distinção, aliás, encontrada entre as ações e atitudes entre as mulheres na Irlanda do Norte (MORGAN & FRASER, 1995).

Igualmente importante para a compreensão da violência são a honra e o respeito, e seus opostos, a vergonha e a humilhação. Todos estes elementos estão presentes na violência na Córsega, da vingança ao movimento nacionalista. O que descobri é que eles também estão incorporados em quase todas as situações de violência que se possa imaginar, inclusive a encontrada nos guetos negros encapsulados em cidades norte-americanas (cf. ANDERSON, E., 1999). Por detrás da honra e da vergonha, devo acrescentar, geralmente está o código de silêncio, conhecido como *omertà* na Córsega: a relutância em envolver autoridades quando a violência irrompe. Em seu trabalho impressionante, Gilligan (2004) afirmou que vergonha e humilhação são as forças fundamentais da violência entre os seres humanos. Do ponto de vista desse projeto, o seu argumento é convincente.

Finalmente, um dos perigos de deixar um projeto se estender ao longo dos anos é que os modismos em termos de teoria e até mesmo a escolha de projetos vêm e vão. Quem não dança conforme a música do momento corre o risco de ter seu projeto rotulado de antiquado. Ironicamente, mas por acaso, o projeto corso revisto é eminentemente compatível com estilos atuais de duas maneiras. Primeiro, durante o último par de décadas um novo corpo teórico tomou forma: a antropologia da violência (cf., p. ex., AIJMER & ABBINK, 2000; RICHES, 1986; SCHEPER-HUGHES & BOURGOIS, 2004; SCHMIDT & SCHRODER, 2001; STEWART & STRATHERN, 2002). Ele pareceria ser feito sob medida para o projeto corso, embora a minha sensação seja a de que como o conceito de cultura é muito amplo e impreciso, e ousado demais; além disso, não é claramente distinto da literatura anterior sobre conflito e poder. Em segundo lugar, o próprio estilo de investigação antropológica sofreu mudança. Como Knauft (2006) apontou, os projetos grandiosos e deslumbrantes do passado, que aspiravam verdades universais sobre a humanidade, estão em desuso; mas também o estão as etnografias meticulosas, encharcadas de dados, de áreas locais, outrora consideradas o orgulho da disciplina. O que está em voga hoje é o projeto que equilibra o universal e o particular, enfocando instituições e modos de ação. Devido a nada mais do que um golpe de sorte, esse é precisamente o espaço conceitual agora ocupado pelo projeto corso.

## Reação contra a metodologia feminista

Uma série de escritores, a maioria deles mulheres, lançaram um contra-ataque vigoroso à metodologia feminista. Michele Barrett (1986), por exemplo, acusou os defensores de uma metodologia feminista distintiva de terem sequestrado o feminismo, e culpou-os pela indisposição da maioria dos sociólogos a levar o gênero a sério. Clegg (1985) sustentou que não há algo como uma metodologia feminista. Coser, que usa a linguagem do positivismo como "testar nossas teorias" e "proposições", declarou: "Não há nenhuma ciência do sexo masculino nem do sexo feminino" (1989: 201). McCormack (1989) e Acker (1989) apontaram que tem havido pouco que seja novo na crítica feminista do positivismo, muito do que já foi dito por cientistas sociais homens criticamente orientados. McCormack previu que as mulheres que defendem uma metodologia feminista radical, que se opõem à ciência e rejeitam a objetividade e a racionalidade, nunca serão levadas a sério na academia. Em uma reação enérgica à metodologia feminista, Lynn McDonald (1993) enfatizou a forma pela qual a pesquisa positivista, empírica beneficiou o seu próprio trabalho de uma vida como feminista. Ela remontou as ciências sociais à era filosófica que antecedeu a obras de Marx, Weber e Durkheim, e demonstrou o grau em que as contribuições de mulheres cientistas sociais, como Florence Nightingale, foram ignoradas. Ao invés de ser conservadora e reacionária, a ciência social positivista, desde os seus primeiros dias, de acordo com McDonald, tem sido muitas vezes radical, extremamente crítica do *status quo*. Os vários escritores aos quais acabei de me referir não escondem sua oposição à metodologia feminista e sua atração pelo positivismo e pelo empirismo tradicionais. Deve ser salientado, no entanto, que algumas das críticas vêm de pesquisadores que têm sido muito mais simpáticos em relação aos objetivos da metodologia feminista. Acker et al. (1983), por exemplo, descobriram que era impossível eliminar completamente o tratamento das mulheres como objetos no seu estudo. Eles haviam decidido partilhar seus dados e análises com essas mulheres, mas acabaram o fazendo apenas com aquelas que concordavam com a sua perspectiva feminista. Eles até mesmo se perguntaram se havia sido ético impor sua perspectiva sobre as mulheres no projeto que não eram feministas.

Então houve o objetivo de tratar aquelas que foram pesquisadas como parceiros iguais. Como Acker et al. revelaram em seu próprio projeto, não podiam evitar assumir a posição privilegiada de especialistas (p. 429). Na verdade, as mulheres do projeto que leram o relatório de pesquisa exigiram uma análise e uma interpretação mais profunda, e não simplesmente uma descrição precisa. Em outras palavras, incentivaram os especialistas, na verdade, a atuarem como especialistas, ampliando assim a lacuna entre acadêmicos e leigos.

Opie (1992) concluiu que não importa o quanto se tente deixar as vozes daqueles que são estudados serem ouvidas, é impossível eliminar totalmente a apropriação, porque no fim o pesquisador sempre decide quais citações incluir e como interpretar os dados. Tanto Harding (1992) quanto Shields e Dervin (1993) rejeitaram o pressuposto de uma relação automática entre pesquisadores do sexo feminino e assuntos. A razão é que as vidas das mulheres, em vez de serem uniformes, muitas vezes são estruturalmente opostas, divididas em classe, orientação de gênero, raça e etnia. Shields e Dervin também apontaram que a pesquisa colaborativa que emprega métodos participativos, qualitativos nem sempre é apropriada, como, por exemplo, quando se estuda para cima. Por que princípio ético é justificável empoderar as mulheres da elite?

Finalmente, alguns defensores da metodologia feminista descobriram que a pesquisa qualitativa não é necessariamente libertadora. Stacey, por exemplo, chegou à conclusão de que métodos qualitativos são tão eticamente problemáticos quanto os quantitativos, e possivelmente ainda mais. Não só o investigador qualitativamente orientado ainda compõe o livro ou artigo, assim desmentindo a aparência de igual colaboração, mas também descobre uma grande quantidade de dados altamente sensíveis. Como Stacey afirmou, "Na verdade, a ironia que eu agora percebo é que o método etnográfico expõe assuntos a perigos e explorações muito maiores do que métodos de investigação mais abstratos, positivistas e 'masculinistas'. Quanto maior é a intimidade [...] maior é o perigo" (1988: 24).

Etnógrafos experientes, tanto do sexo feminino quanto do masculino, considerarão isso surpreendente. O que pode fazê-los levantar as sobrancelhas é a suposição na metodologia feminista de que a pesquisa qualitativa está intrinsecamente mais do lado dos anjos do que a pesquisa quantitativa, e, especialmente, é mais "feminina" do que "masculina". Afinal, foi na antropologia androcêntrica que a metodologia qualitativa foi concebida. No entanto, como mencionei anteriormente, a pesquisa qualitativa não implica, necessariamente, pesquisa não positivista. De fato, na maior parte da história da antropologia o oposto tem estado mais perto da verdade. Talvez Eichler (1986: 43) tenha acertado quando sugeriu que qualquer método, qualitativo ou quantitativo, pode ser usado de uma maneira sexualmente tendenciosa e, possivelmente, também de uma forma não sexista.

## Será que as mulheres fazem trabalhos de campo melhor do que os homens?

Como pesquisadoras de campo, as mulheres supostamente têm várias vantagens sobre os homens; diz-se que são melhores comunicadoras, mais sensíveis e empáticas, mais perceptivas do material subjetivo, menos visíveis no campo, menos ameaçadoras, e desfrutam de uma maior flexibilidade de papéis. Pelo menos é isso o que é sugerido na literatura, a maior parte escrita por mulheres quando a pesquisa de campo ainda era feita em outras culturas[23].

Harris, por exemplo, argumentou que as pesquisadoras criam menos suspeita do que os seus colegas do sexo masculino, a menos que, acrescentou em tom de gozação, sejam belíssimas, porque nesse caso poderiam ser consideradas espiãs[24]. No mesmo sentido, Fischer (1970: 275) perguntou quem poderia

---

23. A minha fonte principal aqui é *Women in the field* (Mulheres no campo), de Peggy Golde, uma coletânea de artigos escritos por doze proeminentes antropólogas. Esse livro insere-se claramente na tradição positivista, refletida nas palavras da própria Golde: "O antropólogo é antes de tudo um cientista – usando o particular para ilustrar o geral" (1970: 13).

24. Seu artigo sobre pesquisadoras de campo era parte de um volume mimeografado sobre pesquisa de campo disponível para os alunos da Universidade de Sussex em 1970.

pensar que uma mulher pudesse enganá-los? Vários escritores, inclusive Harris, têm apontado que por causa de seu *status* de forasteiras e qualificações educacionais, as mulheres no campo não são limitadas pelas regras que restringem as mulheres locais. Na verdade, é afirmado que as pesquisadoras desfrutam de mais flexibilidade de papéis do que pesquisadores do sexo masculino. Etnógrafos estão geralmente restritos ao mundo masculino. Etnógrafas não só têm acesso ao mundo feminino, e, portanto, ao conhecimento especial possuído por mulheres sobre genealogias, escândalos e orçamentos domésticos, mas também considerável acesso ao mundo masculino. Como Nader comentou sobre a sua pesquisa no México, "eu aproveitei sua indecisão quanto à forma de me categorizar e obtive a maior liberdade de movimento tanto entre homens quanto entre mulheres" (1970: 104-105).

Mead também (1970: 322) acreditava que uma mulher tem acesso a uma gama mais ampla de uma cultura do que um homem, e tanto Powdermaker (1966) quanto Du Bois (1970) sugeriram que a pesquisa é mais fácil para mulheres solteiras jovens do que para um jovem solteiro. Como Du Bois escreveu: "A jovem mulher solteira pode confiar em seu *status* como pessoa educada, em seu papel privilegiado como estrangeira, em seu desamparo, e seu acesso às mulheres" (p. 235).

Há, no entanto, o outro lado da história. Fischer (1970) pensava que as mulheres fossem mais vulneráveis do que os homens a ameaças e ataques. Powdermaker revelou que Radcliffe-Brown insistiu que levou uma arma para Melanésia, o que pode ser um comentário eloquente sobre as suas inadequações como pesquisador de campo. De acordo com Golde, as mulheres que fazem trabalho de campo muitas vezes têm que lidar com problemas relacionados ao sexo, inclusive ofertas de casamento (1970: 90)[25]. O *status* de solteira aparentemente cria dilemas especiais para as mulheres em pesquisa de campo. Antropólogos, diz Warren, estão muito menos propensos a serem incomodados se forem solteiros. "Mas uma mulher solteira, adulta, sem filhos", continua ela, "não tem lugar social plenamente legítimo na maioria das culturas, a menos, talvez, que ela seja idosa e, portanto, androginizada" (1988: 13). A este respeito, Mead sugere que quanto mais velha uma mulher parece, mais fácil se torna o trabalho de campo (1970).

Mais do que os homens, as mulheres no campo têm que prestar muita atenção às suas reputações. Ann Fischer destacou que um homem pode

---

25. Sobre o tema do sexo no campo, cf. Cohen e Eames (1982: 35-37) e Warren (1988).

tornar-se "nativo", mas não uma mulher (1970: 274). Pesquisadores do sexo feminino também têm que ter muito cuidado em relação às suas interações com outros europeus. Como Mead explicou, "O trabalho de campo é, na maioria dos casos, mais solitário para as mulheres do que para os homens. As atividades das mulheres são mais restritas; contatos com outros europeus têm que ser geridos com mais habilidade e tato. Enquanto um pesquisador pode passar uma noite na cidade em um acampamento, uma mulher [...] não pode" (1970: 322). Mead também fez alguns comentários cáusticos sobre equipes antropológicas formadas por marido e esposa. Em tais casos, ela argumentou, a mulher da equipe geralmente acaba em um papel subserviente, promovendo a pesquisa de seu marido à custa da sua própria – o preço da continuação do casamento (p. 326).

Será que as mulheres estão, portanto, melhor em campo do que os homens? Warren referiu-se a isso como "o mito do gênero focal da pesquisa de campo" (1988: 39, 64). Ela até mesmo sugeriu que o mito pode estar baseado na tendência das mulheres, mais do que os homens, a esconderem as falhas e pontos fracos em sua pesquisa de campo, tais como relatórios pobres, para que sua credibilidade não seja questionada. Em meu julgamento, está longe de ser conclusivo que as mulheres sejam realmente mais sensíveis e empáticas do que os homens. A este respeito, não posso concordar com Meis (1983: 121), que argumentou que, porque as mulheres têm sido oprimidas, elas são mais capazes de estudar pessoas exploradas; experiências compartilhadas de opressão não colocam necessariamente as pessoas no mesmo lado; indivíduos oprimidos, por vezes, evitam outras pessoas oprimidas, a fim de aumentar a identificação com o grupo dominante.

Há também, é claro, a questão sobre a origem das supostas diferenças de gênero – seja na natureza ou na cultura. Independentemente de qual lado do debate alguém esteja – e não causa surpresa que, sendo um antropólogo social, minha tendência é pela cultura –, parece que, em pelo menos uma dimensão, as mulheres no campo têm uma vantagem em relação aos homens: flexibilidade de papéis. As diversas possíveis ameaças para as mulheres, não obstante o fato de que elas têm acesso a ambos os mundos, feminino e masculino, não é insignificante.

## Antropologia doméstica

O tema da antropologia doméstica já surgiu várias vezes neste livro, e aqui vou olhar mais de perto o que ele implica. Na década de 1960, era quase inédito fazer pesquisa de campo no próprio país. As únicas exceções das quais me lembro diziam respeito a mulheres casadas e estudantes do Terceiro Mundo que estudavam em universidades ocidentais. Às vezes uma mulher casada e com filhos e um marido tinham permissão para efetuar um projeto doméstico, mas somente se contivesse um sabor antropológico, como uma seita religiosa ou grupo étnico; o pressuposto era então o de que as mulheres casadas não tinham liberdade para zanzar por uma ilha dos mares do Sul. Quanto aos alunos do Terceiro Mundo, o que era curioso, dadas as supostas vantagens de valor e objetividade estrangeira na antropologia no exterior, foi a expectativa de que voltariam aos seus países natais para a sua pesquisa de dissertação.

Uma das primeiras reivindicações por uma antropologia doméstica foi feita por Laura Nader, a mesma pesquisadora que defendeu o estudo para cima. Outros antropólogos proeminentes, como Fried, procuraram prevenir este novo desenvolvimento, argumentando que sem pesquisa transcultural a disciplina morreria. Nader, no entanto, salienta que, tendo em conta a grande diversidade étnica na América do Norte, pode-se realmente fazer pesquisa transcultural no próprio país. Tão grande foi o crescimento da antropologia doméstica, que na década de 1980 Messerschmidt foi capaz de escrever: "A antropologia doméstica não é uma moda, nem é um tapa-buracos para doutores desempregados. É, ao contrário, um ramo bem-estabelecido de antropologia que tem raízes profundas e uma forte herança [...] ele chegou para ficar" (1981: 1).

Messerschmidt provavelmente está certo, mas nem todos têm estado satisfeitos com o tipo de trabalho feito no próprio país. Ortner, por exemplo, aponta que a maioria dos estudos se concentrou em setores marginais da sociedade, como gangues de rua (1991: 166). Ainda mais condenatória é a crítica de Ortner de que os antropólogos que voltaram sua atenção para o próprio país têm ignorados amplamente classe social (presumivelmente a chave para a sociedade ocidental), e tendem a "etnicizar" os grupos investigados, como se fossem tribos exóticas e isoladas. Quando decidi mudar meu foco de pesquisa da África Ocidental para o Canadá, a maioria dos cientistas sociais a quem recorri para obter conselho simplesmente presumiu que eu iria gostar de selecionar um gueto étnico ou uma comunidade aborígene. Não admira que eu, por vezes, tenha sido perguntado se os meus estudos sobre a extrema-direita e sobre classe e racismo na zona rural de Ontário representam a antropologia real.

Aguilar (1981) aponta que há vantagens e desvantagens em se fazer pesquisa doméstica. Do lado positivo, porquanto, etnógrafos nesta situação são iniciados, podem misturar-se mais facilmente com a cultura. Têm melhor relacionamento, maior competência linguística e uma maior capacidade de apreciar as nuanças dos dados subjetivos não verbais. Eles também são menos susceptíveis de construir estereótipos enganosos de pessoas. Do lado negativo, os dados sensíveis, por vezes, lhes são retidos, neste caso usam a informação contra os temas da pesquisa. Outro problema é que os pesquisadores internos, devido à sua familiaridade com a vida cotidiana, podem aceitá-la sem questionamento, em vez de analisá-la. Então, também, os membros podem carecer de distância social suficiente para fazer perguntas – um problema que surgiu no meu estudo de Paraíso – e, ao contrário do pesquisador estrangeiro, nenhum subsídio é concedido para desempenho cultural inadequado; espera-se que conheçam as regras e as respeitem. Finalmente, pesquisadores do próprio país, por causa de seu *status* profissional, muitas vezes são marginais entre as pessoas que estudam, especialmente em projetos que estudam para baixo.

Antropologia em casa é um conceito bastante vago, e, a fim de esclarecer o que implica, Messerschmidt (1981: 13) divide-a em três categorias: a antropologia do *insider*, termo aplicado a antropólogos de grupos étnicos dominantes que fazem pesquisa em casa; antropologia nativa, o termo aplicou-se a antropólogos de grupos étnicos minoritários que estudam o seu próprio povo; e a antropologia indígena, o prazo para os antropólogos do Terceiro Mundo que fazem pesquisa de campo em suas próprias sociedades.

A antropologia nativa é muitas vezes considerada politicamente orientada, uma reação contra a ciência social ocidental convencional. Assim, Gwaltney, um antropólogo afro-americano, define a antropologia nativa como uma perspectiva oposta ao "estabelecimento do cientista social colono" (1981: 48). Outro antropólogo afro-americano, Delmos Jones, escreveu: "Por 'antropologia nativa', quero dizer um conjunto de teorias baseadas em preceitos e premissas não ocidentais no mesmo sentido em que a antropologia moderna baseia-se em crenças e valores ocidentais, e os tem suportado". O problema, apontou Jones, é que, embora haja antropólogos nativos, ainda não há uma antropologia nativa, ou um corpo teórico construído em torno das perspectivas de "povos tribais, camponeses ou minoritários". Tampouco, continuou Jones, são os dados e conhecimentos produzidos por antropólogos nativos necessariamente superiores aos gerados pelos demais antropólogos (1982: 472, 478).

Depois, há a questão do relacionamento, e da aparente vantagem, apreciado pelos nativos antropólogos. Jones indicou que, quando fazia pesquisas na Tailândia, era suspeito de ser um missionário. Mas quando fez uma pesquisa em uma comunidade negra em Denver, ele era suspeito de ser um dos Panteras

Negras. A reação das pessoas no último projeto variou entre aqueles que não se importam muito com a pesquisa, outros que pensei que era maravilhoso que uma pessoa negra estava estudando uma comunidade negra, e um terceiro grupo que fazia oposição a tal pesquisa, não importa quem fez isso, argumentando que estudos suficientes já tinham sido feitos, e que era necessário a ação.

Embora seja provavelmente correto descrever a antropologia nativa como ideológica, o mesmo vale para a antropologia indígena. A antropologia doméstica tende a ser altamente crítica do *status quo*. A antropologia indígena pode ser mais complexa, mas é igualmente ideológica. Pela minha experiência na África Ocidental, parecia que os antropólogos nigerianos fazendo pesquisa de campo doméstica estavam comprometidos com estudos que contribuiriam com a construção da nação. No entanto, a maioria desses estudiosos havia sido treinada na América do Norte ou na Grã-Bretanha, e muitas vezes tinha comprado a ideologia da ciência social objetiva. Em alguns casos, antropólogos nigerianos operavam como antropólogos residentes: a construção da nação, presumiam, foi promovida por estudos que expuseram e criticaram o Estado e suas instituições.

A diferença entre fazer pesquisa de campo doméstica e no exterior é bem descrita por Wolcott (1981). Em sua pesquisa na área urbana da África, em um vilarejo malaio, e entre os Kwakiutl, ele evitou confrontar questões sensíveis, e foi muito distanciado. Em sua pesquisa sobre a educação nos Estados Unidos, ele estava profundamente envolvido e crítico, mais do que disposto a expor as falhas no sistema. Wolcott muito candidamente admite que em comparação com o trabalho de campo que tem feito em seu próprio país, o seu trabalho no exterior tem sido superficial, mas ainda assim importante, devido à perspectiva transcultural, que é encorajada.

Um papel de pesquisa particularmente interessante é a combinação de residente/forasteiro. Nos anos de 1960, Gloria Marshall, uma afro-americana, realizou uma pesquisa de campo entre os iorubas na Nigéria. Sua herança africana parecia proporcionar-lhe um notável entrosamento. Ela vestia roupas iorubas, trançava os cabelos e tentava adotar maneirismos iorubas. As pessoas da cidade, por sua vez, aparentemente davam-lhe boas-vindas. No entanto, ela não se tornou nativa, nem era tratada como uma nativa. Na verdade, ela apontou, as pessoas da cidade nunca se esqueceram de que era uma estrangeira, e, ironicamente, sua herança africana gerou os seus próprios problemas especiais. Normalmente os antropólogos são acusados de serem espiões, missionários, ou, durante o período colonial, coletores de impostos. Marshall foi acusada de ser uma ioruba. As pessoas nos mercados que ela estudou nem sempre acreditavam que fosse dos Estados Unidos. Algumas delas pensavam que fosse uma ioruba que fingia não falar a língua a fim de coletar informações para o governo da Nigéria.

*Sobreposição entre antropologia doméstica e metodologia feminista*

Existe uma considerável semelhança entre a metodologia feminista e uma categoria de antropologia doméstica: a antropologia nativa. Em ambos os casos, há homogeneidade entre o pesquisador e o tema da pesquisa: afro-americanos estudando afro-americanos, mulheres estudando mulheres. Há também objetivos comuns, ou seja, empoderar os povos estudados, elevando o seu orgulho e a sua capacidade de resistir à opressão. Então há também os objetivos teóricos. Tanto os antropólogos nativos quanto os antropólogos feministas têm se esforçado em construir novos paradigmas que estejam livres da cultura ocidental masculina branca dominante.

Também se pode dizer que a antropologia nativa e feminista compartilham algumas das mesmas armadilhas. Assim como programas de pesquisa étnicos têm sido criticados como inerentemente tendenciosos, a mesma acusação tem sido dirigida a estudos influenciados pela metodologia feminista. Também tem sido apontado que a suposta homogeneidade entre pesquisador e tema da pesquisa é mais aparente do que real. Estudiosos de minorias étnicas muitas vezes ocupam uma posição de classe diferente das pessoas que investigam, e estão integrados na sociedade como um todo de uma maneira que é impossível para as pessoas menos privilegiadas. Quanto às mulheres, elas têm sido há muito acusadas de o movimento das mulheres ser controlado por pessoas da classe média, e, nos últimos anos, os esforços das mulheres minoritárias em exercer sua influência têm aprofundado a divisão. Finalmente, tanto antropólogos nativos quanto mulheres estão divididos entre dois públicos: seus colegas acadêmicos e as pessoas em seus projetos de pesquisa. Para quem devem escrever? Agradar a um dos públicos pode não ser difícil. Agradar a ambos pode ser quase impossível.

## Antropologia aplicada

Tendo em vista a longa luta da antropologia aplicada por reconhecimento e respeito, quem jamais teria imaginado que chegaria o tempo em que uma porcentagem maior de doutores iria encontrar emprego em trabalho aplicado fora do ambiente universitário do que dentro dele? Contudo, é precisamente o que aconteceu nos Estados Unidos em meados da década de 1980 (KUSHNER, 1994: 187); tão notável tem sido o crescimento da antropologia aplicada que alguns de seus partidários, como Baba (1994) e Fiske e Chambers (1996) observaram, têm defendido que seja formalmente reconhecido como um quinto campo na disciplina, ao lado da antropologia física, da antropologia cultural, da arqueologia e da linguística. Embora uma diminuição do número de posições acadêmicas, sem dúvida, motivou jovens graduados a procurarem em outro lugar a sua subsistência, este não foi o único fator. Muitos desses pesquisadores preferiram entrar no campo aplicado. Sua visão da antropologia era mais do que entender o mundo social; eles queriam melhorá-lo, ser agentes de mudança[26].

### História

Houve três períodos distintos de pesquisa aplicados na antropologia social britânica: a era colonial, a Segunda Guerra Mundial, e o período dos anos de 1970 até o presente. A maior parte da pesquisa no primeiro período, aplicada ou não, foi realizada em territórios coloniais, muitas vezes financiadas por fundações norte-americanas e pelo Escritório Colonial no país natal do investigador (KUKLICK, 1991). A fim de obter fundos, os pesquisadores estavam inclinados a enfatizar a utilidade de suas pesquisas para os administradores coloniais (cf., p. ex., FORTES & EVANS-PRITCHARD, 1967 [1940]: vii, 1). Antropólogos nessa era racionalizavam seu envolvimento com o argumento de que ajudavam a reduzir a tensão entre a administração colonial e os nativos, e a incentivar uma perspectiva mais humana por parte da administração. No entanto, mesmo que tais esforços aparassem as arestas do colonialismo, a consequência não intencional possível era prolongar a sua vida.

Alguns autores como Goody (1995: 195) negaram a alegação de que pesquisadores de campo dependiam do Escritório Colonial para fundos, ou de que empacotavam seus projetos como pesquisa aplicada. No entanto, na década de 1960, quando o mundo colonial colapsou, e fontes alternativas de fundos de pesquisa haviam se materializado, assim como um aumento de posições acadêmicas, a ênfase na pesquisa aplicada foi temporariamente arquivada. A ironia, de acordo com Kuklick (1991: 240), é que os administradores coloniais, alguns dos quais tinham sido treinados nos rudimentos da antropologia, nunca acre-

---

26. Embora o meu foco aqui esteja sobre a antropologia social e cultural, deve ser salientado que a antropologia museológica tem uma longa história de envolvimento do público, e a arqueologia tem muitas vezes sido invocada para reforçar as reivindicações de populações marginalizadas. A especialidade forense da antropologia física também tem uma dimensão aplicada explícita mesmo se, a fim de identificar restos humanos, ela recorra ao que muitos antropólogos socioculturais considerariam uma classificação racial obsoleta.

ditaram plenamente que a disciplina servisse muito a algum valor prático ou confiavam em seus praticantes.

Se a realidade do colonialismo tendia a comprometer a pureza ética dos antropólogos, assim o fazia o nacionalismo durante a Segunda Guerra Mundial. Famosos antropólogos britânicos como Leach, Fortes e Evans-Pritchard ofereceram seus serviços ao esforço de guerra, normalmente como agentes da inteligência, muitas vezes com base na sua experiência de uma determinada região ou tribo para facilitar excursões militares aliadas. Curiosamente, uma das obras teóricas mais influente surgida após a Segunda Guerra Mundial, *Political Systems of Highland Burma* (Sistemas políticos do Planalto de Burma), de Leach (1965 [1954]), aparentemente passou a existir porque o autor perdera suas notas de campo quando servia como um oficial da inteligência na Birmânia, e teve que abandonar sua etnografia planejada.

Às vezes se pensa que as mudanças em uma disciplina, como um maior enfoque na antropologia doméstica ou na antropologia aplicada, equivalem por definição a um progresso e refletem uma livre-escolha. Não é necessariamente assim. Nos anos de 1970 e de 1980, na Grã-Bretanha, fundos de pesquisa e posições acadêmicas estavam secando, os antigos territórios coloniais estavam cada vez mais fora dos limites, e o ensino superior estava sob constante ataque por parte dos governos que tinham pouca tolerância para com o conhecimento pelo conhecimento. Neste contexto, se os antropólogos quisessem conservar a sua profissão, tinham pouca escolha ao embarcarem em uma carreira na antropologia aplicada, especialmente (mas não necessariamente), domesticamente. Hoje em dia, antropólogos aplicados na Grã-Bretanha têm sua própria organização, *Anthropology in Action*, e de acordo com Shore e Wright (1996), constituem uma das áreas de mais rápido crescimento na disciplina. Especialmente impressionante, afirmam estes autores, tem sido as inúmeras contribuições para a política, uma fase fundamental na mudança social dirigida.

A antropologia aplicada na América teve uma origem diferente. A América não possuía um império colonial, mas tinha reservas para os nativos americanos, e em 1920 os antropólogos foram aí empregados como administradores. Muito mais surpreendente foi a conexão dos primórdios da pesquisa aplicada na América com a gestão industrial (BENNETT, 1996; GORDON, 1998). Em 1930, Elton Mayo, hoje conhecido como o pai das relações industriais, arranjou para seu colega mais jovem da Universidade de Harvard, o antropólogo W. Lloyd Warner, a participação no que ficou conhecido como o Projeto de Hawthorne. Armado com as técnicas convencionais do pesquisador de campo, Warner retratou a fábrica e o local de trabalho como um sistema social, e demonstrou que as relações sociais eram tão importantes ou mais importante para a produção quanto os níveis de remuneração ou as condições de trabalho. Embora esta linha de pesquisa eventualmente se tornasse conhecida como sociologia industrial, em vez de antropologia industrial, o que é intrigante é que a antropologia aplicada nos Estados Unidos não apenas enfocava os problemas contemporâneos, mas também constituiu uma primeira expressão da antropologia doméstica.

A segunda fase da antropologia aplicada na América foi a Segunda Guerra Mundial. Estimou-se (JOHANNSEN, 1992: 72) que pelo menos 90% dos antropólogos profissionais participaram do esforço de guerra, de uma forma ou de outra. Um bom exemplo é o famoso retrato feito por Ruth Benedict do caráter e da sociedade japonesa em *The Chrysanthemum and the Sword* (O crisântemo e a espada) (1946). Mais de duas dúzias de antropólogos trabalharam para o Office of Strategic Resources (Escritório de Recursos Estratégicos) (OSS), que foi o precursor da Central Intelligence Agency (Agência Central de Inteligência) (CIA), inclusive Gregory Bateson, conhecido como um teórico criativo e à época casado com Margaret Mead. Antes e após a Segunda Guerra Mundial, Bateson era altamente crítico da antropologia aplicada. No entanto, de acordo com Price (1998), realizou suas funções como oficial de inteligência em várias partes da Ásia, com entusiasmo e, possivelmente, com grande sucesso também.

Como resultado de revelações públicas na década de 1960 sobre o papel desempenhado por antropólogos em projetos de contrainsurgência na América do Sul e no Sudeste Asiático organizado e financiado pelos militares dos Estados Unidos (HOROWITZ, 1967), e de uma onda de reações negativas à Guerra do Vietnã, a antropologia aplicada, ligada ou não a excursões militares, sofreu um revés, apenas para ressurgir novamente nas décadas de 1970 e 1980. Desde 1941 a Sociedade Americana de Antropologia Aplicada estivera estabelecida. O jornal que patrocinava, *Human Organization*, permanece até hoje como uma das principais vitrines para artigos acadêmicos, não só para a antropologia, mas também para outras disciplinas com interesses aplicados. Em 1978, outra revista, *Practicing Anthropology*, foi fundada, seguida cinco anos mais tarde pela criação da Associação Nacional para a Prática da Antropologia. Estas duas últimas iniciativas foram especificamente orientadas para o desenvolvimento profissional de antropólogos aplicados. Nos últimos anos temos visto o surgimento de cursos universitários e pós-graduações em antropologia aplicada, e "livros de receitas" sobre como se tornar um antropólogo aplicado, como o excelente guia de Nolan (2003), *Anthropology in Practice: Building a Career Outside the Academy* (Antropologia na prática: construindo uma carreira fora da academia). É claro que várias introduções ao campo continuam a ser publicadas, entre elas Ervin (2005), Hedican (2008 [1995]) e Nolan (2002). Hoje em dia, a antropologia aplicada na América é robusta, confiável e em expansão. No entanto, várias questões preocupantes e ambiguidades permanecem, algumas das quais são abordadas a seguir.

### Questões e ambiguidades

Antropólogos acadêmicos têm estado historicamente divididos quanto a importância, validade e ética da pesquisa aplicada. Já em 1920, Malinowski (1929), geralmente considerado o santo patrono da pesquisa aplicada (FIRTH, 1981), promovia o que chamou de "antropologia prática", que exigia que pesquisadores de campo deixassem de lado a neutralidade quanto a valores a fim de enfrentarem e ajudarem a resolver os problemas sociais mais prementes enfrentados por povos indígenas. Mesmo Radcliffe-Brown (1931), mais conhecido como um teórico de gabinete do que como um pesquisador de campo, constatou o valor da pesquisa aplicada. Em franco contraste, estudiosos como Evans-Pritchard (1946) e Leach (cf. KUKLICK, 1991: 191) dispensaram a pesquisa aplicada como uma espécie de trabalho social adequado para aqueles que não tinham inteligência suficiente para a pesquisa convencional teoricamente orientada. Também houve uma tendência a se considerar os antropólogos aplicados como acadêmicos fracassados ou prostitutos acadêmicos, preparados para ignorar considerações éticas, desde que alguém pagasse o seu salário. O fato de que nos últimos anos pesquisadores aplicados ocasionalmente ganharam mais dinheiro do que seus colegas acadêmicos (BABA, 1994: 183) provavelmente contribuiu pouco para reduzir o ressentimento dos últimos.

A difamação, naturalmente, tem fluído em ambas as direções. Antropólogos aplicados muitas vezes retratam seus colegas acadêmicos como espécimes humanos indiferentes, envolvidos em casulos, com seus preciosos produtos acadêmicos acumulando poeira, desprovidos de qualquer utilidade, a não ser a de melhorar suas perspectivas de promoção e alimentar seu ego.

Deve-se salientar que alguns antropólogos aplicados reconheceram plenamente que a fonte de recursos de pesquisa pode comprometer seus padrões éticos. Já na década de 1940, um antropólogo americano chamado Sol Tax apresentou o que chamou de antropologia da ação (BENNETT, 1996; FOLEY, 1999). Seu ponto de partida foi o de que os antropólogos não devem aceitar fundos de qualquer grupo com poder e autoridade para controlar o trabalho de pesquisa de campo. Em vez disso, devem ser feitos esforços para buscar doações de partes desinteressadas e depender de seus próprios recursos financeiros. Sol Tax também rejeitou a neutralidade de valor e o relativismo, argumentando que a pesquisa deve promover uma mudança social positiva. Sua meta admirável consistia em combinar uma sólida pesquisa com progresso humano dirigido, o que equivalia a rejeitar a lacuna entre a pesquisa pura e a aplicada. Ao longo de um período de dez anos, começando no final de 1940, ele e seus alunos enfocaram um grupo indígena chamado Fox (mais tarde conhecido como os Mesquakis) no norte dos Estados Unidos, abordando questões sociais, como o alcoolismo e a depressão, e tentando combater o preconceito arraigado da população circundante.

O *post mortem* sobre o Projeto Fox, infelizmente, não é muito animador. Aparentemente a pesquisa de campo era muito mais rala do que o que se poderia esperar de um compromisso tão longo; também houve pouca colaboração com o Fox, e pouco benefício a ser demonstrado ao final, com a notável exceção de um programa de bolsas que produziu um punhado de graduados. O Projeto Fox certamente abordou a questão do financiamento, e sua filosofia da colaboração, mesmo se realizada apenas em parte, foi uma precursora da ênfase na pesquisa participativa de hoje. No entanto, no cômputo final, o Projeto Fox é mais um lembrete de que, não obstante a melhor das intenções, a engenharia humana é irritantemente complexa.

Embora muita antropologia aplicada tenha sido feita domesticamente, tanto no passado quanto no presente, também existe o campo dos estudos do desenvolvimento. Os antropólogos têm estado fortemente engajados em projetos de desenvolvimento por todo o mundo (cf. NOLAN, 2002), mas não sem controvérsia. Agências de desenvolvimento, dominadas por economistas e especialistas agrícolas, promovem os valores universais do progresso acima do relativismo tão arraigado na antropologia. Muitas vezes, o tempo alocado pelo antropólogo na coleta de dados é de poucas semanas, em vez de um ou dois anos. Alguns antropólogos podem alegar que são capazes de combater a abordagem cientificista, forasteira e desequilibrada favorecida nas agências de desenvolvimento, incentivando a participação significativa das pessoas para as quais o projeto está voltado. No entanto, como Gardner e Lewis (1996) observaram, muitas vezes tais participação e colaboração são superficiais, tendo por principal impacto incutir um senso artificial de humanidade e legitimidade na indústria do desenvolvimento.

A última questão a ser tratada diz respeito à definição de antropologia aplicada, e como distingui-la da pesquisa acadêmica convencional. Muitas vezes, os termos pesquisa pura *versus* pesquisa aplicada são empregados, uma distinção comum nas ciências duras, como aquela entre teoria na física e sua aplicação pragmática na engenharia. O problema é que a antropologia e as ciências sociais em geral não têm o rigor e a capacidade nomotética necessários para estabelecer uma divisão significativa entre o puro e o aplicado. Por exemplo, um pesquisador de gabinete esclarecido e imaginativo pode fazer uma grande contribuição para a resolução de um problema, como a alienação do trabalhador, desmistificando o fenômeno (estou pensando de Marx) como o fazem pesquisadores aplicados. Da mesma forma, não há dúvida de que os esforços aplicados de Warner no Projeto Hawthorne retroalimentaram a teoria geral, aprofundando a nossa compreensão dos sistemas sociais.

Nos últimos anos, o termo antropologia prática (e praticante) foi adicionado ao nosso vocabulário. Este termo refere-se especificamente aos pesquisadores envolvidos na pesquisa aplicada que são empregados fora da academia, tanto em setores públicos quanto privados, às vezes operando dentro de suas próprias empresas de consultoria. De maneira nenhuma (cf. BABA, 1994) os termos prática, pura e aplicada são completamente discretos. Pesquisadores aplicados poderiam ser antropólogos praticantes, mas poderiam igualmente ocupar posições acadêmicas. Às vezes é difícil entender exatamente como a bolsa de pesquisa dos últimos difere da dos seus colegas mais classicamente orientados, principalmente se a visão do trabalho aplicado não oferece muito mais a seus clientes do que uma análise e esclarecimento das questões sob investigação e uma apresentação de opções viáveis. Isto, em essência, é um pouco diferente da abordagem de Weber num momento em que as ciências sociais ainda estavam na infância. Sua alegação era a de que o cientista social não está melhor equipado para recomendar cursos de ação que os leigos. Tudo o que pode ser feito é definir as opções de mudança, e indicar as consequências da escolha entre elas. Muitos especialistas, tais como Nolan (2002), responderiam que a pesquisa aplicada, para se qualificar como tal, deve fazer muito mais. Ela deve passar da coleta de dados e análise para a formação de políticas, e de recomendações de políticas para a sua implementação de uma maneira que ocasione mudança social concreta. Esta é uma descrição de trabalho exigente. Quando também é reconhecido que as pessoas no campo aplicado frequentemente devem ter conhecimento de uma variedade de outras disciplinas e possuir a capacidade de trabalhar de forma eficaz com uma equipe multidisciplinar, e talvez assumir um papel de liderança na gestão de uma equipe, a alegação de que o trabalho aplicado é adequado apenas para os menos inteligentes se torna quase risível.

236

Costuma-se dizer que as ciências sociais são muito melhores em explicar problemas do que em resolvê-los. No entanto, temos a antropologia aplicada. Os vários ataques contra ela, como pesquisa de campo rasa, falta de orientação teórica, ética questionável e projetos fracassados podem por vezes ser justificados. Mas suas falhas e defeitos não são mais óbvios do que aqueles na antropologia convencional, especialmente quando esta última tornou-se, em anos recentes, mais especializada, cheia de jargões e desligada do mundo mundano. A previsão é a de um jogo tolo, mas pode vir o dia em que a antropologia acadêmica, insegura da sua direção, baseie-se nos mais brilhantes exemplos da antropologia aplicada para iluminar o caminho.

## Antropologia pública

Para os alunos que ingressam na disciplina no alvorecer do século XXI, pode ser difícil imaginar que houve um tempo em que os principais antropólogos eram renomados, respeitados por seu conhecimento e apreciados por seus esforços em usar esse conhecimento para a melhoria da humanidade. Na América, Boas e seus alunos, como Bento, Mead e Montagu, todos influenciaram a opinião pública, principalmente demonstrando como a cultura desafiou pressupostos profundamente arraigados acerca da "natureza humana". Na Grã-Bretanha, o enorme trabalho de Frazer sobre a mitologia atraiu um público grande, e Malinowski regularmente dirigia-se a públicos não acadêmicos sobre temas que vão do colonialismo à sexualidade.

Como as coisas mudaram! A impressão geral é a de que, desde os anos de 1960, a antropologia convencional praticamente desapareceu da cena pública, e a sua voz raramente é ouvida além dos muros da academia. Isso não significa que já não tenhamos mais nada interessante a dizer. A pedra de tropeço, ao contrário, tem sido a nossa própria falta de interesse em compartilhar o nosso conhecimento com os leigos e, talvez, o fato de que, quando fazemos um esforço neste sentido somos frequentemente ignorados. O risco em tudo isso tem sido o de tornar a antropologia cada vez menos relevante para a sociedade. Foi este estado de coisas, assim como uma confiança teimosa na contribuição única e importante da disciplina, que deu origem a ainda outra nova direção: a antropologia pública.

A antropologia pública exorta-nos a recorrer ao nosso conhecimento geral a fim de resolver e desmistificar as grandes questões que comandam a atenção e moldam o destino das pessoas em suas vidas diárias, e ajudá-las a alcançar uma mudança social equitativa. A suposição é a de que incentivando os antropólogos a abandonarem a configuração antisséptica da torre de marfim e a recuperarem seu mandato moral para melhorar a sociedade, tanto a disciplina quanto o público serão beneficiados. No final dos anos de 1990, sessões de antropologia pública foram organizadas nas reuniões anuais da Associação Americana de Antropologia (AAA). Eventualmente uma série de livros sobre antropologia pública foi criada por Robert Borofsky, que conduziu à promoção desta nova (ou renovada) iniciativa (cf. BOROFSKY, 1999). Ele rapidamente obteve o apoio entusiasmado de uma série de antropólogos proeminentes e socialmente conscientes. Não surpreendentemente, os alunos também tendem a abraçar o movimento, sem dúvida encantados com a perspectiva de serem parte de uma disciplina que promete ser tão útil quanto é interessante.

Em 2005 dois livros influentes no gênero da antropologia pública foram publicados. *Anthropologists in the Public Sphere: Speaking Out on War, Peace, and American Power* (Antropólogos na esfera pública: falando em guerra, paz e poderio americano) (GONZÁLEZ, 2004) inclui 52 exemplos de comentário antropológico público, a maioria deles artigos de jornais e revistas populares, do tempo de Boas ao passado recente. *Why America's Top Pundits are Wrong: Anthropologists Talk Back* (Por que os maiores especialistas dos Estados Unidos estão errados: antropólogos contestam) (BESTEMAN & GUSTERSON, 2005) tem por alvo a superficialidade loquaz dos intelectuais públicos de direita, desafiando suas generalizações com base em conclusões mais fundamentadas e matizadas de antropólogos. Em 2006, outra defesa elegante da antropologia pública, *Engaging Anthropology: The Case For a Public Presence* (Engajando a antropologia: por uma presença pública), foi publicado por um pesquisador norueguês, Thomas Eriksen. Uma das mensagens importantes nesse livro é que em nem todos os países a antropologia pública deixou de ser atuante. A Noruega, por exemplo, tem uma longa tradição de engajamento midiático e correspondente respeito público em questões intelectuais.

### Por que falta ação?

Os anos de 1960 foram uma época de turbulência no Ocidente, e a antropologia não escapou das ondas de choque. A oposição à Guerra do Vietnã foi ganhando força, o Movimento Black Power estava em pleno andamento, e uma perspectiva marxista cada vez mais vocal questionava a ética e a legitimidade da ciência social positivista. A antropologia já tinha sofrido uma crise de identificação e propósito quando seu antigo alvo, o mundo do primitivo, desapareceu, e, eventualmente, também o mundo colonial, com as novas nações, muitas vezes inalcançáveis para os pesquisadores. Ao mesmo tempo, houve uma perda de confiança de que a disciplina jamais alcançaria o *status* de uma ciência, e em anos posteriores, uma perda de confiança na própria ciência.

De uma maneira geral estes vários fatores ajudam a explicar por que os antropólogos procuraram refúgio na torre de marfim. Mas havia forças mais específicas em jogo, tanto intrínsecas quanto extrínsecas à disciplina. Proeminente entre os fatores intrínsecos foi uma maior especialização, complicada pela rivalidade paradigmática. Os antropólogos não só deixaram de engajar o público em geral, mas também houve uma tendência a limitar a sua interação com os colegas que compartilhavam os mesmos interesses estritos. Com esta especialização veio um vocabulário técnico, também conhecido como jargão. Nos dias de Boas e Malinowski, a profissão antropológica era pequena. A fim de terem um mercado para os seus livros, os antropólogos tinham que escrever para um público mais amplo, educado, e não apenas para os seus colegas e alunos. Naqueles dias não era necessário recorrer a uma prosa intimidante para impressionar o leitor; a mera novidade dos dados transculturais era suficiente. Na década de 1960 e 1970, a disciplina teve uma grande expansão, especialmente na América, o que significava que as vendas de livros já não dependiam do público. Isso abriu as portas para a prosa túrgida e a linguagem técnica, deixando a impressão de que a incompreensibilidade e a profundidade andavam de mãos dadas. O estilo da escrita, em outras palavras, tornou-se um instrumento para fechar o acesso ao público e para sinalizar o *status* elitista da disciplina.

Deve-se salientar que havia poucas recompensas para aqueles acadêmicos que se aproximavam do público, seja por meio de intervenções na mídia ou pela popularização do corpo de conhecimento da disciplina. Na verdade, a reputação e o salário de um pesquisador, sua estabilidade e perspectivas de promoção poderiam ser prejudicadas por tais atividades.

Eriksen (2006) sugere ainda uma outra razão pela qual os antropólogos têm se isolado do público: a ênfase conferida à análise em detrimento da narrativa. Seu argumento consiste em que a análise aliena os leitores. O que eles querem são histórias. Minha primeira reação foi para zombar do argumento de Eriksen. Afinal, se abandonarmos a análise, por que não sair do caminho e deixar que os romancistas façam o nosso trabalho? No entanto, se a capacidade de traduzir notas de campo em histórias cativante for uma das medidas de um bom ensino, talvez o mesmo valha para as boas etnografias, pelo menos se uma comunicação bem-sucedida for uma prioridade. O que fica no caminho do contar histórias é a doença do intelectual: o amor excessivo pela lógica e a busca da complexidade pela complexidade. Parece que só deixamos de analisar quando a nossa capacidade lógica de fazê-lo se esgota.

Embora seja evidente que o tão reduzido perfil público da antropologia nas últimas décadas foi em grande medida autoimposto, fatores externos à disciplina também desempenharam um papel. Particularmente importante entre estes foram os meios de comunicação e o poder e os interesses do Estado. Durante os últimos anos tem havido uma tendência constante, pelo menos na América do Norte, à consolidação da mídia sob a égide de grandes corporações. Tais corporações compreensivelmente são menos propensas a fornecer uma plataforma para os acadêmicos que as criticam, os quais provavelmente incluem a maioria dos antropólogos que tentam atingir o público através dos meios de comunicação, e não os de tendência conservadora – os especialistas criticados por Besteman e Gusterson.

Quanto ao Estado, Becker observou há algum tempo (1971: 70) que "uma sociedade que esteja disposta a aplicar a ciência social no processo ativo de mudar os interesses de suas instituições nunca foi vista na face da Terra. No mundo de hoje os interesses do Estado e os dos meios de comunicação estão em harmonia. Não é de admirar que os acadêmicos que conseguem expressar os seus pontos de vista nos meios de comunicação muitas vezes dão a impressão de serem especialistas em legitimação.

Finalmente, se compararmos o perfil público da antropologia com o de outras ciências sociais, descobrimos algumas diferenças interessantes. Historiadores, cientistas políticos, economistas e psicólogos são susceptíveis de beneficiarem-se de uma maior exposição na mídia do que antropólogos e sociólogos (e geógrafos sociais). Isto não pode ser devido a uma falta de jargão porque apenas os historiadores são relativamente inocentes a esse respeito. Os historiadores, porque lidam com o passado, podem ser considerados pela elite política e empresarial como sendo um tanto quanto inofensivos, mas o curioso é que os historiadores são muitas vezes chamados para tecer comentários sobre eventos contemporâneos. Cientistas políticos, economistas e psicólogos desfrutam da vantagem de pertencerem a disciplinas com um núcleo – a política, a economia, o indivíduo – que é prontamente reconhecido e presumido significativo pelos leigos. A antropologia e a sociologia são diferentes. Em primeiro lugar, elas lidam com a cultura e a sociedade – conceitos que podem parecer mais nebulosos do que a política e a economia. Em segundo lugar, elas se concentram no grupo, não no indivíduo. Tal enfoque é contrário ao pensamento ocidental. Quando associado às noções relativistas de que não existem sociedades superiores, e valores e crenças não podem ser julgados fora do contexto cultural, perturba várias posições filosóficas ocidentais, inclusive a responsabilidade individual pelo sucesso ou fracasso na vida, e a ênfase contemporânea nos direitos humanos universais.

### Avaliação

Naturalmente, o jogo está muito no início para se estimar o impacto em longo prazo da antropologia pública. No entanto, já há sinais de que não foi capaz de evitar a mais óbvia armadilha: a tendência incestuosa de confinar o debate aos companheiros antropólogos, ao invés de seguir com o trabalho de influenciar o discurso público. Bunzl (2008) apontou que *Why America's Top Pundits Are Wrong* tem sido largamente ignorado pelo público. A mesma coisa, de acordo com Feinberg (2006), pode ser dita sobre *Anthropologists in the Public Place* (Antropólogos no espaço público). Ambos os estudos, Feinberg argumenta, não conseguiram apreciar o grau em que a consolidação da mídia e a ideologia governamental efetivamente negam voz à antropologia pública. Mesmo Eriksen (2006: 32), um entusiasta da antropologia pública, alertou que é improvável que a série de livros de Borofsky atrairá alguém, exceto outros antropólogos.

Um tipo diferente de obstáculo diz respeito à orientação política da antropologia pública. González, Eriksen, e Besteman e Gusterman, todos presumem que a antropologia pública esteja situada à esquerda do espectro político. Seu mandato é para desafiar o *status quo*. Em minha opinião, tudo isso é positivo. Se a antropologia pública não é crítica, ela existe sem propósito. O problema é que nem todos na disciplina partilham esta perspectiva, e não estou pensando apenas naqueles entre nós que continuam a acreditar na objetividade e na compreensão como um fim em si mesmas. Tem havido muitos antropólogos extremamente conservadores, não menos neutros do que os chamados radicais de esquerda. Um caso em questão é George Peter Murdock (1949). Ao mesmo tempo em que construía os Arquivos da Área de Relações Humanas, ele agia como informante para o FBI sobre simpatizantes marxistas na profissão (cf. FEINBERG, 2006: 175).

Além disso, ao longo de sua longa história, a disciplina nem sempre se opôs ao poder do estado, especialmente em tempos de guerra. Por exemplo, quando Boas publicou uma carta em uma revista em 1919 (reimpresso em GONZÁLEZ, 2004) condenando antropólogos que se envolveram em atividade de espionagem para o esforço de guerra aliado sob o disfarce da pesquisa científica, ele foi censurado e efetivamente removido do AAA. Em 1950 (cf. GONZÁLEZ, 2004: 11), a liderança da AAA secretamente forneceu à CIA uma lista dos seus membros e as informações sobre seus interesses de pesquisa. Vinte anos depois, a AAA foi envolvida em uma polêmica sobre a participação oculta de antropólogos em operações militares dos Estados Unidos no Sudeste Asiático. Uma comissão examinou a questão e absolveu esses antropólogos de qualquer irregularidade. Apesar dessa decisão ter sido rejeitada pelos membros em geral da AAA, o intrigante foi que o comitê havia sido dirigido pela antropóloga pública mais famosa de todos os tempos: Margaret Mead.

Só para encerrar a questão de que nem todos os antropólogos são revolucionários, ou pelo menos opostos ao *status quo*, em 1991, quando membros conservadores da AAA propuseram que a organização fornecesse apoio formal aos militares dos Estados Unidos na Guerra do Iraque (cf. PRICE, 2004: 67), não foram poucas as vozes discordantes. Aparentemente, pouco mudou desde então. Uma edição recente de *Anthropology News* (2008, 49: 33) relatou um debate sobre a ética de antropólogos que se juntaram ao *American military's Human Terrain Teams* que à época operava no Iraque e no Afeganistão. Aqueles que se opõem ao envolvimento de antropólogos em atividades relacionadas à guerra podem fazer uma distinção entre guerras justificáveis e injustificáveis; afinal, a grande maioria dos antropólogos participou da Segunda Guerra Mundial. David Price, no entanto (cf. GONZÁLEZ, 2004: 13), afirma que a responsabilidade fundamental dos acadêmicos durante os períodos de guerra consiste em manter-se bem próximo do governo e desafiar o seu ponto de vista parcial.

Anteriormente eu me referi à forte tradição da Noruega na antropologia pública. A Noruega não é a exceção. Como Barth, um nativo dessa nação, apontou em uma entrevista com Borofsky (2001), a antropologia pública prosperou na Escandinávia, assim como no México, na Índia e no Brasil. Um antropólogo indonésio (cf. PURYEAR, 2006) revelou que não só antropólogos, mas também acadêmicos em geral contribuem rotineiramente com o discurso público. Por experiência pessoal sei que isso é verdade da Nigéria também. Presumivelmente, na maioria dos países em desenvolvimento, há uma expectativa de que os antropólogos indígenas empreguem seus conhecimentos e habilidades para fazer avançar a meta de construir a nação. Pesquisadores estrangeiros podem seguir um padrão semelhante, mas seu comentário crítico está sujeito a maior restrição. A implicação é a de que a antropologia pública é essencialmente antropologia doméstica.

Não é preciso, portanto, afirmar que a antropologia tradicional passou o último meio século isolada na academia. Foi principalmente nos Estados Unidos (e talvez apenas ligeiramente menos na Grã-Bretanha) que isso ocorreu. A antropologia pública, em outras palavras, é tanto uma iniciativa americana quanto uma história americana. Como explicá-lo? Duas hipóteses intimamente relacionadas podem ser sugeridas. Em primeiro lugar, quanto menos provavelmente uma nação esteja classificada no topo do sistema de estratificação internacional, mais provavelmente a antropologia pública prosperará. Exemplos: nações em desenvolvimento e Escandinávia. Em segundo lugar, quanto mais avançado ou "puro" for o sistema capitalista, menos provavelmente a antropologia pública prosperará. Exemplos: Estados Unidos e Grã-Bretanha.

Obviamente, onde ditaduras de mão pesada estão no controle, em sociedades em desenvolvimento ou em outros lugares, a autopreservação provavelmente motivará intelectuais de todos os matizes a manterem-se discretos. No entanto, as sociedades industriais avançadas atingiram o mesmo resultado por outros meios. Como Mann (1993) argumentou, o poder despótico ou tirânico do passado foi substituído nas democracias capitalistas pelo poder de infraestrutura – ou da capacidade do Estado de penetrar e influenciar cada canto da sociedade civil. Seu argumento ressoa com a afirmação de C. Wright Mills (1956, 1964), de que o poder nos Estados Unidos está então concentrado nas mãos do conjunto da elite política, empresarial e militar que as pessoas são abençoadamente ignorantes do quanto são manipuladas. Ainda mais cedo Bertrand Russell (1938) argumentou que a capacidade do Estado moderno de neutralizar a dissidência através de uma dose constante de ideologia e propaganda – aspectos do poder de infraestrutura – nunca foi igualada por qualquer forma anterior de regra. Isso pode explicar por que o campo de batalha por uma antropologia pública tem sido os Estados Unidos, e por que a Escandinávia, com sua moderada orientação socialista ou forma menos pura de capitalismo, reservou um espaço maior para a intervenção intelectual.

Talvez a questão mais polêmica diga respeito à relação entre a antropologia pública e a antropologia aplicada. Antropólogos aplicados apontam que o seu é o ramo da disciplina que nunca se ausentou da ação. No entanto, seu registro de trabalho dedicado nas trincheiras sem dúvida tem sido ignorado pela antropologia pública. Eles consideram a antropologia pública como um *slogan* com a intenção de clarear a imagem de antropólogos acadêmicos, e temem que isso seja apenas o sinal externo de uma trama insidiosa para absorvê-los na antropologia tradicional, dessa forma reforçando a dominação desta última. Não surpreendente que eles pensem que o impacto em longo prazo da antropologia pública será alargar o fosso entre a pura e a aplicada, e não reduzi-lo. Este ponto de vista é claramente expresso por Merrill Singer (2000: 6), uma proeminente antropóloga aplicada, que escreveu: "Dado que muitos antropólogos já fazem os tipos de coisas que agora estão sendo descritos como antropologia pública, é difícil entender por que uma nova etiqueta é necessária, exceto como um dispositivo para distanciar antropólogos públicos de antropólogos aplicados".

A reação de antropólogos públicos a estas queixas podem ser divididas em dois campos. Em um campo estão aqueles que concordam que haja de fato um abismo enorme entre a antropologia pública e a antropologia aplicada. A principal diferença, dizem eles, é que a primeira é sempre crítica do *status quo*, enquanto a segunda mais frequentemente não toca neste assunto. Embora reconhecendo as importantes contribuições de pesquisadores aplicados a projetos como o desenvolvimento econômico do Terceiro Mundo e a pobreza em seu próprio país, González (2004: 4) observa que tem havido uma tendência crescente dos antropólogos aplicados nos últimos anos a oferecerem seus serviços a grandes empresas e órgãos governamentais; em outras palavras, eles têm se vendido. Na opinião de Purcell (2000: 32), é porque falta à antropologia aplicada uma perspectiva crítica que ela não pode servir como uma base para a antropologia pública; se a antropologia aplicada fosse crítica, acrescenta ele, as oportunidades de emprego secariam.

O fato de a antropologia aplicada ter prosperado nas duas sociedades industriais avançadas – os Estados Unidos e a Grã-Bretanha – aparentemente menos hospitaleiras, durante metade do século passado, à antropologia pública, poderia muito bem sugerir uma orientação acrítica. No entanto, antropólogos aplicados, como um grupo, são, provavelmente, não mais homogêneos do que os seus colegas acadêmicos. Em ambos os ramos há indivíduos que consideram a profissão como apenas mais um trabalho, e indivíduos que a abraçam com o zelo de um missionário. Certamente desafia a lógica a aceitar que esses mesmos especialistas aplicados, que, como estudantes, ansiavam fazer mais do que compreender o mundo, se tornem em massa mercenários disponíveis para o mais alto contratante. Pode-se acrescentar que é falso para antropólogos acadêmicos, públicos ou não, que dependem de um salário regular, arpejar na fonte da remuneração financeira para antropólogos aplicados/praticantes, ignorando no processo a sua ampla gama de projetos, desde o patentemente materialista ao filantrópico.

244

Pessoas no outro campo são muito mais simpáticas à antropologia aplicada. O argumento delas (cf. HAANSTAD, 2001; LAMPHERE, 2004) é o de que a antropologia pública e a aplicada não estão travadas em conflito ou competição. Em vez disso, elas partilham cada vez mais o mesmo objetivo de melhorar a sociedade. De fato, como resultado do aparecimento da antropologia pública, já não há supostamente uma lacuna entre a antropologia acadêmica e a aplicada. Ambas são aspectos complementares da antropologia pública. Mesmo Purcell, apesar de sua nítida crítica do ramo aplicado, concorda que o gênio da antropologia pública tem sido a de tornar obsoleta a distinção entre o puro e o aplicado. Só podemos imaginar se os antropólogos aplicados ficariam mais perturbados pelas palavras duras dirigidas a eles pelo primeiro campo, ou pelo convite cortês do segundo campo a se juntarem como subalternos.

### Estilos

Há duas categorias de antropologia pública. Um envolve principalmente explorar os meios de comunicação para influenciar o discurso público sobre importantes questões sociais. Essa atividade poderia muito bem ser criticada por sua superficialidade. Afinal, quanto impacto se pode esperar de cartas ao editor e mesmo de aparições no rádio e na televisão? Pode ter sido a natureza potencialmente superficial deste tipo de antropologia pública que provocou Lassiter (2005) a declarar que, a menos que se funda à etnografia colaborativa – uma estratégia de pesquisa que privilegia as vozes das pessoas que estão sendo estudadas –, ela está fadada ao fracasso. Incidentalmente, o que quer que se pense da antropologia aplicada, não se pode negar que ela quase sempre aspirou a ser colaborativa; tampouco pode-se dizer que falte substância, baseada como ela é em projetos de pesquisa concretos com objetivos pragmáticos e definíveis.

Outro aspecto problemático da antropologia pública diz respeito à dinâmica atração/impulsão. Onde está a prova de que o público quer e acolhe com agrado a intervenção de antropólogos? Como observou Eriksen (2006: 34), o homem e a mulher proverbiais da rua provavelmente preferem ter os seus valores e atitudes confirmados, em vez de desafiados, mesmo que isso vá contra os seus interesses. Pareceria que a antropologia pública deve sua encarnação muito mais a fatores de impulsão da academia do que de fatores de atração do público. Em minha opinião, isso não é uma razão suficiente para abandoná-la. A desmistificação sempre traz desconforto, e um certo grau de arrogância por parte dos antropólogos públicos, que presumem saber melhor do que o próprio público o que é bom para ele, pareceria ser o preço da admissão.

A segunda categoria consiste em publicações, de preferência livros, que lidem com as grandes questões do dia. Esta marca da antropologia pública não é mais nova do que a anterior. É simplesmente a antropologia crítica ou da ação com novo rótulo. Quais critérios poderiam ser utilizados para identificar livros nesta categoria? Uma possibilidade seria limitá-la a estudos que, na verdade, têm sido amplamente abraçados pelo público. No entanto, é duvidoso se até mesmo as principais publicações do sociólogo C. Wright Mills alcançaram muito mais longe do que as bibliotecas de acadêmicos em disciplinas vizinhas.

Quando expressei meu ceticismo acerca da possibilidade de escrever livros que justificassem o rótulo "antropologia pública" para um colega que ensina em um programa de pós-graduação dedicado à iniciativa, ele apontou para o meu próprio estudo sobre o racismo e o antissemitismo organizado no Canadá como um exemplo inequívoco. É verdade que *Is God Racist?* (Será que Deus é racista?) alcançou um público além dos muros da academia, nem sempre favoravelmente. Numa carta ao editor, o escritor afirmou que eu tinha desperdiçado sete anos da minha vida, o tempo que eu tinha levado para concluir o projeto, porque não há racismo ou antissemitismo no Canadá. É também verdade que eu participei de muitos eventos da mídia, a maioria deles entrevistas em jornais e aparições no rádio e na televisão. No entanto, eu sempre desconfiei que o estudo seria deturpado e sensacionalizado. Às vezes, as minhas preocupações eram justificadas quando enfrentei jornalistas de direita determinados a minar o estudo.

Embora a dimensão moral fosse tão importante quanto a curiosidade acadêmica em minha decisão de embarcar no projeto, eu não o considero muito diferente a este respeito da minha pesquisa anterior sobre a utopia do Oeste Africano. Minha esperança para o último estudo era que servisse como um modelo de desenvolvimento econômico para outras comunidades na Nigéria e além. Isso não aconteceu. Um dos motivos pode ter sido a minha conclusão de que era improvável que os vários fatores que contribuíram para o impressionante sucesso da comunidade poderiam ser encontrados em conjunto ou reproduzidos intencionalmente em outro lugar. Outra razão era que o outro lado do rápido crescimento econômico da comunidade era um enorme grau de conflito. Em outras palavras, o conto não era totalmente agradável. Uma terceira razão, candidamente, pode muito bem ter sido o estilo em que minhas publicações sobre a comunidade foram escritas: friamente objetivas, dadas ao pedantismo, com a análise diminuindo o relato. Imagine a minha perplexidade, então, quando um quarto de século depois de ter terminado o projeto, fui contatado por um nigeriano vivendo nos Estados Unidos que buscava a minha participação em uma

246

conferência sobre desenvolvimento em seu país natal, que seria organizada em torno da minha monografia, *The Rise and fall of an African Utopia* (A ascensão e a queda de uma utopia africana).

A fervorosa crença do homem era a de que a comunidade poderia servir como um modelo de desenvolvimento para todo o país. Seu ambicioso plano era convidar vários governadores estaduais e outros altos funcionários para a conferência. Por uma variedade de razões (de minha parte uma tragédia na minha família) a conferência prevista nunca saiu do papel. No entanto, o fato mesmo de ele ter sido contemplado foi tão gratificante quanto foi surpreendente. Mais importante, levanta mais uma vez a pergunta do dia: Como podemos reconhecer um estudo no gênero da antropologia pública quando o vemos?

Um dos mitos fundadores da disciplina é que os primeiros antropólogos americanos e britânicos foram enriquecidos por um programa de divulgação pública vibrante. É provavelmente correto que, naqueles dias, a maioria dos pesquisadores de campo presumiam (ou esperavam) que os seus esforços contribuiriam para o melhoramento da sociedade. No entanto, nunca houve uma "era de ouro da antropologia pública". Apenas havia um punhado de pesquisadores impressionantes e comprometidos, como Mead, Montagu e Malinowski, cujas incursões bem-sucedidas na sociedade como um todo rendeu-lhes merecidos perfis públicos.

Embora não tenha havido falta de antropólogos altamente talentosos nos últimos anos, praticamente nenhum deles, com a possível exceção de Edmund Leach na Grã-Bretanha, que regularmente apresentava artigos para a mídia popular e dirigia-se a audiências além da antropologia (cf. HUGH-JONES & LAIDLAW, 2000: 2), chegou perto de desfrutar o reconhecimento público e a influência concedida aos gigantes do passado. Como Eriksen (2006) sublinhou, é uma história diferente além das costas dos Estados Unidos e da Grã-Bretanha. No entanto, mesmo lá o impacto de antropólogos sobre atitudes e opiniões públicas tem sido modesto, provavelmente como resultado da magnitude das forças alinhadas contra ele, ou seja, o Estado e os seus meios de comunicação, militares e aliados dos grandes negócios. Em vista destas forças, é discutível se uma política deliberada de antropologia pública pode fazer alguma diferença, o que levanta uma intrigante pergunta: Se Margaret Mead estivesse viva hoje, será que os seus empreendimentos no interior da nação ainda param o tráfego e fazem com que os pedestres hesitem e, talvez, até mesmo mudem de direção?

# Conclusão

Voltemos ao abismo atual entre a literatura teórica e sobre métodos. Como pode ser explicado que em um caso a ciência foi praticamente ignorada e no outro caso quase freneticamente perseguida? Parte da explicação é que a metodologia feminista e o pós-modernismo têm se concentrado nas grandes questões: Qual é a natureza da pesquisa de campo, quais são as suas hipóteses subjacentes? Para fazer isso, eles lidaram com questões éticas e epistemológicas. A literatura especializada em métodos qualitativos, em contraste, tem sido muito mais estreita quanto ao foco: como conduzir pesquisa sistemática? Será que esta literatura tratou principalmente da técnica?

Devo acrescentar que é quase impossível tornar os métodos de campo sistemáticos sem permanecer à sombra dos métodos quantitativos, com os seus pressupostos positivistas. Como indiquei anteriormente, a pesquisa de campo é essencialmente uma atividade não linear. Qualquer tentativa de reduzi-la a um conjunto de regras públicas, procedimentos e leis replicáveis, se converte em uma abordagem linear sobre análise quantitativa como modelo. Também deve ser salientado que uma quantidade considerável de literatura recente sobre métodos qualitativos tem sido produzida por não antropólogos, especialmente sociólogos. A disciplina da Sociologia tem sempre sido mais jargonística do que a Antropologia (exceto estes estudos de parentesco), e mais autoconscientes sobre o seu estatuto científico. A tendência dos sociólogos ignorarem a metodologia feminista e o pós-modernismo parecem ser ainda mais acentuadas do que na Antropologia.

Finalmente, qual é o *status* da pesquisa qualitativa na academia hoje? Historicamente, a pesquisa qualitativa foi a reserva de antropólogos. Nos anos de 1920 e de 1930 também era o procedimento preferido da Escola de Sociologia Urbana de Chicago, sendo Park, Thomas, Small, Burgess e Faris as suas principais figuras. Mais recentemente, métodos etnográficos ou qualitativos não só se tornaram mais amplamente utilizados na sociologia (especialmente na sociologia da educação) e na pesquisa feminista, mas também têm sido examinados de perto por estudiosos literários e filósofos. Como Hammersley (1992: 123) afirmou, os métodos qualitativos já não são mais considerados apenas como ferramentas adequadas para uma investigação preliminar, pré-hipotética. De fato, tal é a sua crescente popularidade, ela argumenta, que em alguns campos de investigação há o perigo de que a pesquisa quantitativa se torne uma coisa do passado.

# QUARTA PARTE

Análise e interpretação

# 8
# A última fronteira: como analisar dados qualitativos

Dada a enorme literatura sobre métodos qualitativos que existe atualmente, além da literatura sobre metodologia feminista e pós-modernismo, é justo dizer que as técnicas de pesquisa de campo e assuntos relacionados, tais como estresse, ética, recursos literários, apropriação e epistemologia, tenham sido exaustivamente analisados. Contudo, ainda há um elo perdido: a *análise* de dados qualitativos. Isto é o que eu chamo de a última fronteira, a parte da etnografia ainda envolta em mistério – um estado de coisas, que fique claro, que muito se aplica ao tipo de antropologia positivista convencional que precedeu o pós-modernismo e a antropologia feminista. Neste capítulo deliberadamente ignorarei essas últimas perspectivas, assumindo que o nosso primeiro trabalho consiste em tentar esclarecer o que a análise significa em relação ao estilo de antropologia que tem dominado a disciplina durante a maior parte da sua história, e continua ainda hoje, na forma de uma antropologia sem nome. A propósito destas observações, quero tocar três pequenos sinos de alerta, especialmente para os estudantes.

O primeiro é que vocês não obterão muita ajuda sobre como proceder analiticamente no campo voltando-se para a teoria geral, ou esperando que uma determinada orientação teórica, como a ecologia cultural ou o pós-modernismo, sirva como uma estrutura significativa para o seu estudo. Isso não se deve ao fato de tais orientações falharem em ajustar seus dados. O problema é, antes, que elas ajustarão os dados em praticamente qualquer projeto concebível. Em outras palavras, a relação entre a teoria, neste nível, e o caso empírico sob investigação, é vaga, imprecisa, e superficial. Na verdade, invocar uma das perspectivas teóricas mais conhecidas como um guia de pesquisa equivale a pouco mais do que um exercício de rotulagem na melhor das hipóteses, e a distorção na pior das hipóteses.

Existe, apresso-me em acrescentar, um lugar definido para a teoria geral na pesquisa etnográfica. Essa teoria aumenta a imaginação antropológica. Quando alguém entra em campo e começa a coletar dados, é quase ofuscado pela potencial importância teórica desses dados. Na verdade, a experiência de trabalho de campo dispõe a pensar sobre quase tudo o que já foi lido na disciplina. No entanto, os fluidos criativos secretados pelo confronto com os dados são uma mistura de orientações teóricas, ao invés de uma amostra pura de uma orientação específica; em outras palavras, o pesquisador extrai bocados e partes de qualquer corpo de teoria que pareça relevante. Além disso, o esclarecimento fornecido pelo seu conhecimento de um amplo espectro de perspectivas teóricas é apenas um único aspecto do procedimento explicativo. Como argumentarei abaixo, vários passos adicionais estão envolvidos, alguns deles mais apropriados e potentes.

O meu segundo ponto é que você não vai encontrar muita orientação acerca de como proceder analiticamente nas etnografias e monografias existentes. A razão é que quase ninguém (inclusive eu) é explícito sobre o exercício analítico. Os autores podem dizer algo em um apêndice sobre por que escolheram um projeto e sobre suas técnicas, mas raramente tentam explicar o seu procedimento analítico. Os etnógrafos são igualmente reticentes acerca das razões pelas quais organizaram os seus livros da maneira como o fizeram, mesmo que essa organização seja uma declaração sobre análise. A maioria das etnografias divide-se em dois tipos. Uma é a sanduíche; aqui o livro começa com uma visão geral da teoria (muitas vezes sob a forma de uma revisão da literatura), seguida pela apresentação dos dados e, finalmente, uma breve reconsideração da teoria. O outro tipo é mais deliberadamente indutivo, supostamente mais fiel à tradição etnográfica. Desde o primeiro capítulo, e continuando até a conclusão, são apresentados ao leitor com os dados "brutos", muitas vezes divididos em subsistemas como família, economia, política e sistema de crença. Somente no último capítulo (se isso de fato acontecer) é que se teoriza, geralmente sob a forma do oferecimento de generalizações empíricas. Ainda assim, essas generalizações, que supostamente surgem dos dados apresentados, e, portanto, são maravilhosamente (quase inevitavelmente) válidas, são muitas vezes apenas as suposições disfarçadas com as quais os autores começaram os seus livros, e que conferiram às suas monografias um simulacro de coerência.

Minha terceira advertência é que, infelizmente, você não vai obter muita ajuda dos livros didáticos sobre métodos qualitativos. A maior parte da literatura simplesmente evita a incômoda questão de como analisar dados qualitativos. Nos últimos anos, algumas almas corajosas como Agar, McCracken e Strauss se aventuraram na última fronteira. As suas contribuições, devo argumentar, ainda deixam muito a desejar, mas na minha opinião elas estão entre as mais impressionantes que já foram feitas até hoje.

## A literatura sobre a análise qualitativa

*The Professional Stranger: An informal Introduction to Ethnography* (O estrangeiro profissional: uma introdução informal à etnografia) (1980) é um manual introdutório amplamente utilizado com um diferencial: o autor tenta dizer algo significativo sobre a análise de dados qualitativos. Ele anuncia no início (p. 3) que o seu objetivo é desmistificar a pesquisa de campo e passa a lidar com uma ampla gama de questões, tais como a obtenção de fundos para a pesquisa, os procedimentos para a entrada em campo, a escolha de técnicas, e a análise dos dados. Ele critica os antropólogos por não expressarem exatamente o que está envolvido na análise qualitativa. No entanto, quando ele mesmo aborda este assunto, ele abandona a análise qualitativa e se volta para análise quantitativa: escalas, inquéritos, amostras e estatísticas.

Isso tudo é parte do que Agar chama de a abordagem de funil. O pesquisador começa um projeto na abertura maior do funil, construindo relatórios, fazendo observação participante e entrevistas informais e cobrindo um vasto terreno de maneira assistemática. Em uma fase posterior o pesquisador se desloca para a extremidade mais estreita do funil, onde a análise quantitativa e o teste de hipóteses predominam. Como Agar afirmou, "eu defendo o teste de hipóteses no sentido clássico como uma maneira potencialmente forte de se verificar conclusões etnográficas informais" (p. 172). É provável que muitos antropólogos tenham seguido a abordagem funil, mesmo sem terem um rótulo para os seus esforços, e eu fiz a mesma coisa em minha pesquisa na África Ocidental. No entanto, estaríamos todos nos enganando se pensássemos estar ampliando as fronteiras da análise *qualitativa*; estávamos apenas evitando esse desafio optando pelo procedimento mais simples da análise quantitativa. A abordagem funil, infelizmente, ressuscita a antiga suposição de que a pesquisa qualitativa é apenas uma etapa preliminar para a tarefa final mais importante da pesquisa quantitativa.

Uma seção de *The Professional Stranger* é intitulada "Análise de entrevistas informais" (p. 103-105). Aqui somos aconselhados a passar por cima das nossas entrevistas gravadas e a tentar separar o que as pessoas disseram em categorias e a organizar as categorias de acordo com temas. Podemos então percorrer o caminho inverso através do material de entrevista, e, usando um par de tesouras, recortá-lo e reorganizá-lo nos termos das categorias. Mais adiante no livro (p. 163-170) o autor dá outra estocada ao aconselhar-nos a analisar dados qualitativos, mas essencialmente repete o que foi dito anteriormente. O procedimento defendido por Agar não é nem sofisticado nem novo – qual etnógrafo não procura por temas e categorias? E em um aspecto ele é bastante enganador. Na pesquisa etnográfica, a análise nunca deve ser adiada até que todos os dados sejam coletados. A análise começa com as primeiras notas que o pesquisador anota, e continua diariamente durante a fase da pesquisa de campo. Esta é uma das principais diferenças entre a pesquisa qualitativa e a quantitativa, porque na pesquisa quantitativa, a análise de dados ocorre normalmente depois que uma pesquisa tenha sido concluída.

Existem várias inconsistências nesse livro, sendo a principal um apelo por uma abordagem qualitativa mais sofisticada, mas uma solução que gira em torno da análise quantitativa. Agar também critica a escola nade ou se afogue, em que se começa com uma preparação mínima, mas informa-nos que foi exatamente assim que ele escreveu *The Professional Stranger*; ele apenas consultou a literatura sobre métodos qualitativos mais tarde, e se disse contente por ter agido dessa maneira. Agar fica bastante impaciente com a maneira pela qual propostas de pesquisa etnográfica são escritas, argumentando que simplesmente não é bom o bastante dizer que se vai fazer observação participante ou entrevistas. Mas a sua alternativa, mais uma vez, é afastar-se dos métodos qualitativos e se concentrar nas técnicas e medições quantitativas. Este conselho é oferecido apesar do reconhecimento do autor de que a maior parte dos dados quantitativos tem que ser abandonada quando realmente chegamos ao campo, porque simplesmente ficará no caminho.

Há, é claro, um elemento de verdade no que Agar diz sobre a redação de propostas bem-sucedidas, e talvez ele deva ser aplaudido pela sua honestidade. A reação dos meus alunos, no entanto, consiste em questionar a ética de um procedimento que equivale a desfalcar agências de financiamento.

Como disse antes, a pesquisa etnográfica é uma experiência altamente pessoal, e possivelmente é por isso que mesmo um texto de introdução geral, como *The Professional Stranger*, parece tão obviamente autobiográfico. Parece que Agar nunca fez um trabalho de investigação tradicional, vivendo em uma comunidade por um ano ou mais. Ele só passou seis meses fazendo pesquisa na Índia, e ainda menos – dois meses – em um projeto na Áustria. A maior parte do seu trabalho de campo parece ter enfocado viciados em cidades norte-americanas. Isso pode explicar sua preferência pela "conversa" mais do que pela observação, e sua opinião de que as notas de campo não são muito importantes. Também pode explicar a sua inclinação pelos métodos quantitativos. Aparentemente a pesquisa sobre drogas é dominada por pesquisadores de orientação quantitativa, e se alguém espera competir por recursos escassos, precisa jogar o jogo quantitativo.

Como texto introdutório, há muito que elogiar *The Professional Stranger*, o estilo envolvente em que está escrito e a maneira como retrata a etnografia contemporânea como muito mais do que o estudo das culturas do Terceiro Mundo. No entanto, em termos da análise de dados qualitativos, esse livro, infelizmente, tem pouco a oferecer.

Voltemo-nos para um outro estudo, *The Long Interview* (A longa entrevista) (1988), de McCracken. Nesse livro, escrito em um estilo menos atraente, mas mais sucinto do que *The Professional Stranger*, há muito a dizer sobre a análise qualitativa. McCracken razoavelmente observa que essa análise "é talvez o aspecto mais exigente e menos examinado do processo de pesquisa qualitativa" (p. 41). No entanto, ele é confiante de que "algum dia veremos estes métodos qualitativos passarem rotineiramente entre até mesmo o professor mais desencantado e o aluno mais desencantador" (p. 19). Sua solução para a análise é a entrevista longa, que consiste em um procedimento de quatro etapas: uma revisão das categorias analíticas (tradução: uma revisão da literatura); uma revisão das categorias culturais (tradução: basicamente pensar no assunto sob investigação nos termos culturais locais, chegando ao projeto de pesquisa adequado); a descoberta de categorias culturais (tradução: construir um questionário aberto e usá-lo para entrevistar pessoas); e, finalmente, a descoberta de categorias analíticas (tradução: a análise dos dados qualitativos).

A quarta etapa, por sua vez, é dividida em mais cinco etapas. A primeira diz respeito à observação feita sobre uma declaração nas entrevistas transcritas; a segunda é uma observação expandida; a terceira é uma observação ligada a ainda mais observações; a quarta é o isolamento de um tema das etapas precedentes; a quinta é a criação de uma tese de entrevista, ou de um argumento central derivado dos dados. O autor aponta que cada etapa desloca-se para um nível mais elevado de generalidade, interconectando observações sobre os dados com revisões de literatura e culturais, produzindo, afinal, os padrões que expressam a tese central ou o argumento de um estudo.

Para crédito de McCracken, o seu procedimento é muito mais explícito e sistemático do que qualquer coisa oferecida por Agar. A grande questão é se isso equivale a um sofisticado avanço na análise de dados qualitativos, ou mero formalismo vazio. Meu palpite é que os pesquisadores mais experientes dispensariam o procedimento de quatro etapas e, especialmente, as cinco etapas analíticas do quarto estágio como superficiais, tendo pouca semelhança ou relevância para as suas próprias experiências no campo.

Como, então, McCracken, um especialista em antropologia histórica, apresenta o seu esquema? Mais uma vez, parte da resposta pode ser autobiográfica. Embora amplamente publicada, a experiência de trabalho de campo de McCracken parece ter sido bastante limitada. Parece que ele nunca fez um estudo de comunidade, nem trabalhou em outras culturas. Aparentemente, essas facetas da sua experiência acadêmica devem ter pouco impacto sobre a sua posição metodológica. No entanto, no início de *The Long Interwiew* (p. 10-11), encontramos o argumento curioso de que o trabalho de campo convencional já não é possível porque nem os pesquisados nem o pesquisador têm tempo suficiente, e porque os norte-americanos valorizam demais a privacidade para permitir que os antropólogos entrem em suas casas e vidas. Nada do meu conhecimento do trabalho etnográfico na América do Norte sugere que estes pressupostos sejam algo mais do que projeção pessoal (e confissão). McCracken também afirma (p. 37) que, em muitos projetos, oito entrevistados são suficientes. Como ele chegou a este valor é uma questão intrigante por si mesma, mas a questão, obviamente, não é o número de entrevistados, mas a profundidade da investigação. Pode, de fato, haver apenas um entrevistado, mas entrevistado várias vezes, como em *Nisa*, de Shostak, e isso pode ser adequado. No entanto, McCracken implica que as entrevistas reais com as pessoas em seu procedimento duram apenas de duas a três horas para serem completadas. Essa é a duração padrão da entrevista não estruturada na maioria dos projetos etnográficos, em que o número médio de entrevistados pode ser de duas ou três centenas de pessoas. Oito entrevistados pode fazer sentido para um estudioso com pressa, mas imagino que a maioria dos antropólogos ficaria estupefata ao invés de impressionada.

Há outras afirmações curiosas em *The Long Interwiew*, como a suposição implícita de que a pesquisa qualitativa é não positivista, mas acho que já se disse o bastante. Como no livro de Agar, McCracken serve a um propósito útil na medida em que fala para uma nova e significativa orientação da antropologia – a antropologia doméstica. Os esforços do autor para enfrentar a última fronteira também merecem o nosso louvor. Mesmo que os meus comentários críticos acerca do procedimento analítico proposto por McCracken sejam sólidos, ele pelo menos teve a coragem de encarar um fantasma do qual a maioria dos seus colegas se esquivou.

Agar e McCracken são ambos antropólogos, mas a tentativa mais ambiciosa de desmistificar a análise qualitativa foi feita por um sociólogo, Anselm Strauss. Há quatro décadas Strauss juntou forças com Glaser para produzir *The Discovery of Grounded Teory: Estrategies for Qualitative Research* (A descoberta da

Teoria Fundamentada: estratégias para a pesquisa qualitativa) (1967), um livro que Strauss reescreveu várias vezes desde então (SCHATZMAN & STRAUSS, 1973; STRAUSS, 1987; STRAUSS & CORBIN, 1990). Enfocarei aqui a versão de 1987, intitulada *Qualitative Analysis for Social Scientists* (Análise qualitativa para cientistas sociais). Assim como Agar e McCracken, que referiram-se ambos à teoria fundamentada, Strauss está confiante de que o processo de análise de dados qualitativos possa ser desmistificado. Em suas palavras, "O modo analítico introduzido aqui é perfeitamente apreensível por qualquer pesquisador social competente" (p. xiii). Em outra parte ele afirma, "Uma boa análise de pesquisa pode ser ensinada e aprendida: não se trata, absolutamente, apenas de uma habilidade inata" (p. 13). A teoria fundamentada, de acordo com Strauss, não está restrita a alguma disciplina em particular; trata-se de um estilo de análise que pode ser usado em uma variedade de campos, inclusive a antropologia. Ao contrário do pós-modernismo e da teoria feminista, a teoria fundamentada não põe em causa a tradição científica; ao contrário, a sua razão de ser é tornar a pesquisa qualitativa mais científica.

A teoria fundamentada, de acordo com Strauss, sistematicamente gera e testa teoria. Ela é praticamente sinônimo de interpretação, sendo um procedimento que extrai significado teórico a partir dos dados. Tudo isso soa louvável, e de fato há muito acerca da abordagem que é impressionante. Strauss opõe a grande teoria, ou a teoria especulativa, tal como representada nas obras de Marx, Weber, Durkheim e Parsons, argumentando que é demasiadamente abstrata para ter algum valor para projetos de pesquisa específicos; e reclama, com razão, que o que muitas vezes passa por teoria consiste em apologia das grandes figuras do passado[1]. Ele sabiamente argumenta que a análise não é algo que se faça apenas quando a pesquisa de campo está concluída, mas que ocorre ao longo de toda a fase de coleta de dados. Tampouco, ele afirma, a pesquisa de campo consiste em uma atividade linear. Ao contrário, oscila-se constantemente entre a coleta de dados e a análise de materiais, e o próprio foco da pesquisa muito frequentemente se move em direções inesperadas, variando de acordo com o que se aprende no campo. Embora os antropólogos costumem insistir que a biografia pessoal do pesquisador seja mantida separada do processo de pesquisa, caso contrário os dados seriam contaminados, os teóricos fundamentados razoavelmente argumentam que dados experimentais muitas vezes podem ser

---

1. Ironicamente, não é raro nos dias de hoje os cientistas sociais fazerem apologia da teoria fundamentada, com pouca evidência de que eles realmente tenham utilizado a abordagem.

altamente relevantes e úteis. Por exemplo, uma pessoa que tenha trabalhado em um hospital, e mais tarde acabe estudando enfermeiros ou médicos, torna-se o seu próprio informante. Finalmente, talvez o mais impressionante de tudo seja o reconhecimento de Strauss de que a pesquisa qualitativa consiste em regras práticas ou diretrizes, ao invés de prescrições rígidas como as instruções do fabricante para a montagem de um brinquedo. Dada a natureza fluida e muitas vezes imprevisível da pesquisa de campo, a flexibilidade implícita nas regras práticas é perfeitamente adequada.

Essa é a boa notícia. Agora deixe-me dizer-lhe o que está errado com a teoria fundamentada. Por um lado, há a enorme quantidade de jargões associados a ela. A teoria fundamentada consiste em uma série de operações técnicas, incluindo a que é rotulada de codificação, mensuração, memorização, amostragem teórica (comparação), diagramação e integração. Seguindo essas operações, o pesquisador supostamente produzirá um nível de explicação sofisticada e de interpretação inigualável na investigação qualitativa. Para provar seu ponto de vista, Strauss oferece vários trechos longos de seu próprio trabalho (p. 217, 241-248). Contudo, o que é notável acerca deles é a sua superficialidade e banalidade. Se estas reflexões casuais subanalisadas representam a teoria fundamentada no seu melhor estado, os pesquisadores de campo podem procurar a terra prometida em outro lugar.

Em vários pontos do livro (p. 61, 165, 294), Strauss afirma que o pesquisador pode ter dados demais, uma declaração que deveria imediatamente agitar qualquer antropólogo. Pode-se sair de um projeto de pesquisa com uma tão grande quantidade de dados que a sua gestão é difícil, especialmente se não foram registrados e organizados sistematicamente ainda no campo. Mas em termos de explicação, simplesmente não se pode ter muitos dados, porque quanto mais se coleta, mais profundo se penetra. Ter muitos dados só faz sentido se está aliado a um conjunto de operações técnicas, tais como aquelas associadas à análise componencial ou à teoria fundamentada, porque o manejo da técnica se torna impossível quando se está trabalhando com mais do que alguns poucos casos. O que há de positivo acerca de tais abordagens formais é que os dados são analisados cuidadosamente, esmiuçados e recombinados de uma maneira que explora a sua potencial importância teórica. A única coisa ruim é que as operações técnicas podem ser consideradas mais importantes do que a qualidade dos dados.

A questão da qualidade pode ser rastreada até a primeira versão da teoria fundamentada apresentada por Glaser e Strauss. No decurso da montagem da sua oposição à pesquisa dedutiva, na qual se entra em campo armado com modelos e hipóteses, eles afirmaram: "Na verdade, é presunçoso presumir que se comece a conhecer as categorias e hipóteses pertinentes antes que se tenham esgotado pelo menos 'os primeiros dias no campo'" (1967: 34). Os primeiros dias! A maioria dos pesquisadores experientes, imagino, ficaria encantada se soubesse dessas coisas depois de seis meses de investigação. Glaser e Strauss também sugeriram que em uma fase avançada de um projeto "o pesquisador pode observar em poucos minutos tudo o que precisa saber sobre um grupo com referência a um determinado ponto teórico" (p. 72). Nos estágios mais avançados de um projeto, acrescentam, "estabelecer relações muitas vezes não é necessário" quando o investigador está verificando hipóteses, e de fato o "pesquisador pode obter seus dados em poucos minutos ou metade de um dia sem que as pessoas com as quais ele fala, ouve ou observa reconheçam a sua intenção" (p. 75). Isto é reino encantado. Como se a vida social fosse assim tão simples e previsível.

A terminologia associada à teoria fundamentada certamente confere à pesquisa qualitativa uma aura de respeitabilidade científica que distanciam a atividade de um leigo. No entanto, despojada de seu jargão de alta tecnologia, há pouco na teoria fundamentada que seja novo. Desde o tempo de Malinowski os antropólogos têm procedido da mesma maneira grosseira: coletando dos dados, obtendo palpites, verificando-os, conjecturando hipóteses, rejeitando-as quando surgem dados contraditórios, organizando seus dados em categorias, buscando temas e padrões, e realizando pesquisas comparativas. A diferença é a ausência de um vocabulário especializado em antropologia, e uma ênfase muito maior no trabalho de campo de longo prazo. Pode-se dizer que, como o indivíduo que ficou surpreso ao descobrir que sempre escrevera "prosa", os antropólogos têm sempre feito teoria fundamentada (ou pelo menos uma versão sensível dela); eles só não a haviam rotulado.

Ainda que falhas, as obras de Agar, McCracken e Strauss são as mais impressionantes dentre as disponíveis sobre análise de dados qualitativos. Outros estudos, como *Analysing Field Reality* (Análise da realidade do campo) (GUBRIAN, 1988) e *Analysing Social Settings* (Análise de ambientes sociais) (LOFLAND, 1971) parecem vagas e abstratas em comparação, embora a segunda metade do livro de Lofland, onde ele trata da coleta, da organização e da redação dos materiais qualitativos, é sólida. Hammersley e Atkinson (1983: 175-205), que também referem-se com aprovação à teoria fundamentada, incluem um capítulo intitulado "O processo de análise" em seu texto. A análise, eles sugerem, consiste em ler e pensar sobre os dados coletados, buscar padrões e inconsistências, e criar conceitos, categorias e tipologias. O capítulo se encaminha para uma discussão geral da triangulação (usando uma mistura de métodos), o método comparativo, e diferentes tipos de teoria – da macro à micro. Mais uma vez, o grau em que a análise qualitativa dos dados tem sido desmistificada é mínimo. Nesta conjuntura, pode ser difícil reprimir o pensamento de que talvez esta seja a única parte da pesquisa qualitativa que simplesmente não pode ser desmistificada. Permitam-me, no entanto, voltar para as minhas próprias tentativas de fazê-lo.

## Uma alternativa modesta

Embora eu seja menos confiante do que Agar, McCracken e Strauss quanto às perspectivas de desmistificação da análise qualitativa, acho que parte da névoa pode ser dissipada. Em sociologia é convencional distinguir entre metodologia com M maiúsculo e com m minúsculo. A primeira diz respeito à lógica da pesquisa, e inclui a concepção, o enfoque, conceitos, definições operacionais e decisões quanto a proceder dedutiva ou indutivamente. A segunda lida principalmente com as técnicas utilizadas e as medidas tomadas para coletar dados. Meu ponto de partida consiste em estabelecer uma distinção semelhante entre uma análise com A maiúsculo e uma com a minúsculo. O A maiúsculo representa o nível mais geral de análise e interpretação que é endereçado exclusivamente para um projeto de pesquisa específico. O a minúsculo representa o nível mínimo de análise e interpretação em um projeto, um nível que paira próximo aos dados. O caso puro, ou exemplar, do A maiúsculo é o modelo; trata-se de um produto da imaginação e da lógica. O caso puro, ou exemplar, de um a minúsculo é uma explosão de *insight*; trata-se de um produto de imaginação e perspicácia.

## O modelo

O modelo é o mais elegante e condensado resumo de um estudo. Ele fornece ao leitor uma perspectiva dos principais temas, variáveis e argumentos. Em certo sentido, é como poesia: uma mensagem densamente embalada expressa em um mínimo de palavras, uma metáfora para o universo empírico que tem sido investigado. O modelo não é uma orientação teórica, embora possa muito bem ter implicações para a teoria geral. O escopo do modelo está propositadamente restrito ao projeto em mãos; na medida em que tem maior aplicabilidade, trata-se apenas de um bônus agradável, e não da principal preocupação do pesquisador. O modelo pode ser verbal, mas eu prefiro que seja representado em um diagrama. O modelo não é nem válido nem inválido; é útil ou inútil,

260

no sentido de proporcionar uma visão global das características centrais de um projeto de pesquisa.

O modelo pode ser construído antes da pesquisa, baseado em uma teoria geral e na literatura pertinente, e então refinado à luz dos resultados da pesquisa, mas sou bastante contrário a este procedimento dedutivo; é muito grande o risco de que as percepções e interpretações do pesquisador sejam distorcidas. O modelo, portanto, não deveria ser um guia para a pesquisa, mas um produto dela. Deve crescer diretamente dos dados coletados. Quando se faz uma pesquisa de campo, pode-se construir vários modelos parciais, geralmente dirigidos a problemas analíticos específicos. A tarefa de construir um modelo global, no entanto, deve ser adiada até que o trabalho de campo seja completado, em parte porque é necessário conservar a capacidade de se surpreender com os dados, o que leva a interpretações imprevistas; outra razão é que somente depois de se ter deixado o campo, e de se ter tido a oportunidade de ler e reler suas notas de campo, e de refletir profundamente sobre elas, é provável que se tenha uma apreciação sofisticada do projeto de pesquisa como um todo.

A maioria dos pesquisadores de campo não inclui modelos em suas etnografias, satisfazendo-se em relacionar seus dados a temas e questões da literatura pertinente. No entanto, enquanto alunos poderíamos pegar qualquer etnografia e esculpir um modelo a partir dos dados; se seria tão útil quanto o que o autor pode ter produzido é outra questão. No meu estudo do Oeste Africano apresentei dois modelos, um dirigido ao sucesso econômico inicial da comunidade, o outro a sua transformação e declínio. Estes modelos foram desenvolvidos a partir dos dados, mas certamente não eram o que eu originalmente tinha em mente. Eu havia começado a pesquisa da comunidade nigeriana com modelos de desenvolvimento e declínio; somente depois de eu finalmente os haver descartado e adotado um estilo indutivo foi que comecei a compreender a comunidade.

Em meu estudo do racismo e do antissemitismo organizado no Canadá, comecei com problemas (ou questões) específicos, mas não cometi o erro de levar modelos preconcebidos para o campo; tampouco, neste projeto, apresentei um modelo no meu livro. O principal motivo foi a audiência esperada. Eu pretendia que o livro fosse lido por leigos, e não apenas por acadêmicos, e evitei a construção de modelos, de modo a que fosse de mais fácil leitura. Em retrospecto, pergunto-me se não teria, na verdade, sido útil para leitores leigos terem um modelo claro e conciso a sua frente.

Um modelo não é algo fácil de se construir (pelo menos eu não acho que seja), e, a fim de fornecer alguma ideia do processo envolvido, deixe-me voltar ao meu estudo de comunidade na zona rural de Ontário. Depois de algumas semanas de trabalho de campo exploratório, eu havia decidido enfocar a migração, a estratificação, a raça e as relações étnicas. Pouco tempo depois escrevi uma proposta de pesquisa na qual esses tópicos foram colocados no contexto da literatura pertinente. Naquela conjuntura levantei uma série de perguntas e questões teóricas que me pareceram pertinentes aos temas sob investigação, mas o que eu não tinha então era uma compreensão teórica geral do projeto.

Com a fase de trabalho de campo concluída, era hora de juntar tudo isso e produzir um livro. Por volta do primeiro mês, tudo o que fiz foi ler as notas de campo – as li e reli várias vezes, até que elas estivessem quase memorizadas. O que eu estava procurando era uma imagem unificada, um quadro baseado nos dados a minha frente conectaria todas as coisas. Posso na verdade me lembrar exatamente da tarde em que isso aconteceu. Eu havia anotado temas e ideias, especulando sobre a maneira pela qual diferentes assuntos eram interdependentes, rabiscando em papel de rascunho, quando do nada veio o modelo apresentado abaixo na figura 8.1[2].

Figura 8.1 Modelo de mudança social em Paraíso (cf. BARRETT, 1994).

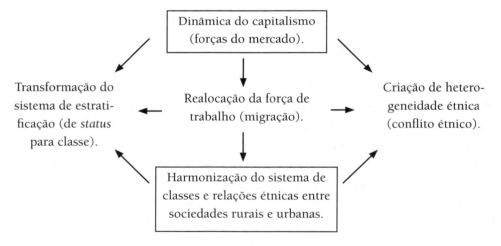

Não vou tentar explicar em detalhe os vários argumentos contidos neste modelo (para uma explicação mais completa cf. BARRETT, 1994: 31-33). Se este modelo é o mais útil que poderia ser construído a partir do mesmo conjunto de dados é uma questão muito diferente, e, sem dúvida, outros pesquisadores

---

2. Obviamente, é um pouco exagerado dizer "do nada", porque, na realidade, o modelo foi um produto direto das semanas passadas familiarizando-me com os dados e refletindo sobre eles.

de campo podem ter elaborado modelos bem diferentes (e possivelmente superiores), especialmente, como é provável, se tiverem enfocado temas diferentes. Do meu ponto de vista, a força do modelo está em reunir os três tópicos do estudo, em sugerir como foram interligados, e em proporcionar uma visão dinâmica do projeto como um todo – um guia para os capítulos que se seguiram.

**Tarefas secundárias com a maiúsculo**

Embora o modelo seja o núcleo da Análise com a maiúsculo, alguns exercícios adicionais estão envolvidos.

*1) Foco, problemas e temas*

Se o trabalho de campo for bem-feito, o antropólogo vai partir com dados sobre uma ampla gama de questões e temas. No entanto, não se pode olhar atentamente para tudo, o que significa que é necessário se concentrar em um número limitado de temas. A decisão será em parte pessoal, refletindo os interesses próprios de cada um. Por exemplo, é perfeitamente possível, dada a relativa escassez de estudos antropológicos sobre o racismo, que poucos pesquisadores de campo o tenham selecionado como um enfoque em Paraíso. A decisão também será em parte analítica, refletindo as questões e temas que estejam em voga em uma disciplina.

*2) Tópico versus problema*

Há uma diferença importante entre um tema e um problema. Um tópico é simplesmente um assunto sobre o qual se concentrar. Um problema implica um quebra-cabeça a ser resolvido. No estudo de Paraíso, o racismo na zona rural de Ontário foi um tópico. Para terem força analítica, esses temas devem ser convertidos em problemas. Por exemplo, será que o racismo na sociedade rural é maior ou menor do que na sociedade urbana? Ou será que o aumento do contato entre "raças" significa maior ou menor tolerância? Se alguém desejar fazê-lo, tais problemas podem ser facilmente colocados de forma hipotética.

*3) Conceitos e questões conceituais*

Um dos primeiros passos na pesquisa consiste em identificar e definir os conceitos básicos. Isto não é tão fácil quanto pode parecer. Uma razão é que presume que o pesquisador já tenha uma imagem clara dos tópicos e temas de estudo. Outra razão é que os conceitos de uma pessoa provavelmente serão uma combinação daqueles derivados de teoria e daqueles abraçados pelos sujeitos da pesquisa (ou conceitos do observador e do ator). Por exemplo, no estudo de Paraíso eu me concentrei nos moradores nativos da comunidade, nos brancos recém-chegados, e nos recém-chegados minoritários visíveis. Mas como é que se define um nativo? Quanto tempo uma pessoa tem que viver em uma comunidade antes de estar qualificada? E será que o pesquisador obtém o seu critério de estudos existentes na literatura, ou ouve o que os próprios moradores têm a dizer sobre o assunto? A tarefa de definir as categorias raciais é ainda mais complexa na medida em que a maioria dos antropólogos, inclusive eu, argumenta que as classificações raciais ofuscam ao invés de esclarecer; nesta situação, será que o pesquisador reproduz as definições oferecidas pelos sujeitos da pesquisa, sabendo muito bem que elas consistem principalmente em estereótipos?

Igualmente desafiadores são os conceitos ligados a complicadas questões teóricas, tais como classe e comunidade. Quantas classes há em uma comunidade? Será que o número percebido varia com a posição de classe do próprio ator? Qual é a diferença entre classe e *status*? Será que classe é uma entidade objetivamente identificável, ou será subjetiva? O pesquisador deveria seguir a concepção de classe de Marx, ou a de Weber, ou de Warner? Um conjunto semelhante de questões envolve o conceito de comunidade. Será que comunidade constitui um tipo sociológico específico, concretamente demarcado por limites territoriais e caracterizado por um sistema de valores e uma cultura distintivos? Ou, como alguns críticos afirmariam, será que a comunidade é uma ficção e, portanto, as teorias da comunidade são desprovidas de sentido?

Uma das peculiaridades da pesquisa etnográfica é que a tarefa de definição de conceitos-chave muitas vezes continua durante toda a fase de pesquisa de campo. É possível iniciar a pesquisa com uma ideia preliminar do que enfocar e de como definir conceitos. No entanto, o pesquisador deve se manter suficientemente flexível a fim de ser instruído pelas pessoas em um estudo sobre o que estes conceitos significam para elas. Por exemplo, entrei em Paraíso com as teorias contrastantes de estratificação abraçadas por Marx, Weber, Warner e outros em minha mente. No entanto, somente perto do final do projeto eu decidi pela minha própria abordagem, inspirando-me em Krauss (1976). O mesmo era válido para o conceito de comunidade. Na literatura existem literalmente dezenas de definições de comunidade. Qual escolher? Meu procedimento consistiu em ouvir o que as pessoas de Paraíso tinham a dizer: comunidade nos anos de 1950 significava uma coisa, e nos anos de 1980 outra.

O que eu estou apontando é que, mesmo quando se trata de exercícios mais rudimentares como a seleção de assuntos e temas e a identificação e definição de conceitos, a pesquisa etnográfica é irritantemente indutiva. Sem dúvida seria mais elegante e simples resolver todos estes problemas de forma arbitrária antes de entrar no campo, permitindo-lhes serem ditados pela própria perspectiva teórica favorita; mas isso prejudicaria os peculiares pontos fortes da etnografia que justificam o seu procedimento assistemático.

## A explosão do *insight*

A explosão de um *insight* não se parece com as manipulações lógicas envolvidas na construção de modelos ou na comparação de uma orientação teórica com outra, embora mesmo estes exercícios, se forem originais, serão selados por um *insight* imaginativo. A explosão do *insight* tampouco é uma atividade mecânica, que pacientemente provoca tendências e correlações de dados, embora, mais uma vez, lampejos de *insight* possam ser produzidos por tais atividades. Em vez disso, a explosão do *insight* envolve penetrações profundas nos mínimos detalhes das vidas quotidianas das pessoas, percepções rápidas que permitem ao pesquisador compreender os seus mais íntimos motivos. A explosão do *insight* é comparável a gritar Eureca! quando subitamente o que era previamente intrigante, ou apenas superficialmente entendido, passa a fazer sentido.

Quando falo sobre a explosão do *insight* não quero dizer que o pesquisador seja capaz de descobrir ou perscrutar o âmago de uma comunidade ou grupo. Em minha opinião, não existe nenhum fator fundamental na vida social que possa ser descoberto; em vez disso, nos projetos de pesquisa bem-sucedidos, explosões de *insight* ocorrem de tempos em tempos. A explosão do *insight* é ainda mais importante do que o modelo. De fato, sem repetidas explosões de *insight* durante o trabalho de campo, é improvável que um modelo significativo possa ser construído. Por isso, considero superiores aquelas etnografias ricas em explosões de *insights*, mas carentes de modelos ao invés de etnografias que fornecem modelos elegantes baseados em monótonos dados superficiais.

Embora longos períodos de trabalho de campo e trabalho duro sejam pré-requisitos de etnografias sólidas, estes, por si sós, não geram explosões de *insight*. O que é necessário é uma imaginação sociológica bem desenvolvida e um toque de perspicácia. Neste ponto pode-se pensar que eu esteja me aproximando muito do que me referi no capítulo anterior como "a síndrome do gênio", a suposição de que os antropólogos possuem uma extraordinária capacidade de compreensão da vida social. Essa não é minha intenção. Ao contrário, o que estou defendendo é que os alunos, em vez de simplesmente receberem uma gama de técnicas de trabalho de campo, também sejam alertados quanto à importância fundamental de profundos e repetidos insights. Se isso for feito, os alunos estarão mais conscientes do quanto a boa pesquisa depende de imaginação e percepção, em vez de mero virtuosismo técnico.

Para ilustrar o que entendo por explosões de insight, deixe-me voltar novamente ao estudo de Paraíso. Meu primeiro exemplo diz respeito a um homem de sessenta anos de idade, que trabalhava como balconista em uma pequena loja, um trabalho que ele vinha realizando havia mais de vinte anos. Ele me disse que só havia aceitado o trabalho como uma medida paliativa, algo que colocaria a comida na mesa até que ele conseguisse obter uma boa posição em uma cidade próxima. Enquanto ouvia este homem, eu de repente percebi que em sua mente a vida ainda não havia realmente começado. Embora estivesse à beira da velhice, ele ainda esperava que as coisas se encaixassem para que pudesse se estabelecer na cidade e ingressar nas fileiras da classe média. A história deste homem tocou um acorde comum, especialmente (mas não exclusivamente) entre as pessoas que lutam para sobreviver. Para muitas dessas pessoas, a vida tinha uma qualidade temporária. Elas podem ter trabalhado por trinta ou quarenta anos como atendentes de loja ou domésticas, mas em suas mentes isso se dava simplesmente porque elas ainda não haviam saído dos trilhos. Então, tragicamente, encontraram-se na casa dos sessenta ou setenta anos, e o que havia sido concebido como uma situação temporária acabou por se tornar a característica definidora das suas vidas.

Meu próximo exemplo diz respeito aos moradores pendulares. Um grande número de pessoas que se mudaram da cidade para Paraíso continuaram a trabalhar na cidade. Para a maioria delas, a migração pendular era um mal necessário, algo que precisava ser feito para que pudessem pagar suas hipotecas. Elas reclamavam do desgaste que o deslocamento exigia de seus corpos, da tensão que pressionava o seu casamento e do obstáculo que criava aos seus esforços em conhecer os vizinhos e desfrutar da vida de uma cidade pequena. Um dia entrevistei um homem com uma perspectiva bastante diferente. Ele insistia que gostava de pendular. Enquanto falava, deu-me a impressão de ser um solitário. A última coisa que queria era interagir com seus vizinhos. Foi então que percebi que, para este homem, e para um punhado de outros como ele, a migração pendular era o equivalente à vida em um grande condomínio de apartamentos na cidade: um mecanismo que criava o anonimato que desejavam. Devo acrescentar que nem todas as pessoas que consideram a migração pendular atraente, ou pelo menos tolerável, eram antissociais. Algumas delas simplesmente apreciavam a oportunidade de recolher seus pensamentos e colocar suas vidas em ordem.

Um terceiro exemplo lida com a classe social. Minhas entrevistas revelaram uma contradição entre duas normas. Uma era que sempre se provia um subsídio para uma maçã podre na família. A outra era que bastava apenas um único personagem alcoólatra ou ardiloso para arruinar a reputação de uma família. Conforme progredia a pesquisa, tornou-se evidente que a primeira norma aplicava-se principalmente às classes mais altas, a segunda às classes mais baixas. Foi então que percebi que cada indivíduo em Paraíso começava a vida com um grau mensurável de crédito social – quanto maior a classe, maior a quantidade.

Um quarto exemplo concerne ao racismo. O influxo de recém-chegados tinha um impacto dramático sobre a interação social. As pessoas, os locais incluídos, já não se cumprimentavam automaticamente umas às outras na rua, como faziam no passado. Elas estavam inclinadas a ensimesmarem-se, a protegerem ciosamente a sua privacidade. Como um homem observou, as pessoas já não se "avizinham". Quando indivíduos pertencentes a minorias visíveis se mudavam para a área de Paraíso e tentavam se tornar amigas de seus vizinhos eram geralmente repelidas. Nativos de Paraíso se defendiam contra as acusações de racismo, salientando que foi-se o tempo em que as pessoas se inclinavam sobre as suas cercas e conversavam com os vizinhos de porta. No entanto, ocorreu-me que a qualidade atual de interação fragmentada servia como um manto conveniente para encobrir o racismo que de fato era disseminado na região.

Meu último exemplo também diz respeito ao racismo. Uma das coisas peculiares sobre Paraíso, uma cidade que até recentemente fora habitada principalmente por pessoas de origem britânica, e que não tinha experiência direta de conflito racial, foi que as pessoas logo começaram a pensar em termos de estereótipos raciais e não hesitaram em oferecer classificações raciais, classificando minorias visíveis no estrato mais baixo da sociedade. Como explicar isso? A minha sensação era a de que em pequenas comunidades como Paraíso existia o que se poderia rotular de capacidade racial. Isto é, gerado por abordagens da mídia e, talvez, pela própria natureza da sociedade capitalista, em que o racial conflito divide a classe trabalhadora em benefício da elite, o racismo como uma ideologia existiu muito antes que minorias visíveis começassem a fazer da cidade a sua casa, mas permanecia latente, pronta para ser ativada com a sua chegada. Os críticos podem argumentar que é pretensioso rotular a noção de uma capacidade racial como um *insight*, ou de qualquer outro exemplo análogo. Tais críticas não me perturbam nem um pouco, desde que se aceite que o que é censurável é a qualidade dos meus exemplos, não a importância da explosão de *insight* em si.

**Pequenas tarefas secundárias**

A explosão de *insight* é o caso puro de uma pequena análise, mas vários passos adicionais estão envolvidos.

*1) Generalizações empíricas*

Alguns exemplos do estudo de Paraíso: os recém-chegados do sexo masculino tendem a se ajustar melhor à vida na cidade pequena do que os seus cônjuges, a quantidade de interação social variava de acordo com a classe social, com o mínimo na parte superior e na parte inferior; quanto mais elevada a posição social de uma pessoa, mais provavelmente o racismo era expresso em termos biológicos, em vez de em termos econômicos, e vice-versa.

Não incluo esses exemplos como explosões de *insight*, porque não é este o seu caráter. Em vez disso, estas generalizações foram baseadas em observações ao longo do tempo de padrões repetidos nos dados, em vez de *flashes* rápidos de percepção.

Merton (1949) distingue observações empíricas de correlações e tendências. Imagino que seria possível generalizar acerca de uma única variável, enquanto uma correlação sempre contém um mínimo de duas variáveis. Por exemplo, pode-se generalizar que a maioria dos fiéis é composta por mulheres idosas; mas mesmo neste caso há uma segunda variável explícita: homens idosos (ou idade e sexo). Em Paraíso descobri que havia uma relação entre classe social e nível de filiação eclesiástica, com a Igreja Anglicana atraindo pessoas tanto das classes mais altas quanto das classes mais baixas. Isso é uma generalização empírica ou uma correlação? Minha reação, por menos acadêmica que possa ser, consiste não perder tempo me preocupando se se está produzindo generalizações empíricas, correlações ou tendências, e simplesmente continuar com o trabalho.

*2) Explicações* ex post facto

Merton adverte-nos de que explicações *ex post facto* são o mais fraco tipo de teorização. A razão para isso é que o investigador pode levantar explicações contraditórias a partir dos dados, mas não ter nenhum critério para indicar qual delas é válida. Por exemplo, se se verificar que as pessoas desempregadas leem muito, a explicação pode ser que elas têm tempo livre para fazê-lo. Mas, se for descoberto que elas não leem quase nada, a explicação pronta é que elas estão ansiosas demais para entregarem-se a esses prazeres. De um ponto de vista lógico, a posição de Merton pareceria ser intacável. No entanto, não acho que seja possível evitar explicações *ex post facto* em pesquisa qualitativa. O próprio procedimento indutivo da etnografia dita a sua necessidade. Tudo o que se pode esperar, eu acho, é que a pesquisa tenha sido suficientemente completa para permitir que se emita um juízo plausível.

### 3) Comparações com os estudos existentes

Se uma etnografia for rica em dados, não há necessidade de preenchê-la com análises bibliográficas. Haverá momentos, no entanto, quando um tema em seus dados é tão consonante com estudos existentes, ou é tão impressionantemente único, que comparações se tornam obrigatórias e relevantes. No estudo de Paraíso, por exemplo, havia uma ideologia de igualitarismo, cujo caráter comparei a ideologias semelhantes em outros estudos de comunidade. Também me baseei nesses estudos de comunidades para avaliar se o grau de racismo em Paraíso era relativamente alto, médio ou baixo. Em seguida, havia o nível de classe trabalhadora da maioria dos recém-chegados. Na medida em que a literatura sobre os migrantes das regiões urbanas para as regiões rurais dos Estados Unidos insistiam nas suas posições de classes média e média alta, foi importante introduzir essa literatura a fim de destacar o caráter especial do caso de Paraíso.

### 4) Implicações para, e orientação da, teoria geral

Como afirmei no início deste capítulo, é falacioso pensar que a teoria geral possa servir como um quadro significativo para uma pesquisa de campo. No entanto, durante a pesquisa se descobrirá dados que têm implicações óbvias para aspectos específicos de orientações teóricas. No meu projeto do Oeste Africano, por exemplo, o fato de a vila consistir em uma teocracia, e de gozar de um tremendo sucesso econômico, tornou pertinente avaliar a aplicabilidade da tese da ética protestante de Weber, na qual afirmou que havia uma rica congruência entre os valores do protestantismo e os do capitalismo, conduzindo ao desenvolvimento econômico do Ocidente. Às vezes, um aspecto de uma teoria geral será relevante por estar tão completamente em desacordo com o que se encontra no campo. Durkheim argumentou que a sociedade evolui de um direito repressivo a um restitutivo. Em Olowo, no entanto, encontrei a tendência inversa. Quando a comunidade passou à segunda geração de existência, a lei repressiva aumentou significativamente, principalmente para permitir que a elite lidasse com uma população não cooperativa quando a iniciativa privada lentamente substituiu o comunalismo e a elite tentou reclamar mais do que sua parte dos ativos da aldeia.

Em Paraíso descobri que, conforme a comunidade era transformada pelo influxo de recém-chegados, a classificação por *status* baseada na reputação familiar e na honra começava a desintegrar-se, deixando em seu lugar um sistema de estratificação por classe, medido em termos do sucesso econômico de uma pessoa. Isso foi exatamente o que Weber havia previsto que aconteceria em condições de mudança social desenfreada, e foi perfeitamente pertinente associar o caso de Paraíso a este aspecto deste quadro teórico.

5) Análise quantitativa

Embora os dados e a análise qualitativos, com toda razão, dominem a pesquisa etnográfica, é bobagem argumentar que não haja lugar para dados e análises quantitativos. De fato, a pesquisa de campo antropológica sempre abriu espaço para materiais quantitativos. O pesquisador não precisa ser levado por sofisticadas mensurações estatísticas. Tudo o que é necessário é contar coisas que sejam de fácil acesso e significativas para os seus objetivos de pesquisa. Anteriormente, por exemplo, indiquei como contei canoas, bicicletas, motocicletas e rádios em Olowo. Muitas vezes, como em Paraíso, os arquivos locais serão uma rica fonte de dados, alguns dos quais numéricos. Há ainda os censos nacionais. No estudo de Paraíso, os dados fornecidos pela Statistics Canada foram uma fonte suplementar importante, que às vezes servia como uma comparação útil para os meus próprios dados sobre coisas como a composição étnica e a proporção de residentes que eram migrantes pendulares.

O objetivo principal da entrevista etnográfica é a coleta de dados qualitativos. No entanto, a entrevista também é potencialmente a mais importante fonte de dados quantitativos disponível para o pesquisador, embora raramente seja plenamente explorada. Quando se faz umas 200 entrevistas, o número normal em um projeto, simplesmente faz sentido resumir os dados inferidos dos casos em termos das variáveis fundamentais – idade, sexo, religião, etnia, e assim por diante – e dispor este material em tabelas. É muito mais arriscado tentar levantar um quadro estatístico sobre as atitudes das pessoas a partir dessas entrevistas, como a proporção das que são tolerantes ou preconceituosas, ou das que gostam ou não de pendular. No entanto, se os seus dados são sólidos, pode ser justificável fazê-lo, desde que o pesquisador advirta o leitor de que esses dados, apesar de serem apresentados em forma numérica, são, na melhor das hipóteses, apenas aproximações grosseiras.

**Exemplos da literatura**

Algum suporte para os meus argumentos acerca da importância central dos modelos e das explosões de *insight* na análise etnográfica pode ser encontrado na literatura. Howard Becker (1971) escolheu a construção de modelo como um dos quatro passos básicos envolvidos na análise de dados qualitativos (os outros três foram a seleção e a definição de problemas e conceitos, a verificação da distribuição e da frequência dos fenômenos, e a decisão de como apresentar os dados e demonstrar a sua validade). Arensberg (1954) enfatizou que o objetivo fundamental dos estudos de comunidade é a construção de modelos. Ele também defendeu que se comparasse o próprio modelo com aqueles na literatura baseados em outros estudos de comunidade. Há ainda o modelo de Foster, de 1965, do bem limitado na sociedade camponesa. Este modelo, afirmou Foster, é supostamente heurístico e esclarecedor, mas não representa, necessariamente, as ideias conscientes dos próprios camponeses. Na verdade, ele revelou que nenhum dos seus informantes no México, nos quais baseou seu modelo, jamais sugeriram que pensavam em termos do bem limitado. O modelo do bem limitado, em outras palavras, pareceria representar precisamente o tipo de especulação arrogante e forasteira que tem atraído a ira dos pós-modernistas.

Na minha opinião, um modelo deve ser construído a partir das atitudes conscientes e inconscientes, dos valores e dos comportamentos das pessoas estudadas. Deve ainda ser um micromodelo no sentido de estar deliberadamente confinado ao universo social sob investigação. Finalmente, e mais importante de tudo, um modelo deve fazer sentido para os sujeitos da pesquisa. Por exemplo, se o modelo que eu construí no estudo de Paraíso não parecesse verdadeiro para os moradores da comunidade, e se eles não derivassem dele uma compreensão mais profunda de sua comunidade, o modelo teria falhado em seus objetivos.

Meu exemplo da literatura da abordagem da explosão de *insight* é *Small Town in Mass Society* (A cidade pequena na sociedade de massas) de Vidich e Bensman (1958). Em muitos aspectos, esse é um livro incomum. Não há qualquer discussão de teoria geral, praticamente não há revisão bibliográfica, não há hipóteses, notas de rodapé – na verdade, nem mesmo quaisquer referências ou bibliografia. Quando li pela primeira vez esse livro como um estudante de pós-graduação, pensei que fosse trabalho de amadores[3]. Depois de relê-lo na preparação para o estudo de Paraíso, pensei que fosse simplesmente um dos melhores estudos de comunidade disponíveis. O livro está repleto de uma riqueza de dados e carregado de *insights* profundos. Ele também representa um estilo que é diametralmente o oposto de algumas obras pós-modernistas, nas quais, muitas vezes, aprendemos tanto sobre o autor quanto sobre o lugar da pesquisa.

---

3. Vidich e Bensman, na verdade, publicaram artigos acadêmicos convencionais sobre a comunidade em outro lugar.

Vidich e Bensman indicaram que os temas nos quais se concentraram – classe, poder e religião – não eram os que eles tinham em mente quando iniciaram o projeto. Em vez disso, os tópicos foram ditados pelo que aprenderam em campo. De uma maneira sutil, os autores integraram o macro e o micro, mostrando como a burocracia de fora penetra na pequena comunidade. A força do estudo, no entanto, é a apresentação de um *insight* após o outro. Os autores não testam hipóteses; em vez disso eles tentam fornecer uma profunda compreensão de como é a vida para os moradores da comunidade.

Como exemplo de seus *insights*, considere o que têm a dizer sobre a fofoca. A arena pública, eles afirmam, está limitada às expressões dos ideais comunitários, tais como a ideologia de que todos são iguais e de que a harmonia universalmente prevalece. A fofoca, no entanto, existe como uma camada separada e escondida na comunidade. A fofoca é o veículo para arejar os aspectos negativos da comunidade e falar sobre as fraquezas e fracassos das pessoas. Mas porque é secreta, não oficial, ela raramente desaloja a ideologia pública, ou afeta negativamente qualquer indivíduo. Os autores continuam refletindo sobre a grande contradição na comunidade entre as esferas pública e privada da existência.

Vidich e Bensman também apontaram a profunda ambivalência psicológica da cidade em relação ao mundo urbano além dela. As pessoas tinham opiniões contundentes sobre o ritmo frenético e o ambiente sujo e perigoso da cidade. No entanto, elas também admiravam o poder e a riqueza comandados pela América urbana. O *insight* de que eu, pessoalmente, achei intrigante foi que um pré-requisito para o cargo público na cidade era a incompetência. As pessoas não gostavam que os funcionários públicos eleitos fossem muito inteligentes – uma atitude que foi bem-representada em Paraíso.

*Small Town in Mass Society* não é um trabalho teórico no sentido formal, como *O suicídio*, de Durkheim, mas certamente é um trabalho analítico. Termina-se de ler o livro com uma grande compreensão da comunidade. Os autores obviamente foram bem-sucedidos em penetrar os bastidores, mas isso se tornou a fonte de uma reação extremamente hostil ao estudo com os moradores da comunidade. As pessoas estavam furiosas com as interpretações dos autores, como a sua discussão sobre fofocas, e a maneira como contradizia a ideologia pública[4].

Em um comentário sobre a hostilidade provocada pelo livro, Becker (1964) argumentou que um consenso nunca pode ser alcançado entre pesqui-

---

4. Os próprios autores refletiram sobre a origem e o significado da hostilidade provocada pelo seu estudo. Veja seu capítulo em Vidich, Bensman e Stein (1964). Para mais reflexões sobre hostilidade, consulte Punch (1986: 24).

sadores e sujeitos da pesquisa. Uma razão é que eles têm objetivos diferentes. O pesquisador pretende descrever a vida como ela realmente é, o que significa entrar nos bastidores. As pessoas que vivem em uma comunidade querem um livro que celebre os seus ideais. Uma segunda razão, de acordo com Becker, é que as comunidades estão sempre divididas em facções diferentes. Como ele afirmou: "Como não se pode chegar a um consenso com todas as facções simultaneamente, o problema não é evitar que as pessoas sejam prejudicadas, mas decidir quais as pessoas prejudicar" (p. 273). Este é um julgamento severo do trabalho etnográfico, e mais uma vez somos confrontados com o velho fantasma. É justificável penetrar os bastidores, porque não fazê-lo resultará em um estudo superficial? Ou devemos adotar o elevado nível moral ocupado pelos pós-modernistas e pelos metodólogos feministas e argumentar que um estudo é deficiente a despeito da validade dos seus resultados e da profundidade de sua compreensão, se não empoderar as pessoas investigadas?

## Redação

Ao definir os passos envolvidos na análise de dados qualitativos, destaquei o modelo e a explosão de *insight*. Existe, contudo, uma outra característica da análise que é ainda mais significativa: a redação mesma[5]. Em grande medida, escrever e analisar são uma e a mesma coisa. Desde o primeiro dia no campo, você começará a escrever (na verdade, mesmo antes disso, se você produziu uma proposta de pesquisa). Não faça anotações em folhas soltas de papel. Você coletará tantos dados que a manipulação destas páginas e a recuperação de ideias e dados contidos nelas se tornará difícil. Mesmo se as notas estiverem bem-organizadas, você as estará constantemente verificando, e folhas de papel podem tornar-se confusas e rasgadas. Muitos pesquisadores de campo tomam notas em teclado de taquigrafia. Isso não é uma má ideia. Na verdade, eu mesmo o faço! No entanto, é um erro deixar as coisas nesse estado. As notas devem depois ser transferidas para um formato mais manejável. Durante anos usei cartões catalográficos de 5" x 8", mas os estudantes hoje em dia podem optar por colocar suas notas em um disco. O que é importante é ter um sistema que facilite a recuperação rápida; caso contrário o grande volume de dados se tornará opressivo.

---

5. Reconheço ter recorrido, nesta seção, à assistência do *Social Anthropology Handbook* (Manual de Antropologia Social), disponível em versão mimeografada, do final da década de 1960, na Universidade de Sussex. Embora inédita, a contribuição de Bailey sobre a redação no *Handbook* é tão boa quanto o que há disponível na literatura.

A regra de ouro aconselha fazer pelo menos duas cópias das notas de campo, uma organizada cronologicamente conforme os dados são coletados, a outra organizada em termos de categorias e temas. No meu primeiro projeto de pesquisa eu fiz isso (e também fiz uma terceira cópia do maço de cartões organizados de acordo com a categoria e o tema). No entanto, descobri que eu raramente consultava as notas que estavam em forma cronológica, e agora, usando papel carbono, eu simplesmente faço duas cópias das minhas anotações organizadas por categoria e tema. Dentro de algumas semanas de pesquisa você já deveria ter resolvido quanto à organização básica das suas notas. No entanto, você não deve hesitar em adicionar novas categorias e modificar as antigas, mesmo depois de vários meses do trabalho de campo. Se a organização de suas notas tiver sido bem-feita, você deixa o campo com cada categoria representando um capítulo potencial do seu relatório de pesquisa, tese ou livro.

Parte do quotidiano no campo deve ser reservada à redação. A melhor coisa é colocar por escrito suas observações e entrevistas ao final de cada dia. No entanto, uma vez que é muitas vezes importante ou inevitável pesquisar durante a noite, é mais viável deixar para rascunhar as notas na manhã seguinte. Se isso for feito, no entanto, um conjunto bastante detalhado de rascunhos de notas, mesmo que apenas em forma de ponto, teria sido feito no dia anterior. Se forem gastas duas ou três horas em observação ou entrevista, o mesmo tempo será gasto para escrever os dados. Cada conjunto de observações ou entrevistas não deveria ser simplesmente descrito. Também deveria ser analisado, o que significa refletir sobre as implicações para observações anteriores e entrevistas, considerando novas linhas de pesquisa que os dados podem sugerir, e entreter o seu significado teórico mais amplo. Também é relevante comentar sobre os métodos usados para coletar os dados. Será que a entrevista foi boa? Se não, o que deu errado, e como poderia ser feito melhor da próxima vez? Foi-se um observador completo, ou um participante altamente envolvido, e como o papel desempenhado afetou os dados?

Alguns antropólogos, como F.G. Bailey, meu ex-professor na Inglaterra, têm defendido a redação de artigos periodicamente enquanto ainda se está no campo. Isto é, potencialmente, uma parte importante do procedimento analítico. Obriga o pesquisador a reunir feixes de dados e a interpretá-los. Há, no entanto, duas armadilhas relacionadas aqui. Uma é que você vai se apaixonar pela sua própria prosa e ficará relutante em descartar suas ideias mesmo se o aprofundamento da pesquisa as enfraquecer. A outra é que é extremamente difícil enxertar uma estrutura obsoleta de ideias em uma nova. Na verdade, às vezes é mais fácil simplesmente jogar fora um antigo conjunto de ideias e argumentos e começar de novo. Ao longo da fase de trabalho de campo deve-se tentar constantemente imaginar como deverá ser a sua tese ou o seu livro. Isto pode ser feito resumindo-se os argumentos e compondo-se esboços alternativos do capítulo. Mais uma vez, no entanto, esses planos só podem ser provisórios; eles não só mudarão de um mês para o outro, mas, quando você tiver deixado o campo, provavelmente haverá pouco em comum entre o primeiro e o último esboço do seu capítulo.

Imagine que você esteja sentado na biblioteca ou em um escritório, o trabalho de campo concluído, pronto para produzir o seu *opus magnum*. Como você começa? A primeira regra é a velha máxima: o pensamento precede a ação. Antes que você coloque uma palavra no papel, exceto anotações provisórias, você deve pensar profundamente sobre o quadro geral: Quais são os argumentos centrais, como será o esboço do último capítulo? Em certo sentido, o estágio de redação do livro é, simultaneamente, a parte mais criativa e dogmática do processo de pesquisa. Ela é criativa na medida em que novas ideias são sempre desencadeadas pelo simples ato de colocar a caneta no papel. É dogmática porque se deve, finalmente, tomar uma posição quanto a questões ambíguas, e deve-se interromper o fluxo de entrada de dados; caso contrário, o eventual livro carecerá de consistência e coerência se, de fato, algum dia for concluído.

Antes de começar a escrever, você deve se familiarizar totalmente com o corpo de dados coletados. Isso significa ler e reler as suas notas de campo até o ponto em que estejam quase memorizadas. Também significa pensar profundamente enquanto se lê, esforçando-se por novas interpretações, buscando relações até então negligenciadas. Se você tiver absorvido as suas notas de campo adequadamente, saberá onde cada dado está localizado, e ser capaz de recuperá-lo em segundos – isto é, se as suas notas de campo estiverem bem-organizadas e acessíveis. Em alguns projetos haverá uma quantidade tão grande de dados que o pesquisador de campo ficará intimidado desde o início. O meu procedimento nestes casos é fazer um breviário de todos os dados (reduzindo de dois ou três mil cartões catalográficos a talvez cem cartões), e então fazer um breviário do breviário (talvez 10 cartões). Se isso for bem-feito, as informações nos 10 cartões reacenderá a memória sobre todas as informações contidas nos cem cartões, e estes cartões, por sua vez, capturarão os elementos centrais de todos os dados no projeto.

Agora você está pronto para escrever o seu relatório, tese ou livro. De modo a fazê-lo com sucesso, você deve ter períodos consideráveis de tempo. É necessário escrever por seis ou oito horas por dia, cinco ou seis dias por semana. É possível tabular, cotejar e organizar os dados se você só tiver um ou dois dias disponíveis durante a semana. Mas o trabalho criativo requer não apenas tempo, mas tempo sustentado. Você vai descobrir que muito possivelmente se você só escrever um ou dois dias por semana, a cada semana, quando recomeçar, você vai passar a maior parte do seu tempo apenas se familiarizando com o que você escreveu durante a semana anterior. Também é necessário tempo, porque escrever com alguma profundidade requer um certo grau de agitação intelectual. Quando se escreve dia após dia, atinge-se um nível de energia nervosa em que o cérebro zune, do qual emergem *insights* e interpretações que nunca se havia sonhado que estivessem nos dados.

Não tente fazer a primeira página perfeita. Mesmo se as suas notas de campo forem soberbamente organizadas, e você tiver um esboço maravilhoso, ainda há muitas escolhas sobre o que colocar na primeira página. O segredo é começar com alguma coisa, com a plena consciência de que eventualmente será descartado. O meu próprio estilo consiste em escrever de maneira muito grosseira um livro inteiro em três ou quatro meses. O objetivo nesta fase é separar em cada capítulo as diversas fontes de dados, tais como notas de campo, os documentos e as referências à literatura. Não posso enfatizar demais o quão importante é fazê-lo. Quando está tudo no papel, ou na tela do computador, em vez de espalhado entre várias fontes, você atingiu um patamar crítico; a partir desse ponto você estará trabalhando com um pacote finito, manejável, sem ter que olhar para os lados à procura de um possível material adicional. Além disso, depois que os dados forem registrados em cada capítulo, você será capaz de ver que alguns temas se encaixam melhor em outros capítulos. Muitas vezes você acaba mantendo a maior parte dos capítulos finais, mas mudando e descartando grande parte dos dados e das ideias dos primeiros[6].

Escrever quando se está com o cérebro claro, e com as palavras fluindo sem esforço, é uma alegre experiência. Nem sempre isso acontece. Quando você se encontra bloqueado e parece não conseguir fazer nenhum progresso, talvez faça sentido fazer uma de duas coisas. Ou você pula para o capítulo seguinte, esperando que ele transcorra mais facilmente, ou você pode simples-

---

6. Becker (1986) é outra fonte útil sobre a escrita. Ele defende que se escreva o capítulo introdutório por último, porque é difícil saber o que deve ir até que o manuscrito inteiro tenha sido concluído. Becker também tem alguns pensamentos interessantes sobre a linguagem "elegante" – a tendência entre os sociólogos a usarem palavras grandiloquentes e jargões a fim de impressionar o leitor com a sua erudição.

mente anotar na forma de pontos todos os dados, ideias e referências relevantes; na minha experiência, é incrível como estas notas brutas podem ser rapidamente transformadas em prosa acabada quando se retorna a elas com uma mente desanuviada.

Sugeri que uma grande quantidade de reflexão, planejamento e organização deve preceder a escrita. Minha abordagem consiste em não escrever uma palavra do manuscrito real até que eu tenha trabalhado a coisa toda na minha cabeça. Algumas pessoas não funcionam dessa maneira. Elas preferem mergulhar no primeiro capítulo e deixar que a sua prosa determine como será o livro. Em termos do resultado final, este procedimento não estruturado é provavelmente tão bom quanto aquele que eu prefiro, mas certamente é muito mais demorado e frustrante. Mesmo para aqueles escritores que, como eu, defendem uma abordagem mais estruturada, o produto final nunca vai sair como o previsto. Pode-se começar um livro com notas tão bem-organizadas quanto possível, e com um esboço detalhado, poderoso e explícito, e ainda assim surgirão argumentos e interpretações que forçarão uma reorganização do estudo. Isto é como deveria ser. O próprio ato de escrever é criativo, um aspecto essencial do processo analítico. Neste livro, por exemplo, comecei com o plano de colocar todos os capítulos teóricos na primeira parte e todos os capítulos metodológicos na segunda parte. Foi somente durante o último par de meses de escrita que decidi, com base nos dados e nos argumentos, que seria mais poderoso colocar teoria e método em conjunto para cada fase na história da disciplina.

Permitam-me concluir com algumas palavras sobre estilo. Nem todo mundo consegue escrever com graça e elegância, mas todos podemos escrever com clareza se trabalharmos nisso. Deve-se usar a voz ativa em vez da voz passiva, e evitar frases longas e substantivos abstratos. Você também deve ficar longe da prosa cheia de jargões e pretensiosa. Hesitei em tocar neste último ponto, porque muitas vezes é mais fácil conseguir um artigo aceito para publicação se a prosa for intimidante em vez de simples e clara. Eu sei, porque foi assim que escrevi como um antropólogo neófito. Max Weber, aliás, comentando sobre a sua prosa túrgida, uma vez brincou que, já que ele considerava escrever tão difícil, por que os leitores não participariam dessa dificuldade?

A maioria de nós desenvolve pequenos rituais em torno da nossa atividade de escrita. Algumas pessoas têm que usar papel de uma cor particular. Um antropólogo revelou que sempre deixava a última frase inacabada ao final do dia, o que lhe tornava mais fácil continuar no dia seguinte. Outro homem, um famoso cientista social, contou-me que o seu truque era começar cada dia reescrevendo o último parágrafo do trabalho do dia anterior. O meu conselho é não se preocupar com os seus pequenos rituais; se eles funcionam, fique com eles.

Conheça o seu público. Você está escrevendo para um número seleto de especialistas, para estudantes ou para leigos, como as pessoas da comunidade ou instituição na qual você pesquisa? Dependendo do seu público, o vocabulário e o tom irá variar. Também pode ser que a estrutura da sua prosa também mude. Em contraste com romances, nos quais se transmite o que se quer dizer indiretamente – por exemplo, indicando-se que está chovendo através da evocação do som de um tênis pisando a calçada molhada – nas ciências sociais, ao escrever comunica-se mais diretamente. Além disso, neste tipo de escrita, a sombra da estrutura do estudo é normalmente mais visível, e em algumas obras se projeta para fora, atraindo nossa atenção, muitas vezes a ponto de distrair da prosa.

Também é preciso decidir quanto a fornecer capítulos separados para os dados e para a análise. No meu projeto do Oeste Africano eu fiz isso, mas agora concordo com Hammersley e Atkinson (1983: 222) de que foi um erro. Uma razão para isso é que sempre há a possibilidade de que, no capítulo de análise, o escritor faça afirmações teóricas além do que possa ser suportado pelos dados. Outra razão é que uma tal separação pode dar a enganosa impressão de que os capítulos de dados sejam a coisa real, dados brutos não analisados, desprovidos das interpretações do pesquisador. O fato, obviamente, é que todos os dados são interpretados. Como os pós-modernistas diriam, o próprio ato de escrever é um ato interpretativo. É por isso que argumentei que a escrita e a análise são uma e a mesma coisa.

## Conclusão

Argumentei que há três dimensões-chave para a análise de dados qualitativos: o modelo, a explosão de *insight* e o processo de escrita. Nem sempre, contudo, a importância destas dimensões foi reconhecida pelos etnógrafos. De fato, em muitos relatórios de pesquisa o que muitas vezes passa por análise são dois procedimentos alternativos, cada um deles bastante insatisfatório. Um consiste em empregar uma perspectiva geral, tal como a teoria do conflito ou a interação simbólica como o quadro explicativo. Na minha experiência, estudantes de graduação, compreensivelmente desesperados por articular os seus dados em algo semelhante a uma teoria, são particularmente propensos a apresentar as características básicas de toda uma orientação teórica em seus relatórios de pesquisa. Em tal abordagem, a teoria e os dados são entidades separadas, as ligações entre eles são tênues. Às vezes, os alunos pensam que seus dados podem ser "provados" por essas orientações teóricas gerais, mas isso é bastante improvável. Aquilo a que o exercício equivale é a rotular, colocando uma marca bem conhecida no produto etnográfico.

Apresso-me a acrescentar que alguns dos meus colegas procede de uma maneira similar. O esqueleto de uma abordagem teórica identificável, tal como o pluralismo ou a ecologia cultural, é esboçado em um capítulo de introdução, e então frequentemente ignorado no restante do livro. Faria o mesmo sentido, pelo menos para uma audiência profissional, se atribuíssemos números a todas as orientações teóricas conhecidas, e apenas mencionássemos o número pertinente em nosso prefácio. Isto se dá porque o propósito do exercício parece ser um pouco mais do que transmitir ao leitor a perspectiva intelectual em que o estudo foi definido.

A outra abordagem insatisfatória é a revisão bibliográfica. Ela pode ser considerada um tipo de teorização, mas se assim o for, trata-se de um tipo especialmente fraco. Mesmo quando bem-feito, o que equivale a identificação de problemas significativos e relevantes na literatura, os quais podem então ser abordados pelos dados, a revisão bibliográfica é analiticamente o segundo melhor quando comparada com a capacidade do modelo e as explosões de *insight* para iluminar o funcionamento interno de uma comunidade ou instituição. A tendência a se apresentar uma revisão bibliográfica como o referencial teórico para um estudo é muitas vezes aparente nas obras de antropólogos de carteirinha, e é particularmente prevalente em teses de pós-graduação (e propostas de pesquisa). Mesmo quando capítulos separados em uma tese são dedicados à revisão bibliográfica e ao referencial teórico (ou modelo), às vezes é difícil dizer qual é qual.

A abordagem feita por estudantes de pós-graduação em sociologia, especialmente se estiverem fazendo uma tese quantitativa, é bastante intrigante do ponto de vista de um etnógrafo. Muitas vezes, um aluno escreverá um capítulo de revisão bibliográfica e um capítulo teórico antes mesmo de começar a tarefa de analisar os dados – às vezes até mesmo antes que os dados sejam coletados. A impressão é a de que o material bibliográfico, a teoria, os dados e a análise são secções discretas, independentes umas das outras. Até certo ponto, este é um procedimento razoável em sociologia, porque a análise não constitui um passo separado no processo de investigação se os dados forem numéricos e se testes estatísticos sofisticados forem empregados. Além disso, pode-se argumentar que a tese seja apenas um veículo de aprendizagem, no qual o processo de pesquisa é dividido em suas várias etapas a fim de ensinar aos alunos de maneira mais eficaz como conduzir e apresentar um estudo, e, talvez, tornar mais fácil para o instrutor avaliar os seus pontos fortes e fracos em geral.

Este não é, permita-me enfatizar, um procedimento razoável em pesquisa etnográfica, seja conduzido por antropólogos ou sociólogos. Em primeiro lugar, a análise de dados começa com a observação inicial ou entrevista, e continua diariamente até que o trabalho de campo seja concluído, e se estende por todos os passos do processo de redação. Em segundo lugar, o objetivo principal da etnografia é (ou deveria ser) fornecer uma compreensão da comunidade, instituição ou categoria de pessoas investigadas, em vez de promover a teoria existente na disciplina.

Para concluir, permita-me especular sobre como os fãs da metodologia feminista e do pós-modernismo podem reagir a este capítulo. É bastante provável que considerem aceitável o argumento de que o modelo está restrito ao projeto sob investigação, em vez de ser extraído da teoria geral; mas ficariam insatisfeitos com a tentativa de criar uma visão unificada e coerente, em vez de se contentarem com esboços fragmentados. Eles também podem estremecer com a ideia das explosões de *insight*, especialmente se implicar que o pesquisador possui uma maior capacidade de compreender uma comunidade do que as pessoas que nela vivem; e certamente haveria desconfiança em relação à orientação científica escorregadia, e a um procedimento analítico que ignora o caráter textual da etnografia. Mas em um assunto parece que a análise etnográfica convencional e as duas revoluções intelectuais recentes estariam na mesma sintonia: a importância central da escrita. Escrever é o que os antropólogos fazem, e escrever envolve interpretação e tudo o que isso implica quanto a autoridade, distorção, empoderamento e explicação.

# 9
# Domesticando o antropólogo: o mundo à frente

As imagens nos títulos do primeiro e do último capítulos deste livro – desencadeando e domando o antropólogo – destinam-se a contar uma história. Os primeiros antropólogos foram soltos entre os nativos, armados com um sentimento de superioridade moral, cultural e intelectual, além da autoridade do Escritório Colonial. Sem dúvida, sentimentos de ternura e compaixão para com os nativos frequentemente existiram, nem todos paternalistas, mas ao mesmo tempo haviam poucas restrições aos inquéritos do antropólogo, exceto o seu próprio etnocentrismo e senso de decência. O mundo do primitivo, em outras palavras, era um território de caça abastecido com uma maravilhosa variedade de espécies exóticas[7]. Pode-se razoavelmente argumentar que o antropólogo em campo, aprendendo em primeira mão sobre os povos pré-industriais, foi uma melhora acentuada em relação ao evolucionista na poltrona, filtrando outras culturas através de lentes ocidentais. Alguns escritores podem até mesmo afirmar, como eu o faria, que os relatórios etnográficos produzidos por indivíduos como Franz Boas, Bronislaw Malinowski e Audrey Richards raramente foram equiparados desde então em termos da qualidade dos dados e da sofisticação da análise. No entanto, é difícil escapar da observação de que os primórdios da antropologia foram um choque desigual entre poderosos forasteiros e nativos cativos (ou entre o caçador e a caça).

Esse retrato do antropólogo é quase irreconhecível hoje. Em uma série de maneiras, o antropólogo foi domado. Domado no sentido de que o acesso a outras culturas já não está garantido. Domado no sentido de serem domesticados, refletido pelo número de etnógrafos que agora praticam o seu ofício em

---

7. Neste contexto é relevante citar a famosa declaração de Malinowski (1961: 8) sobre o método em *Argonautas*: "O etnógrafo não tem só que lançar as redes no lugar certo e esperar pelo que cairá nelas; ele deve ser um caçador ativo, e conduzir a sua presa até elas e segui-la até as suas tocas mais inacessíveis".

seu próprio país. Domado pela teoria – os desafios do pós-modernismo e da metodologia feminista – quanto a autoridade, os objetivos acadêmicos e a ética do antropólogo. Domado, ou pelo menos acovardado, por aquilo a que Geertz se referiu como uma perda de nervo. Houve um tempo, de fato, há não muito tempo atrás, quando a superioridade da perspectiva do pesquisador de campo era presumida. Assim, Gluckman podia escrever: "Há pouca dúvida de que o antropólogo, com seu treinamento, técnicas e arcabouço de conhecimento, pode saber muito mais sobre uma área não estudada do que as pessoas que vivem nela" (1963: 229). Alguém precisaria possuir uma pele muito grossa para fazer uma reivindicação semelhante hoje. Como Geertz observou, "A publicação de *A diary in the strict sense of the term* (Um diário no sentido estrito do termo), de Malinowski, explodiu muito bem a noção de que os antropólogos obtinham seus resultados através de alguma habilidade especial, geralmente chamada de 'empatia', para 'entrar nas peles' dos selvagens" (1983: 9).

Finalmente, o antropólogo tem sido domado pela metodologia. Os métodos qualitativos podem ser mais populares hoje em mais disciplinas do que em qualquer momento anterior da história. Mas esta é uma investigação qualitativa com uma diferença. O que está desaparecendo rapidamente é a imagem do antropólogo, livre de espírito, percorrendo o globo como um intrépido explorador, voltando gloriosamente com um relato pessoal de uma exótica aldeia dos mares do Sul, baseado em nada mais substancial do que alguns meses de residência. Uma razão é que essas sociedades exóticas, em esplêndido isolamento do resto do mundo, já não existem mais. Outra razão é que os métodos qualitativos têm sido desmistificados, divididos em etapas sistemáticas que os etnógrafos estão cada vez mais propensos a seguir. Há ainda um movimento, como indiquei em um capítulo anterior, para informatizar a abordagem. Caso isso se torne a onda do futuro, já não restará qualquer dúvida de que os antropólogos foram colocados em uma coleira.

Nem todos os antropólogos aceitaram humildemente as influências domadoras sobre a sua disciplina. Muitos estudiosos estabelecidos ainda parecem comprometidos com o trabalho de campo em outras culturas, mesmo se os governos no exterior não cooperam e eles têm que se contentar com um visto de visitante de curto prazo. Alguns deles argumentam que seus interesses de pesquisa estão completamente atualizados, girando em torno da retórica política, do desenvolvimento, da mudança social e do impacto do colonialismo – os mesmos temas que, ironicamente, Malinowski já enfatizava no final dos anos de 1930. Então, há ainda o pressuposto de que a perspectiva do forasteiro é particularmente poderosa, e de que o método transcultural encontra-se no próprio cerne da disciplina. Poderia até ser afirmado que as descrições de costumes e crenças do mundo inteiro têm um impacto importante na relativização dos cidadãos do Ocidente, embora seja igualmente possível que esses relatos reforcem o senso ocidental de superioridade. Não se deve esquecer o lado romântico da antropologia. Se a pesquisa de campo em outras culturas tem pouco futuro, alguns alunos podem se perguntar por que, afinal, deveriam dar-se ao trabalho de tornarem-se antropólogos.

Muitos antropólogos também insistiram nas mudanças no método e na teoria. Pesquisadores de campo hoje podem estar mais dispostos a utilizar um questionário ou uma entrevista estruturada do que o foram no passado, mas o observador participante solitário na companhia de informantes continua a dar o tom. Quanto à teoria, não é incomum ouvir antropólogos (e sociólogos, geógrafos e cientistas políticos) se queixarem do pós-modernismo, e declararem que não dedicaram toda a sua carreira à ciência social empírica apenas para desistir de uma abordagem de mérito acadêmico duvidoso.

É claro que o alvo real destes antropólogos não são as inovações recentes na teoria e nos métodos. É a própria mudança social. Como Ember e Ember colocaram: "Alguns daqueles que estão preocupados com o futuro da antropologia cultural preveem o desaparecimento da sua disciplina, porque ela tem estado tradicionalmente centrada na variação cultural, e essa variação está diminuindo. A antropologia cultural, para essas pessoas, é sinônimo de estudo etnográfico de culturas exóticas, remotas, ainda não descritas" (1988: 338). Neste contexto, é interessante notar que Lévi-Strauss sugeriu uma vez que a antropologia poderia ser mais apropriadamente rebatizada de entropologia – o estudo dos processos de desintegração (1974: 414). Fabian chegou ao ponto de afirmar que a antropologia "Deve esforçar-se pela sua própria liquidação" (1991: 262). Quando as condições que produziram a antropologia, nomeadamente a era imperialista, murcharem, a antropologia, segundo as previsões de Fabian, afundará no esquecimento. Este será um momento para se comemorar, pois será "não apenas o fim, mas a superação [...] da antropologia" (p. 261).

Esta é uma imagem triste, e na minha opinião bastante injustificada, do futuro da antropologia. A capacidade de a disciplina acompanhar a mudança social e as tendências intelectuais tem sido repetidamente demonstrada. Na verdade, Knauft (2006) argumentou que um tipo genuinamente novo de antropologia surgiu das cinzas do pós-modernismo. Ele o rotula de "antropologia no meio". Está no meio não só pelo fato de se concentrar em instituições médias como o sistema de ensino e as empresas, mas, mais importante, porque se recusa a prestar homenagem a qualquer perspectiva teórica ou metodológica particular. Em vez disso, faz incursões em qualquer perspectiva pertinente, salta por sobre divisões epistemológicas e embaralha o local e o geral, o acadêmico e o aplicado, a objetividade e a subjetividade. Também despreza igualmente os exemplos polarizados do passado: o grande tratado teórico e a monografia rica em dados etnográficos. Knauft sugere que este novo estilo de antropologia pode ser descrito como pós-paradigmático. No entanto, parece-me uma expressão bastante peculiar de antropologia sem nome: uma forma extrema de ecletismo, que tenta converter confusão disciplinar em uma virtude. Isso não significa que Knauft não tenha conseguido colocar o dedo no atual estilo antropológico. Mas é um estilo sem futuro. Porque os seres humanos, inclusive os antropólogos, feliz ou infelizmente, não são capazes de suportar por muito tempo a desordem conceitual. Não deveria causar nenhuma surpresa, então, o fato de que as arestas da antropologia no meio sejam suavizadas e um pacote mais coeso surja em seu lugar.

Outros sinais de adaptação à mudança social têm sido muito menos ambíguos. Por exemplo, antropólogos (cf. APPADURAI, 1991; BENNETT, 1987; BRUMANN, 1998; FEATHERSTONE, 1990; HANNERZ, 1989) fizeram uma contribuição significativa para questões-chave relacionadas à globalização. Será que surgiu uma cultura global, em cujo processo de surgimento foram destruídas culturas locais. Será que o mundo de hoje é caracterizado pela homogeneidade em termos tanto de organização social quanto de valores, ou a globalização criou novas formas de diferença? Quem se beneficia e quem perde com a globalização? Anteriormente eu relatei o surgimento da antropologia doméstica, da antropologia da violência e do reconhecimento há muito devido à antropologia aplicada, logo acompanhado da sua prima em primeiro grau, a antropologia pública. Não menos importante tem sido o tratamento mais crítico e matizado do conceito de cultura, juntamente com uma maior valorização da importância do poder. Se no futuro a antropologia nativa e indígena florescer e a antropologia feminista se mantiver, superando assim preconceitos culturais, étnicos, raciais e de gênero do passado, as perspectivas para a disciplina são positivas. Geertz, o antropólogo mais influente dos últimos anos, escreveu: "Parece provável que qualquer uso que textos etnográficos tenham no futuro, se de fato eles realmente tiverem algum, envolverá permitir conversa entre todas as linhas sociais – de etnia, religião, classe, gênero, raça, língua – que têm se tornado progressivamente mais nuançadas, mais imediatas e mais irregulares" (1988: 147). Qualquer disciplina capaz desta realização tem muito a oferecer para ser abandonada sem luta.

Deixe-me dar a última palavra para a teoria e o método. Um eminente psicólogo, que eu uma vez conheci, habitualmente discutia com o seu reitor acerca da necessidade de oferecer mais dinheiro para novos recrutas em seu departamento do que nas ciências exatas. A sua explicação foi que a psicologia era muito mais ambígua e aberta do que a biologia ou a química, para as quais apenas as melhores mentes poderiam contribuir. Em certo sentido, isso explica a importância da teoria e do método em antropologia. Uma vez que o mundo social está em constante mudança e é de difícil compreensão, muito mais atenção deve ser dada à teoria e ao método do que às ciências naturais e físicas. Mas a proliferação de teorias e técnicas, tão característica das ciências sociais, não indica necessariamente progresso explicativo. As ciências sociais sempre foram multiparadigmáticas, um produto inevitável do seu objeto, o que significa que experimentação em teoria e em método é o estado normal das coisas.

Para o estudante de antropologia, a sofisticação, na teoria e no método, é a medida da maturidade. Neste estudo tentei fornecer uma imagem clara das principais orientações teóricas e técnicas ao longo do tempo, e as relações entre elas. O que se destacou foi o crescente fosso entre a teoria, o método e a situação de trabalho de campo durante as últimas duas décadas. Se a antropologia deve, de fato, ter um futuro, este dependerá, em grande medida, da capacidade da próxima geração de etnógrafos de preencher essa lacuna.

# Referências

ABU-LUGHOD, L. (1991). "Writing against Culture". In: FOX, R.G. (ed.). *Recapturing Anthropology*. Santa Fé: School of American Research Press, p. 137-162.

ACKER, J. et al. (1989). "Making Gender Visible". In: WALLACE, R.A. (ed.). *Feminism and Sociological Theory*. Newbury Park: Sage, p. 65-81.

_____ (1983). "Objectivity and Truth: Problems in Doing Feminist Research". *Women's Studies International Forum*, 6, p. 423-435.

ACKERMAN, R. (1987). *J.G. Frazer*: His Life and Work. Cambridge: Cambridge University Press.

ADLER, P. et al. (1986). "The Politics of Participation in Field Research". *Urban Life*, 14, p. 363-376.

AGAR, M.H. (1980). *The Professional Stranger*: An Informal Introduction to Ethnography. Orlando: Academic.

AGUILAR, J.L. (1981). "Inside Research: An Ethnography of a Debate". In: MESSERSCHMIDT, D.A. (ed.). *Anthropologists at Home in North America*. Cambridge: Cambridge University Press, p. 15-26.

AIJMER, G. & ABBINK, J. (eds.) (2000). *Meanings of Violence*: A Cross-Cultural Perspective. Nova York: Berg.

ALBERA, D. (1988). "Open Systems and Closed Minds: The Limitations of Naivety in Social Anthropology – A Native's View". *Man*, 23, p. 435-452.

ALCOFF, L. (1988). "Cultural Feminism versus Post-Structuralism: The Identity Crisis in Feminist Theory". *Signs*, 13, p. 405-436.

ALLPORT, G. (1942). *The Use of Personal Documents in Psychological Science*. Nova York: Social Sciences Research Council.

ALTHUSSER, L. (1969). *For Marx*. Londres: Allen Lane/Penguin [Trad. de B. Brewster].

ANDERSON, B.G. (1990). *First Fieldwork*: The Misadventures of an Anthropologist. Prospect Heights: Waveland.

ANDERSON, E. (1999). *Code of the Street*: Decency, Violence, and the Moral Life of the Inner City. Nova York: Norton.

APPADURAI, A. (1991). "Global Ethnoscapes: Notes and Queries for a Transnational Anthropology". In: FOX, R.G. (ed.). *Recapturing Anthropology*. Santa Fé: School of American Research Press, p. 191-210.

ARENSBERG, C.M. (1954). "The Community-Study Method". *American Journal of Sociology*, 60, p. 109-124.

ASAD, T. (ed.) (1973). *Anthropology and the Colonial Encounter*. Londres: Ithaca.

ATKINSON, J.M. (1982). "Anthropology". *Signs*, 8, p. 236-258.

BABA, M.L. (1994). "The Fifth Subdiscipline: Anthropological Practice and the Future of Anthropology". *Human Organization*, 53, p. 174-186.

BABBIE, E.R. (1983). *The Practice of Social Research*. Califórnia: Wadsworth.

BAILEY, F.G. (1991). *The Prevalence of Deceit*. Ithaca/Londres: Cornell University Press.

_____. (1969). *Stratagems and Spoils*. Oxford: Blackwell.

BANTON, M. (1967). *Race Relations*. Londres: Tavistock.

BARKER, J. (1992 "Review of The Queen's People". *Canadian Review of Sociology and Anthropology*, 29, p. 541-543.

BARNES, J.A. (1990). *Models and Interpretations*. Cambridge: Cambridge University Press.

_____ (1972). *Social Networks*. Reading: Addison-Wesley.

_____ (1969a). "Graph Theory and Social Networks: A Technical Comment on Connectedness and Connectivity". *Sociology*, 3, p. 215-232.

_____ (1969b). "Networks and Political Process". In: MITCHELL, J.C. (ed.). *Social Networks in Urban Situations*. Manchester: Manchester University Press, p. 51-76.

_____ (1968). "Networks and Political Process". In: SWARTZ, M.J. (ed.). *Local-Level Politics*. Chicago: Aldine, p. 107-133.

288

_____ (1967). "Some Ethical Problems in Modern Field Work". In: JONGMANS, D.G. & GUTKIND, P.C.W. (eds.). *Anthropologists in the Field.* Assen: Van Gorcum, p. 193-213.

_____ (1947). "The Collection of Genealogies". *Rhodes-Livingstone Journal*, 5, p. 48-55.

BARRETT, M. (1986). "The Soapbox". *Network* [British Sociological Association newsletter], p. 35-120.

BARRETT, S.R. (2002). *Culture Meets Power.* Westport: Praeger.

_____ (1994). *Paradise*: Class, Commuters, and Ethnicity in Rural Ontario. Toronto: University of Toronto Press.

_____ (1987). *Is God a Racist?* – The Right Wing in Canada. Toronto: University of Toronto Press.

_____ (1984a). "Racism, Ethics and the Subversive Nature of Anthropological Inquiry". *Philosophy of the Social Sciences*, 14, p. 1-25.

_____ (1984b). *The Rebirth of Anthropological Theory.* Toronto: University of Toronto Press.

_____ (1977). *The Rise and Fall of an African Utopia.* Waterloo: Wilfrid Laurier University Press.

_____ (1976). "The Use of Models in Anthropological Fieldwork". *Journal of Anthropological Research*, 32, p. 161-181.

_____ (1974). *Two Villages on Stilts.* Nova York: Chandler.

BARTH, F. (1966). *Models of Social Organization.* Londres: Royal Anthropological Institute [Occasional Paper, n. 23].

_____ (1959). *Political Leadership among Swat Pathans.* Londres: Athlone.

BARTH, F. (ed.) (1978). *Scale and Social Organization.* Oslo: Universitetsforlaget.

_____ (1969). *Ethnic Groups and Boundaries.* Boston: Little, Brown.

BARTLETT, F.G. et al. (eds.) (1939). *The Study of Society*: Methods and Problems. Nova York: Macmillan.

BEALS, A.R. & BARNARD J.S. (1966). *Divisiveness and Social Conflict.* Stanford: Stanford University Press.

BEALS, R.L. (1967). "Background Information on Problems of Anthropological Research and Ethics". *Fellows Newspaper of the American Anthropological Association*, 8, p. 2-13.

BEATTIE, J. (1965). *Understanding an African Kingdom*: Bunyoro. Nova York: Holt, Rinehart and Winston.

_____ (1964). *Other Cultures*. Londres: Cohen/West.

BECKER, E. (1971). *The Lost Science of Man*. Nova York: Braziller.

BECKER, H.S. (1986). *Writing for Social Scientists*. Chicago: University of Chicago Press.

_____ (1964). "Problems in the Publication of Field Studies". In: VIDICH, A.J.; BENSMAN, J. & STEIN, M.R. (eds.). *Reflections on Community Studies*. Nova York: Wiley, p. 267-284.

_____ (1958). "Problems of Inference and Proof in Participant Observation". *American Sociological Review*, 23, p. 652-660 [Reimpresso em FILSTEAD, W.J. (ed.) (1970). *Qualitative Methodology*. Chicago: Markham, p. 189-201].

BECKER, H.S. & GEER, B. (1960). "Participant Observation: The Analysis of Qualitative field Data". In: ADAMS, R.N. & PREISS, J. (eds.). *Human Organization Research*. Homewood: Dorsey, p. 267-289.

BECKER, J. (1993). *The Implications of Post-Modern Theory for Aboriginal Studies*. [s.l.]: University of Guelph.

BENDIX, R. (1962). *Max Weber*: An Intellectual Portrait. Garden City: Anchor Books.

BENEDICT, R. (1946). *The Chrysanthemum and the Sword*. Boston: Houghton Mifflin.

_____ (1934). *Patterns of Culture*. Boston: Houghton Mifflin.

BENNETT, J.W. (1996). "Applied and Action Anthropology". *Current Anthropology*, 36, p. 523-553.

_____ (1993). *Human Ecology as Human Behavior*. New Brunswick: Transition.

_____ (1987). "Anthropology and the Emerging World Order: The Paradigm of Culture in an Age of Interdependence". In: MOORE, K. (ed.). *Waymarks*. Notre Dame: University of Notre Dame Press, p. 43-69.

_____ (1982). *Of Time and the Enterprise*. Mineápolis: University of Minnesota Press.

_____ (1969). *Northern Plainsmen*. Chicago: Aldine.

BERG, B.L. (1989). *Qualitative Research Methods for the Social Sciences*. Needham Heights: Allyn and Bacon.

BERNARD, H.R. & EVANS, M.J. (1983). "New Microcomputer Techniques for Anthropologists". *Human Organization*, 42, p. 182-185.

BERREMAN, G.D. (1968). "Is Anthropology Alive? – Social Responsibility in Social Anthropology". *Current Anthropology*, 9, p. 391-396.

_____ (1962). *Behind Many Masks*. Lexington: University of Kentucky.

BESTEMAN, C. & GUSTERSON, H. (2005). *Why America's Top Pundits Are Wrong*: Anthropologists Talk Back. Berkeley: University of California Press.

BLACK-MICHAUD, J. (1975). *Cohesive Force*: Feud in the Mediterranean and the Middle East. Nova York: St Martin's Press.

BLUMENBACH, J.F. (1865 [1775]). *The Anthropological Treatises of Johann Friedrich Blumenbach*. Londres: Longman/Green/Roberts [Trad. e ed. de T. Bendyshe].

BOAS, F. (1897). *The Social Organization and the Secret Societies of the Kwakiutl Indians*. Washington: Report of the U.S. National Museum.

BOISSEVAIN, J. (1974). *Friends of Friends*. Oxford: Basil Blackwell.

_____ (1971). "Second Thoughts on Quasi-Groups, Categories and Coalitions". *Man*, 6, p. 168-172.

_____ (1968). "The Place of Non-Groups in the Social Sciences". *Man*, 3, p. 542-556.

BORMAN, K. & TAYLOR, J. (1986). "Ethnographic and Qualitative Research and Why It Doesn't Work". *American Behavioral Scientist*, 30, p. 42-57.

BOROFSKY, R. (2001). *Envisioning a More Public Anthropology*: An Interview with Fredrik Barth [Disponível em http://www.publicanthropology.org/Journals/barth.htm – Acesso em 31/08/2007].

_____ (1999). "Public Anthropology". *Anthropology News*, 40, p. 6-7.

BOSERUP, E. (1970). *Women's Role in Economic Development*. Londres: Allen/Unwin.

BOTT, E. (1957). *Family and Social Network*. Londres: Tavistock.

BOURGUIGNON, E. (1979). *Psychological Anthropology*. Nova York: Holt, Rinehart and Winston.

BOWEN, E.S. (1954). *Return to Laughter*. Nova York: Harper.

BRAJUHA, M. & HALLOWELL, L. (1986). "Legal Intrusion and the Politics of Fieldwork". *Urban Life*, 14, p. 454-479.

BRENNER, M. et al. (eds.) (1985). *The Research Interview*: Uses and Approaches. Londres: Academic.

BRIGHTMAN, R. (1995). "Forget Culture: Replacement, Transcendence, Relexafication". *Cultural Anthropology*, 10, p. 509-546.

BRIM, J.A. & SPAIN, D.H. (1974). *Research Design in Anthropology*. Nova York: Holt, Rinehart and Winston.

BRUMANN, C. (1999). "Writing for Culture: Why a Successful Concept Should Not Be Discarded". *Current Anthropology*, 40, p. S1-S27.

_____ (1998). "The Anthropological Study of Globalization". *Anthropos*, 93, p. 495-506.

BRUYN, S.T. (1966). *The Human Perspective in Sociology*: The Methodology of Participant Observation. Englewood Cliffs: Prentice-Hall.

BRYMAN, A. (1984). "The Debate about Quantitative and Qualitative Research: A Question of Method or Epistemology?" *British Journal of Sociology*, 35, p. 75-92.

BUNZL, M. (2008). "The Quest for Anthropological Relevance: Borgesian Maps and Epistemological Pitfalls". *American Anthropologist*, 110, p. 53-61.

BURGESS, R.G. (1982). *In the Field*: An Introduction to Field Research. Londres: George Allen/Unwin.

BURGESS, R.G. (ed.) (1985). *Field Methods in the Study of Education*. Londres: Falmer.

BURLING, R. (1964). "Cognition and Anthropological Analysis: God's Truth or Hocus-pocus?" *American Anthropologist*, 66, p. 20-68.

BURRIDGE, K. (1968). "Lévi-Strauss and Myth". In: LEACH, E. (ed.). *The Structural Study of Myth and Totemism*. Londres: Tavistock, p. 91-115 [ASA Monograph, 5].

BUSQUET, J. (1920). *Le droit de la vendetta et les paci corses*. Paris: A. Pedone.

CARSTENS, P. (1991). *The Queen's People*: A Study of Hegemony, Coercion, and Acom-modation among the Okanagan of Canada. Toronto: University of Toronto Press.

CASAGRANDE, J.B. (ed.) (1960). *In the Company of Man*: Twenty Portraits of Anthropological Informants. Nova York: Harper/Row.

CEBOTAREV, E.A. (1986). "Women's Contribution to Agricultural Science and Technology". *Resources for Feminist Research*, 15, p. 43-45.

CHAGNON, N.A. (1974). *Studying the Yanomamo*. Nova York: Holt, Rinehart and Winston.

CHIRREY, G.S. (1994). *Medicine and the Postmodern Turn*. [s.l.]: University of Guelph [M.A. major paper].

CHOMSKY, N. (1973). *Language and Mind*. 2. ed. Nova York: Harcourt Brace Jovanovich.

CICOUREL, A.V. (1964). *Method and Measurement in Sociology*. Nova York: Free.

CLEGG, S. (1985). "Feminist Methodology – Fact or Fiction?" *Quality and Quantity*, 19, p. 83-97.

CLIFFORD, J. (1988). *The Predicament of Culture*. Cambridge: Harvard University Press.

_____ (1986a). "On Ethnographic Allegory". In: CLIFFORD, J. & MARCUS, G.E. (eds.). *Writing Culture*. Berkeley: University of California Press, p. 98-121.

_____ (1986b). "Introduction: Partial Truths". In: CLIFFORD, J. & MARCUS, G.E. (eds.). *Writing Culture*. Berkeley: University of California Press, p. 1-26.

_____ (1983). "On Ethnographic Authority". *Representations*, 1, p. 118-146.

_____ (1980). "Fieldwork, Reciprocity and the Making of Ethnographic Texts: The Example of Maurice Leenhardt". *Man*, 15, p. 518-532.

CLIFFORD, J. & MARCUS, G.E. (eds.) (1986). *Writing Culture*. Berkeley: University of California Press.

CODERE, H. (1950). *Fighting with Property*. Nova York: J.J. Augustin [Monographs of the American Ethnological Society, vol. 18].

COHEN, A. (1969). *Custom and Conflict in Urban Africa*. Londres: Routledge and Kegan Paul.

COHEN, E. & EAMES, E. (1982). *Cultural Anthropology*. Boston/Toronto: Little/Brown.

COLE, M. (1990). "Cultural Psychology: A Once and Future Discipline?" In: BERMAN, J.J. (ed.). *Cross-Cultural Perspectives*. Lincoln: University of Nebraska Press, p. 279-335.

COLLIER JR., J. (1967). *Visual Anthropology*: Photography as a Research Method. Nova York: Holt, Rinehart and Winston.

COLSON, E. (1962). *The Plateau Tonga of Northern Rhodesia (Zambia)*. Manchester: Manchester University Press.

CONRAD, P. & REINHARZ, S. (1984). "Computers and Qualitative Data". *Qualitative Sociology*, 7, p. 3-15.

COSER, L. (1967). *Continuities in the Study of Social Conflict*. Nova York: Free.

_____ (1964 [1956]). *The Functions of Social Conflict*. Nova York: Free.

COSER, R.L. (1989). "Reflections on Feminist Theory". In: WALLACE, R.A. (ed.). *Feminism and Sociological Theory*. Newbury Park: Sage, p. 200-207.

CRANE, J.G. & ANGROSINO, M.V. (1986). "Hermes' Dilemma: The Masking of Subversion in Ethnographic Description". In: CLIFFORD, J. & MARCUS, G.E. (eds.). *Writing Culture*. Berkeley: University of California Press, p. 51-76.

_____ (1974). *Field Projects in Anthropology*. Morristown: General Learning Press.

CRAPANZANO, V. (1980). *Tuhami*: Portrait of a Moroccan. Chicago: University of Chicago Press.

CRUIKSHANK, J. (1990). *Life Lived Like a Story*. Vancouver: University of British Columbia Press.

CULWICK, A.T. & CULWICK, G.M. (1938). "Culture Contact on the Fringe of Civilization". *Methods of Study of Culture Contact in Africa*. Londres: Oxford University Press, p. 38-45.

DAHRENDORF, R. (1959). *Class and Class Conflict in Industrial Society*. Stanford: Stanford University Press.

_____ (1958). "Out of Utopia: Towards a Reorientation of Sociological Analysis". *American Journal of Sociology*, 64, p. 115-127.

D'ANDRADE, R. (1999). "Culture Is Not Everything". In: CERRONI-LONG, E.L. (ed.). *Anthropological Theory in North America*. Westport: Bergin/Garvey, p. 85-103.

DARNELL, R. & IRVINE, J. (eds.) (1994). *The Collected Works of Edward Sapir IV*. Berlim/Nova York: Mouton de Gruyter.

DAVIS, K. (1959). "The Myth of Functional Analysis as a Special Method in Sociology and Anthropology". *American Sociological Review*, 24, p. 757-772.

DEAN, J.P. & WHYTE, W.F. (1958). "How Do You Know If the Informant Is Telling the Truth?" *Human Organization*, 17, p. 34-38.

DENZIN, N.K. (1970). *The Research Act*. Chicago: Aldine.

DENZIN, N.K. & LINCOLN, Y.S. (1994). *Handbook of Qualitative Research*. Thousand Oaks: Sage.

DE SANTIS, G. (1980). "Interviewing as Social Interaction". *Qualitative Sociology*, 2, p. 72-98.

DEUTSCH, R. (1977). *Mairead Corrigan/Betty Williams*. Woodbury: Barron's Educational Series.

DIAMOND, S. (1964). "Nigerian Discovery: The Politics of Field Work". In: VIDICH, A.J.; BENSMAN, J. & STEIN, M.R. (eds.). *Reflections on Community Studies*. Nova York: Wiley, p. 119-154.

DIETZ, M.L. et al. (1994). *Doing Everyday Life*. Mississauga: Copp Clark Longman.

DOBBERT, M. (1982). *Ethnographic Research*: Theory and Application for Modern Schools and Societies. Nova York: Praeger.

DOLLARD, J. (1935). *Criteria for the Life History*. New Haven: Yale University Press.

DOUGLAS, J. (1985). *Creative Interviewing*. Newbury Park: Sage.

DRIVER, H.E. (1953). "Statistics in Anthropology". *American Anthropologist*, 55, p. 42-59.

DU BOIS, C. (1970). "Studies in an Indian Town". In: GOLDE, P. (ed.). *Women in the Field*. Chicago: Aldine, p. 221-238.

DURKHEIM, É. (1951 [1897]). *Suicide*. Glencoe: Free.

_____ (1938 [1895]). *The Rules of Sociological Method*. Chicago: University of Chicago Press.

_____ (1933 [1893]). *Division of Labor in Society*. Nova York: Macmillan.

DWYER, K. (1982). *Moroccan Dialogues*. Baltimore: Johns Hopkins University Press.

EICHLER, M. (1986). "The Relationship between Sexist, Nonsexist, Women-Centred, and Feminist Research". *Studies in Communication*, 3, p. 37-74.

ELLEN, R.F. (ed.) (1984). *Ethnographic Research*: A Guide to General Conduct. Londres: Academic.

EMBER, C. & EMBER, M. (1988 [1973]). *Cultural Anthropology*. Englewood Cliffs: Prentice-Hall.

EPSTEIN, A.L. (ed.) (1967). *The Craft of Social Anthropology*. Londres: Tavistock.

ERIKSEN, T. (2006). *Engaging Anthropology*: The Case for a Public Presence. Oxford/Nova York: Berg.

ERIKSON, K.T. (1967). "A Comment on Disguised Observation in Sociology". *Social Problems*, 14, p. 366-373.

ERVIN, A.M. (2005 [2000]). *Applied Anthropology*: Tools and Perspective for Contemporary Practice. 2. ed. Boston: Allyn and Bacon.

EVANS-PRITCHARD, E.E. (1969 [1940]). *The Nuer*. Oxford: Oxford University Press.

_____ (1968 [1950]). "Social Anthropology: Past and Present". In: MANNERS, R. & KAPLAN, D. (eds.). *Theory in Anthropology*. Chicago: Aldine, p. 46-54.

_____ (1946). "Applied Anthropology". *Africa*, 16, p. 92-98.

FABIAN, J. (1991). *Time and the Work of Anthropology*: Critical Essays, 1971-1991. Reading: Harwood Academic.

_____ (1971). "On Professional Ethics and Epistemological Foundations". *Current Anthropology*, 12, p. 230.

FALLERS, L. (1965). *Bantu Bureaucracy*: A Century of Political Evolution among the Basoga of Uganda. Chicago: University of Chicago Press.

FEATHERSTONE, M. (ed.) (1990). *Global Culture*. Londres: Sage.

FEINBERG, B. (2006). "The Promise and Peril of Public Anthropology". *Human Rights and Human Welfare*, 6, p. 165-176.

FIELDING, N. & LEE, R. (eds.) (1991). *Using Computers in Qualitative Analysis*. Newbury Park: Sage.

FILSTEAD, W.J. (ed.) (1970). *Qualitative Methodology*. Chicago: Markham.

FIRTH, R. (1981). "Engagement and Detachment: Reflections on Applying Social Anthropology to Social Affairs". *Human Organization*, 40, p. 193-201.

_____ (1964a). *Elements of Social Organization*. Boston: Beacon.

_____ (1964b). *Essays on Social Organization and Values*. Londres: Athlone.

_____ (1957 [1936]). *We, the Tikopia*. Londres: George Allen and Unwin.

FISCHER, A. (1970). "Field Work in Five Cultures". In: GOLDE, P. (ed.). *Women in the Field*. Chicago: Aldine, p. 267-292.

FISCHER, J. (1958). "The Classification of Residences in Censuses". *American Anthropologist*, 60, p. 508-517.

FISKE, S. & CHAMBERS, E. (1996). "The Inventions of Practice". *Human Organization*, 55, p. 1-12.

FOLEY, D. (1999). "The Fox Project: A Reappraisal". *Current Anthropology*, 40, p. 171-183.

FORTES, M. (1938). "Culture Contact as a Dynamic Process". *Methods of Study of Culture Contact in Africa*. Londres: Oxford University Press, p. 60-91.

FORTES, M. & EVANS-PRITCHARD, E.E. (eds.) (1967 [1940]). *African Political Systems*. Londres: Oxford University Press.

FORTES, M. et al. (1947). "Ashanti Survey, 1945-1946: An Experiment in Social Research". *Geographical Journal*, 110, p. 149-179.

FOSTER, G. (1965). "Peasant Society and the Image of the Limited Good". *American Anthropologist*, 67, p. 293-310.

FRANK, A.G. (1970). "The Development of Underdevelopment". In: RHODES, R.I. (ed.). *Imperialism and Underdevelopment*. Nova York: Monthly Review Press, p. 4-17.

FRAZER, J. (1958 [1890]). *The Golden Bough*. Nova York: Macmillan.

FREEMAN, D. (1983). *Margaret Mead and Samoa*: The Making and Unmaking of an Anthropological Myth. Cambridge: Harvard University Press.

FRIED, M.H. (1972). *The Study of Anthropology*. Nova York: Crowell.

FRIEDMAN, J. (1988). "Comments". *Current Anthropology*, 29, p. 426-427.

_____ (1974). "Marxism, Structuralism and Vulgar Materialism". *Man*, 9, p. 444-469.

FRIELICH, M. (ed.) (1970). *Marginal Natives*: Anthropologists at Work. Nova York: Harper and Row.

FURNIVALL, J.S. (1939). *Netherlands India*. Cambridge: Cambridge University Press.

GACS, U. et al. (1988). *Women Anthropologists*: A Biographical Dictionary. Nova York: Greenwood.

GARDNER, K. & LEWIS, D. (1996). *Anthropology, Development and the Post-Modern Challenge*. Londres: Pluto.

GEERTZ, C. (1988). *Works and Lives*. Stanford: Stanford University Press.

_____ (1983). *Local Knowledge*. Nova York: Basic Books.

_____ (1973). *The Interpretation of Cultures*. Nova York: Basic Books.

GEPHART JR., R.P. (1988). *Ethnostatistics*: Qualitative Foundations for Quantitative Research. Newbury Park: Sage.

GERSON, E. (1984). "Qualitative Work and the Computer". *Qualitative Sociology*, 7, p. 61-74.

GERTH, H. & WRIGHT MILLS, C. (1946). *From Max Weber*. Nova York: Oxford University Press.

GILBERT, J.P. & HAMMEL, E.A. (1966). "Computer Simulation and Analysis of Problems in Kinship and Social Structure". *American Anthropologist*, 68, p. 70-93.

GILLIGAN, J. (2004). "Shame: The Emotions and Morality of Violence". In: GILBERT, P.R. & EBY, K.K. (eds.). *Violence and Gender.* Upper Saddle River: Pearson Education, p. 40-47.

GLASER, B.G. & STRAUSS, A.L. (1967). *The Discovery of Grounded Theory*: Strategies for Qualitative Research. Chicago: Aldine.

GLUCKMAN, M. (1968 [1944]). "The Difficulties, Achievements, and Limitations of Social Anthropology". In: MANNERS, R. & KAPLAN, D. (eds.). *Theory in Anthropology.* Chicago: Aldine, p. 31-45.

_____ (1963). *Order and Rebellion in Tribal Africa.* Londres: Cohen and West.

_____ (1956). *Custom and Conflict in Africa.* Oxford: Basil Blackwell.

GLUCKSMANN, M. (1974). *Structural Analysis in Contemporary Social Thought.* Londres: Routledge and Kegan Paul.

GODELIER, M. (1972 [1966]). *Rationality and Irrationality in Economics.* Londres: Nlb.

GOLD, R.L. (1958). "Roles in Sociological Observations". *Social Forces*, 36, p. 217-223.

GOLDE, P. (ed.) (1970). *Women in the Field.* Chicago: Aldine.

GONZÁLEZ, R. (2004). *Anthropologists in the Public Sphere*: Speaking Out on War, Peace and American Power. Austin: University of Texas Press.

GOODENOUGH, W. (1956). "Residence Rules". *Southwestern Journal of Anthropology*, 12, p. 22-37.

GOODY, J. (1995). *The Expansive Moment*: The Rise of Social Anthropology in Britain and Africa 1918-1970. Cambridge: Cambridge University Press.

_____ (1983). *The Development of the Family and Marriage in Europe.* Cambridge: Cambridge University Press.

_____ (1976). *Family and Inheritance*: Rural Society in Western Europe, 1200-1800. Cambridge: Cambridge University Press.

_____ (1969). *Comparative Studies in Kinship.* Londres: Routledge and Kegan Paul.

GORDON, J. (1998). "The Resurgence of Applied Anthropology in a Post-Exotic World: An Australian Experience". *Human Organization*, 57, p. 127-133.

GOUGH, K. (1968). "New Proposals for Anthropologists". *Current Anthropology*, 5, p. 403-407.

GRAMSCI, A. (1976). *Selections from the Prison Notebooks*. Nova York: International Publishers [Trad. e ed. de Q. Hoare e G. Nowell-Smith].

GREEN, R.W. (1967). *Protestantism and Capitalism*: The Weber Thesis and Its Critics. Boston: Heath.

GREENHOUSE, C.J. (1985). "Anthropology at Home: Whose Home?" *Human Organization*, 44, p. 261-264.

GUBRIAN, J. (1988). *Analyzing Field Reality*. Newbury Park: Sage.

GUDSCHINSKY, S.C. (1967). *How to Learn an Unwritten Language*. Nova York: Holt, Rinehart and Winston.

GWALTNEY, J.L. (1981). "Common Sense and Science: Urban Core Black Observations". In: MESSERSCHMIDT, D.A. (ed.). *Anthropology at Home in North America*. Cambridge: Cambridge University Press, p. 46-61.

HAANSTAD, E. (2001). "Anthropology Revitalized: Public Anthropology and Student Activism". *Graduate Journal*. Madison: University of Wisconsin [Disponível em http: //www.publicanthropology.org/Journals/Grad.j/Wisconsin/ haanstad.htm – Acesso em 08/06/2007].

HALL, J.R. & NEITZ, M.J. (1993). *Culture*: Sociological Perspectives. Englewood Cliffs: Prentice-Hall.

HAMMERSLEY, M. (1992). *What's Wrong with Ethnography?* Londres/Nova York: Routledge.

HAMMERSLEY, M. & ATKINSON, P. (1983). *Ethnography*: Principles in Practice. Londres/New York: Tavistock.

HANNERZ, U. (1989). "Notes on the Global Ecumene". *Public Culture*, 1, p. 66-75.

HARDING, S. (1992). "Subjectivity, Experience and Knowledge: An Epistemology from/for Rainbow Coalition Politics". *Development and Change*, 23, p. 175-193.

HARRIS, M. (1993). *Post-Modern Anti-Scientism* [Paper apresentado na reunião annual da American Association for the Advancement of Science, fev.].

_____ (1991). *Cultural Anthropology*. Nova York: Harper Collins.

_____ (1975). *Cows, Pigs, Wars and Witches*. Nova York: Vintage.

_____ (1971). *Culture Man, and Nature*. Nova York: Crowell.

_____ (1968). *The Rise of Anthropological Theory*. Nova York: Crowell.

_____ (1966). "The Cultural Ecology of India's Sacred Cattle". *Current Anthropology*, 7, p. 51-66.

HARRIS, R. (s.d.). "Women and Anthropological Fieldwork". *Social Anthropology Handbook*. [s.l.]: University of Sussex [mimeo.].

HARVEY, D. (1989). *The Condition of Postmodernity*. Cambridge: Basil Blackwell.

HARVEY, S. (1938). "A Preliminary Investigation of the Interview". *British Journal of Psychology*, 28, p. 263-287.

HATCH, E. (1973). *Theories of Man and Culture*. Nova York: Columbia University Press.

HEDICAN, E.J. (2008 [1995]). *Applied Anthropology in Canada*: Understanding Aboriginal Issues. Toronto: University of Toronto Press.

HELD, D. (1980). *Introduction to Critical Theory*. Berkeley/Los Angeles: University of California Press.

HENRY, F. & SABERWAL, S. (eds.) (1969). *Stress and Response in Fieldwork*. Nova York: Holt, Rinehart and Winston.

HENRY, J. (1940). "A Method for Learning to Talk Primitive Languages". *American Anthropologist*, 43, p. 635-641.

HENRY, J. & SPIRO, M.E. (1953). "Psychological Techniques: Projective Tests in Field Work". In: KROEBER, A.L. (ed.). *Anthropology Today*. Chicago: University of Chicago Press, p. 4, p. 417-429.

HILL, J. (ed.) (1988). *Rethinking History and Myth*. Urbana: University of Illinois Press.

HONIGMANN, J.J. (1982). "Sampling in Ethnographic Fieldwork". In: BURGESS, R. (ed.). *Field Research*: A Sourcebook and Field Manual. Londres: George Allen and Unwin, p. 79-90.

HONIGMANN, J.J. & HONIGMANN, I. (1955). "Sampling Reliability in Ethnographic Field Work". *Southwestern Journal of Anthropology*, 11, p. 282-287.

HOROWITZ, I. (1967). *The Rise and Fall of Project Camelot*. Cambridge: MIT.

HUGH-JONES, S. & LAIDLAW, J. (eds.) (2000). *The Essential Edmund Leach*. Vol. 1. New Haven: Yale University Press.

HUNTER, M. (1934). "Methods of Study of Culture Contact". *Africa*, 7, p. 335-350.

HYMES, D. (1965). *The Use of Computers in Anthropology*. The Hague: Mouton.

HYMES, D. (ed.) (1964). *Language in Culture and Society*. Nova York: Harper and Row.

JACKSON, P. (1989). *Maps of Meaning*. Londres. Unwin Hyman.

JAMESON, F. (1984). "Postmodernism or the Cultural Logic of Late Capitalism". *New Left Review*, 146, p. 53-93.

JARVIE, I.C. (1989). "Recent Work in the History of Anthropology and Its Historiographic Problems". *Philosophy of Social Science*, 19, p. 345-375.

_____ (1988). "Comments". *Current Anthropology*, 29, p. 427-429.

_____ (1986). *Thinking about Society*: Theory and Practice. Dordrecht: Reidel.

_____ (1969). "The Problem of Ethical Integrity in Participant Observations". *Current Anthropology*, 10, p. 505-508.

JAY, M. (1974). *The Dialectical Imagination*. Londres: Heinemann.

JOHANNSEN, A. (1992). "Applied Anthropology and Post-Modern Ethnography". *Human Organization*, 51, p. 71-81.

JOHNSON, A. (1978). *Quantification in Cultural Anthropology*. Stanford: Stanford University Press.

JOHNSON, J.M. (1975). *Doing Field Research*. Nova York: Free.

JONES, D.J. (1982). "Towards a Native Anthropology". In: COLE, J.B. (ed.). *Anthropology for the Eighties*. Nova York: Free, p. 471-482.

JONGMANS, D.G. & GUTKIND, P.C.W. (eds.) (1967). *Anthropologists in the Field*. Assen: Van Gorcum.

JUNKER, B.H. (1960). *Field Work*. Chicago: University of Chicago Press.

KAHN, R. & CANNELL, C. (1957). *The Dynamics of Interviewing*. Nova York: Wiley.

KAPLAN, D. & MANNERS, R. (1972). *Culture Theory*. Englewood Cliffs: Prentice-Hall.

KAY, P. (1971). *Explorations in Mathematical Anthropology*. Cambridge: MIT.

KEESING, R.M. (1994). "Theories of Culture Revisited". In: BOROFSKY, R. (ed.). *Assessing Cultural Anthropology*. Nova York: McGraw-Hill, p. 301-312.

_____ (1976). *Cultural Anthropology*: A Contemporary Perspective. Nova York: Holt, Rinehart and Winston.

KENT, S.A. (1989). "The Sage Qualitative Research Methods Series". *Canadian Review of Sociology and Anthropology*, 26, p. 848-852.

KILLWORTH, P. & RUSSELL, H. (1976). "Informant Accuracy in Social Network Data". *Human Organization*, 35, p. 269-286.

KIRBY, V. (1991). "Comment on Mascia-Lees, Sharpe, and Cohen's 'The Post-modernist Turn in Anthropology: Cautions from a Feminist Perspective'". *Signs*, 16, p. 394-400.

KIRK, J. & MILLER, M.L. (1986). *Reliability and Validity in Qualitative Research*. Newbury Park: Sage.

KLUCKHOHN, F. (1940). "The Participant Observer Technique in Small Communities". *American Journal of Sociology*, 46, p. 331-343.

KNAUFT, B.M. (2006). "Anthropology in the Middle". *Anthropological Theory*, 6, p. 407-430.

KRAUSS, I. (1976). *Stratification, Class, and Conflict*. Nova York: Free.

KROEBER, A.L. (1963). *Anthropology*. Nova York: Harcourt, Brace World.

KROEBER, A.L. (ed.) (1953). *Anthropology Today*. Chicago: University of Chicago Press.

KROEBER, A.L. & DRIVER, H.E. (1932). *Quantitative Expression of Cultural Relationships*. Berkeley: University of California Press, p. 253-423.

KROEBER, A.L & RICHARDSON, J. (1940). "Three Centuries of Women's Dress Fashions: A Quantitative Analysis". *University of California Anthropological Records*, 5, p. 111-154.

KUHN, T.S. (1962). *The Structure of Scientific Revolutions*. Chicago: University of Chicago Press.

KUKLICK, H. (1991). *The Savage Within*: The Social History of British Anthropology, 1885-1945. Cambridge: Cambridge University Press.

KUPER, A. (1975 [1973]). *Anthropologists and Anthropology*. Londres: Peregrine.

KUPER, H. (1947). *An African Aristocracy*. Londres: Oxford University Press.

KUSHNER, G. (1994). "Training Programs for the Practice of Applied Anthropology". *Human Organization*, 53, p. 186-191.

LAMPHERE, L. (2004). "The Convergence of Applied, Practicing and Public Anthropology in the 21st Century". *Human Organization*, 63, p. 431-443.

_____ (1977). "Anthropology". *Signs*, 2, p. 612-627.

LANGNESS, L.L. (1965). *The Life History in Anthropological Science*. Nova York: Holt, Rinehart and Winston.

LANOUE, G. (1991). "Review of The Queen's People". *Canadian Journal of Native Studies*, 11, p. 355-363.

LASSITER (2005). "Collaborative Ethnography and Public Anthropology". *Current Anthropology*, 46, p. 83-106.

LEACH, E.R. (1974). *Lévi-Strauss*. Londres: Fontana.

_____ (1973). "Structuralism in Social Anthropology". In: ROBEY, D. (ed.). *Structuralism*: An Introduction. Oxford: Clarendon.

_____ (1966). "The Legitimacy of Solomon: Some Structural Aspects of Old Testament History". *European Journal of Sociology*, 7, p. 58-101.

_____ (1965 [1954]). *Political Systems of Highland Burma*. Boston: Beacon.

_____ (1962). "Genesis as Myth". *Discovery*, mai., p. 30-35.

_____ (1961a). "Lévi-Strauss in the Garden of Eden: An Examination of Some Recent Developments in the Analysis of Myth". *Transactions of the New York Academy of Sciences* – Series 2, p. 386-396.

_____ (1961b). *Rethinking Anthropology*. Londres: Athlone.

_____ (1958). "An Anthropologist's Reflections on a Social Survey". *Ceylon Journal of Historical and Social Studies*, 1, p. 9-20.

LEACH, E.R. (ed.) (1968). *The Structural Study of Myth and Totemism*. Londres: Tavistock.

LEACOCK, E. (1977). "Women in Egalitarian Societies". In: BRIDENTHAL, R.; KOONZ, C. & STUARD, S. (eds.). *Becoming Visible*: Women in European History. Boston: Houghton Mifflin, p. 15-38.

LEE, R.B. (1979). *The !Kung San*: Men, Women, and Work in a Foraging Society. Nova York: Cambridge University Press.

LEE, R.B. & DEVORE, I. (1976). *Kalahari Hunter-Gatherers*. Cambridge: Harvard University Press.

LENSKI, G. (1966). *Power and Privilege*. Nova York: McGraw-Hill.

LÉVI-STRAUSS, C. (1978). *Myth and Meaning*. Toronto: University of Toronto Press.

_____ (1975 [1964]). *The Raw and the Cooked*. Vol. 1. Nova York: Harper Colophon.

_____ (1974 [1955]). *Tristes tropiques*. Nova York: Atheneum.

_____ (1969 [1949]). *The Elementary Structures of Kinship*. Boston: Beacon.

_____ (1967a [1958]). *Structural Anthropology*. Nova York: Anchor.

_____ (1967b). *The Scope of Anthroplogy*. Londres: Jonathan Cape.

_____ (1966 [1962]). *The Savage Mind*. Londres: Weidenfeld and Nicolson.

_____ (1963 [1962]). *Totemism*. Boston: Beacon.

LEWIS, H. (1998). "The Misrepresentation of Anthropology and Its Consequences". *American Anthropologist*, 100, p. 716-731.

LEWIS, I.M. (1985 [1976]). *Social Anthropology in Perspective*. Cambridge: Cambridge University Press.

LEWIS, O. (1960). *Tepoztlan, Village in Mexico*. Nova York: Holt, Rinehart and Winston.

_____ (1951). *Life in a MexicanVillage*: Tepoztlan Restudied. Urbana: University of Illinois Press.

LLOYD, P.C. (1968). "Conflict Theory and Yoruba Kingdoms". In: BANTON, M. (ed.). *History and Social Anthropology*. Londres: Tavistock, p. 25-61.

LOFLAND, J. (1971). *Analyzing Social Settings*. Belmont: Wadsworth.

LOWIE, R.H. (1940). "Native Languages as Ethnographic Tools". *American Anthropologist*, 42, p. 81-89.

_____ (1937). *The History of Ethnological Theory*. Nova York: Holt, Rinehart and Winston.

LUKACS, G. (1971 [1923]). *History and Class Consciousness*: Studies in Marxist Dialectics. Londres: Merlin [Trad. de R. Livingstone].

MacFARLANE, A. (1979). *The Origins of English Individualism*. Nova York: Cambridge University Press.

MacKINNON, C.A. (1983). "Feminism, Marxism, Method, and the State: Toward Feminist Jurisprudence". *Signs*, 8, p. 635-658.

_____ (1982). "Feminism, Marxism, Method, and the State: An Agenda for Theory". *Signs*, 7, p. 515-544.

MacKINNON, N.J. (1994). *Symbolic Interactionism as Affect Control*. Albânia: State University of New York Press.

MADGE, J. (1953). *The Tools of Social Science*. Londres: Longman, Green [Republicado por Anchor Books, 1965].

MAIR, L. (1972). *An Introduction to Social Anthropology*. Oxford: Clarendon.

MALINOWSKI, B. (1967). *A Diary in the Strict Sense of the Term*. Londres: Routledge and Kegan Paul.

_____ (1961 [1922]). *Argonauts of the Western Pacific*. Nova York: Dutton.

_____ (1945). *The Dynamics of Culture Change*: An Inquiry into Race Relations in Africa. New Haven: Yale University Press [Ed. de P. Kaberry].

_____ (1944). *A Scientific Theory of Culture*. Chapel Hill: University of North Carolina Press.

_____ (1941). "An Anthropological Analysis of War". *American Journal of Sociology*, 46, p. 521-550.

_____ (1938). "Introductory Essay: The Anthropology of Changing African Cultures". *Methods of Study of Culture Contact in Africa*. Londres: Oxford University Press, p. vii-xxxviii.

_____ (1929). "Practical Anthropology". *Africa*, 2, p. 22-38.

MANN, M. (1993). "The Autonomous Power of the State". In: OLSEN, M. & MARGER, M. (eds.). *Power in Modern Societies*. Boulder: Westview, p. 314-327.

MANNING, P.K. (1987). *Semiotics and Fieldwork*. Newbury Park: Sage.

MARCUS, G.E. & FISCHER, M.M.J. (1986). *Anthropology as Cultural Critique. Chicago*: University of Chicago Press.

MARSHALL, G. (1970). "In a World of Women: Field Work in a Yoruba Community". In: GOLDE, P. (ed.). *Women in the Field*. Chicago: Aldine, p. 167-191.

MARWICK, M.G. (1956). "An Experiment in Public-Opinion Polling among Preliterate People". *Africa*, 26, p. 149-159.

MASCIA-LEES, F.E. et al. (1991). "Reply to Kirby". *Signs*, 16, p. 401-528.

_____ (1989). "The Postmodernist Turn in Anthropology: Cautions from a Feminist Perspective". *Signs*, 15, p. 7-33.

MAYBURY-LEWIS, D. (1970). "Science as Bricolage?" In: HAYES, E. & HAYES, T. (eds.). *Claude Lévi-Strauss*: The Anthropologist as Hero. Cambridge: MIT, p. 150-163.

_____ (1965). *The Savage and the Innocent*. Boston: Beacon Press.

MAYER, A. (1966). "The Significance of Quasi-Groups in the Study of Complex Societies". In: BANTON, M. (ed.). *The Social Anthropology of Complex Societies*. Londres: Tavistock, p. 97-122.

McCLELLAND, D. (1967). *The Achieving Society*. Nova York: Free.

McCLINTOCK, C. et al. (1979). "Applying the Logic of Sample Surveys to Qualitative Case Studies: The Case Cluster Method". *Administrative Science Quarterly*, 24, p. 612-629.

McCORMACK, T. (1989). "Feminism and the New Crisis in Methodology". In: TOMM, W. (ed.). *The Effects of Feminist Approaches on Research Methodologies*. Waterloo: Wilfrid Laurier University Press, p. 13-30.

McCRACKEN, G. (1988). *The Long Interview*. Newbury Park: Sage.

McDONALD, L. (1993). *The Early Origins of the Social Sciences*. Montreal/ Kingston: McGill-Queen's University Press.

McEWEN, W. (1963). "Forms and Problems of Validation in Social Anthropology". *Current Anthropology*, 4, p. 155-183.

MEAD, M. (1973 [1928]). *Coming of Age in Samoa*. Nova York: Morrow.

_____ (1970). "Field Work in the Pacific Islands, 1925-1967". In: GOLDE, P. (ed.). *Women in the Field*. Chicago: Aldine, p. 293-332.

_____ (1939). "Native Languages as Field-Work Tools". *American Anthropologist*, 41, p. 189-205.

_____ (1938). *The Mountain Arapesh 1*: An Importing Culture. Nova York: American Museum of Natural History, p. 138-249 [Anthropological Papers in the American Museum of Natural History, vol. 36].

_____ (1935). *Sex and Temperament in Three Primitive Societies*. Nova York: Morrow.

_____ (1933). "More Comprehensive Field Methods". *American Anthropologist*, 35, p. 1-15.

_____ (1930). *Growing Up in New Guinea*. Nova York: Morrow.

MEAD, M. et al. (1949). "Report of the Committee on Ethics". *Human Organization*, 8, p. 20-21.

MEILLASSOUX, C. (1964). *Anthropologie Économique des Gouro de Côte d'Ivoire*. Paris: Mouton.

MEIS, M. (1983). "Towards a Methodology for Feminist Research". In: BOWLESM, G. & KLEIN, R.D. (eds.). *Theories of Women's Studies*. Londres: Routledge and Kegan Paul, p. 117-139.

MENZIES, K. (1982). *Sociological Theory in Use*. Londres: Routledge and Kegan Paul.

MEPHAM, J. (1973). "The Structural Sciences and Philosophy". In: ROBEY, D. (ed.). *Structuralism*. Oxford: Clarendon, p. 104-137.

MERTON, R.K. (1949). *Social Theory and Social Structure*. Nova York: Free.

MERTON, R.K. & KENDALL, P. (1946). "The Focused Interview". *American Journal of Sociology*, 51, p. 541-557.

MESSERSCHMIDT, D.A. (ed.) (1981). *Anthropology at Home in North America*: Methods and Issues in the Study of One's Own Society. Cambridge: Cambridge University Press.

*Methods of Study of Culture Contact in Africa* (1938). Londres: Oxford University Press [Reimpresso de *Africa*, vols. 7, 8 e 9].

MICHAELS, W. (1992). "Race into Culture". *Critical Inquiry*, 18, p. 655-685.

MIDDLETON, J. (1970). *The Study of the Lugbara*: Expectation and Paradox in Anthropological Research. Nova York: Holt, Rinehart and Winston.

MILLS, C.W. (1964 [1956]). *The Power Elite*. Nova York: Oxford University Press.

_____ (1956 [1951]). *White Collar.* Nova York: Oxford University Press.

MITCHELL, J.C. (ed.) (1969). *Social Networks in Urban Situations*. Manchester: Manchester University Press.

MITCHELL, W.E. (1978). *The Bamboo Fire*: Field Work with the New Guinea Wape. Prospects Heights: Waveland.

MONTAGU, A. (1942). *Man's Most Dangerous Myth*: The Fallacy of Race. Nova York: World.

MOORE, F.W. (ed.) (1961). *Readings in Cross-Cultural Methodology*. New Haven: Hraf.

MORGAN, L.H. (1877). *Ancient Society.* Nova York: Holt.

MORGAN, V. & FRASER, G. (1995). "Women and the Northern Ireland Conflict: Experiences and Responses". In: DUNN, S. (ed.). *Facets of the Conflict in Northern Ireland*. Nova York: St Martin's Press, p. 81-96.

MURDOCK, G.P. (1949). *Social Structure*. Nova York: Macmillan.

MURPHY, R. (1986 [1979]). *Culture and Social Anthropology*: An Overture. Englewood Cliffs: Prentice-Hall.

_____ (1971). *The Dialectics of Social Life*. New York/Londres: Basic Books.

MYERS, V. (1977). "Towards a Synthesis of Ethnographic and Survey Methods". *Human Organization*, 36, p. 244-251.

NADEL, S.F. (1951). *The Foundations of Social Anthropology*. Glencoe: Free.

_____ (1939). "The Interview Technique in Social Anthropology". In: BARTLETT, F.C. et al. (eds.). *The Study of Society*: Methods and Problems. Nova York: Macmillan, p. 317-327.

NADER, L. (1988). "Post-Interpretive Anthropology". *Anthropological Quarterly*, 61, p. 149-159.

_____ (1972). "Up the Anthropologist – Perspectives Gained from Studying Up". In: HYMES, D. (ed.). *Reinventing Anthropology*. Nova York: Pantheon, p. 284-311.

_____ (1970). "From Anguish to Exultation". In: GOLDE, P. (ed.). *Women in the Field*. Chicago: Aldine, p. 97-118.

NARAYAN, K. (1993). "How Native Is a "Native' Anthropologist?" *American Anthropologist*, 93, p. 671-686.

NAROLL, R. & COHEN, R. (eds.) (1970). *A Handbook of Method in Cultural Anthropology*. Garden City: Natural History Press.

NOLAN, R. (2003). *Anthropology in Practice*: Building a Career Outside the Academy. Boulder: Lynne Rienner.

_____ (2002). *Development Anthropology*: Encounters in the Real World. Boulder: Westview.

*Notes and Queries in Anthropology* (1967 [1874]) – Royal Anthropological Institute of Great Britain and Ireland. 6. ed. Londres: Routledge and Kegan Paul.

OAKLEY, A. (1981). "Interviewing Women: A Contradiction in Terms". In: ROBERTS, H. (ed.). *Doing Feminist Research*. Londres: Routledge and Kegan Paul, p. 30-61.

O'BARR, W.M., et al. (eds.) (1973). *Survey Research in Africa*. Evanston: Northwestern University Press.

OPIE, A. (1992). "Qualitative Research, Appropriation of the 'Other' and Empowerment". *Feminist Review*, 40, p. 52-69.

ORTNER, S.B. (1991). "Reading America: Preliminary Notes on Class and Culture". In: FOX, R.G. (ed.). *Recapturing Anthropology*. Santa Fé: School of American Research Press, p. 163-189.

OXALL, I.; BARNETT, T. & BOOTH, D. (eds.) (1975). *Beyond the Sociology of Development*. Londres: Routledge and Keagan Paul.

PAUL, B.P. (1953). "Interview Techniques and Field Relationships". In: KROEBER, A.L. (ed.). *Anthropology Today*. Chicago: University of Chicago Press, p. 430-451.

PEACOCK, J. & KIRSCH, A.T. (1980). *The Human Direction*: An Evolutionary Approach to Social and Cultural Anthropology. Nova York: Appleton-Century-Crofts.

PELTO, P.J. (1970). *Anthropological Research*: The Structure of Inquiry. Nova York: Harper and Row.

PENNIMAN, T.K. (1965). *A Hundred Years of Anthropology*. Londres: Duckworth.

PFAFFENBERGER, B. (1988). *Microcomputer Applications in Qualitative Research*. Newbury Park: Sage.

PHILLIPS, D. (1971). *Knowledge from What?* Chicago: Rand-McNally.

PINCUS, F.L. (1982). "Academic Marxists: A Study in Contradictions". *Insurgent Sociologist*, 11, p. 85-88.

PITT, D.C. (1972). *Using Historical Sources in Anthropology and Sociology*. Nova York: Holt, Rinehart and Winston.

PODELEFSKY, A. & McCARTY, C. (1983). "Topical Sorting: A Technique for Computer Assisted Qualitative Data Analysis". *American Anthropologist*, 85, p. 886-889.

POWDERMAKER, H. (1966). *Stranger and Friend*. Nova York: Norton.

PRATT, M.L. (1986). "Fieldwork in Common Places". In: CLIFFORD, J. & MARCUS, G.E. (eds.). *Writing Culture*. Berkeley: University of California Press, p. 27-50.

PRICE, D. (2004). "Anthropologists as Spies". In: GONZÁLEZ, R. (ed.). *Anthropologists in the Public Sphere*. Austin: University of Texas Press, p. 62-70.

_____ (1998). "Gregory Bateson and the OSS: World War II and Bateson's Assessment of Applied Anthropology". *Human Organization*, 57, p. 379-384.

PRICE, J. (1973). "A Holism through Team Ethnography". *Human Relations*, 26, p. 155-170.

PUNCH, M. (1986). *The Politics and Ethics of Fieldwork*. Newbury Park: Sage.

PURCELL, T. (2000). "Public Anthropology: An Idea Searching for a Reality". *Transforming Anthropology*, 9, p. 30-33.

PURYEAR, T. (2006). "Public Anthropology, Political Anthropology: An Interview with Fadjar Thufail". *Graduate Journal. Madison*: University of Wisconsin [Disponível em http: //fithufail.wordpress.com/2006/07/11/public_anthropology/ – Acesso em 08/06/2007].

RABINOW, P. (1991). "For Hire: Resolutely Late Modern". In: FOX, R. (ed.). *Recapturing Anthropology*. Santa Fé: School of American Research Press, p. 59-71.

_____ (1986). "Representations Are Social Facts: Modernity and Post-Modernity in Anthropology". In: CLIFFORD, J. & MARCUS, G.E. (eds.). Writing Culture. Berkeley: University of California Press, p. 234-261.

_____ (1977). *Reflections on Fieldwork in Morocco*. Berkeley: University of California Press.

RADCLIFFE-BROWN, A.R. (1952). *Structure and Function in Primitive Society*. Londres: Cohen and West.

_____ (1948). *A Natural Science of Society*. Glencoe: Free.

_____ (1931). "Applied Anthropology". *Proceedings of the Australian and New Zealand Society for the Advancement of Science*. 20th meeting, Brisbane, p. 267-280.

RAPPAPORT, R. (1967). *Pigs for the Ancestors*. New Haven: Yale University Press.

REDFIELD, R. (1960). *The Little Community*. Chicago: Phoenix.

_____ (1930). *Tepoztlan*: A Mexican Village. Chicago: University of Chicago Press.

REX, J. (1970). *Race Relations in Sociological Theory*. Nova York: Schocken.

RHODES, R.I. (ed.) (1970). *Imperialism and Underdevelopment*. Nova York: Monthly Review.

RICHARDS, A. (1939). "The Development of Field Work Methods in Social Anthropology". In: BARTLETT, F.C. et al. (eds.). *The Study of Society*: Methods and Problems. Nova York: Macmillan, p. 272-316.

_____ (1938). "The Village Census in the Study of Culture Contact". *Methods of Study of Culture Contact in Africa*. Londres: Oxford University Press, p. 46-59.

RICHARDS, T. & RICHARDS, L. (1991). "The Nudist Qualitative Data Analysis System". *Qualitative Sociology*, 14, p. 307-324.

_____ (1989). *The Impact of Computer Techniques for Qualitative Data analysis*. [s.l.]: La Trobe University [Technical Report, 6/89].

_____ (1987). "Qualitative Data Analysis: Can Computers Do It?" *Australian and New Zealand Journal of Sociology*, 23, p. 23-35.

RICHER, S. (1988). "Fieldwork and the Commodification of Culture: Why the Natives Are Restless". *Canadian Review of Sociology and Anthropology*, 25, p. 406-420.

RICHES, D. (ed.) (1986). *The Anthropology of Violence*. Oxford: Basil Blackwell.

RIVERS, W.H.R. (1910). "The Genealogical Method of Anthropological Inquiry". *Sociological Review*, 3, p. 1-12.

_____ (1900). "A Genealogical Method of Collecting Social and Vital Statistics". *Journal of the Royal Anthropological Institute*, 30, p. 74-82.

RODNEY, W. (1972). *How Europe Underdeveloped Africa*. Washington: Howard University Press.

ROE, A. (1952). "A Psychological Study of Eminent Psychologists and Anthropologists and a Comparison with Biologists and Physical Scientists". *Psychological Monographs*, 67, p. 1-55.

ROSALDO, R. (1994). "Whose Cultural Studies?" *American Anthropologist*, 96, p. 525-529.

RUSSELL, B. (1938). *Power: A New Social Analysis*. Nova York: Norton.

SACKS, K. (1979). *Sisters and Wives: The Past and Future of Social Equality*. Westport: Greenwood.

SAHLINS, M. (1981). *Historical Metaphors and Mythical Realities*. Ann Arbor: University of Michigan Press.

_____ (1960). "Evolution: Specific and General". In: SAHLINS, M. & SERVICE, E. (eds.). *Evolution and Culture*. Ann Arbor: University of Michigan Press, p. 12-44.

SAID, E.W. (1979). *Orientalism*. Nova York: Vintage.

SALAMONE, F.A. (1977). "The Methodological Significance of the Lying Informant". *Anthropological Quarterly*, 50, p. 117-124.

SAMUELSSON, K. (1961). *Religion and Economic Action*. Londres: Heinemann.

SANGREN, P.S. (1988). "Rhetoric and the Authority of Ethnography". *Current Anthropology*, 29, p. 405-424.

SCHAPERA, I. (1935). "Field Methods in the Study of Modern Culture Contacts". *Africa*, 8, p. 315-328.

SCHATZMAN, L. & STRAUSS, A. (1973). *Field Research*. Englewood Cliffs: Prentice-Hall.

SCHEPER-HUGHES, N. & BOURGOIS, P. (eds.) (2004). *Violence in War and Peace*. Oxford: Blackwell.

SCHMIDT, B. & SCHRODER, I. (eds.) (2001). *Anthropology of Violence and Conflict*. Londres: Routledge.

SCHUSKY, E.L. (1965). *Manual for Kinship Analysis*. Nova York: Holt, Rinehart and Winston.

SEIDEL, J.V. & CLARK, J.A. (1984). "The ethnograph: A Computer Program for the analysis of Qualitative Data". *Qualitative Sociology*, 7, p. 110-125.

SEIDEL, J.V.; KJOLSETH, R. & CLARK, J.A. (1985). *The Ethnograph*: A User's Guide (Version 2.0). Littleton: Qualis Research Associates.

SEIDEL, J.V.; KJOLSETH, R. & SEYMOUR, E. (1988). *The Ethnograph*: A User's Guide (Version 3.0). Littleton: Qualis Research Associates.

SELLTIZ, C. et al. (1959 [1951]). *Research Methods in Social Relations*. Ed. rev. Nova York: Holt, Rinehart and Winston.

SHAFFIR, W. et al. (eds.) (1980). *Fieldwork Experience*: Qualitative Approaches to Social Research. Nova York: St Martin's Press.

SHANKMAN, P. (1984). "The Thick and the Thin: On the Interpretive Theoretical Program of Clifford Geertz". *Current Anthropology*, 25, p. 261-270.

SHIELDS, V.R. & DERVIN, B. (1993). "Sense-Making in Feminist Social Science Research". *Women's Studies International Forum*, 16, p. 65-81.

SHORE, C. & WRIGHT, S. (1996). "British Anthropology in Policy and Practice: A Review of Current Work". *Human Organization*, 55, p. 475-480.

SHOSTAK, M. (1981). *Nisa*: The Life and Words of a !Kung Woman. Cambridge: Harvard University Press.

SHWEDER, R.A. (1993). "'Why Do Men Barbeque?' and Other Postmodern Ironies of Growing Up in the Decade of Ethnicity". *Daedelus*, 122, p. 279-308.

_____ (1990). "Cultural Psychology: What Is It?" In: STIGLER, J; SHWEDER, R. & HERDT, G. (eds.). *Cultural Psychology*. Nova York: Cambridge University Press, p. 1-43.

SIEGEL, S. (1956). *Nonparametric Statistics for the Behavioral Sciences*. Nova York: McGraw-Hill.

SILVERMAN, S. (1974-1975). "Bailey's Politics". *Journal of Peasant Studies*, 2, p. 111-120.

_____ (1966). "An Ethnocentric Approach to Social Stratification: Prestige in a Central Italian Community". *American Anthropologist*, 68, p. 899-921.

SIMEONI, E. (1975). *Le Piège d'Aleria*. Paris: J. Clattès.

SIMMEL, G. (1955). *Conflict and the Web of Group-Affiliations*. Glencoe: Free [Trad. de K. Wolff e R. Bendix].

SINGER, M. (2000). "Why I Am Not a Public Anthropologist". *Anthropology News*, 41, p. 6-7.

_____ (1993). "Knowledge for Use: Anthropology and Community-Centered Substance Abuse Research". *Social Science and Medicine*, 37, p. 15-25.

SMITH, D. (1987). *The Everyday World as Problematic*: A Feminist Perspective. Boston: Northeastern University Press.

_____ (1986). "Institutional Ethnography: A Feminist Method". *Resources for Feminist Research*, 14, p. 6-13.

SMITH, G. (1991). *Livelihood and Resistance*. Berkeley/Los Angeles: University of California Press.

*Social Anthropology Handbook* (1970). [s.l.]: University of Sussex [mimeo.].

SOJA, E.W. (1989). *Postmodern Geographies*. Londres: Verso.

SPENCER, H. (1876). *Principles of Sociology*. Nova York: D. Appleton [Reimpresso em 1896].

SPENCER, J. (1989). "Anthropology as a Kind of Writing". *Man*, 24, p. 145-164.

SPINDLER, E. & GOLDSCHMIDT, W. (1952). "Experimental Design in the Study of Culture Change". *Southwestern Journal of Anthropology*, 8, p. 68-83.

SPINDLER, G. (ed.) (1970). *Being an Anthropologist*: Fieldwork in Eleven Cultures. Nova York: Holt, Rinehart and Winston.

SPRADLEY, J.P. (1980). *Participant Observation*. Nova York: Holt, Rinehart and Winston.

_____ (1979). *The Ethnographic Interview*. Nova York: Holt, Rinehart and Winston.

STACEY, J. (1988). "Can There Be a Feminist Methodology?" *Women's Studies International Forum*, 11, p. 21-27.

STANLEY, L. & WISE, S. (1990). "Method, Methodology and Epistemology in Feminist Research Processes". In: STANLEY, L. (ed.). *Feminist Praxis*: Research, Theory and Epistemology in Feminist Sociology. Londres: Routledge, p. 20-60.

STEPHENSON, P. (1986). "On Ethnographic Genre and the Experience of Communal Work with the Hutterian People". *Culture*, 6, p. 93-100.

STEWARD, J. (1955). *Theory of Culture Change*. Urbana: University of Illinois Press.

STEWART, P. & STRATHERN, A. (2002). *Violence*: Theory and Ethnography. Londres: Continuum.

STOCKING, G.W. (1987). *Victorian Anthropology*. Nova York: Free Press.

STOCKING, G.W. (ed.) (1983). *Observers Observed*: Essays on Ethnographic Fieldwork. Madison: University of Wisconsin Press [History of Anthropology, vol. 1].

STRATHERN, M. (1987a). "An Awkward Relationship: The Case of Feminism and Anthropology". *Signs*, 12, p. 276-292.

_____ (1987b). "Out of Context: The Persuasive Fictions of Anthropology". *Current Anthropology*, 28, p. 251-270.

STRAUSS, A. (1987). *Qualitative Analysis for Social Scientists*. Cambridge: Cambridge University Press.

STRAUSS, A. & CORBIN, J. (1990). *Basics of Qualitative Research*: Grounded Theory Procedures and Techniques. Newbury Park: Sage.

STRIEB, G.F. (1952). "The Use of Survey Methods among the Navaho". *American Anthropologist*, 54, p. 30-40.

STURTEVANT, W.C. (1959). "A Technique for Ethnographic Note-Taking". *American Anthropologist*, 61, p. 677-678.

TALLERICO, M. (1991). "Applications of Qualitative Analysis Software: A View from the Field". *Qualitative Sociology*, 13, p. 275-285.

TERRAY, E. (1969). *Le marxisme devant des societes primitives*: deux études. Paris: Maspero.

TESCH, R. (1991). "Introduction". *Qualitative Sociology*, 14, p. 225-243.

THOMAS, D.H. (1976). *Figuring Anthropology*. Nova York: Holt, Rinehart and Winston.

THORNTON, R.J. & SKALNIK, P. (eds.) (1993). *Bronislaw Malinowski*. Cambridge: Cambridge University Press.

TIFFANY, S.W. (1978). "Models and the Social Anthropology of Woman: A Preliminary Assessment". *Man*, 13, p. 34-51.

TRAUTMAN, T.R. (1987). *Louis Henry Morgan and the Invention of Kinship*. Berkeley/Los Angeles: University of California Press.

TREMBLAY, M.-A. (1957). "The Key Informant Technique: A Non-Ethnographic Application". *American Anthropologist*, 59, p. 688-701.

TRIGGER, B.G. (1968). *Beyond History*: The Methods of Prehistory. Nova York: Holt, Rinehart and Winston.

TRIGGER, D.S. (1993). "Review of The Queen's People: A Study of Hegemony, Coercion and Accommodation among the Okanagan of Canada". *Anthropological Forum*, 6, p. 625-627.

TROUILLOT, M.-R. (1991). "Anthropology and the Savage Slot: The Poetics and Politics of Otherness". In: FOX, R. (ed.). *Recapturing Anthropology*. Santa Fé: School of American Research Press, p. 17-44.

TURNER, V. (1974). *Drama, Fields and Metaphors*: Symbolic Action in Human Society. Ithaca: Cornell University Press.

_____ (1969). *The Ritual Process: Structure and Anti-Structure*. Chicago: Aldine.

_____ (1967). *The Forest of Symbols*: Studies in Ndembu Ritual. Ithaca: Cornell University Press.

_____ (1957). *Schism and Continuity in an African Society*. Manchester: Manchester University Press.

TYLER, S.A. (1986). "Post-Modern Ethnography: From Document of the Occult to Occult Document". In: CLIFFORD, J. & MARCUS, G.E. (eds.). *Writing Culture*. Berkeley: University of California Press, p. 122-140.

TYLER, S.A. (ed.) (1969). *Cognitive Anthropology*. Nova York: Holt, Rinehart and Winston.

TYLOR, E.B. (1889). "On a Method of Investigating the Development of Institutions: Applied to Laws of Marriage and Descent". *Journal of the Royal Anthropological Institute*, 18, p. 245-269.

_____ (1871). *Primitive Culture*. Londres: John Murray.

UDY, S. (1959). *The Organization of Work*: A Comparative Analysis of Productionamong Nonindustrial Peoples. New Haven: Hraf.

VAN DEN BERGHE, P. (1965). *South Africa, a Study in Conflict*. Middletown: Wesleyan University Press.

VAN MAANEN, J. (ed.) (1983). *Qualitative Methodology*. Newbury Park: Sage.

VIDICH, A.J. (1955). "Participant Observation and the Collection and Interpretation of Data". *American Journal of Sociology*, 60, p. 354-360.

VIDICH, A.J. & BENSMAN, J. (1958). *Small Town in Mass Society*: Class, Power and Religion in a Rural Community. Princeton: Princeton University Press.

_____ (1954). "The Validity of Field Work Data". *Human Organization*, 13, p. 20-27.

VIDICH, A.J.; BENSMAN, J. & STEIN, M.R. (eds.) (1964). *Reflections on Community Studies*. Nova York: Wiley.

VIDICH, A.J. & SHAPIRO, G. (1955). "A Comparison of Participant Observation and Survey Data". *American Sociological Review*, 20, p. 28-33.

VISWESWARAN, K. (1998). "Race and the Culture of Anthropology". *American Anthropologist*, 100, p. 70-83.

WAGNER, P.L. & MIKESELL, M.W. (eds.) (1962). *Readings in Cultural Geography*. Chicago: University of Chicago Press.

WARD, M.C. (1989). *Nest in the Wind*: Adventures in Anthropology on a Tropical Island. Prospect Heights: Waveland.

WARNER, W. (1949). *Social Class in America*: A Manual of Procedure for the Measurement of Social Status. Chicago: Science Research Associates.

WARREN, C.A.B. (1988). *Gender Issues in Field Research*. Newbury Park: Sage.

WAX, M. (1977). "On Fieldworkers and Those Exposed to Fieldwork". *Human Organization*, 36, p. 321-328.

WAX, R. (1971). *Doing Fieldwork: Warnings and Advice*. Chicago: University of Chicago Press.

WEBB, E.J. et al. (1966). *Unobtrusive Measures*. Chicago: Rand McNally.

WEBER, M. (1965). *The Theory of Social and Economic Organization*. Nova York: Free [Ed. Talcott Parsons].

_____ (1958). *The Protestant Ethic and the Spirit of Capitalism*. Nova York: Charles Scribner's [Trad. de T. Parsons].

WEINER, A. (1976). *Women of Value, Men of Renown*. Austin: University of Texas Press.

WERNER, D. (1984). *Amazon Journey*. Nova York: Simon Schuster.

WHITE, L. (1959). *The Evolution of Culture*. Nova York: McGraw-Hill.

_____ (1949). *The Science of Culture*. Nova York: Grove.

WHITTAKER, E. (1994). "Decolonizing Knowledge: Towards a Feminist Ethic and Methodology". In: GREWAL, J.S. & JOHNSTON, H. (eds.). *The India-Canada Relationship*. Nova Delhi: Sage, p. 347-365.

_____ (1992). "Culture: The Reification under Seige". *Studies in Symbolic Interaction*, 13, p. 107-117.

_____ (1986). *The Mainland Haole*. Nova York: Columbia University Press.

WHYTE, W.F. (ed.) (1991). *Participatory Action Research*. Newbury Park: Sage.

WICKWIRE, W. & McGONIGLE, M. (1991). "The Queen's People: Ethnography or Appropriation?" *Native Studies Review*, 7, p. 97-113.

WILLIAMS, T.R. (1967). *Field Methods in the Study of Culture*. Nova York: Holt, Rinehart and Winston.

WILLIS, W.S. (1972). "Skeletons in the Anthropological Closet". In: HYMES, D. (ed.). *Reinventing Anthropology*. Nova York: Pantheon, p. 121-152.

WILSON, E.O. (1978). *Sociobiology* – The New Synthesis. Cambridge: Harvard University Press.

WILSON, S. (1988). *Feuding, Conflict and Banditry in Nineteenth-Century Corsica*. Cambridge: Cambridge University Press.

WOLCOTT, H.F. (1981). "Home and Away: Personal Contrasts in Ethnographic Style". In: MESSERSCHMIDT, D.A. (ed.). *Anthropologists at Home in North America*. Cambridge: Cambridge University Press, p. 255-265.

WOLF, E. (1982). *Europe and the People without History*. Berkeley/Los Angeles: University of California Press.

_____ (1969). *Peasant Wars of the Twentieth Century*. Nova York: Harper and Row.

WOLFF, K. (Trad. e ed.) (1950). *Sociology of Georg Simmel*. Glencoe: Free.

WORSLEY, P. (1964). *The Third World*. Londres: Weidenfeld and Nicolson.

YOUNG, F. & YOUNG, R. (1961). "Key Informant Reliability". *Human Organization*, 20, p. 141-148.

ZIMMERMAN, K.B. (1993). *In Search of the Myth in History*: The Narrative of the Quest from Sacred to Secular". [s.l.]: University of British Columbia [M.A. thesis].

# Índice onomástico e analítico

Abbink, J.  222

Abu-Lughod, L.  11, 170, 191, 194n.

Ação social  113-120

Acker, J.  182, 222

Ackerman, R.  217n.

Advocacia

  e marxismo  193

  e pesquisa participativa  42

  cf. tb. pós-modernismo e antropologia feminista

Agar, M.  128, 253-255

Aguilar, J.  227

Aijmer, G.  222

Alcoff, L.  191

Análise

  de rede  116, 135

  do discurso  200

Anderson, E.  221

Anel de Kula  79

Anotações  152

  cf. tb. escrita

Antropologia

  Aplicada  230-237

  como empoderamento  211

Cultural 17s.

definição 13s.

de Gabinete 14, 61s., 78, 104

doméstica 40s., 134, 153s., 168, 174, 180, 205, 226-230

e ciência 43s.

Econômica Francesa 112, 122

e escrita 173

e outras disciplinas 44-50

e pseudônimos 212

e Sociologia 44s.

e violência 221

Feminista

como um paradigma 188

e a antropologia das mulheres 184

e diversidade feminina 191

e essência feminina 183, 191

reações contra 221-224

Física 15s.

futuro da 43, 57, 284s.

Indígena 227-229

Interpretativa; cf. Geertz, Marcus e Fischer

Nativa 228

Pública 237-248

Selvagem 39

sem nome 196, 203-205

Social 18-20

Appadurai, A. 173

Arensberg, C.  129, 203n., 271

Arqueologia  16s.

Atkinson, J.  184s.

Autoridade antropológica e apropriação

desafios a  169, 178, 223s.

e perspectiva teórica masculina  193s.

cf. tb. representação, pós-modernismo, antropologia feminista


Baba, M.  231

Bailey, F.G.  47, 114s., 122s., 179, 273n., 274

Banton, M.  122

Barker, J.  204

Barnes, J.  43s., 135

Barrett, M.  222

Barth, F.  17, 121-123

Bartlett, F., et al.  85

Beals, A.  111n.

Beattie, J.  23

Becker, H.  271s., 276n.

Bendix, R.  120

Benedict, R.  21, 69, 71-73, 174n., 233

Bennett, J.  104, 234, 284

Bensman, J.  271s.

Bernard, H.  200

Berreman, G.  37, 122, 129

Besteman, C.  238

Boas, F.  14, 18, 37, 69s., 91, 98, 281

Boissevain, J.  116-118

Borofsky, R.  238, 241

Boserup, E.  184

Bourgois, P.  222

Bourguignon, E.  46, 122

Bowen, E.  194

Brightman, R.  30

Brim, J.  133n.

Brumann, C.  29s., 284

Bryman, A. 89n.

Bunzl, M.  241

Burling, R.  135

Burridge, K.  167

Busquet, J.  214


Carstens, P.  204

Cebotarev, E.  184

Chambers, E.  231

Chomsky, N.  122

Ciência

  e autoridade masculina  190

  versões fortes e fracas de  81, 123, 196

Clark, J.  200

Classe  25s.

  abordagens acadêmicas de  263s., 270

Clegg, S.  222

Clifford, J.  30, 170n., 173-175, 186

Codere, H.  69

Cohen, A.  130

Cohen, E.  225n.

Colonialismo  13, 36-41, 168, 184, 281

  resistência ao  204

Computadores e pesquisa qualitativa  200-202

Conflito

  como modelo de equilíbrio disfarçado  112s.

  como teoria  106-113

  na sociedade  92-94

Conrad, P.  200

Coser, L.  109-111, 113n.

Coser, R.  222

Crapanzano, V.  178, 180

Cruikshank, J.  187n.

Cultura

  contra potência  29-31

  definição de  18, 22, 29s., 284

  e personalidade  72

  limites explicativos da  26-29

  singularidade da  90s.

Cultura *versus* poder  29-31

Culturologia  21, 69


Dahrendorf, R.  113

Darnell, R.  217n.

Darwin, C.  65

Davis, K. 74

Dervin, B. 223

Desconstrucionismo 171, 191

Deutsch, R. 218

Difusionismo 67s.

Dollard, J. 183

Du Bois, C. 225

Durkheim, É. 45s., 76s., 107, 168n.

Dwyer, K. 180


Eames, E. 225n.

Eichler, M. 195, 224

Ember, C. 22, 283

Ember, M. 22, 283

Êmico *versus* ético 90, 98, 103, 160

Empirismo 43

Eriksen, T. 238-241, 247

Escola

de Manchester 120

de Sociologia Urbana de Chicago 248

Escrita

e computadores 201

etnográfica 273-280

no pós-modernismo 173

Espécies

definição de 16

Estrutura social 18s.

Estudar para cima  42

Estudo

corso  212-222

da extrema-direita  146-155

de Ontário rural

do Oeste Africano  136-146, 154s., 278

de Paraíso  205-212, 262s., 266s.

Estudos

culturais  19

de comunidade  128-130, 203

de replicação  21, 93, 94n., 132, 174

*Ethnograph*  201

Ética  41, 125, 130, 133, 154, 169, 182, 190, 211

Etnocentrismo  32s., 62

Etnografia  20

Etnologia  20

Evans, M.  200

Evans-Pritchard, E.  49, 110, 231s., 234

Explosão de *insight*  265-268, 270-272

Fabian, J.  283

Fallers, L.  130

Featherstone, M.  284

Feinberg, B.  241

Fielding, N.  200

Firth, R.  81, 234

Fischer, A.  224

Fischer, M. 175s.

Fiske, S. 231

Foley, D. 234

Fortes, M. 231

Foster, G. 24, 271

Frank, A. 37, 134

Fraser, G. 221

Frazer, Lorde J. 14

Freeman, D. 21s.

cf. tb. estudos de replicação

Fried, M. 37, 45, 227

Friedman, J. 103n., 180

Furnivall, J. 122


Gardner, K. 235

Geertz, C. 44, 135, 176-178, 282, 284

Gênero

e flexibilidade de papéis 224-226

e marxismo 193

e pós-modernismo 193s.

e violência 212

Gerson, E. 200

Gerth, H. 120

Gilbert, J. 200

Gilligan, J. 221

Gluckman, M. 107s., 282

Gold, R. 139

Golde, P.  224n.

González, R.  238

Goody, J.  217n., 231

Gordon, J.  232

Gough, K.  37, 122

Gramsci, A.  112

Green, R.  119

Gubrian, J.  259

Gusterson, H.  238

Gwaltney, J.  228


Haanstad, E.  245

Hammel, E.  200

Hammersley, M.  248

Hannerz, U.  284

Harris, M.  62, 65s., 69, 102s., 177, 179

Harris, R.  225

Harvey, D.  173

Hatch, E.  63

Hedican, E.  234

Hermenêutica  171

Hill, J.  167n.

Hipótese whorfiana  32, 51

História de vida  183, 202

*Homo sapiens*  15-17, 26

Hymes, D.  122

Igualdade de gêneros entre coletores e caçadores  183s.

Indutivo *versus* dedutivo  90, 137

Irvine, J.  217n.

Jameson, F.  173

Jarvie, I.  13, 179n., 217n.

Johannsen, A.  233

Jones, D.  228

Kaplan, D.  82, 101, 106, 135

Keesing, R.  30, 35

Kirby, V.  194n.

Knauft, B.  222, 283s.

Kroeber, A.  18, 70s.

Kuhn, T.  126

Kuklick, H.  231, 234

Kuper, A.  135

Kushner, G.  215

Lamphere, L.  184, 245

Lanoue, G.  204

Lassiter, L.  245

Leach, E.  48, 121, 165s., 247

Leacock, E.  183

Lee, R.  185, 200

Lenski, G.  113

Lévi-Strauss, C.  24, 39, 163-165, 167, 283

Lewis, D.  235

Lewis, H.  30

Lewis, I.  19

Lewis, O.  93s.

Linguística  17

  e cultura  161

Lloyd, P.  112

Lofland, J.  259

Lowie, R.  71, 78


MacFarlane, A.  217n.

MacKinnon, C.  182-192

MacKinnon, N.  47

Mair, L.  19

Malinowski, B.  14, 37s., 74, 79-81, 86s., 110, 234, 281n.

Mann, M.  243

Manners R.  82, 101, 106, 135

Marcus, G.  173, 175s.

Marshall, G.  229

Mascia-Lees, F.  194

Materialismo cultural  102s.

Maybury-Lewis, D.  167

Mayer, A.  122

McCarty, C.  200

McClelland, D.  122

McCormack, T.  222

McCracken, G.  128, 255-257

McDonald, L.  222

McGonigle, M.  204

Mead, M.  21s., 73, 85, 132, 225s., 247

Meis, M.  182, 193, 195, 226

Menzies, K.  83n.

Mepham, J.  167n.

Merton, R.  268

Messerschmidt, D.  227s.

Método

  comparativo  62s., 90, 180, 202s., 206, 226

  transcultural; cf. método comparativo

Métodos

  bibliografia de  84s., 125, 199s.

  e escola afunde-ou-nade  124

  e personalidade  90s.

  históricos  217n.

  masculino e feminino  183

Michaels, W.  30

Modelo

  interacional  113-121

  transactional; cf. ação social

Modelos  117, 165, 260s.

Morgan, L.  64s., 88

Morgan, V.  221

Murdock, G.  92, 241

Murphy, R.  39

Nadel, S. 84s.

Nader, L. 172, 204, 225, 227

Neutralidade de valor 155, 159

Nolan, R. 234-236

Notas e consultas 85

Nudist 200

Oakley, A. 183

Opie, A. 193

Orientações teóricas

fontes de e mudanças em 197

Orientalismo 39s.

Ortner, S. 227

Parentesco

classificatório e descrição 64

significância do 75

Paul, B. 85

Pelto, P. 133n.

Pesquisa de campo

abordagens formais para 92s., 134-136

começo da 14, 87

como atividade não linear 128

e desviantes 140s., 149, 208s.

e excesso de relacionamento 151, 207

e gravadores 151s.

e informantes 141s., 154s.

e papéis  139s., 148, 206s.

e personalidade  91

e pseudônimos  211s.

e psicanálise  134

e técnicas de memorização  152

e valor estrangeiro  37

novas regras de  131-134

pressuposições na  88s.

técnicas iniciais de  89-91

validade  90

Pfaffenberger, G.  201

Phillips, D.  129

Pincus, F.  195

Podelefsky, A.  200

Positivismo  43, 159, 167

e antipositivismo  182, 190s.

e pós-modernismo  171

Pós-modernismo  19, 44, 168-181

e feminismo  193-195

e links para o particularismo histórico  73s., 197

e poder masculino  194

Potlatch  69

Powdermaker, H.  225

Pratt, M.  186

Price, D.  233, 242

Problema de Galton  67

Punch, M.  272n.

Purcell, T. 244

Puryear, T. 242

Quantificação 88, 132, 142, 183, 248, 253s., 270

Rabinow, P. 174, 177s., 180, 189

Raça e racismo 75, 110

  e a direita radical 136, 146-155

  e anemia falciforme 16

  e Antropologia 37-39, 66

  e evolucionismo 62

  em Ontário rural 205s.

  e o antissemitismo 147

  e relações étnicas 206

  estudos de 122

Radcliffe-Brown, A.R. 43, 74, 78s., 107, 234

Rappaport, R. 104s.

Redfield, R. 93s.

Redfield-Lewis

  controvérsia 93

Reducionismo 33, 47, 161

Regras normativas e pragmáticas 114s.

Reinharz, S. 200

Relativismo 33, 171, 176

Representação 13, 173, 223

  cf. tb. Pós-modernismo e Antropologia Feminista

Rex, J. 122

Richards, A.  85s., 281

Riches, D.  222

Rivers, W.H.R.  68, 88

Rodney, W.  37

Rosaldo, R.  31

Russell, B.  243


Sacks, K.  183

Sahlins, M.  102, 217n.

Said, E.  37, 39s.

Samuelsson, K.  119

Sangren, P.  178, 180, 204

Scheper-Hughes, N.  222

Schmidt, B.  222

Schroder, I.  222

Seidel, J.  200

Semiologia  17

Shankman, P.  177

Shields, V.  223

Shore, C.  232

Shostak, M.  185-187

Siegel, B.  111n.

Silverman, S.  121, 142

Simeoni, E.  214

Simmel, G.  110

Singer, M.  244

Sistema de crenças  23-25, 31

Skalnik, P. 87, 217n.

Smith, D. 202

Smith, G. 112n.

Spain, D. 133n.

Sociobiologia 21s.

Spencer, H. 65s.

Spencer, J. 179

Stacey, J. 193, 223

Stanley, L. 183

Stephenson, P. 36n., 171

Steward, J. 97-100, 134

Stewart, P. 222

Stocking, G. 88, 126, 217n.

Strathern, A. 222

Strathern, M. 188s.

Strauss, A. 257-259


Tallerico, M. 201

Tecnoeconomia 64

  e ecologia cultural 97-106

  e neoevolucionismo 97-106

Teoria

  do Conflito Marxista 111-113

  Teoria *Fundamentada*; cf. Strauss, A.

Tesch, R. 200

Thornton, R. 87, 217n.

Tiffany, S. 184

Trautman, T.  217n.

Trigger, B.  204

Trouillot, M.  173

Turner, V.  118s.

Tyler, S.  29, 122, 135, 169

Tylor, E.  14, 18, 37, 62-64, 67


Udy, S.  93n.


Validade e confiabilidade  90

cf. tb. controvérsia de Redfield-Lewis

Van den Berghe, P.  35

Vendetta  212s.

Vidich, A.  271s.

Visão de mundo; cf. tb. sistema de crença

Visweswaran, K.  30


Warren, C.  182, 225n., 226

Weber, M.  34, 119s., 168n., 236, 277

Weiner, A.  184

White, L.  26, 100-102

Whittaker, E.  29, 189s.

Whyte, W.  42

Wickwire, W.  204

Willis, W.  38

Wilson, E.  21

Wilson, S.  213

Wise, S. 183

Wolcott, H. 229

Wolf, E. 26, 217n.

Wolff, K. 110

Worsley, P. 122

Wright Mills, C. 120

Wright, S. 232


Zimmerman, K. 167n.

# Índice geral

*Sumário*, 7

*Prefácio à 1ª edição*, 9

*Prefácio à 2ª edição*, 11

1 Desencadeando o antropólogo: um panorama histórico, 13

Antropologia geral, 15

Antropologia social, 18

Conceitos básicos, 20

Critérios de qualidade etnográfica, 35

Colonialismo: a dimensão crítica, 36

Crise ou oportunidade?, 43

Ciência ou arte?, 43

Relação entre a Antropologia e outras disciplinas, 44

Como aprender os fundamentos de uma disciplina: cinco passos, do principiante ao especialista, 50

Termos-chave, 52

Organização do livro, 55

**Primeira parte – A construção da disciplina, 59**

2 Teoria, 61

Evolucionismo, 61

Particularismo histórico, 67

Funcionalismo estrutural, 74

Conclusão, 81

3 Método, 83

A literatura metodológica, 84

A situação da pesquisa de campo, 87

Pressupostos básicos, 88

Técnicas básicas e elementos relacionados, 89

Arquivos da área de relações humanas, 92

A controvérsia Redfield-Lewis, 93

Conclusão, 94

**Segunda parte – Corrigindo os fundamentos, 95**

4 Teoria, 97

Ecologia cultural (e neoevolucionismo), 97

Teoria do Conflito, 106

Ação social, 113

Conclusão, 121

5 Método, 124

A literatura sobre os métodos, 124

A situação da pesquisa de campo, 130

Algumas novas regras práticas, 131

Análise formal, 134

Primeiro estudo de caso: uma utopia africano-ocidental, 136

Segundo estudo de caso: a extrema-direita no Canadá, 146

Conclusão, 155

**Terceira parte – Demolição e reconstrução, 157**

6 Teoria, 159

O estruturalismo, 160

O pós-modernismo, 168

A antropologia feminista, 181

Feminismo cultural *versus* desconstrucionismo, 190

Feminismo e marxismo, 193

Feminismo e pós-modernismo, 193

Conclusão, 196

7 Método, 198

A literatura sobre os métodos, 199

A situação da pesquisa de campo, 202

Terceiro estudo de caso: mudança social na zona rural de Ontário, 205

Quarto estudo de caso: gênero e violência na Córsega, 212

Reação contra a metodologia feminista, 222

Será que as mulheres fazem trabalhos de campo melhor do que os homens?, 224

Antropologia doméstica, 226

Antropologia aplicada, 230

Antropologia pública, 237

Conclusão, 248

**Quarta parte – Análise e interpretação, 249**

8 A última fronteira: como analisar os dados qualitativos, 251

A literatura sobre a análise qualitativa, 253

Uma alternativa modesta, 260

O modelo, 260

A explosão do *insight*, 265

Redação, 273

Conclusão, 278

9 Domesticando o antropólogo: o mundo à frente, 281

*Referências*, 287

*Índice onomástico e analítico*, 321

## CULTURAL
- Administração
- Antropologia
- Biografias
- Comunicação
- Dinâmicas e Jogos
- Ecologia e Meio Ambiente
- Educação e Pedagogia
- Filosofia
- História
- Letras e Literatura
- Obras de referência
- Política
- Psicologia
- Saúde e Nutrição
- Serviço Social e Trabalho
- Sociologia

## CATEQUÉTICO PASTORAL
**Catequese**
- Geral
- Crisma
- Primeira Eucaristia

**Pastoral**
- Geral
- Sacramental
- Familiar
- Social
- Ensino Religioso Escolar

## TEOLÓGICO ESPIRITUAL
- Biografias
- Devocionários
- Espiritualidade e Mística
- Espiritualidade Mariana
- Franciscanismo
- Autoconhecimento
- Liturgia
- Obras de referência
- Sagrada Escritura e Livros Apócrifos

**Teologia**
- Bíblica
- Histórica
- Prática
- Sistemática

## REVISTAS
- Concilium
- Estudos Bíblicos
- Grande Sinal
- REB (Revista Eclesiástica Brasileira)
- SEDOC (Serviço de Documentação)

## VOZES NOBILIS
Uma linha editorial especial, com importantes autores, alto valor agregado e qualidade superior.

## VOZES DE BOLSO
Obras clássicas de Ciências Humanas em formato de bolso.

## PRODUTOS SAZONAIS
- Folhinha do Sagrado Coração de Jesus
- Calendário de mesa do Sagrado Coração de Jesus
- Agenda do Sagrado Coração de Jesus
- Almanaque Santo Antônio
- Agendinha
- Diário Vozes
- Meditações para o dia a dia
- Encontro diário com Deus
- Guia Litúrgico

CADASTRE-SE
www.vozes.com.br

**EDITORA VOZES LTDA.**
Rua Frei Luís, 100 – Centro – Cep 25689-900 – Petrópolis, RJ
Tel.: (24) 2233-9000 – Fax: (24) 2231-4676 – E-mail: vendas@vozes.com.br

UNIDADES NO BRASIL: Belo Horizonte, MG – Brasília, DF – Campinas, SP – Cuiabá, MT
Curitiba, PR – Florianópolis, SC – Fortaleza, CE – Goiânia, GO – Juiz de Fora, MG
Manaus, AM – Petrópolis, RJ – Porto Alegre, RS – Recife, PE – Rio de Janeiro, RJ
Salvador, BA – São Paulo, SP